Bernd Nitzschke

Die Liebe als Duell
… und andere Versuche, Kopf und Herz zu riskieren

Rowohlt

Originalausgabe
Veröffentlicht im Rowohlt Taschenbuch Verlag GmbH,
Reinbek, Dezember 1991
Copyright © 1991 by Rowohlt Taschenbuch Verlag GmbH,
Reinbek bei Hamburg
(Bibliographische Hinweise auf die Erstveröffentlichung
einiger Beiträge finden sich auf S. 316 f: «Drucknachweise»)
Lektorat Jürgen Volbeding
Umschlaggestaltung Thomas Henning
Satz Sabon (Linotronic 500)
Gesamtherstellung Clausen & Bosse, Leck
Printed in Germany
1680-ISBN 3 499 18272 6

Inhalt

Teil III
männlich, weiblich, göttlich –
Passionsstationen auf dem langen Marsch
ins Paradies

**Die Feder in den Regenbogen getaucht
und den Staub von Schmetterlingsflügeln
aufs Papier gestreut**

Vorworte, Nachworte

«Wenn man über Frauen schreibt», sollte man die Feder zuvor in den Regenbogen getaucht haben; anschließend sei der Staub von Schmetterlingsflügeln aufs Papier zu streuen – meinte Diderot. Galant, galant. Der romantisierende Blick, den Männer über Jahrhunderte hinweg auf Frauen warfen, verdeckte am Ende weniger das Wesen der Frauen als vielmehr das der Männer – vor allem deren Begehrlichkeiten, soweit sie *nicht* mit männlicher Galanterie in Übereinstimmung zu bringen waren. Denn es darf wohl angenommen werden, daß romantische Illusionen und Ideale vor allem dem Zweck dien(t)en, die Nacktheit der Begierden zu verschleiern. Sobald jedoch im Schutze der Dunkelheit das Begehren zur Begierde wird, oder wenn die Gewohnheit, der Alltag, die Nähe zwischen den Geschlechtern wieder eintöniger erscheinen läßt, schwinden die Farben des Regenbogens, verfliegt der Staub der Schmetterlingsflügel.

Ein Stück Entromantisierung kennzeichnet auch die hier versammelten Texte, ein Stück *gewollte* Desillusionierung. Und doch blieb es stets das Anliegen des Autors, mit allen Farben und mit möglichst vielen Ober- und Untertönen die Bilder der Geschlechter-Verhältnisse zu malen. Fern lag also die Absicht, die Bocksgestalt des Geschlechts schwarz oder weiß zu karikieren oder anstelle von *Verhältnissen* von «den» Männern oder «den» Frauen zu sprechen, wahlweise das eigene oder das fremde Geschlecht freizusprechen oder anzuklagen. Schließlich gehören zum *Wesen* des Sexus aber doch die Wünsche nach Romantisierung, nach Illusionen und nach Glücksmöglichkeiten jenseits aller Zeit und jedes (Körper-)Raumes, Sehnsucht nach Erfahrung des «unhistorischen Augenblicks». Also werden wohl auch solche Wünsche in den hier gesammelten Texten wiederzufinden sein. Nur Heuchler und im Leben bereits Abgeschiedene wähnen sich frei von solchen Wünschen. Auch wenn das Begehren «ewig» währt: Die Erscheinungsformen des Sexus bleiben *historisch*; das heißt die Zeiten, in denen sich der Sexus spiegelt, hinterlassen ihre Spuren. Daher sind die historischen Gewänder, in die sich der Sexus kleidet, ein wesentlicher Gegenstand der Reflexionen der in diesem Band gesammelten Texte. Doch wann immer von längst vergangenen Zeiten und von «anderen» Menschen gesprochen wird: «Ich bin ein anderer» – und die Gegenwart ist nur eine Metamorphose der Vergangenheit.

Die historische Zeit, in der die Texte entstanden sind, ist die Zeit *nach* '68. Was diese Jahreszahl symbolhaft meint, spielt im vorliegenden Band (besonders in Teil II) eine ganz entscheidende Rolle, auch wenn es scheinen mag, als werde dabei von einer Zeit gesprochen, die *nur* noch Geschichte ist. Der Weg nach '68 (und so auch der in den Texten zurückgelegte Weg) führte vom Wunsch nach «sexueller Revolution», der rückblickend als ein Wunsch nach Ausstieg aus der Zeit erkennbar werden mag, Schritt für Schritt zur Einsicht in emotionale Notwendigkeiten und damit zur Einsicht in die Begrenztheiten, die dem Wunsch nach grenzenlosem Glück seit jeher im Wege stehen. Es sind am Ende weder «die» Männer noch «die» Frauen, weder «die» Väter noch «die» Mütter, die so «verbessert» werden könnten, daß der Schmerz aus der Liebe und die Grenze aus der Zeit verschwänden. Die Liebe so zu «verbessern», daß sie ohne Leid zu erfahren wäre – das ist ein alter, stets erneuerter Wunsch, der nur im Paradies oder in der Utopie Erfüllung finden könnte.

Die Liebe als Duell: Ist das eine zu einseitige, zu pessimistische Sicht der Verhältnisse? Oder ließe sich die Liebe weniger leidvoll, weniger enttäuschend erleben, akzeptierten wir die Tatsache, daß es Liebe, Begehren und (vorübergehende) Vereinigung *ohne* vorausgegangene Verletzungen nicht geben kann? Ob der «Einzige» nach seinem (vermeintlichen) Eigentum, nach dem Körper des anderen verlangt; oder ob die Mutter mit dem Körper des Kindes, das Kind mit dem Körper der Mutter so verfahren, als sei der Körper des anderen nur dazu geschaffen, die eigenen Bedürfnisse zu befriedigen: *dieser* Wunsch, dieses Verlangen gehören unauflöslich zum Begehren – und zwar nicht nur zu dem der «anderen». Solange wir uns diesbezüglich keinen Sand in die Augen streuen, solange wir uns also nicht über den Charakter unseres *eigenen* Begehrens täuschen, sei auch der romantisierende Blick gestattet, ohne den es vielleicht gar keine Liebe geben könnte. Wer über die Liebe schreibt, der mag also die Feder in den Regenbogen tauchen und den Staub von Schmetterlingsflügeln aufs Papier streuen, wohl wissend, daß das Verlangen nach der «nackten» Wahrheit stets nur Ausdruck einer ganz besonderen Rache, der Rache aus *enttäuschter* Liebe ist.

Ich habe die Texte, die in diesem Band gesammelt sind, zwischen 1970 und 1990 geschrieben. Für diesen Band wurden sie in unterschiedlichem Ausmaß stilistisch und gelegentlich auch inhaltlich bearbeitet. Lediglich in einem Fall habe ich einen Zusatz zeitlich markiert: Der Anhang zum Text über Rudi Dutschke entstand im Sommer 1991 – aus aktuellen Anlässen noch einmal rückblickend. Jürgen Volbeding, der die Taschenbuchreihe betreut, in der schon die Texte eines vorausgegangenen Bandes («Sexualität und Männlichkeit. Zwischen Symbiosewunsch und Gewalt») erschienen sind, danke ich für das Interesse, das er meinen Arbeiten neuerdings entgegenbrachte, und für die Hilfe, die auch für das Entstehen dieser zweiten Aufsatzsammlung unentbehrlich war.

Düsseldorf, im Juli 1991   Bernd Nitzschke

Teil I
Das Ende der Liebe – der Beginn des Duells?

1 Der Einzige und sein Eigentum – der Körper des Anderen

1

Johann Caspar Schmidt, alias Max Stirner, veröffentlichte seine Schrift gegen den Mann ohne Eigenschaften – also gegen «den» Menschen, der kein «Einziger» sein will, beziehungsweise nur ein Gemachter und Gedachter ist – in einem ereignisreichen Jahr: 1844.[1] In dieser Schrift polemisiert der anarchische Denker gegen die Gewalten der Entfremdung, gegen «Staatsmaschine» und «Gefängnisgesellschaft» (1981, 250; 240). Auch gegen die blödsinnige Metapher vom *Un*menschen geht Stirner vor, die zumeist dann angewandt wird, wenn von Taten die Rede ist, die wirklich *nur* von Menschen vollbracht werden können. Der *Un*sinn der Metapher vom *Un*menschen wird von Stirner so unterlaufen: «*Ich* bin wirklich der Mensch und Unmensch in Einem» (1981, 195). Stirner denkt jenseits von Gut und Böse und liefert auch sonst Stichworte für Nietzsche. Er entwickelt die dialektische Einheit der moralischen Gegensätze und gelangt zu einer Umwertung aller Werte. Er entdeckt den *Eigen*sinn, den Egoismus, als die geheime und verleugnete Triebfeder aller moralisch genannten Handlungen. Und, sehr weit vorausblickend, auch den Verwandlungskünstlern von 1968 ff hat er etwas zu sagen: Nicht nur Mensch und Unmensch, auch Revoluzzer und Philister sind hinterrücks miteinander verwandt. Und das kommt so: Die Revolte ist eine Aktion, die gerade so lange dauert, wie der «Rausch» anhält. Ist dieser vorbei, schlägt die Stunde der Re-Aktion,

---

1 Das Buch erschien – vordatiert auf das Jahr 1845 – bereits im Herbst 1844, also im Geburtsjahr Nietzsches, im Jahr des Weberaufstandes in Schlesien.

verwandelt sich der «wilde Geselle» in den «Philister» zurück. Der «wilde Geselle» ist ein außer Rand und Band geratener «Philister»; und dieser ist ein in Bande geschlagener «wilder Geselle», der bei Gelegenheit gerne bereit ist (unbeobachtet), die Bürde der Kultur abzuwerfen. Das ist überhaupt Stirners Freude: in jedem «Guten» das versteckte «Böse» aufzuzeigen. Er ist ein Teil von jener Kraft, die das «Gute» haßt, das selbstgerecht das Böse schafft. Die Menschenliebe etwa: Verbunden mit dem Gefühl, man vertrete Werte, schlage sie, wie Stirner meint, rasch um in Menschenquälerei. Der gute Bürger, der gerechte Richter: Eitle! Ihr «Begriff des ‹Guten›» (1981, 325) sei mit einer Bettstatt zu vergleichen, die den Maßstab abgibt für alle «guten» Menschen, die sanft zu ruhen wünschten. Dabei werden den einen die Glieder gestreckt, den anderen werden sie abgehackt. Und am Ende paßt jeder in die Bettstatt des «Guten».

Und wir? – Gehen wir mit den Menschen, die wir «lieben», anders um? Hacken, strecken wir sie nicht, bis sie die rechten Maße zeigen; bis sie dem Bild, den Phantasien (von der guten, gerechten Liebe) entsprechen, die wir seit Kindertagen mit uns herumschleppen? Und jene, die uns lieben? – Gehen sie rücksichtsvoller mit uns um? Verzichten sie darauf, uns zu vermessen; uns an das zu kurze oder zu lange Bett ihrer erotisch-sexuellen Phantasien anzupassen? – Wohl kaum!

Ein Strecken, Schneiden, Ziehen, bis die Leiber einander an die mitgebrachte Bettstatt, an die Bilder vorgefertigter Phantasien angepaßt haben. Ein wenig Geschick, und es gelingt schließlich, den Anderen mit dem Bild der eigenen Phantasie zu verwechseln. Aber das geht nicht ohne Kampf. Das Duell steht *nicht* am Ende der Liebe – es beginnt mit dieser. Ein Hauen und Stechen. Und bevor der Degen in der Scheide steckt, sind manche blutigen Wunden geschlagen worden. In der Hitze des Gefechts (im Hochgefühl des Verliebtseins) spürt man die Schmerzen nicht. Hinterher jucken zumindest die Narben.

2

Ein schwindelerregender Weg führt aus der Tiefe, in der der antike Liebesgott haust, hinauf zur Höhe, auf der der christliche Gott der Liebe thront. *Dort unten*: die Verherrlichung des tierischen Zentrums der Liebe, die Idealisierung des Geschlechts(-teils) und die kultisch-rituell zelebrierte öffentliche Orgie, die geschlechtliche Vereinigung als

Mittelpunkt des religiösen Festes. *Hier oben*: ein düsterer Blick auf das Geschlechts(-teil) des gefallenen Engels, auf das Signum des Bösen, und ein Fluch auf die Satansmesse, auf die wahl- und grenzenlose Vereinigung der Leiber jenseits von Gut und Böse. Der jüdisch-christliche Gott der Liebe kommt ganz und gar ohne Geschlechtsteil aus.

Stirners Kommentar: «Vorchristliche und christliche Zeit verfolgen ein entgegengesetztes Ziel; jene will das Reale idealisieren, diese das Ideale realisieren» (1981, 407). Das Geschlecht, die Leidenschaften, das Begehren – sind *real*. Die Liebe und all die schönen Dinge, die ihr angemessen sind – sind *ideal* (und bleiben in der Regel ein Ideal). Wäre es nicht besser, das Reale zu idealisieren, anstatt das Ideale – wenn nötig: mit mörderischer Gewalt – zu realisieren?

Stirner ist gegen den Staat, gegen Partei, Politbüro und gegen Emanzipationsstrategen jedweder Couleur. Er ist gegen alle, die das Reale verleugnen wollen und das Ideale mit mörderischer Konsequenz durchzusetzen versuchen. Er ist gegen diejenigen, die im Namen der Wahrheit, des Guten, des Schönen und der Gerechtigkeit mit Feuer und Schwert über alles herfallen, was der moralische Terror als «böse» erkennt. Gegen diejenigen, die eine Welt imaginieren, die «besser» sein soll. Und wer das Verhältnis zwischen den Geschlechtern «freier» machen will, als es ist, sollte erst einmal über Freiheit nachdenken.[1] Wer die Liebe aus den Ketten unterirdischer Begehrlichkeiten lösen will, sollte sich erst einmal Gedanken über die zerstörerischen Konsequenzen eines solchen Unternehmens machen.

Nichts als Hohn und Spott für die «Guten»; und scharfsinnige Argumente, gute Gedanken für den Kampf gegen die «Guten».

Mit Stirners kühnen Blicken: auf in den Geschlechterkampf! Auf diesem Terrain findet *das* Sujet des klassischen Western – das Duell zwischen dem Guten und dem Bösen – allemal Bestätigung (soweit es um die Ideologien geht). Und doch ist es nur ein Scheingefecht, dieser Gegensatz, auf dem eine jahrhundertealte Realitätskonstruktion ruht[2],

---

1 Max Stirner hatte zwar einige Platten von Janis Joplin angehört (darunter: «freedom is just another word for nothing left to loose...»), aber er hatte den Text nicht richtig verstanden. Daher schrieb er: «Was bleibt übrig, wenn Ich von Allem, was Ich nicht bin, befreit worden? Nur Ich und nichts als Ich» (1981, 180).
2 Eine untergeordnete sächsische Behörde mißtraute dieser Realitätskonstruktion, weshalb sie Stirners Buch «Der Einzige und sein Eigentum» verbieten ließ. Der Innenminister hob das Verbot auf, weil er darauf vertraute, die Realitätskonstruktion – hier das Böse, dort das Gute – in den Köpfen der Untertanen sei gut genug veran-

die ihrerseits nichts weiter ist als – eine Phantasmagorie. Im Bösen steckt das Gute. Und am Guten klebt das Pech.

Hier die bessere, dort die schlechtere Hälfte – mal auf dieser, mal auf jener Seite. Und doch gilt – von selbstquälerischen Ausnahmen abgesehen: das eigene ist immer das bessere Geschlecht. Aber leider gilt auch – von einer kleinen radikalen Minderheit abgesehen: man kommt ohne das andere Geschlecht nicht aus. Also Hauen und Stechen, auch wenn's die furchtsamen Weiblein und die verschreckten Männchen gern anders hätten. Man/frau hofft auf eine Prämie: das demutsvoll präsentierte Geschlecht des/der Andern. Es lohnt sich, darum zu streiten, Mann/Frau in die eigene Phantasiewelt zu entführen, ihn/sie dort festzubinden.

Aber der Staat wacht über die ein- und anklagbaren Regeln des Liebens und Hassens. Und der Staatsanwalt wacht nun bald auch über die Liebe im Ehebett als Pflicht, als Laune oder als Vergewaltigung. Stirner haßte Staat und Staatsanwalt. Nach ihm zu fragen ist nicht opportun: nach wem? Nach Stirner oder nach dem Staatsanwalt?

Und was ist mit der Anarchie unserer sexuellen Phantasien (wenn solche Phantasien überhaupt zustande kommen können in einer Zeit, die nur handgreifliche «Fakten» anerkennt)? Gegen ein Verbot der Porno-Industrie spräche gewiß nichts – jedenfalls nicht weniger als gegen ein Verbot der Bewußtseinsindustrie (einschließlich jener Magazine, die ihre Auflagen durch PorNO steigern). Der Staatsanwalt im Ehebett und vor dem Pornoladen – nur leider ist er blind für jene Spuren der Gewalt, die unheilbare Wunden schlägt, nicht weil sie zum «Faktum» werden mußte, sondern weil sie in jenen dunklen Tiefen wütet, in die die Augen von Saubermanns (& -frau) *nicht* hinabreichen. Ein Verbot der dunklen Tiefen aller Leidenschaften und Machtgelüste und der Bewußtseinsindustrie insgesamt – mit weniger sollten wir uns nicht begnügen. Und wenn nur weniger zu haben ist? *Dann zum Teufel mit dem Staatsanwalt!*

kert: Also werde das Buch beim Leser derartigen Abscheu erwecken, daß durch die Lektüre – die Intentionen des Verfassers unterlaufend – der sittlich-religiöse Standpunkt um so mehr gefestigt werde.

3

Zurück zu Stirner! – «Wer aber voll heiliger (religiöser, sittlicher, humaner) Liebe ist, der liebt nur den Spuk, den ‹wahren Menschen›, und verfolgt mit dumpfer Unbarmherzigkeit den Einzelnen, den wirklichen Menschen, unter dem phlegmatischen Rechtstitel des Verfahrens gegen den ‹Unmenschen›» (1981, 321).

Die Sittlichkeitsapostel und die heilige Einfalt. Welch schönes Schauspiel! «Aber ach? ein Schauspiel nur!» Wo pack ich euch, ihr Brüste der Natur? – Nichts als *Dressur*: Man/frau will die Liebe *ohne* deren ständigen Begleiter, *ohne* den Haß. Und man/frau verliert sie gerade deshalb aus den Augen. Gezähmt, weder ganz Schaf noch ganz Wolf, stürzen sich die Leiber aufeinander – und erschrecken. In der realen Nähe sieht alles anders aus, als aus der idealen Ferne wahrgenommen.

Und die Gewalt? «…durch die Gewalt Anderer, durch die Dressur der Sitte, der Religion, der Gesetze, des Staats usw.» (1981, 200), kommt Verstellung, kommt Heuchelei ins Spiel (der freien Liebe).[1] Apropos Erziehung. Das Duell zwischen dem Guten und dem Bösen ließe sich ohne eine Klassifikation der Affekte, ohne eine Erziehung der Gefühle überhaupt nicht inszenieren. «Gute» Gefühle zeigt man auch dann, wenn man sie überhaupt nicht erlebt; und «böse» Affekte verbirgt man, wenn man sie hat, aber nicht haben will. Dadurch werden die Beziehungen zwischen den Menschen äußerlich flacher, innerlich verwickelter. Über der animalischen Gestalt der sexuellen Wünsche liegt ein Zuckerguß frommer Wünsche. Sozusagen: der böse Wolf als Osterlamm.

Du *sollst* deine Eltern lieben! Du *sollst* deinen Mann/deine Frau lieben! Du *sollst* die Liebe lieben! Du *sollst* bestimmte Gefühle in bestimmten Situationen bestimmten Menschen gegenüber haben – und die bestimmten Gefühle, die du hast, *sollst* du nicht haben.

---

1 Der von Stirner ungeliebte Staat besitzt das Gewaltmonopol, aber auch die nötigen finanziellen Mittel, die Büttel der Gewalt ausreichend zu entlohnen: «Der Staat bezahlt gut, damit seine ‹guten Bürger›, die Besitzenden, ohne Gefahr schlecht bezahlen können; er sichert sich seine Diener, aus welchen er für die ‹guten Bürger› eine Schutzmacht, eine ‹Polizei› (zur Polizei gehören Soldaten, Beamte aller Art, z. B. die der Justiz, Erziehung usw., kurz die ganze ‹Staatsmaschine›) bildet, durch gute Bezahlung, und die ‹guten Bürger› entrichten gern hohe Abgaben an ihn, um desto niedrigere ihren Arbeitern zu leisten» (1981, 126).

Ganz einfach: «Ich *soll* lieben. Ist die Liebe ein Gebot und Gesetz, so muß ich dazu erzogen, herangebildet und wenn Ich dagegen mich vergehe, gestraft werden. Man wird daher einen möglichst starken ‹moralischen Einfluß› auf Mich ausüben, um Mich zum Lieben zu bringen» (1981, 325 f).

Wenn ich lieben *soll*, ist die Liebe schon tot. Auch aus einem freien Verein wird rasch ein lebendiger Leichnam. Der freie Verein ist für Stirner gleichbedeutend mit dem Verkehr zwischen Menschen, die zueinander ein freies Verhältnis eingehen können, weil sie das Fremde, das Anerzogene, das Aufgezwungene hinter sich gelassen haben. Im Kern der Freiheitsidee Stirners steckt ein sehr modernes Wissen: Die Individuation ist die Voraussetzung für die Fähigkeit zum Eingehen neuer, freier Bindungen, die *nicht* dem alten Zwang, dem Wiederholungszwang, der Übertragung gehorchen. Stirner schreibt, als hätte er ein modernes psychoanalytisches Lehrbuch über Symbiose, Trennung und Individuation gelesen. Daher weiß er auch, daß das Leben mit einer Zwangsgemeinschaft beginnt: «Nicht die Isoliertheit oder das Alleinsein ist der ursprüngliche Zustand des Menschen, sondern die Gesellschaft. Mit der innigsten Verbindung beginnt Unsere Existenz, da Wir schon, ehe Wir atmen, mit der Mutter zusammenleben; haben Wir dann das Licht der Welt erblickt, so liegen Wir gleich wieder an der Brust eines Menschen, seine Liebe wiegt Uns am Gängelbande und kettet Uns mit tausend Banden an seine Person» (1981, 342). Das Urmodell der «Gefängnis-Gesellschaft», das Vorbild der Familien- und Gesellschaftszwänge: Mutter und Kind (ein ständiges Begleitmotiv des christlichen Gottes der Liebe, nebenbei gesagt). Wer zum freien Verein voranschreiten will, muß die alten Fesseln hinter sich gelassen haben.

Wieviel vom Hauen und Stechen zwischen den «Liebenden» geht aufs Konto des Versuchs, die *alten* Bande abzustreifen (wobei ein Stellvertreter die Kosten einer alten Liebe zu begleichen hat)? Und welcher Teil des Liebes-Duells hat nur den Zweck, den Anderen so zurechtzustechen, zurechtzuhauen und zurechtzukürzen, damit er ins althergebrachte Modell der Mutter-Kind-Bezichung paßt, die nun einmal das Urbild jeder Liebe ist? Wer alte Bindungen nicht lösen kann, kann neue Bindungen nicht knüpfen. Und wer weiß, wie die Liebe sein *soll*, der kennt das Modell bereits, bevor er jenen kennt, auf den es anzuwenden wäre. Auf diese Weise wird der freie Verein rasch zum «Leichnam des Vereins». «Ein sprechendes Exempel dieser Art liefert die *Partei*» (1981, 342). Die Verliebten: antiautoritäre, «wilde Gesellen»; und die

Eheleute: autoritäre «Philister». Eins, zwei, drei – schon ist der Revoluzzer König der Partei. Hat sich eine Beziehung erst einmal «kristallisiert», ist aus dem Fließenden Versteinertes geworden, so hat der freie Verein «aufgehört, eine Vereinigung zu sein; denn Vereinigung ist ein unaufhörliches Sich-Vereinigen» (1981, 342), ein Sich-Bewegen, an dessen Stelle mit dem Tod der Liebe doch immerhin Ruhe, Ordnung und Sicherheit treten können. Das Eigene und das Fremde, das Wesen und das Unwesen – Ich und Du: was soll daraus nur werden?

Hinter der Gloriole aus Wollust, Begierde, Leidenschaft, Sehnsucht, Hingabebereitschaft, Machtansprüchen, hinter aller Liebe – lauert das Gesetz. Kampf um Eigenes, Kampf gegen Fremdes. Der Schleier der Maja, die «Liebe», verbirgt gnädig, wie das Eigene ins Fremde übergeht und das Fremde sich in Eigenes zurückverwandelt. Am Ende bleiben der Eine oder die Andere auch einmal ausgesogen, leergepumpt, aufgebrochen, ausgeraubt zurück.

In jedem Falle, auch im glücklichsten, ist das Eigene nichts weiter als ein Entäußertes, ein im Frenden Aufgegangenes, ein Wiederangeeignetes. So fiktiv der Gegensatz zwischen Gut und Böse ist, den Stirner mit Recht kritisiert – so fiktiv ist der Gegensatz zwischen dem Eigenen und dem Fremden, den Stirner kreiert. Eigenes, das als Fremdes nicht angehört, nicht angesehen, nicht angesprochen werden konnte, bleibt taub, blind, stumm.

4

Der Staat verordnet die Gesetze der Liebe und des Hasses – jedenfalls soweit es um *öffentliche* Gefühlsbeziehungen geht. Dahinter wuchert die Anarchie der privaten Gefühlsrituale. Das geheime Liebesduell kann der Staat allerdings nicht verbieten. Das öffentliche Duell widerspricht seinem Gewaltmonopol. Deshalb erläßt der Staat ein «Duellgesetz. Zwei Menschen, die beide darüber einig sind, daß sie ihr Leben für eine Sache (gleichviel welche) einsetzen wollen, sollen dies nicht dürfen, weil's der Staat nicht haben will» (1981, 263).

So wird der *offene* Zweikampf verboten: «Der Staat läßt nicht zu, daß Mann gegen Mann aneinander gerate; er widersetzt sich dem *Zweikampf*. Selbst jede Prügelei, zu der doch keiner der Kämpfenden die Polizei ruft, wird gestraft, es sei denn, daß nicht Ich auf ein Du losprügle, sondern etwa ein *Familienhaupt* auf das Kind; die *Familie* ist berechtigt, und in Ihrem Namen der Vater, Ich als Einziger bin es nicht» (1981, 204 f). Der Einzige hat kein Kind, das er verprügeln darf, es sei denn, er würde zum Vater. Oder (noch nicht allzu lange ist es her, seit dieses Schlupfloch verstopft wurde) – zum Lehrer. Das Duell aber bleibt verboten – wie auch gewisse Formen der Kindesmißhandlung, die der medizinisch-juristischen Feststellbarkeitsprüfung unterliegen. Physischer Inzest – ein abscheuliches Vergehen! Für den emotionalen Inzest, für die Formen des Leib-&-Seeleneigentums, die sich keiner sichtbaren Ketten bedienen, gibt es weder Gesetz noch Richter, weil es keine Beweise in Gestalt greifbarer, aufzeigbarer Wunden gibt. Ein Meister des unsichtbaren Kampfsports, eine Meisterin im Schlagen unsichtbarer Wunden, an denen die Seele stirbt, als hätte man ihr sämtliche Herzen bei lebendigem Leibe herausgerissen – bleiben vom Staatsanwalt verschont. Diese unsichtbare Gewalt wuchert hinter den glänzenden Fassaden der öffentlichen Moral und der bürgerlichen Sittlichkeit.

Wie jedes kulturell verankerte Ritual, so hatte auch das Duell (jetzt im tatsächlichen Sinne, als Überbleibsel der feudalen Epoche verstanden) den Sinn, die dem Ritual vorgelagerte, wortlos-unsichtbare Affektrealität auf eine andere, kommunizierbare Ebene zu heben. Die Stilisierung des Kampfes im Duell erlaubte es, unsichtbare Wunden, Ehrverletzungen, zu rächen, die ungesühnt und schlimmstenfalls zur seelischen Verblutung führen können. Das Duell transformierte also den heimlichen Kampf in ein öffentliches Schauspiel, vorausgesetzt, die Gegner erkannten sich als ebenbürtig, satisfaktionsfähig, an. Von einem Tieferstehenden, Unterlegenen, Unwürdigen kann man bestohlen, betrogen, gar geschlagen, aber nicht in der Ehre verletzt werden. Die Beleidigung unter Gleichen ist die Voraussetzung des (tatsächlichen) Duells.

In der anarchischen Unterwelt des Gefühlslebens, das die Menschen miteinander verknüpft, organisieren sich Beziehungen, also auch Konflikte, schließlich Kränkungen, die spürbar kulminieren: in der Krankheit, die zum Siechtum der Seele führt, wenn das adäquate Heilmittel, die Vergeltung, die gestillte Rache fehlen. Der Schmerz der Ehrverletzung, der als Wut und als Wunsch nach Rache spürbar wird, ist oft weit stärker als jener, den eine tatsächlich geschlagene Wunde hinterläßt. Das Duell stellt ein Ritual zur Verfügung, unsichtbare Schmerzen durch das Schlagen sichtbarer Wunden zu vergelten. Das Duell ist ein *Kunstwerk*, wenn denn das Kunstwerk seinen ursprünglichen Sinn darin besitz, dem Affekt eine sichtbare und kommunizierbare Gestalt zu verleihen. Der Duellant ist ein *Künstler*, der seine blinde Wut, seinen ungestillten Rachedurst bereits vor Beginn des Duells ein Stück weit bezwungen haben muß, um überhaupt in das Duell eintreten zu können, um überhaupt eine Chance im taktischen Zweikampf zu besitzen, denn er muß seinen blinden Hang, loszuprügeln und loszustechen, in die kunstvollen Bewegungen des Fechters oder in die ruhige Hand des Pistolenschützen «transformieren».

Ganz anders das Duell hinter den eigenen vier Wänden, das Duell im übertragenen Sinne, der endlose Grabenkrieg zwischen den Geschlechtern, die durch ihre Geilheit und/oder Unfähigkeit, die Einsamkeit zu ertragen, aneinandergeraten sind, ohne zu wissen, wie sie es hinfort miteinander aushalten sollen. Dieser Kleinkrieg ist Ausdruck einer Barbarei, die mit der Freigabe der Liebe an jedermann, an jedes x-beliebige Individuum begonnen hat.

Sehen wir die Dinge ohne Scheu(klappen) an: Die Geschlechter *müssen* sich gegenseitig Wunden zufügen, wenn sie sich vereinigen wollen. Vereinigung ohne vorausgegangene Verletzung ist unmöglich. Die glückliche Vereinigung ist gleichsam der Balsam auf die Wunden, die nötig waren, um eine Vereinigung überhaupt zu ermöglichen. Ein Stück Sadismus, ein Stück Masochismus – und das Glück der Verschmelzung, nachdem die Angst überwunden worden ist, der Sadomasochismus sein Ziel, die Grenzauflösung, erreicht hat. Er verselbständigt sich aber gerade dann, wenn die Angst vor diesem Ziel, wenn die Angst vor dem Verlust der eigenen Identität der Liebe den Weg versperren.

Der Sadismus will die Körpergrenze des *Anderen* auflösen, um die eigene zu bewahren. Der eigene Masochismus kommt diesem Ziel in die Quere. Verschränken sich so die Körper wechselseitig, dann werden jeweils beide Körpergrenzen durchlässig; die Vereinigung des Eigenen mit dem Fremden wird möglich, das Lebenselixier, der Trank, der vorm Tod bewahrt, löscht (vorübergehend) den Durst.

In einem anderen Fall – verselbständigt sich der Sadomasochismus. Das Paar «kristallisiert», um mit Stirner zu reden. Die Partner nehmen fixierte, vorgezeichnete Rollen ein. Der «Verein», das Paar, wird zu einem lebendigen Leichnam. Das Paar als «Partei» verabschiedet Statuten, die notwendig sind, damit die Angst vor dem Sexus wieder beschwichtigt werden kann. Zwei Kommissare, der Sadist, der Masochist, die sich wechselseitig bewachen. Ein neues Duell beginnt, ein leeres Ritual ohne Ziel, denn die Grenzauflösung, das ursprünglich intendierte Ziel, ist gerade das, wovor die Angst besteht und wofür das Verhinderungsritual ersonnen werden mußte, an dem nun beide gemeinsam festhalten, um dessen Konsequenzen, die Lieb-Losigkeit, jeweils dem Anderen vorzuwerfen.

Der gnadenlose Kampf schließlich, der auf die Vernichtung des Anderen abzielt, die beim (tatsächlichen) Duell zwar in Kauf genommen, aber nicht notwendig intendiert wird, hat noch einmal einen *anderen* Grund. Es ist ein Kampf auf Leben und Tod. Wenn eine(r) im Duell der Liebe sich preisgegeben, den Körper, die Seele geöffnet hat, dann aber feststellen mußte, daß der Andere gar nicht die Vereinigung intendierte, die Wunde, die er schlug, mit seinem Körper nicht zu heilen beabsichtigte… Eine tödliche Beleidigung, die heilend nur der Tod rächen könnte.[1]

5

Um mit Stirner zu reden: Wer seine Rechte nicht *selbst* erkämpft, wer das Fremde *in* sich selbst nicht überwindet, ist kein «Einziger». Das heißt, ein wenig übersetzt: der hat sich nicht gelöst; der hat sich nicht individuiert; der steckt im (symbiotischen) Sumpf (ob zu zweit oder als erweiterte Masse). Der ist ein «Emanzipierter» – wobei Stirner auf den Wortsinn des lateinischen *emancipatus* anspielt: ein durch Handauflegen seitens des Herren freigelassener Sklave. Emanzipation als Schimpfwort. Bei Stirner liest sich das so: «Der Freigegebene ist eben nichts als ein Freigelassener, ein *libertinus*, ein Hund, der ein Stück Kette mitschleppt: er ist ein Unfreier im Gewande der Freiheit, wie der Esel in der Löwenhaut» (1981, 185).

Ein Hund an der zerbrochenen Kette, ein Hund, der sich selbst zerbiß, das war auch ein später Anhänger Stirners: Otto Gross.[2] Ein Mann, der die Lehren Stirners als individuelles Befreiungsprogramm mißverstand und daran scheiterte. Denn: Wer versucht, das Ich, den

---

1 Man erinnert sich: Der «Tod» hat viele, unzählige Gesichter – das einfältigste zeigt wohl der physische Tod, mit dem die Einfältigen ganz und gar «den» Tod identifizieren.
2 Vgl. zu Otto Gross (1877–1920) ausführlicher: Nitzschke (1985, 213–254; 1988a).

Kern, aus allen «fremden» Verhüllungen herauszuschälen, behält Nichts zurück. Wer Nicht-Ich nicht will, wird Ich verlieren.

ICH (bin): also war ich der Niederschlag einer Reihe inniger Bindungen, bin ich ein Glied in der Kette aus Nicht-Ich. Zerstöre ich diese Kette, löse ich ICH auf.

Dennoch: Es gibt Ketten, die zu sprengen wären. Es gibt symbiotische Verstrickungen, aus denen ein ICH erst noch zu lösen wäre. Das Fremde in diesem Sinne ist die Kette, die an emotionale Zustände, an Reaktionsweisen fesselt, die zu überwinden wären, sollte ICH werden.

Otto Gross mißlang der Versuch, sich selbst zu befreien. Er haßte die Frauen, weil sie ihm bewiesen, daß er ohne sie nicht leben konnte – daß er nicht *frei* war. Also brachte er zunächst seinen Wunsch nach den Frauen – zumindest den Wunsch, ganz mit *einer* Frau allein zu sein – und dann, in einem verdeckten Sinne, sich selbst um.

Wie immer Otto Gross sich dreht und wendet, das Alte, das Fremde, das Verhaßte wird er nicht los. Mal will er im Anderen das Fremde zerstören, mal will er sein Ich vom Anderen befreien. Seinem theoretischen Werk (eine Mischung aus zeitgenössischer Psychiatrie, Freud, Stirner, Nietzsche, Marx, Schwabinger und Asconeser Anarcho-Bohème) entnimmt man die folgende grundsätzliche Denkfigur: Das Fremde kommt auf dem Wege der Suggestion in den eigenen Leib und wuchert dort als Fremd-Körper weiter. Die «Elterngewalt» über das Kind ist die Wurzel aller Übel, das üble Gewächs aber wuchert aus dem patriarchalisch-kapitalistischen Gesellschaftsboden. Erst das «Mutterrecht» wird dereinst die GROSSE Freiheit bringen...

Aber wie wäre das Fremde vorher zu besiegen, wenigstens im individuellen Fall zu überwinden? Sollte man es abhacken? Herausreißen? Wegstechen? Abbrennen? Mit Rausch & Gift überwinden?

Jeder Versuch des Otto Gross scheitert. Er scheitert als Analytiker, als Anarchist, als Ehemann, als Sohn, als Vater – selbst noch als Theoretiker hinterläßt er kaum Spuren in der (offiziösen) Pychoanalyse. Dabei hatte Freud ihn einst als seinen begabtesten Schüler gepriesen, eine Ehre, die zeitweise nur noch C. G. Jung zufiel. Der wiederum hatte Gross psychoanalysiert, um ihn von der Rauschgiftsucht zu befreien, ein Unternehmen, das gründlich mißlang. Immerhin kam C. G. Jung hinterher zur Einsicht, Gross sei sein «Zwillingsbruder» im Geiste, «minus dementia praecox», versteht sich, die Jung bei Gross diagnostizierte, bei sich selbst aber nicht sehen konnte. Im Nachlaß des Schriftstellers Franz Jung (eines engen Freundes von Otto Gross), in einem Berliner Archiv[1], fanden sich Spuren, handschriftliche Notizen von Otto Gross, darunter:

«Ich selbst glaube, daß alles, alles, was ich tue und nicht tue, masquierte Schwäche ist – Feigheit ist – ‹saure Trauben› und die Schweinerei, die dazugehört.

Die Unbekümmertheit der Selbstsicheren – wer die nicht hat, der muß dann immer sich kontrollieren – und alle andern…

Jetzt sitzt das Weib neben mir – verflucht – wie paßt es doch so unbegreiflich schlecht zu mir das nur nicht Kampf und Sieg von selbst verstehn.»

6

Nur nicht: Kampf und Sieg(en müssen) in der Beziehung zu einer Frau. Von selbst zu verstehen, daß ein solches Duell unnötig sei… Wünsche des Otto Gross, die nicht in Erfüllung gehen. Er liebt sie alle: Frieda Schloffer, die er heiratet, nachdem sie ihm geholfen hat, erstmals den Leib einer Frau zu betreten. Die Richthofen-Schwestern. Die Ex-Patientinnen. Die drei Schwestern seines Freundes Anton Kuh. Und: so weiter. Ein Mann auf der Flucht vor sich selbst und vor seinem Wunsch, die Frauen – oder besser: seinen im Leib der Frauen verborgenen Wunsch – zu töten.

Er kennt bedeutende Literaten seiner Zeit (Kafka, Werfel gehören dazu); und sie kennen, beschreiben ihn in ihren Werken, mal offener, mal verdeckt porträtieren sie ihn. Sein Leben besteht aus Skandalen, ist ein Skandal. Die Anarcho-Szene seiner Zeit ist seine Zeit. Und er gehört zu ihren prominenten Vertretern. Franz Jung schildert die Rausch-Exzesse des Otto Gross und seiner Geliebten Sophie Benz, die sich endlich mit Hilfe jenes Mannes umbringt, von dem sie Hilfe erwartet hatte (Gross hält immer Kokain bereit; besser die Frauen bringen sich um, als ihn im Leben und auf andere Weise zu verlassen): «Sophie – Der Kreuzweg der Demut» (Jung 1915). Szenen nach dem Leben:

«Sophie stand vornübergebeugt. Mit saugenden Blicken. Sie wuchs. Sie erfüllte das Gemach, Sie wölbte sich zu einem Gebet. Sie wurde ein Kelch. Die Ränder züngelten. Höher. Leuchtender.»

«…man merkte, er war ängstlich…

‹Laß das!› Ihr Gesicht wurde rot angeschwollen.

[1] Dvorak publizierte diese und andere Materialien von und über Gross im Anhang (62 ff) zu einer großen Gross-Revue (Dvorak 1978).

‹Aber bestand denn nichts, was die Frauen an den Mann kettet –› rief er mit zitternder Stimme. Mit niedergekämpften Tränen.

‹Kettet – kettet?› Sie höhnte. Sie schien aufheulen zu wollen, aber verzog das Gesicht zu einem breiten Grinsen. ‹Was sollen die Frauen da mit dem Krüppel. Und dann noch angekettet –›»

«Sophie blieb stehen. Sie wuchs schwarz empor. Sie sprach mit eisiger Stimme... und spuckte aus.»

Zweimal wächst die Frau (über den Mann) hinaus. Im ersten Falle: Sie wird zu einem saugenden Kelch mit flammenden, verzehrenden Rändern. Ein feuerspeiender Vulkan, ein Glutofen für den Körper des Mannes. Ihr Verlangen... Und im zweiten Fall:

Haß, Verachtung, Gnadenlosigkeit: Wieder wächst sie. Sie erfriert. Wird zu einem Stück Eis. Schwarzes Eis.

7

Die Krankenakten, die C. G. Jung über Gross anlegte, hat Hurwitz (1979) ausschnittweise veröffentlicht und kommentiert. Von einer zweiten, späteren Behandlung des Otto Gross, diesmal wurde die Krankengeschichte durch den von Freud verstoßenen «aktiven» Psychoanalytiker Wilhelm Stekel verfaßt, liegen ebenfalls Zeugnisse vor.[1]

Diese zweite Analyse des Otto Gross alias «M.K.» offenbart die Abgründe der Seele eines Mannes, der die Frauen liebte, zu sehr liebte. Ein Mann, der um sein Leben kämpfte, wenn ihn seine Begierden in den Leib einer Frau jagten.

«Die Tragödie eines Analytikers» – so lautet Stekels Kapitelüber-

---

1 Dvorak (1985) entschlüsselte (vermutlich als erster) die von Stekel geschriebene Krankengeschichte und erkannte darin das Porträt des Otto Gross. Tatsächlich sind viele Details, die Stekel dem «M.K.» zuschreibt, auch in der von Hurwitz (1979) ausschnittweise wiedergegebenen, von C. G. Jung über Gross verfaßten Krankengeschichte enthalten. Um nur ein Beispiel zu nennen: In beiden Berichten wird erwähnt, daß Gross nachts nur bei Licht schlafen konnte. Es ist außerdem anzunehmen, daß Stekel Berichte C. G. Jungs vorlagen, denn manche Formulierungen klingen sehr ähnlich. Stekel weist allerdings die von Jung gestellte Diagnose «Schizophrenie» (dementia praecox) zurück. – Auf die gescheiten Arbeiten Dvoraks (1978, 1983, 1985) über Otto Gross hat mich Elisabeth Honsel (Münster) aufmerksam gemacht. Ich möchte mich an dieser Stelle ausdrücklich bei ihr für diese Hinweise bedanken.

schrift zum «Fall Nr. 37» im Band (8) «Sadismus und Masochismus» des Monumentalwerkes «Störungen des Affekt- und Trieblebens». Stekel (1925, 484 ff) beschreibt also die Tragödie eines Kollegen. Der «Philister» Stekel und der «wilde Geselle» Gross kreuzen die Klingen. Das Dokument dieser Begegnung schildert den vergeblichen Kampf für das Eigene und gegen das Fremde, illustriert in einzigartiger Weise das theoretische Werk des Otto Gross. Stekel beschreibt den «Vorkämpfer des Mutterrechts». Der konnte sich «für eine beleidigte Frau... sofort duellieren, obgleich er ein Gegner des Duells» war. Was zählen Widersprüche im Leben des Otto Gross, dessen Leben ein einziger Widerspruch war?

Widersprüche: Er tritt öffentlich für das Recht der Frauen ein und tritt es privat mit Füßen (an einer anderen Stelle berichtet Stekel einmal über einen Patienten, der als angesehener Mann öffentliche und vielbeachtete Reden gegen die Prostitution hielt, um nächtens ins Bordell zu schleichen). Als Anarchist verabscheut Gross das feudale Duell; er ist aber jederzeit bereit, die Ehre der Damen mit Pistolen zu verteidigen. Als Theoretiker weiß er, daß die Liebe zum eigenen Geschlecht eine Voraussetzung für die Einfühlung ins fremde Geschlecht ist; den manifest Homosexuellen aber verspricht er – zumindest wenn sie Päderasten sind – die baldige Abschaffung durch die Todesstrafe. Für Stekel ist die «Beziehung» zwischen dem Gross'schen «Frauenkultus» und der verdrängten, sehr ausgeprägten Gross'schen «Homosexualität» ein fragwürdiges Phänomen, das er gerne klären möchte.

Und wie befriedigt Gross *seine* Homosexualität? Er zwingt die Frauen, über die er Macht gewonnen hat, mit fremden, von ihm sorgfältig ausgesuchten Männern zu schlafen: «Der Geliebte seiner Frau war dann gewissermaßen sein Geliebter.» So kommt es zwischen zwei Männern zum Fern-Duell im Körper einer Frau:

«Fiebernd vor Erregung lag M.K. in seinem Bette allein und... onanierte. Dann wartete er auf seine Frau und wollte wissen, ob sie ihn nach dem andern noch immer begehrte... Wird sie nach dem andern noch zu ihm zurückkehren und in seinen Armen Vergnügen finden? Sie kam und war wieder die seine, wobei er eine enorme Steigerung des Orgasmus empfand.»

Dann aber traten «Verhältnisse ein, die deutlich zeigten, daß M.K. nur die Frau als Umweg benutzte, um seine Freunde zu besitzen». Die Verhältnisse offenbaren den masochistischen Genuß der sadistisch erzwungenen Untreue der Frau. Das Arrangement diente der Beschwichtigung der Angst: Zwischen den fremdem Leib der Frau und den eigenen Leib des Otto Gross schob sich schützend der Leib eines zweiten Mannes, eines Dritten in der Beziehung.

Es geht bei einem solchen Arrangement – anders als auf den ersten Blick offenbar zu sein scheint – eben *nicht* wesentlich um eine ödipale Problematik. Das Arrangement dient – wie auf den zweiten Blick erkennbar wird – der Abwehr präödipaler Ängste. Um diese Ängste, d. h. die furchterregende Nähe einer Frau, zu bewältigen, wird ein zweiter Mann gesucht. Auch Stekel erkennt den Sinn des Arrangements:

Als die Ehefrau «das erstemal von ihm schwanger war, bemerkte er bei ihr eine weibliche Hingabe... Sie dachte: ‹Jetzt sind die Versuchungen zu Ende. Jetzt werden wir uns finden und er wird mir allein, ich werde ihm allein gehören.› Sie gab sich ihm ganz als Weib hin... Das konnte er nicht ertragen... Er wollte sie nur als Herrin sehen, sich ihr unterwerfen... Eine sich unterwerfende Frau erfüllte ihn mit Angst...»

Befriedigung der eigenen Homosexualität durch Kumpanei mit einem herbeizitierten zweiten Beischläfer; Befriedigung masochistischer Bedürfnisse; Angst vor eigenen mörderischen Impulsen angesichts einer wehrlosen, hingabebereiten Frau; Zurückweisungen, Kränkungen, Verletzungen, weil eine bestimmte Form der Nähe nicht ertragen werden kann – die Schmerzen, die dem Anderen zugefügt werden, sollen diesen wieder auf *Distanz* bringen (er hat eine Grenze überschritten, die er aus «Liebe» einriß, ohne zu wissen, welche Gefahren er dabei heraufbeschwor). Die Angst vor der Nähe kann so stark sein, daß unbewußt ein «Verhältnis» initiiert wird, unter dem man/frau leidet, das jedoch den Zweck erfüllt, noch unerträglicheres Leiden abzuwehren – das Leiden an der Nähe.

Das inszenierte Spiel ist in dem Augenblick zu Ende, in dem Frieda, die Ehefrau, Ernst macht: Sie verliebt sich in einen der anempfohlenen Zweit-Liebhaber. Die Inszenierung gerät außer Kontrolle; der Untergang des Otto Gross nimmt seinen Lauf; die Ehefrau verläßt ihn. In Zukunft muß Otto Gross sich vor seinen mörderischen Phantasien, in denen Frauen die Opfer sind, noch mehr in acht nehmen. Dennoch kommen ein, zwei seiner Geliebten auf merkwürdige Weise um (sie sterben am Rausch-«Gift», das er ihnen zur Verfügung stellt). Sein latenter Sadismus wird zur Gefahr. Aber: «Er ist ein ausgesprochener Tierfreund, der keinen Käfer töten kann.» Als 19jähriger verliebt Gross sich in eine Prostituierte (später schickt er seine Geliebten gelegentlich auf den Strich). Die Prostituierte will nichts von ihm wissen. Er beginnt zu saufen:

«In seinem ersten Alkoholrausche stellte er folgendes an. Er wohnte damals bei einer älteren, braven Frau… Er schlug alles im Zimmer klein, errichtete einen Trümmerhaufen als Thron… und verlangte stürmisch nach der Alten…: ‹Die alte Sau soll zu mir kommen! Die alte Sau soll zu mir kommen!›… Er, der Anarchist, sah sich in den Tagträumen als Feldherr einer unbesiegbaren Armee.»

Stekel meint, Gross habe am Cäsarenwahn gelitten, an ungezähmten Machtphantasien, «allerdings mit der Rationalisierung aller Cäsaren», die behaupten, die Macht nur «für ideale Bestrebungen zu verwenden». Im Falle Otto Gross sollte die phantasierte Macht «durch Einführung des Mutterrechts eine neue Ära» herbeiführen. Seine Träume und die Assoziationen zu den Träumen offenbaren dennoch «einen unauslöschlichen Haß gegen alles Weibliche, eine Verachtung des Weiblichen». Wenn sich eine Frau seinen (infantilen) Wünschen widersetzte, «fühlte er den Impuls, sich auf sie zu stürzen, sie zu erschlagen, sie niederzuwerfen, sie zu erwürgen. Er stürzte sich auch einmal auf seine Mutter, die aus dem Zimmer flüchten mußte und fürchtete, es wäre ihr letztes Stündlein gekommen.» Vor seiner übermäßigen Liebe, vor seinem Wunsch, völlig in der übermächtigen Frau aufzugehen, sich aufzulösen, vor der Angst, eben durch diesen Wunsch die eigene Identität zu verlieren – schützte Gross sich durch die Rituale des Kampfes und durch die Suche nach einem verbündeten Mann:

«Er zitterte immer um seine Selbständigkeit. Und es gab ein Mittel, das ihn wehrlos machte und das war… die Liebe… Er suchte nach Gelegenheiten, sich in die Fechterstellung des Bedrängten zu flüchten.»

Die Fechterstellung, die Position des Duellanten, als Fluchtpunkt, als Schutz vor dem eigenen Wunsch und vor dem anderen Geschlecht! Wieviel Frauenhaß, wieviel Männerhaß wären auf diese Weise zu verstehen? – Als Otto Gross' Frau gehofft hatte, es könne nun ein Paar aus ihr und ihm werden, erschreckten ihn «ihre Blicke», die voller «Hingabe und Zuneigung» waren. Er konnte diese Nähe einer Frau nicht ertragen, «weil er fürchtete, wehrlos zu werden»:

«Dieser Gefahr mußte er vorbeugen. Er stieß seine Frau von sich… Bei der ersten Gelegenheit ergriff er die Flucht, um seine Persönlichkeit zu wahren und nicht der Macht der Liebe zu erliegen. Sein ganzes Leben bedeutete eine Flucht vor der Liebe, ein Ausweichen vor jedem echten Gefühl und jeder echten sexuellen Regung... Er hatte Angst vor der Liebe, welche jede intime Annäherung unmöglich machte. Der Umstand, daß er seinen geliebten Frauen andere Männer zuführte, ging neben der homosexuellen Triebkraft auf das Unvermögen zurück, einen Menschen ganz allein an sich zu binden, und auf die Angst, der Liebe dieses Menschen ganz ausgeliefert zu sein. Splendid isolation! – ist das Schlagwort solcher Naturen.»[1]

Mann – Frau – Mann. Nicht immer bedeutet das Dreieck, hier gehe es um ödipale Konflikte. Im Falle des Otto Gross handelt es sich um eine pseudoödipale Fassade, hinter der sich die präödipalen Ungeheuer der Gross'schen Phantasie verbergen. Und das Arrangement dient dem Kampf gegen diese Ungeheuer:

«Er begann alle weiblichen Wesen zu hassen, weil sie ihn als Kind und nicht als Mann betrachteten. Es gab ein Mittel, wie er ihnen den Herrn zeigen konnte. Wenn er sie tötete. Ein Messer, ein Revolver, ein Giftfläschchen... Die Waffe als Vergrößerung des Kleinen!... Der Akt des Mordens... ist auch eine geschlechtliche Vereinigung... Der Mord ist... der Sexualakt des Impotenten.»

Stekel analysiert den soldatischen Mann (Otto Gross). Und er erkennt sehr genau, daß es sich hier um einen halb im Mutterleib Steckengebliebenen handelt, der seine ungeschützte, zerbrechliche Körperhülle

1 Um die in dieser Anspielung auf das «Schlagwort» («splendid isolation») enthaltene Spitze gegen «Freud» zu verstehen, müßte man das (verunglückte) Verhältnis Freud–Stekel aufrollen. Wenige Andeutungen mögen genügen: Nach Stekels Empfinden hatte Freud seinen Schüler, dem die Gründung der «Mittwochgesellschaft» zu verdanken war (und der Anfang 1900 kurze Zeit Patient bei Freud war), in einer sehr unschönen Weise ausgebootet (aus der zur «Wiener Psychoanalytischen Vereinigung» mutierten «Mittwochgesellschaft» hinaus-intrigiert). Stekel versuchte später mehrfach, wieder Pardon zu erhalten – vergebens. Freud-Anhänger kolportierten u. a. das Gerücht, Stekels Krankengeschichten seien oft unglaubwürdig, weil «erfunden». Im Falle der Krankengeschichte «M.K.» (Otto Gross) bestätigen Quervergleiche diese Behauptung nicht. Nachdem Stekel von «splendid isolation» gesprochen hat, fährt er im Text fort, einen machtgierigen «M.K.» zu skizzieren, der in der Welt seiner Phantasien haust und sich die anderen Menschen *ängstlich* vom Leibe halten muß. Vermutlich sah Stekel Freud ähnlich. Und das Stichwort *splendid isolation* ist – für den Kenner – nahezu ein Markenzeichen jenes Freud, den Stekel als Patient kennengelernt und den er sozusagen durch die Anregung zur «Mittwochgesellschaft» aus der Isolation befreien half. Freud: «Wenn ich aus den Verwirrungen und Bedrängnissen der Gegenwart auf jene einsamen Jahre zurückblicke, will es mir scheinen, es war eine schöne, heroische Zeit; die *splendid isolation* entbehrte nicht ihrer Vorzüge und Reizen (1914, 60).

durch eine Panzerung schützt. Die «Fechterstellung», die Waffe, der Mord: Flucht- und Haltepunkte. Stekel beschreibt die Zusammenhänge anschaulich, psychologisch stimmig. Der Ödipuskomplex, das Freudsche Dogma, wird von Stekel mit keinem Wort erwähnt, obgleich das Arrangement zumindest daran (genauer: an den negativen Ödipuskomplex) erinnert. Aber der intendierte Muttermord, der die Freiheit des festgehaltenen Sohnes bringen könnte, mag doch tiefere Wurzeln haben, als sie im Freudschen Paradigma enthalten sind. Stekel beginnt die Behandlung des Otto Gross unter zwei Prämissen:

«1. Sie müssen versprechen, während der Behandlung keine narkotischen Mittel zu nehmen... 2. Sie werden sich in das erste weibliche Wesen verlieben, das Ihnen in den Weg kommt. Das wäre gleichfalls das Ende der Analyse. Versprechen Sie mir, keine neuen Beziehungen anzuknüpfen, solange die Analyse dauert.»

Der «Philister» (Stekel) nähert sich dem «wilden Gesellen» (Gross). Es dauert nicht lange und Stekel erkennt den «Philister», der sich «hinter dem Edelanarchisten» (Gross) verbirgt. Stekel bestätigt die Theorie Stirners, derzufolge in jedem Revoluzzer ein Bourgeois (und umgekehrt) steckt. Was aber tut Stekel (unbewußt), um seine eigenen antibürgerlichen Affekte (indirekt) auszuleben, sie im Agieren des Otto Gross mitzugenießen? Er verkündet offiziell Behandlungsbedingungen, die gebrochen werden *müssen*. Was also geschieht?

«Schon in der ersten Woche wurde er rückfällig... Er erbrach den Medikamentenschrank des Sanatoriums... In dem Sanatorium befand sich ein einziges weibliches Wesen, das als Liebesobjekt in Frage kam... Es handelte sich um ein intelligentes Mädchen... Ich warnte sie vor den Folgen eines etwaigen Verhältnisses (d. h. Stekel legt rechtzeitig die Spuren, denen das ‹intelligente Mädchen› nur noch zu folgen braucht – B.N.)... Auch sie versprach mir feierlich, meine Bemühungen nicht zu durchkreuzen (was sie, soweit es um die unbewußt motivierten Bemühungen geht, auch nicht tat – B.N.). Überdies sei der Mann häßlich, habe lauter kariöse Zähne, einen schrecklichen Geruch und käme als Mann für sie nicht in Betracht... Schon nach 2 Wochen hatte sie ihm den ersten Kuß gegeben... Ich greife vor und konstatiere die Tatsache, daß er seine Braut natürlich zum Opiumismus und später zum Kokainismus erzog... Von weiteren Verwirrungen und Überschreitungen will ich aus Gründen der Diskretion schweigen.»

Wiederholungszwang. Übertragung. Gegenübertragung, Re-Inszenierung. Agieren – von beiden Seiten. Binnen Wochen hat Otto Gross die Behandlungsbedingungen außer Kraft gesetzt. Stekel fragt: «Sollte ich mich durch seine Kunstgriffe schon in den ersten Wochen für besiegt erklären?» Stekel antwortet: «Ich setzte die Behandlung fort...»

«Unser Verhältnis war nun eigentümlich. Er hatte schon früh versucht, mir seine Braut, die er inzwischen defloriert hatte, aufzudrängen und stellte dies sehr schlau an. Er schickte mir täglich einen Brief an die Braut, den sie bei mir abholen mußte.»

So «schlau» Gross auch ist, Stekel durchschaut seinen Patienten und teilt ihm «die analytische Wahrheit mit: Sie wollen die alte Konstellation herstellen. Ich soll der Geliebte Ihrer Braut werden. Ich ersuche Sie, die Briefe direkt an Ihre Braut zu senden.» – Das aufrechte Wort eines Mannes! Eine Deutung – gewiß. Da aber durch deren Mitteilung die Ursachen nicht beseitigt werden, die dazu führen, daß Gross handelt, wie er handeln *muß*, fügt die Deutung dem alten Leid nur neues Leiden hinzu. Die heilende Wirkung der Deutung tritt nur dort ein, wo *zugleich* ein Entwicklungspotential angesprochen und gefördert wird, das jene Lücken ausfüllt oder vernarben läßt, die bisher symptomatisches Handeln *erzwangen*. Ohne Verbindung mit dieser «zweiten» Dimension psychoanalytischen Intervenierens bleibt die Deutung eine Beleidigung, eine Kränkung, wozu sie ja auch im Alltagsdiskurs (außerhalb des analytischen Settings) in der Regel benutzt wird.

Stekel teilt die einmal erkannte «analytische Wahrheit» ungeschminkt mit. Der Effekt verblüfft Stekel: «Der Mann, der seine Frau jedem Freunde direkt angeboten, ja sogar aufgedrängt hatte, war beleidigt, weil ich ihn erkannt und durchschaut hatte.» Otto Gross bricht die Behandlung ab. «Tödlich beleidigt», erneut verwundet verläßt er den Kampfplatz. Einige Jahre später stirbt er im Berlin der Nachkriegszeit: 1920. Im selben Jahr erscheint sein bedeutendstes Werk: «Drei Aufsätze über den inneren Konflikt». Wie heißt es im Krankenbericht Stekels? – «Sein ganzes Leben ist ein Kämpfen um die Dreieinigkeit, die er nie erreichen konnte.»

8

Mutter – Vater – Kind. Zwei Beziehungen zu zwei verschiedenen Geschlechtern, dazu ein aus den unterschiedlichsten Beziehungen resultierendes, zusammengesetztes Selbst-Bild. Identität als festes Fundament für spätere Beziehungen (des Erwachsenen zu einem erwachsenen Liebesobjekt) ist ein Phänomen, das durch die psychoanalytischen Lehrbücher geistert, dessen lebenspraktische Verwirklichung jedoch immer seltener zu gelingen scheint, unbeschädigt nicht zu beobachten ist. Die «Dreieinigkeit» – dem christlichen Abendlande sozusagen als Leitbild vorgegeben, wenn dabei auch die Verleugnung von Beginn an eingeplant war: Vater – Kind (Sohn) – und Heiliger Geist (ein schlechter Ersatz für die Mutter). Die «Dreieinigkeit» *ist* die Identität. Aus welchen Gründen immer: Die durch einen Dritten unmodifizierte Zweierbeziehung erzwingt lediglich die Wiederholung, den Versuch der Wiederherstellung eines Zweierbündnisses (oder die Angst gerade vor diesem Bündnis, die Flucht vor der Symbiose); sie befähigt offenbar *nicht* zur Ausdifferenzierung einer Identität, für die, beispielsweise, die Fähigkeit zum Ertragen von Einsamkeit (wenigstens über eine längere Zeit hinweg) charakteristisch wäre. Unter der Bedingung von Einsamkeit zerfällt die nur mühsam und brüchig erworbene «Dreieinigkeit» des mehr oder weniger symbiotisch sozialisierten Menschen. Die Nebenzimmererotik des Otto Gross: Auf phantastischem Weg stellt er «Dreieinigkeit» her. Wenn der fremde Mann mit seiner Frau schläft, kann sich Gross abwechselnd mit dem Vater/Mann und der Mutter/Frau identifizieren, um am Ende doch als einsam onanierendes Kind zurückzubleiben.

Gross meint, als «Sexualimmoralist» freie erotische Arrangements zu entwerfen. Er glaubt, in diesem Falle propagierter sexueller Freiheit werde der Wille zur Macht durch den Willen zur Beziehung ersetzt. Gross täuscht sich (und andere). Er praktiziert die Un-Freiheiten des Libertins, die de Sade (vgl. Nitzschke 1988b) karikierte. Der Libertin hat peinlich genau die Regeln zu beachten, nach denen das Uhrwerk des inszenierten Exzesses abläuft. Verstößt er gegen die Regeln, wird der Libertin bestraft. Und an den Rand der Verzweiflung gerät Gross in dem Augenblick, in dem ein Mit-Spieler sich seiner Kontrolle, seiner Inszenierung entzieht. In dem Augenblick, in dem sich seine Frau nicht mehr so verhält, wie es die in Taten umgesetzten Onanierphantasien des Otto Gross vorsehen; in dem Augenblick, in dem die Frau ihren *eigenen* und nicht den fremden, suggerierten, induzierten Gefühlen folgt (die der Lauscher an der Wand mit-genießen will, weil *er* sie braucht), zerbricht die künstliche Welt, zerbricht die schwache Identität des Otto Gross, die ja gerade durch das fortgesetzte Schauspiel hätte befestigt werden sollen.

Der *Eigen*-Sinn, dem die Frau folgt, indem sie mit dem aufgezwungenen Spiel Ernst macht, indem sie mit dem empfohlenen Liebhaber tatsächlich *freien* Verkehr pflegt, zerstört das kunstvolle Arrangement der Macht und offenbart die Schein-Freiheit, die der «Perverse» einzig gewähren kann. Die Frau geht *fremd* – aus *eigenem* Willen. Damit beginnt der Untergang des Otto Gross. Sie durchbricht die Anweisungen des heimlichen Regisseurs. Sie springt von der Bühne, deren Bretter aus der Gross'schen Kinderstube stammen. Ein Stück der Requisiten wird sozusagen lebendig. Der Fetisch kann plötzlich laufen. Der Fetischist bleibt einsam zurück.

Das «perverse» Arrangement realisiert in der Wirklichkeit – bei Vermeidung eines tatsächlich lebendigen, spontanen, unkontrollierten Gefühlsaustauschs –, was der Paranoiker lediglich im Kopf verübt: die totale Kontrolle. Da die Vielfalt des Lebens prinzipiell nicht kontrolliert und beherrscht werden kann, die «Natur» (beispielsweise) niemals stumm den Abfall schluckt, den die Beherrscher der «Natur» produzieren, mag es wenigstens im Kopf, im System der «großen» Denker eine Ordnung geben, die das Chaos (scheinbar) zähmt. In der «Natur» gibt es die von außen verordnete «Ordnung» nicht – und es wird sie niemals geben. Zur richtigen Stunde kehrt der «Abfall» in die Leiber derjenigen zurück, die glaubten, die «Natur» beherrschen zu können. Aber zwischen-zeitlich: das Gefühl der Macht, das Gefühl der unumschränkten Kontrolle, das Gefühl des Paranoikers, das der «Perverse» sozusagen in die Tat umsetzt. Der Paranoiker genießt psychisch und ideell, was sein «perverser» Kollege real praktiziert. Und beide geraten – wie mancher «große» Denker – außer Rand und Band, wenn sich ihrem «System» die «Wirklichkeit» in den Weg stellt.

In der «Rätezeitung» (1919; Neudruck 1979) veröffentlicht Gross
einen Aufsatz «Zur funktionellen Geistesbildung des Revolutionärs».
In einer Anmerkung dazu heißt es: «Der Verfasser... beabsichtigt in
der *Freien Hochschulgemeinde für proletarische Kultur* Kurse ‹Zur
Psychologie der Revolution›... zu halten.»[1] Die revolutionären Ideen,
die Gross propagierte (eine Mischung aus Stirner, Nietzsche, Bachofen,
Freud, Marx, Kropotkin usw.), sollten die Erlösung der Menschheit
beschleunigt herbeiführen. Dabei ging Gross von der Annahme aus,
der «Masse» seien diese Ideen suggestiv, den «Starken dieser Welt, den
Privilegierten jeder Art» wären sie hingegen «im Kampf von Leben
gegen Leben aufzuzwingen» (zit. n. Dvorak 1985, 55). Gross dachte an
eine Art groß angelegtes Duell: «Die Revolution als Säbelduell», lautet
hierzu die kommentierende Kapitelüberschrift Dvoraks (1985, 54). Solange er überhaupt noch Kraft in sich spürte, war Gross immer bereit,
in die «Fechterstellung» zu gehen.

Werfel läßt das größenwahnsinnig-paranoide Abbild des Otto
Gross, verkleidet als «Privatdozent Dr. Ottokar Grund» (Gross war
Privatdozent für Psychopathologie an der Universität in Graz), im
Drama «Schweiger» auftreten. Dr. Grund entwirft Pläne zur Vernichtung der Menschheit (im Theater-Spiel), während er doch im realen
Leben die Menschheit erlösen wollte. Zum Zwecke der Vernichtung
beabsichtigt Dr. Grund, den «dreizehnten Stand der Menschheit» zu
organisieren. Das *organisierte* Chaos soll die bestehende Ordnung außer Kraft setzen: «Wir Narren, Irrenhäusler, Aussätzigen, Pervertier-
ten, Alkoholiker, Kokainisten, Ewig-Lebensunfähigen – wir hören niemals auf, zu hassen!!» (Werfel, zit. n. Dvorak 1978, 53). Der Vater des
Otto Gross war ein berühmter Kriminologe. Als solcher katalogisierte
er den «dreizehnten Stand». Auch er brachte, auf seine Weise, Ordnung in das Chaos. Was der Sohn allerdings lobte, die Anarchie, die der
«dreizehnte Stand» verkörperte, haßte der Vater. Für ihn war die Er-
stellung eines Katalogs der Abweichenden nur die Voraussetzung für
deren Sistierung, Verurteilung und Verbannung – in die «Kolonien».

---

1 Anfang 1919 war von Paul Federn, einem Mitglied der «Wiener Psychoanalytischen Vereinigung», eine Broschüre mit dem Titel «Zur Psychologie der Revolution. Die vaterlose Gesellschaft» publiziert worden. Es mag sein, daß Gross hierauf
mit seiner Kurs-Ankündigung reagierte.

Was der Vater am liebsten verschickt hätte, brach in seinem Sohn vehement an die Oberfläche. Der brave, gute Bürger fürchtet sich stets am meisten vor dem, was in ihm selbst ist, was er aber nur als Fremdes anschauen und verfolgen kann. Und so entdeckt auch der «Philister» im «wilden Gesellen» am Ende nur sich selbst:

«Das Bürgertum bekennt sich zu einer Moral, welche aufs engste mit seinem Wesen zusammenhängt. Ihre erste Forderung geht darauf hin, daß man ein solides Geschäft, ein ehrliches Gewerbe betreibe, einen moralischen Wandel führe. Unsittlich ist ihr der Industrieritter (Spekulant – B.N.), die Buhlerin, der Dieb, Räuber und Mörder, der Spieler, der vermögenslose Mann ohne Anstellung, der Leichtsinnige. Die Stimmung gegen diese ‹Unmoralischen› bezeichnet der wackere Bürger als seine ‹tiefste Entrüstung›. Es fehlen diesen Allen die Ansässigkeit, das *Solide* des Geschäfts, ein solides, ehrsames Leben, das feste Einkommen usw., kurz, sie gehören, weil ihre Existenz nicht auf einer *sicheren Basis* ruht, zu den gefährlichen ‹Einzelnen oder Vereinzelten›, zum gefährlichen *Proletariat*: sie sind ‹einzelne Schreier›, die keine ‹Garantien› bieten und ‹nichts zu verlieren›, also nichts zu riskieren haben. Schließung eines Familienbandes, z. B. *bindet* den Menschen, der Gebundene gewährt eine Bürgschaft, ist faßbar; dagegen das Freudenmädchen nicht. Der Spieler setzt alles aufs Spiel, ruiniert sich und Andere… Man könnte Alle, welche dem Bürger verdächtig, feindlich und gefährlich erscheinen, unter dem Namen ‹Vagabunden› zusammenfassen… Denn es gibt auch geistige Vagabunden, denen der angestammte Wohnsitz ihrer Väter zu eng und drückend vorkommt, als daß sie ferner mit dem beschränkten Raume sich begnügen möchten… Sie bilden die Klasse der Unsteten, Ruhelosen, Veränderlichen, d. h. der Proletarier, und heißen, wenn sie ihr unseßhaftes Wesen laut werden lasen, ‹unruhige Köpfe›. Solch weiten Sinn hat das sogenannte Proletariat…» (Stirner 1981, 123 f).

Kurz und gut, es sind die gleichen Leute (Lumpenproletarier), die der Vater haßt, der Sohn liebt und Stirner als die Kehrseite der guten Bürger entlarvt, auch wenn die Bürger meinen, der Kehricht, den sie produzieren, ihr Ab-Fall, ließe sich in die Kolonien oder Lager verbannen, in oder mit den Söhnen einsperren. Die Lager, in denen die Herren die Abweichenden konzentrieren wollen, sind doch nichts anderes als die Hütten, die hinter den Fassaden der Paläste stehen. Hans Gross, der Vater, läßt Otto Gross, den Sohn, entmündigen, in die Anstalt sperren. Als der Vater stirbt, kommt der Sohn frei. Aber erst jetzt ist er ein endgültig gebrochener Mann; denn mit dem Vater hat er auch den letzten Halt verloren, den er im Kampf *gegen* den Vater noch finden konnte…

Abschließend ein Wort zu Freud[1], der, wie bekannt, jahrelang Ko-kainist war. In Gross erkannte Freud offenbar sein (verdecktes) Spie-gelbild. Er lobte ihn als genialsten Schüler (neben C. G. Jung). Jung durchlebte seine Psychose erst nach der Trennung von Freud. Gross war immer ein Wanderer zwischen zwei Welten. Vermutlich begegnete Freud in Gross ebenjener Wahnsinn, den er sich selbst – mit Gewalt – verbieten, und den er in Tausk (vgl. Nitzschke 1988 c) bis zu dessen Vernichtung hassen mußte. Rausch – Anarchie – Schizophrenie: Gross zerfiel psychisch. In Freuds Körper besorgten die Krebszellen das allmähliche Werk der Desintegration. Möglicherweise seien diese Zellen die Vertreter des «Todestriebes», meinte Freud. Der «Todes-

---

1 Der Gedanke ans *Duell* war Freud auch nicht ganz fremd. So berichtet er in der «Traumdeutung» (1900, 218), in seiner ersten Studentenzeit habe es in einem Ver-ein eine philosophische Diskussion gegeben, in deren Verlauf er einen Kontrahenten beleidigte. Diesem Kontrahenten (es handelte sich um Viktor Adler, den späteren Führer der österreichischen Sozialdemokratie, wie Jones – 1960, 65 – angibt) sei nahegelegt worden, sich durch ein Duell von der Schmach zu befreien. «Der Belei-digte war zu verständig, um das Ansinnen einer *Herausforderung*, das man an ihn richtete, anzunehmen, ließ die Sache auf sich beruhen» (1900, 218). – Bei dem er-wähnten Verein handelt es sich um den «Leseverein der deutschen Studenten Wiens», dessen Mitglied Freud war. In diesem Verein wurden vor allem drei Männer gelesen, diskutiert und verehrt: Schopenhauer, Nietzsche und Wagner. Einer der *engsten* Freunde Freuds – Josef Paneth – hatte Nietzsche persönlich in dessen Asyl an der Riviera besucht; die Vereinsmitglieder korrespondierten mit Nietzsche. Paneth referierte beispielsweise vor dem Verein über Nietzsches 2. Unzeitgemäße Betrach-tung. Viktor Adler war in diesem Fall Koreferent (vgl. Venturelli 1984). – Freud beteuerte später, als zunehmend Übereinstimmungen zwischen seiner Lehre und den Schriften Schopenhauers und Nietzsches festgestellt wurden, er habe weder etwas von Schopenhauer noch von Nietzsche gelesen, als er begann, die psychoanalytische Theorie zu entwerfen. – Noch ein Duell in Freuds Nähe: Als Carl Koller, ein jüdi-scher Kollege, von einem Antisemiten beschimpft worden war, forderte Koller den Beleidiger zum Duell und verletzte ihn. Freud gerät in «heftige Erregung», als er davon hört, wie er in einem Brief an Koller (6.1.1885) schreibt. Daß sich ein Mann wie Koller wirklich und handgreiflich verteidigt, als man seine Ehre verletzte, begei-sterte den damals knapp dreißigjährigen Freud. Schließlich hatte sich dessen Vater, dem ein Antisemit die Mütze vom Kopf schlug, nur gebückt, um sie wieder aufzuhe-ben, weshalb der Sohn von großen Eroberern und Rächern (z. B. Hannibal) nur *träumen* konnte. Kollers Tat begeisterte Freud so sehr, daß er dem tapferen Duellan-ten generös das Du anbot: «Ich selbst würde mich sehr freuen, wenn Sie mein Aner-bieten annehmen würden, in unserem Verkehr das vertraute ‹Du› als äußerliches Zeichen aufrichtiger Freundschaft, Teilnahme und Hilfsbereitschaft gelten zu las-sen» (Freud [3]1980, 136). Freuds innigster Wunsch: auf Du und Du mit einem Duel-lanten.

trieb» – eine Form des *organisierten* Wahnsinns? Je älter Freud wurde, desto mehr beherrschte er seine Leidenschaften – äußerlich und scheinbar. Tatsächlich aber richtete ihn *eine* Leidenschaft zugrunde, die er selbst als Abkömmling der «Ursucht», als das Äquivalent der Onanie begriff: das Rauchen. Das Rauchen führte zum Krebs – und nach jeder neuen Rachenoperation *mußte* Freud das Rauchen wieder aufnehmen, bis endlich die gesamte Mundhöhle zu einer einzigen offenen Wunde geworden war.

Versteht man das Duell im metaphorischen Sinne, so kann es auch im eigenen Körper ausgefochten werden. Die Desintegration des Körpers und/oder des Geistes sah Gross als das Ergebnis einer Auseinandersetzung zwischen dem Eigenen und dem Fremden (Willen) in *einem* Körper an. In keinem Falle aber beginnt das Duell mit dem Ende der Liebe. Es steht am Anfang der Liebe, wenn der große Gegensatz, dem das theoretische Werk des Otto Gross gewidmet ist, der Gegensatz zwischen dem Eigenen und dem Fremden, beginnt. Denn, wie Gross schreibt: Die Liebe ist es, das Bedürfnis nach dem Anderen, das unseren Körper öffnet, ihn damit aber auch verwundbar macht. Das Fremde kann den Körper, der nach dem Fremden verlangt, tödlich infiltrieren. Somit beginnt das Duell mit der Liebe, mit dem Verlangen nach dem anderen Körper.

Die früheste Form der Liebe äußert sich im «Fressen»-Wollen. Das Begehren, sich den fremden Leib einzuver*leiben*, ist ein Zeichen dieser Liebe – und darüber hinaus: ein kannibalischer Akt. Wer aber schadlos Fremdes in Eigenes verwandeln kann, ernährt sich gut von Anderen. So entsteht das ICH aus dem NICHT-ICH – und so verschwindet das NICHT-ICH im ICH. Was aber schmeckt, das hat man zum Fressen gern. Ein gefährliches Spiel für jedes schmackhafte Objekt der Begierde. Die Liebe beginnt also mit dem guten Geschmack.

Was jedoch, wenn das Objekt der Liebe, verborgen unter einer schmackhaften Hülle, Gift im Leibe hat? Verschluckt der Liebeshungrige ein solch unverdauliches Objekt, hat er einen Fremd-Körper im Leib, der sich zu einem Geschwür entwickeln kann. Ein verborgener Parasit, der die Eingeweide zerfrißt. Gegen den man sich nicht wehren kann, weil er jetzt «innen» sitzt. Und so besteht manches weitere Leben in der einzigen vergeblichen Anstrengung, einen früh verschluckten, unverdaulichen Fremdkörper wieder herauszuwürgen, auszuspeien... Gefressenes ist Eigenes, das sich als Fremdes bisweilen durch «innere» Beschwerden wieder bemerkbar macht. Der Widerstand, den das Objekt dem Verlangen, dem Gefressen-Werden, entgegensetzt, und die Unverdaulichkeit des Objekts erlauben es allerdings erst, ein NICHT-ICH von einem ICH zu unterscheiden, von einem Objekt, von der Realität zu sprechen. Die Realität ist das Andere des Wunsches – und weil sie nicht mit dem Wunsch identisch ist, verurteilt sie diesen zum nicht-endenden Verlangen. Gäbe es keine Grenze für den Wunsch, es gäbe kein Objekt, keine Realität. Alles wäre EINS, und zwar ICH. Erst der EIGEN-Wille des Objekts zeigt die Grenze (der Macht) des Verlangen-den auf – und damit beginnt der Haß. Der Haß ist die ursprüngliche Reaktion des Leibes, der schmerzhaft spürt, daß zwischen seinem Begehren und seiner Befriedigung eine Differenz besteht, die vom Willen des Anderen abhängt. «Der Haß ist als Relation zum Objekt älter als die Liebe» (Freud 1915, 231) – und zwar deshalb, *weil* das Objekt sich überhaupt erst durch die Relation des Hasses konstituiert. Die Grenze des Subjekts besteht aus *frustrierter* Liebe. Die Liebe ist – selbst-los; daher verlangt sie nach einem Objekt, aus dem sie, hat sie es ver-schluckt, das fehlende SELBST zeugen will. Das Duell mit dem Frem-den beginnt also mit der Liebe.

Literatur

Dvorak, J.: Kokain und Mutterrecht. Die Wiederentdeckung von Otto Gross (1877–1920). Neues Forum (Wien) 25 (Jul./Aug.), 52–61 (Materialien zu Gross im Anhang: 62–67), 1978

Dvorak, J.: Arsen ein Leben lang. Das Drogen-Kursbuch eines Psychoanaly-tikers. Forum (Wien) 30 (Dez.) 44–50, 1983

Dvorak, J.: Opiumträume in Bad Ischl. Wilhelm Stekel analysierte Otto Gross. Forum (Wien) 32 (Sept.), 45–55, 1985

Federn, P.: Zur Psychologie der Revolution. Die vaterlose Gesellschaft. Wien (Anzengruber), 1919

Freud, S.: Die Traumdeutung (1900). GW II/III

Freud, S.: Zur Geschichte der psychoanalytischen Bewegung (1914). GW X, 43–113

Freud, S.: Triebe und Triebschicksale (1915). GW X, 209–232

Freud, S.: Briefe 1873–1939 (ausgew. u. hg. v. E. u. L. Freud). Frankfurt/M. (Fischer) [3]1980

Gross, O.: Zur funktionellen Geistesbildung des Revolutionärs. Rätezeitung (Berlin) (1919). Neudruck: Neues Forum (Wien) 26, (März/Apr.) 64–67, 1979

Hurwitz, E.: Otto Gross. Paradies-Sucher zwischen Freud und Jung. Frank-furt/M. (Suhrkamp) 1979

Jones, E.: Das Leben und Werk von Sigmund Freud, Bd. I. Bern, Stuttgart, Wien (Huber) 1960

Jung, F.: Sophie – Der Kreuzweg der Demut (1915). Reprint: Kraus 1973

Nitzschke, B.: Der eigene und der fremde Körper. Bruchstücke einer psychoanalytischen Gefühls- und Beziehungstheorie. Tübingen (Konkursbuch Verlag) 1985

Nitzschke, B.: Nähe als Gewalt. Das Leben und Werk des Morphinisten, Psychoanalytikers, Anarchisten und «Schizophrenen» Otto Gross (1877–1920). In: Ders.: Sexualität und Männlichkeit – Zwischen Symbiosewunsch und Gewalt. Reinbek (Rowohlt) 1988 a, 188–214

Nitzschke, B.: Vernunft und Sadismus. In: Ders.: Sexualität und Männlichkeit – Zwischen Symbiosewunsch und Gewalt. Reinbek (Rowohlt) 1988 b, 134–145

Nitzschke, B.: Messer im Herz, Dreieck im Kopf. In: Ders.: Sexualität und Männlichkeit – Zwischen Symbiosewunsch und Gewalt, Reinbek (Rowohlt) 1988 c, 238–273

Stekel, W.: Die Störungen des Trieb- und Affektlebens, Bd. VIII. Berlin, Wien (Urban & Schwarzenberg) 1925

Stirner, M.: Der Einzige und sein Eigentum (1845). Neuausgabe: Stuttgart (Reclam) 1981

Venturelli, A.: Nietzsche in der Berggasse 19. Über die erste Nietzsche-Rezeption in Wien. Nietzsche Studien 13, 1984, 448–480

2 Warum wir unersättlich sind? Weil wir unverdaulich sind!

Seit geraumer Zeit hat der Begriff der Aufklärung wieder Konjunktur; und zwar mehr als Schlagwort, das sich Verteidiger wie Kritiker des sogenannten Projekts der Moderne um die – für die jeweiligen Gegenargumente – ziemlich verstopften Ohren hauen, denn als tatsächlicher Begriff, um dessen historische Wahrheit man sich erst einmal anstrengend zu bemühen hätte, *bevor* man ihn, im positiven oder im negativen Sinne, benutzen könnte. Aufklärung: War das nicht jenes Zeitalter, das die Vernunft inthronisierte? Gewiß, aber doch nicht die Vernunft des cartesianischen Rationalismus. Im Zuge des Sensualismus und unter Rückgriff auf die zeitgenössische Physiologie hatte man doch längst den «Geist» wieder mit dem Körper, mit der *res extensa*, verbunden. Aufklärung: War das nicht auch das Zeitalter, in dem die das Programm der Aufklärung radikal vertretenden Köpfe sich in Geheimgesellschaften (Freimaurerbünden) organisierten, um der Natur im Menschen zu Leibe zu rücken, ihn – mit Hilfe irrational-mystisch erscheinender Initiationsriten – in ein soziales Vernunftwesen zu verwandeln? Am rechten Rand rutschten diese Bünde (etwa in Gestalt der späteren «Rosenkreuzer») dann ganz ins Reaktionäre ab. Die feministisch, aber auch durch die Lektüre der Schriften von Marx geschulten Augen Lieselotte Steinbrügges (1987) entdeckten in den Werken manch klassischer Aufklärer – stellvertretend insbesondere bei Diderot und Rousseau – Spuren eines (männlichen) Geistes, der den Idealen der Aufklärung – insbesondere dem der «Gleichheit» – noch im selben Moment widerspricht, in dem er sie formuliert. Die Autorin zeigt, für mich sehr überzeugend, daß die Vernunft der Aufklärung ein janusköpfiges Wesen ist, das jeweils andere Gesichtszüge offenbart, wenn es denn zu Männern oder zu Frauen spricht.

Der Rückgriff auf die sozialistischen Kritiker der bürgerlichen Gesellschaft und Vernunft bewahrt Lieselotte Steinbrügge vor monokausal-feministischen Interpretationsmustern und schützt sie so auch vor einer nur moralischen (und daher wirkungslos-appellativen) Kritik. Die Analyse der Entwürfe über die «Natur der Frau» im Zeitalter der Aufklärung zeigt, in welch enger Beziehung die neuentstehenden Bilder von der Frau in den Köpfen der Männer zu gesellschaftlichen Wandlungsprozessen standen. Hier, im öffentlichen Raum, eine Vernunft gnadenloser Instrumentalisierung, Zweckrationalität der Konkurrenz, für die jedes wahre, «naive» Gefühl nur hinderlich wäre oder aber zum Objekt der Ausbeutung würde. Und dort, im häuslich-privaten Raum, der Versuch einer Kompensation des Verlustes. Die Hausfrau-Mutter soll das, was im öffentlichen Verkehr nicht mehr erlebt werden kann, ausgleichen: Wahre, unbedingte, nicht verstellte und nicht entstellte Gefühle werden von der Frau verlangt, wenn der Mann nach Hause, ins Haus zurückkehrt, um sich zu erholen, oder wenn das Kind in einer Schutzzone noch erfahren soll, was später im Arbeitsalltag nicht mehr erfahren werden kann. Das, was Heim und Frau im Sinne eines Refugiums zur Verfügung stellen sollen, wird mit der «Natur» der Frau begründet: Die Frau, so heißt es im Zeitalter der Vernunft, sei gefühlshafter als der Mann. Klischeevorstellungen entstehen, die doch wesentlich dem Zweck dienen, das Verlorene zugunsten des einen und zu Lasten des anderen Geschlechts noch irgendwie zu kompensieren.

Die gesellschaftlich privatisierte Frau wird so als gefühlshaftes Naturwesen beschworen, während ihre Zurichtung zu einem solchen Wesen doch ganz und gar gesellschaftlicher Notwendigkeit entspringt. Um diese weibliche Schutz- und Trutzburg angesichts einer im öffentlichen Raum geltenden Vernunft zu festigen, gilt es, der Frau die Rationalität – und damit auch die Gleichheit – abzusprechen. Weil Vernunft unterderhand mit Zweckrationalität identifiziert wird, muß das «natürliche» Gefühl, frei von aller Instrumentalisierung durch Vernunft, für die Frau wenigstens behauptet werden. Lieselotte Steinbrügge resümiert: «So stehen der Verzicht auf Rationalität und die Abkehr vom ‹Prinzip Aufklärung›… selbst in der aufklärerischen Tradition», jedenfalls soweit es um das Konzept der «Weiblichkeit» geht.

Dem Bild der friedfertigen Frau im Heim und am Herd, wie es der bürgerlichen Ideologie entspricht, hält Dorothea Mey (1987) das Kontrastbild der öffentlichen, der käuflichen Frau, das Bild der Kurtisane im 19. Jahrhundert entgegen. Doch dieses Bild der Kurtisane entspricht nicht den männlichen Phantasmen, die im 19. Jahrhundert, etwa von Balzac, gepflegt und gehegt worden sind. Denn soweit sich die Literaten um die Kurtisane bemühen, folgen sie noch immer der von Diderot formulierten Maxime: «Wenn man über Frauen schreibt, muß man seine Feder in den Regenbogen tauchen und den Staub von Schmetterlingsflügeln auf das Papier streuen.»

Die Spaltung in Hure und Mutter – «Kurtisane oder Hausfrau…, ich sehe keinen Mittelweg» (Proudhon) – wiederholt am weiblichen Geschlecht die Doppelung der Natur, wie sie die Aufklärung vorbereitet hatte. War die Frau erst einmal mit der «Natur» identifiziert worden, so mußte sie auch ein problematisches Wesen sein. Denn Natur galt entweder (besonders bei Rousseau) als rein, unschuldig, wahr, unverstellt – oder aber als gefährlich, als zu zähmen, der männlichen Herrschaft zu unterwerfen. Ein ähnliches Schicksal hatte der – wahlweise «gute» oder «böse» – «Wilde», dem die Kolonisatoren begegneten. Die käufliche Frau, die Kurtisane, ist also jenes Stück unbezwungener, wilder Natur, das im Ghetto, im Bordell kaserniert wird, um, anders als die Frau zu Hause am Herd, dem Mann eine zeitweilige, dennoch nur vermeintliche Rückkehr ins Reich der unverstellten Triebgenüsse und Gefühle zu ermöglichen. Vermeintlich deshalb, weil die Fiktion der Kurtisane nicht der (Gefühls-)Realität der käuflichen Frau entspricht.

Dorothea Mey läßt zwei der bekanntesten Kurtisanen aus dem Paris des 19. Jahrhunderts ausführlich, anhand von Memoiren, zu Wort kommen: Celeste Mogador beschreibt die Qual der fortgesetzten Verstellung des Gefühls, die notwendig ist, sollen die Phantasmen der Freier schein-bar befriedigt werden: «Ich tanzte und sang mit dem Messer in der Seele» – mit dem Messer eines ständig verleugneten Affekts. Und als Cora Pearl ihre Memoiren veröffentlichte, zu deren Kunden die reichsten und einflußreichsten Männer des Zweiten Kaiserreichs gehörten, entrüstete sich ein Kritiker: «… das sind keine Memoiren, das ist ein Rechnungsbuch.» Von Gefühlen ist nicht die Rede, allenfalls vom «unüberwindbaren Ekel» Männern gegenüber, der die Geschäftsgrundlage insgeheim abgibt, weil er vor jeder konkreten Wahrnehmung der Persönlichkeit des Freiers schützt, jede mögliche Bindung im Ansatz zerstört. So ausschnitthaft der Freier die Kurtisane als Mittel zum Zwecke der im bürgerlichen Hause verpönten sexuellen Befriedigung wahrnimmt, so ausschnittweise nimmt also auch sie seine Bedürftigkeit zur Kenntnis, um Kapital daraus zu schlagen.

Die Ideologie von der im Bordell kasernierten wilden Triebnatur zerfällt angesichts der freimütigen Äußerungen beispielsweise Cora Pearls, für die jeder Mann nur eine Zahl ist. Cora Pearl ist das weibliche Gegenstück jenes Anonymus, der sich «Walter» nannte und in seinen «Viktorianischen Ausschweifungen» (1986) auch nicht mehr mitzuteilen weiß als das Quantum seiner Verausgabung, das auf seiten der Kurtisanen unter der Rubrik Einnahmen verrechnet wird. Nein, die Realität der Kurtisane entspricht nicht den männlichen Fiktionen; sie entspricht dem Bild des Warenbesitzers, der sich gänzlich dem gültigen Wert- und Marktgesetz unterwirft.

Eine Kokotte im sublimierten Sinne, das war wohl Lou Andreas-Salomé, deren Biographie noch einmal detailreich und übersichtlich Ursula Welsch und Michaela Wiesner (1988) aufgezeichnet haben. Wer kennt, wer zählt die Namen der stets unglücklichen Liebhaber dieser Frau, die sich erst als Vierzigjährige der körperlichen Liebe, dann allerdings monoman hingibt? Eine Frau, die jahrzehntelang ihrem Mann (bis zum Ende der Ehe) die körperliche Liebe verweigert, um rastlos in Salons und auf Reisen berühmte Männer zu «sammeln». Am bekanntesten ist wohl Nietzsche, der an der Liebe zu ihr fast zerbricht, sich noch einmal, für einige Jahre, aufrichtet, inspiriert von seiner zerstörten Hoffnung den «Zarathustra» schreibt. Und dann Rilke, der in dieser Frau «alles» zu finden glaubt, um jählings – nach dem Ende einer russischen Reise mit Lou – in den Abgrund seiner Gefühle zu stürzen, als sich die Geliebte abrupt abgewandt hat. Auch Freud war von dieser – gerade von *dieser* – Frau fasziniert, von einer Frau, die im Versuch, sich zu erinnern, keine zärtliche Umarmung durch die Mutter finden kann, und die endlich so stirbt, wie sie gelebt hat: einsam, unberührt, trotz aller Umarmungen, in die sie schützende Distanz stets eingebaut hatte. Der Mann im Hintergrund, der von der leiblichen Liebe ausgeschlossene Iranist Andreas, diente ihr dabei als Schutzschild und als Heimatbasis – und den anderen Männern gestattete Lou, sie als Projektionsfläche ihrer Phantasien zu benutzen, um dann ihrerseits solche Phantasien – und die damit verbundenen Gefühle und Bedürftigkeiten – auszubeuten. Nicht «Geld» wollte sie von den Männern, sondern ein Echo, das ihr helfen sollte, ihr eigenes, zerbrochenes Selbst wenigstens notdürftig narzißtisch zu stärken.

Eine andere Schülerin Freuds, Sabina Spielrein, wurde neuerdings wieder bekannt, wobei die von Carotenuto (1986) veröffentlichten Dokumente ihrer Liebe zu C. G. Jung manch voyeuristisch-sensationslüsternes Bedürfnis stillten. War hier nicht endlich wieder einmal eine Frau als «Opfer» der Männer (Jung und Freud), als Opfer der Psychoanalyse auszumachen? Wer die psychoanalytischen Werke Sabina Spielreins aufmerksam liest, die neuerdings in zwei verschiedenen Verlagen (einmal gesammelt 1987, einmal ausgewählt 1986), erschienen sind, muß diese einleuchtende, auf den ersten Blick überzeugende Hypothese verwerfen.

Wenn Sabina Spielrein in ihrer bedeutendsten Schrift «Die Destruktion als Ursache des Werdens» aus dem Jahre 1912 über die Liebe schreibt, dann fehlen alle Anklagen gegen das eine oder das andere Geschlecht. Diese Schrift einer Frau ragt aus der Fülle einschlägiger Publikationen so weit hervor, daß das Einzigartige daran nahezu von allen (männlichen) Rezipienten *übersehen* worden ist. Sabina Spielrein erklärt die «Destruktion» nicht als das Gegenstück der Liebe, sondern faßt sie als Teil des ureigensten Wesens jeder Liebe auf. Liebe zerstört immer – und vor allem dann, wenn sie «wahr», «echt», «leidenschaftlich» ist. Dann nämlich will sie, wie Spielrein unablässig wiederholt, den Untergang des Individuums, will sie dessen Grenzüberschreitung. Nimmt man diese Autorin also wirklich ernst, dann ist es ganz und gar widersinnig, mit Carotenuto und Cremerius (der das Vorwort zum Dokumentationsband des «Tagebuches einer heimlichen Symmetrie» schrieb) zu behaupten, Sabina Spielrein habe die «Todestrieb»-Konzeption Freuds vorweggenommen. Denn es gibt kaum einen größeren Widerspruch als jenen, der zwischen den Auffassungen der Frau (Spielrein) und des Mannes (Freud) in diesem Punkte besteht: Für Sabina Spielrein ist der «Tod» Bestandteil der «Liebe»; bei Freud erscheint der «Eros» als der erklärte Gegenspieler des «Todes». Für ihn, für Freud, für den *Mann* bleibt die Liebe demnach «rein». Und alle Verunreinigungen, die durch die Frau (Spielrein) ins Bild der Liebe integriert wurden, werden von Freud wieder beseitigt. Eine mutige, revolutionär gegen den abendländischen Liebes-Fiktionalismus ankämpfende Frau – und ein Mann, der alles beim alten Bild der Liebe belassen will: nur Blinde können behaupten, zwischen beiden Entwürfen bestehe Übereinstimmung.

«Warum sind wir so unersättlich?» fragt endlich ein Mann, Thomas Kleinspehn (1987), in einem voluminösen Werk, das sich vordergründig um eine Analyse der Eßgewohnheiten seit Beginn der Neuzeit bemüht, tatsächlich aber weit mehr beantworten will. Zwar geht es immer wieder – sehr detailliert, zahlreiche entlegene Quellen aus verschiedenen Jahrhunderten ausbreitend – um das konkrete Essen; aber gemeint ist metaphorisch doch immer auch die *emotionale Nahrung*, das Schicksal menschlicher Beziehungen im Zeitalter der beginnenden und der sich entfaltenden bürgerlichen Gesellschaft. Warum also sind wir so unersättlich? Ich vermute: weil wir so inkonsumerabel, so unverdaulich geworden sind; weil keiner vom anderen sich mehr «nähren» kann.

Literatur

Carotenuto, A. (Hg.): Tagebuch einer heimlichen Symmetrie. Sabina Spielrein zwischen Jung und Freud. Freiburg i. Br. (Kore) 1986

Kleinspehn, T.: Warum sind wir so unersättlich? Über den Bedeutungswandel des Essens. Frankfurt/M. (Suhrkamp) 1987

Mey, D.: Die Liebe und das Geld. Zum Mythos und zur Lebenswirklichkeit von Hausfrauen und Kurtisanen in der Mitte des 19. Jahrhunderts in Frankreich. Weinheim (Beltz) 1987

Spielrein, S.: Sämtliche Werke. Freiburg i. Br. (Kore) 1987

Spielrein, S.: Ausgewählte Schriften. Berlin (Brinkmann & Bose) 1986

Steinbrügge, L.: Das moralische Geschlecht. Theorien und literarische Entwürfe über die Natur der Frau in der französischen Aufklärung. Weinheim (Beltz) 1987

Walter: Viktorianische Ausschweifungen. Nördlingen (Greno) 1986

Welsch, U., Wiesner, M.: Lou Andreas-Salomé – Vom Lebensgrund zur Psychoanalyse. München (Verlag Internationale Psychoanalyse) 1988

3 Vom Nutzen und Nachteil der Sexualität für das (postmoderne) Leben

Reflexionen über den «unhistorischen Augenblick» und sein mögliches zukünftiges Schicksal

> Frankreich, welches immer das meisterhafte Geschick gehabt hat, auch die unangenehmen Tatsachen des Geistes ins Reizende und Verführerische zu wenden, zeigt auch heute, als Schule und Schaustellung aller Zauber der Skepsis, seinen Kulturvorrang über Europa. Es fehlt da freilich für Verwegenere nicht an Gründen zum Lachen und Lächeln; nicht jeder dieser «Zauberhaften» riecht unsereinem so gut, als ein Pariser es wünschen möchte.
>
> *Friedrich Nietzsche*

1

Im Rückblick auf die mit der Renaissance, der Reformation und der Kolonisation um 1500 beginnende «Neue Zeit» schafft das 19. Jahrhundert den Begriff der Moderne, den es wenig später, prägnant in der Philosophie Nietzsches, bereits wieder der Kritik unterwirft.[1] Moderne

1 Mit Hilfe der Begriffsneubildung «modernus» (von «modo» = eben, erst, gleich, jetzt) distanziert sich bereits das Mittelalter von der Vergangenheit der Antike. Nach Kaufmann (1986, 286f), dem die hier dargestellte Erklärung der Begriffe «modern»/«Moderne» folgt, unterschied man um 1200 in der Philosophie zwischen den «moderni» und den «antiqui». Ende des 17. Jahrhunderts treten in Frankreich «les

Zeiten unterscheiden sich vor allem ihrem Zeit-Gefühl nach von allen traditionellen Zeiten: Konnten diese sich die Zukunft stets nur als Wiederholung der Vergangenheit – als Abbild der in den Ahnen vergöttlichten Zeit, als Wiederkehr des Ewig-Gleichen, als Durchschreiten einer Kreisbewegung – vorstellen, wobei Jahreszeiten (Saat-, Ernte-, Jagd-Zeiten) den Rhythmus des Lebens bestimmten, so folgen die modernen Zeiten dem Rhythmus der Maschinen. Moderne Zeiten bilden sich auf einer Geraden ab: Vergangenheit und Zukunft sind dichotomisiert; die Gegenwart ist rasch vergänglich. Die Vergangenheit ist eigentlich unwiederbringlich verloren; sie kehrt in der Zukunft nicht mehr zurück – es sei denn, eine komplizierte Denkbewegung, wie sie etwa von Freud entwickelt wurde, zeigte die verdeckte Wiederkehr des Verdrängten in der Zukunft doch noch auf. Die Zukunft ist immer das «Neue»; und die Gegenwart wiederholt – wenigstens auf der bewußten Ebene – nicht mehr das Erbe der Ahnen. Die Traditionen verlieren ihren Sinn, ja sie werden als Hindernisse für den Fort-Schritt erkannt. Allenfalls kann der Sinn der Vergangenheit noch rekonstruiert und

modernes» und «les anciens» einander gegenüber (die einen mit dem Fortschritt, die anderen mit der Antike identifiziert).

«Die eigentliche Karriere des Begriffs ‹modern› begann jedoch erst im 19. Jahrhundert...» (Kaufmann 1986, 286). «Mode» und «modern» sind sinnverwandte Begriffe. Baudelaire benutzt den Begriff «modern» (Moderne) mit ästhetischer Bedeutung. Die künstlerische Avantgarde der Jahrhundertwende versteht sich als «modern» (und seither, in immer rascherer Abfolge, jede folgende Avantgarde, bis endlich – auf ästhetischem Gebiet – der Begriff «modern» nicht mehr ausreicht, um das ultramoderne, das «postmoderne» Produkt zu kennzeichnen). Im philosophischen Diskurs gewinnt der Begriff «Modernität» Nähe zur Aufklärung, zum Fortschritts- und Vernunftglauben, zum Kampf gegen tradierte, überholte Vorstellungen und damit verbundene (zunächst feudale) Herrschaftsformen.

Ein Wort zu Münch (1986), der die «Moderne» mit der jüdisch-christlichen Kultur (im Unterschied zur orientalischen) gleichsetzt, die Moderne gleichsam mit der jüdischen Theologie beginnen läßt, die eine Welt unterwirft, in der das Heil *nicht* ist, eine Welt, die überwunden, verändert, erlöst werden muß und deren *Sinn* erst am Ende der Zeit liegt. Dadurch klaffen «Welt» und «Sinn» immer weiter auseinander, und nur ein immer rasenderer Fort-Schritt von der Welt zur zukünftigen Welt könnte vielleicht den Sinn noch rechtzeitig erreichen lassen. – Ich schließe diesem Gedanken folgende Überlegung an: Es könnte sinnvoll sein, als eine Quelle des Antisemitismus das Ressentiment in Betracht zu ziehen, das ein solcher Kulturentwurf notwendig provoziert (der den Sinn des Lebens gleichsam aus dieser Welt herausnimmt). Das Unbehagen an der (= dieser) Kultur, die das Glück an das Ende der Zeit verlegt, anstatt es als «unhistorischen Augenblick» *in* der Zeit, *in* der Welt und *in* der Kultur zu erhalten, wäre demzufolge ein der jüdisch-christlichen Kultur inhärenter Bestandteil.

konserviert werden: Das *Museum* wird zu einem Ort für das ansonsten verlorene Gedächtnis.[1]

An die Stelle des alten Bildes vom Kreislauf tritt das neue Bild der *historischen* Zeit: Der Gedanke der Entwicklung, die vom Alten zum Neuen, vom Unvollkommenen zum Vollkommenen, vom Primitiven zum Reifen führt, bestimmt solch unterschiedliche Konstruktionen wie die von Hegel, Darwin oder Freud. Dabei werden die philosophischen Geschichts- und Weltentwürfe so konzipiert, daß sie den verlorenen Sinn einer möglichst kompletten Wiederaneignung des Alten durch einen neuen Sinn ersetzen, der in der Utopie einer dereinst zu erreichenden «freien» Gesellschaft gipfelt. Die Möglichkeit der Befreiung liegt also in der Zukunft – und nicht mehr in der kultisch-regressiven Auflösung der Gegenwart, in der orgiastischen Überschreitung des *principium individuationis*, in der kollektiv ritualisierten und vorübergehenden Rückkehr in die Welt der Ahnen, zu denen ursprünglich auch die Tiere gehörten. Je unbekannter die Erfahrung des Alten und Vergangenen wird, desto mehr wird sie gefürchtet. Das Alte verdient grundsätzlich überwunden zu werden. Im Rückblick spricht man vom «finsteren» Mittelalter und identifiziert die Vergangenheit mit Vernunftwidrigkeiten, mit Vorurteilen, Aberglauben und Zwängen. Der Kampf gegen mythische und religiöse Bilder wird im Namen der *Vernunft* geführt. Die Abwendung von der Vergangenheit bedeutet Emanzipation, Befreiung von Abhängigkeiten – auf der realen gesellschaftlichen Ebene aber zugleich auch Verlust von Verbindlichkeiten und Bindungen, Auflösung sozialer Strukturen. Noch für Hegel ist das «Prinzip der neueren Zeit» identisch mit der «Freiheit der Subjektivität». Diese wird in einem ganz neuartigen Sinne gesellschaftlich produziert. Das Individuum erscheint als ein von allen sozialen Zwängen emanzipiertes Projekt, an dem die Moderne arbeitet, bis endlich dieses Projekt im Zerfall des isolierten Individuums sich selbst negiert (vgl. Nitzschke, 1985). Die philosophische Antwort auf solche leidvollen Erfahrungen formuliert die Kritik der Moderne, die mit Nietzsche beginnt. Die Illusionen des Individuums als des Trägers einer scheinbar autonomen Vernunft zerfallen: Nietzsche widerspricht Descartes. Aber er kann dies nur tun, weil die gesellschaftliche Realität den Widerspruch zur Konzeption des freien Individuums bereits teilweise aufgedeckt hat.

[1] Die *Geschichte des Museums* unter dem hier genannten Aspekt des veränderten Zeit-Gefühls einmal neu zu schreiben könnte eine interessante Aufgabe sein.

Die Philosophien der Tat, der Praxis, des optimistischen Zukunftsglaubens und der politisch motivierten Sinnkonstruktion setzen hingegen weiter auf den erst noch zu erringenden und/oder zu erkämpfenden Fort-Schritt. Der Glaube an die Allmacht der Vernunft geht in diesen Fällen einher mit dem Kampf gegen alles Re-Aktionäre, gegen den *Wunsch*, in die Vergangenheit zurückzukehren. Zwar sind auch in den politisch-utopischen Illusionen viele romantische Impulse mitenthalten; aber Romantik im expliziten Sinne erscheint der fortschrittsgläubigen Vernunft dennoch als verdächtig. Ihr Verdikt gegen alle «Irrationalität» bezieht sich auch auf den Traum, die Phantasie, die Affekte, die Leidenschaften – und natürlich auf den Sexus in seiner archaisch-primitiven, regressiven oder «perversen» Gestalt. Alles, was dem Programm der Rationalisierung widerspricht, erscheint als ein notwendig zu überwindender Widerstand gegen die Zukunft. Die Moderne strebt danach, solche Widerstände zu beseitigen. Was heute noch gilt, wird morgen bereits überwunden sein.

Dieses immer raschere Verzehren des Augenblicks provoziert zwei verschiedenartige Anstrengungen: Die revolutionäre Anstrengung will die Zukunft noch rascher, geplant und aktiv politisch gestaltet erreichen. Die konservative Anstrengung will – zum Teil gegen unaufhaltsame gesellschaftliche Entwicklungen – das Alte bewahren. Vernunftkritische Einwände gegen moderne Menschen- und Gesellschaftsbilder – berechtigt dort, wo eine Vernunft in Frage gestellt wird, die beim Blick in die Vergangenheit oder in ferne Länder in allem ihr Widerstrebenden nur Primitivität, Wildnis, Unkultur und Verurteilenswertes erkennt – verbinden sich gelegentlich mit politischökonomischen Interessen. Das führt dazu, daß berechtigte Einwände gegen die Bewußtseinsphilosophie und gegen den Vernunftglauben häufig nicht mehr in ihrer authentischen Gestalt kritisiert werden, sondern nur noch in Gestalt ihrer mißbräuchlichen Anwendung und Aneignung. Lukács' Polemik gegen Nietzsche als einen vermeintlichen Vorläufer der nationalsozialistischen Ideologie ist hierfür ein eklatantes Beispiel. Sehnsuchtsvolle, romantisierende Blicke in die Vergangenheit trüben bisweilen tatsächlich das Auge für die gesellschaftliche Wirklichkeit und Gegenwart. Dennoch gibt es kaum revolutionäre Entwürfe, die nicht auch solche Sehnsüchte kultiviert hätten, wenn dies auch häufig verdeckt geschieht. Ein Beispiel hierfür wäre etwa die 68er-Revolte, die man gewiß mit gleichem Recht als eine aufklärerische *und* als eine romantisierende bezeichnen könnte. Die bürgerliche

Revolution kennt Rousseau, die proletarische Kropotkin und Bakunin. Es gibt keine Revolution ohne Affekt, Leidenschaft und ohne ‹Romantik›, mit der sie sich, wenigstens im Rückblick der Revolutionäre, rasch umhüllt.

2

Kennzeichen der Moderne ist also ein – bis dahin außerhalb Europas unbekannter – Wandel, der keine Rücksicht auf die psychische Verfassung der Subjekte nimmt, die «befreit» werden sollen. Eine scheinbar unaufhaltsame Dynamik erfaßt nach und nach alle Bevölkerungsgruppen, alle Verkehrsformen zwischen den Menschen. So konservativ die Affekte (bei Freud: die «Triebe» und Wünsche) auch sein mögen, so fortschrittlich erscheint die Vernunft. Im nachhinein allerdings erweist sich dieser Prozeß der Zivilisation als durchaus zweischneidig: Die Befreiung aus alten Zwängen geht einher mit der Unterwerfung unter neue Zwänge. Folgt man Marx, so ändern sich die *Formen* der Herrschaft; deren Wesen aber bleibt gleich.

Auf philosophischer Ebene entsprechen der unaufhaltsamen Dynamik des gesellschaftlichen Wandels zwei verschiedenartige Reaktionen, die allerdings ein gemeinsames Merkmal charakterisiert: *Das Glück ist immer dort, wo die Moderne nicht ist – noch nicht oder nicht mehr.* Die auf der postulierten Einheit des Subjekts gegründete Vernunftideologie verlegt das Glück in eine erst noch zu erreichende Zukunft. Dagegen sprechen Schopenhauer, Nietzsche und – wenigstens zum Teil – Freud. Sie beschreiben den Zerfall der postulierten Einheit des Subjekts und müssen so konsequenterweise auch eine Vernunft (bei Freud wenigstens vorübergehend, im Verlauf des psychoanalytischen Prozesses) in Frage stellen, die auf solcher Einheit beruht. Die Vernunft wird kritisiert, da sie von ihrer Begründung im leidenschaftlichen Begehren nichts mehr wissen will, womit sie sich gegenüber ihren Wurzeln blind und taub stellt. Die Enthüllung der Selbsttäuschungen der Vernunft wird bei Schopenhauer, Nietzsche und Freud zum Programm einer *neuen* Aufklärung, die an den Grundfesten der alten Aufklärung, an den Begründungen der Vernunft, rüttelt. Der Schlaf der Welt wird in diesen Fällen nicht durch gesellschaftlich-politische Aktivitäten gestört, sondern durch Dekonstruktion des Subjekts. Dabei wird das Glück als ein verlorenes, allenfalls in der wiederbelebten Vergangenheit neu zu findendes entdeckt. Im Hinblick auf das *individuelle* Erleben hat am deutlichsten und unversöhnlichsten Freud dem Fortschritt die Glücksmöglichkeiten abgesprochen: Alle Fortentwicklung zum Realitätsprinzip (erweitert: «Kultur») ist für ihn gleichbedeutend mit einem *Verlust* an Intensität des Erlebens, mit einer Einschränkung des Lustprinzips. Dem dabei eingehandelten Zuwachs an *Sicherheit* entspricht allerdings die latente Rebellion der «Triebe», die gezähmt, aber – nach Ansicht Freuds – nie eigentlich gänzlich in ihrer archaischen Gestalt aufgehoben werden können. Der Preis des Fortschritts und der «Kultur» wird demnach, laut Freud, in Form eines Verzichts auf Glücksmöglichkeiten beglichen, die mit der Abkehr vom infantilen Erleben verlorengehen, wenn Freud auch gleichzeitig weiß, daß neben allem Glück im infantilen Erleben auch die Angst und der Schrecken enthalten sind. Die Milderung aller Affekte, bei Zuwachs an Sicherheit und Stabilität, die Zähmung der Leidenschaften, bei Zuwachs an Vernunft und «Realitäts»-Sinn, wären, laut Freud, als die Bedingungen *und* die Folgen des «Kultur»-Prozesses anzusehen.

Die Geschichtskonstruktion, die sich aus einer solchen Perspektive ergibt, erscheint als eine eher pessimistische (besonders deutlich bei Schopenhauer, dem Freud in vielen Punkten folgt); sie steht damit in klarem Widerspruch zur Hegelschen Geschichtsphilosophie. Für Schopenhauer ist das Glück, das für ihn im Grunde immer einen illusionären Charakter hat, die Abwesenheit von Leid und Schmerz; für Freud ist das Leiden in allgemeinster Form – neutraler ausgedrückt: das Unbehagen an der Kultur – die Abwesenheit des Glücks, d. h. die Abwesenheit bestimmter Formen der Befriedigung. Für Nietzsche aber ist das Glück nur die Kehrseite des Leidens, untrennbar mit diesem verbunden. Wer das Glück sucht, darf das Leiden nicht fliehen – so lautet die heroische Botschaft Nietzsches, die den «Über»-Menschen verlangt, der *beides* will, weil er das Glück will. In einem Aspekt stimmen Nietzsche und Freud überein: Das Glück liegt *nicht* in der Progression; es liegt – gepaart mit dem Schrecken – in der Regression. Der «unhistorische Augenblick», also das Heraustreten aus dem modernen Kontinuum der Zeit, bleibt bei Nietzsche wie bei Freud die Bedingung des Glücks. Nietzsches Kritik der Moderne ist von dieser Überzeugung nicht zu trennen, obgleich er das «Zurück zur Natur» – also das vorhergehende Austreten aus der gesellschaftlich organisierten Zeit – nicht als einen harmlos-romantischen Spaziergang begreift: Die Schönheit der Schrecken der Natur erträgt der Mensch nur, wenn er das

«Dionysische» mit «plastischer Kraft» gestalten kann; wenn es ihm gelingt, den schönen apollinischen Schein, die Kunst, mit dieser Natur zu versöhnen. Nietzsche als Dichter *und* Philosoph löst in seiner Sprache und auch in seinem Schicksal praktisch ein, was er theoretisch behauptet. Das macht seine Authentizität und die Faszination seiner Werke aus.

Wenn wir uns also Nietzsche zuwenden, so sprechen wir von einem individuell erfahrbaren *schrecklichen Glück*, das kaum noch etwas gemein hat mit jenen Glücksversprechen, die – bisher uneingelöst – von der Moderne gegeben worden sind. Im «Gleichnis von Ernährung und Verdauung» versinnbildlicht Nietzsche seine Kritik an der «Modernität»:

«Die Sensibilität unsäglich reizbarer...; die Fülle disparater Eindrücke größer als je: – der *Kosmopolitismus* der Speisen, der Literaturen, Zeitungen, Formen, Geschmäcker, selbst Landschaften.[1] Das *Tempo* dieser Einströmung ein *Prestissimo*; die Eindrücke wischen sich aus; man wehrt sich instinktiv, etwas hereinzunehmen, *tief* zu nehmen, etwas zu ‹verdauen›; – Schwächung der Verdauungskraft resultiert daraus. Eine Art *Anpassung* an diese Überhäufung mit Eindrücken tritt ein: der Mensch verlernt zu *agieren; er reagiert nur noch* auf Erregungen von außen her... *Tiefe Schwächung der Spontaneität*: – der Historiker, Kritiker, Analytiker, der Interpret, der Beobachter, der Sammler, der Leser, – alles *reaktive* Talente, – *alle* Wissenschaft» (Nietzsche 1969, 480).

Die Vernunft in Gestalt der Wissenschaft verfällt bei Nietzsche der Kritik; aber nicht deshalb, weil sie nicht nützlich wäre – das ist sie, auch und gerade in den Augen Nietzsches; sondern deshalb, weil sie das Gedachte und Gemachte in versteinerte Fakten verwandelt und ein immer hermetischer werdendes, abgeschlossenes Gebäude errichtet, aus dem am Ende kein Entrinnen mehr möglich ist. Der «Wissenschaftler» wird bei Nietzsche zum Sinnbild des «objektiven» Menschen, zum Artefakt dressierter Affekte und erstickter Leidenschaften (wenn diese sich auch hinterrücks und nächtens wieder – jetzt aber in veränderter,

---

1 Die postmoderne Kunst (spätestens) wird dieses «Chaos» der Eindrücke – die Versatzstücke der Vergangenheit und die disparaten Ausdrucksformen der Gegenwart – nicht mehr verurteilen, nicht mehr fliehen. Es entsteht eine Kunst des Dekors, die Innen- und Außenräume nicht mehr unterscheiden will und die als das Wesen einer Sache nur deren Erscheinungsform begreifen kann; eine Kunst der Collage, für die jeder Reiz und jeder Anlaß willkommen sind, lassen sie sich nur *verwerten* – zu neuen, schnellen, flüchtigen, aber hier und jetzt unvorhergesehenen Sensationen (= Empfindungen); nichts darf das «Herz» berühren; alles muß die «Haut», die Sinnesorgane vibrieren lassen.

destruktiver Form – bemerkbar machen). Der «Wissenschaftler» ist der Prototyp des «modernen» – oder wie es bei Nietzsche häufiger heißt: des «letzten» – Menschen, der behauptet, das Glück *erfunden* zu haben, das, wenn überhaupt, nur zu *finden* wäre. Der «Wissenschaftler» besitzt den «objektiven» Blick soweit er Dr. Jekyll heißt; und den «lüsternen» Blick, soweit er sich als «Mr. Hyde» entpuppt. Über den «Wissenschaftler» heißt es bei Nietzsche weiter:

«Künstliche *Zurechtmachung* seiner Natur zum ‹Spiegel›; interessiert, aber gleichsam bloß epidermal-interessiert; eine grundsätzliche Kühle, ein Gleichgewicht, eine festgehaltene *niedere* Temperatur dicht unter der dünnen Fläche...» (Nietzsche 1969, 480).

Nichts darf unter die Haut gehen! Nichts darf die Leidenschaften aufstacheln; alles ist der Leidenschaft der Vernunft zu unterwerfen! Die rasende Geschwindigkeit der Eindrücke darf nur noch die Ober-Fläche, die Haut, stimulieren; nichts darf tiefere Spuren hinterlassen oder Vergangenes zu neuem Leben erwecken. Die Haut wird zum Schutzschild; sie vernarbt. Sie wird *zugleich* dicker und dünner. Ein Paradox, das die Etablierung des Subjekts von Beginn an begleitet: Das Subjekt konstituiert sich, indem es sich nach außen abgrenzt, seine Haut verschließt. Von innen her unterhöhlt aber der Wunsch (das Verlangen, das Begehren, die Begierde) dieses Bollwerk wieder. Soll die Haut nicht platzen, soll das Subjekt angesichts des eigenen und des fremden Verlangens seine Grenzen nicht verlieren, müssen die Blicke *noch* «objektiver» werden; müssen Sicherheitsvorkehrungen und Kontaktsperren immer mehr gestärkt werden. Die Dialektik der Produktion der modernen Subjektivität enthüllt schließlich Freud, wenn er schreibt, ein starker Egoismus schütze vor psychischer Erkrankung, aber endlich erkranke man am Egoismus. Die Entfesselung aller Reizbarkeiten bei gleichzeitigem Verlust und / oder Verzicht auf (tradierte Formen der) Bindung mögen das Subjekt autonom erscheinen lassen. Folge aber ist eine künstliche Intelligenz, in deren Zentrum der blinde Fleck der Affektivität liegt.

Während die Projektion des Glücks in eine ferne Zukunft zu immer eiligeren Fort-Schritten zwingt, will Nietzsche die Zeit für einen kurzen Augenblick *anhalten*: Stillstand der Modernen Zeiten für einen einzigen «unhistorischen Augenblick». Insofern schreibt Nietzsche «*Unzeitgemäße* Betrachtungen» (1873 – 1876): Der Augenblick, durch den erst das «Glück zum Glücke wird», setzt das «Vergessen-können» voraus; «oder, gelehrter ausgedrückt, das Vermögen, während seiner Dauer unhistorisch zu empfinden» (Nietzsche 1980, 250). Das ist die Beschreibung des Glücks, wie Nietzsche es propagiert. Die Zeit muß in jenem Augenblick, in dem das Glück erfahren wird, stillstehen – in jenem Augenblick, in dem Vergangenheit und Zukunft wieder gänzlich in der Gegenwart verschmelzen. Erinnern wir uns: Wovon Nietzsche hier spricht, das ist auch der Sinn des «primitiven» Kults, der den «unhistorischen Augenblick» rituell ermöglichen will.

Im Namen solchen Anspruchs auf Glück wird bei Nietzsche dem «historischen Menschen», der für Hegels Geschichtsphilosophie von zentraler Bedeutung ist, der Prozeß gemacht. Es sei, so schreibt Nietzsche, ein Irrtum, zu glauben, «daß der Sinn des Daseins im Verlaufe eines Prozesses immer mehr ans Licht kommen werde» (1980, 255). Die Konstruktion eines auf eine imaginäre End-Zeit gerichteten Sinnes der Weltgeschichte (Nietzsche denkt dabei etwa an Eduard von Hartmanns Theoreme) verfällt der beißenden Kritik:

«Die Persönlichkeit und der Weltprozeß! Der Weltprozeß und die Persönlichkeit des Erdflohs! Wenn man nur nicht ewig die Hyperbel aller Hyperbeln, das Wort: Welt, Welt, Welt hören müßte, da doch Jeder, ehrlicher Weise, nur noch Mensch, Mensch, Mensch reden sollte» (1980, 312).

Austritt aus der Zeit für einen «unhistorischen Augenblick», das bedeutet: Auflösung des Subjekts; Suspendierung der an das eingesperrte Subjekt gebundenen Vernunft. Nietzsche verkündet allenthalben – auch in seiner Erkenntnistheorie – das Ende des Subjekts. Er wird damit zum Vorbild der postmodernen Dekonstruktivisten. Bei ihm – wie auch bei jenen, die sich im Zeichen des Postmodernismus auf ihn berufen – werden die kunstvoll verbundenen Fäden, die das Projekt der Moderne (das *Subjekt* nämlich) zusammenschnüren, wieder aufgetrennt – und zwar rücksichtslos und ohne Scheu vor den Konsequenzen und vor der *Angst*, die dadurch geweckt wird. Seit Nietzsche liegen die Fäden für jeden, der sehen *will*, wieder lose, erkennbar auf der Hand. Subjektivität wird als Phantasma ausgewiesen. Und doch erfolgt die Kritik am Subjekt und an dessen Vernunft in einer Sprache, die Ausdruck einer unverwechselbaren Individualität ist. Das gilt – in eingeschränktem Maße – auch für manche Postmodernisten heutiger Tage.

«Eigenartige Paradoxie: Wahrhaft individuiert, unverwechselbar schreiben Lacan, Foucault, Derrida und Deleuze, die doch verdächtigt werden, Subjektivität zu leugnen oder gar theoretisch liquidieren zu wollen. In grausiger Allgemeinheit aber kommen die Hypostasen etwa von Habermas daher, die im Namen der Vernunft... die Individualität austreiben, auf der sie doch beruhen soll» (Hörisch 1985, 45).

Die Diffamierung des vernunftkritischen Denkens durch Habermas, die mit dem Schlagwort von der «Gegenaufklärung» betrieben wird, bezieht sich keineswegs auf das epigonenhafte Geschwätz, das mit vollem, aber zahnlosem Mund vom «Palaver der Aufklärung» redet, sondern auf Nietzsche und auf die postmodernen französischen Denker. Gerettet werden soll das Projekt der Moderne – und in diesem Falle zieht nicht das Ewig-Weibliche, sondern die Vernunft «hinan», während die Vernunftkritik mit dem Teufel identifiziert wird. Aber von der Dialektik der Aufklärung in Goethes «Faust» könnte Habermas sich belehren lassen, daß Mephisto-Nietzsche der eigentliche Aufklärer ist, der sich vergebens darum bemüht, dem «Illusionisten» Faust, der ganz zu Recht am «Wissen» verzweifelt, die untrennbare Einheit von «Gut» und «Böse», von Vernunft *und* Kritik beizubringen. Habermas' Anspruch, die Vernunft zu retten, würde sich schon durch eine systematische *Sprach*-Kritik als Trug erweisen. Eine Kostprobe mag genügen: «Eintritt in die Postmoderne: Nietzsche als Drehscheibe» (Habermas 1985, 104). Diese Kapitelüberschrift, der dann eine flache Nietzsche-Interpretation folgt, zeugt von einer Formulierungskunst, die den Angesprochenen (Nietzsche) sich sprichwörtlich im Grabe «umdrehen» ließen, könnte er sie dort noch vernehmen.

Nietzsche kündigt die Zwangsgleichstellung von Vernunft, Humanität und Fortschritt auf. Vernünftigerweise will er der Nicht-Vernunft – traditionell als Unvernunft diffamiert – einen Frei-Raum, einen «unhistorischen Augenblick» ermöglichen. Die damit einhergehende Aufkündigung historizistischer Sinnkonstruktionen hat Nietzsche, wie bereits erwähnt, bei Lukács den Vorwurf eingebracht, den Faschismus vorgedacht zu haben. Es ist dieselbe Denkfigur – nur in der Sprache milder –, die Habermas benutzt, wenn er die namhaften französischen Postmodernisten – gemeinsam mit überkommenen Konservativen (z. B. Gehlen) – als Vertreter der «Gegenaufklärung» (1985, 13) denunziert. Habermas als der Lukács der Postmoderne sieht die Ordnung der Dinge noch immer so, wie sie sein *soll* (aber nicht ist): Links und rechts einer ungebrochen in die Zukunft verlaufenden Geraden liegen Vernunft und Unvernunft fein säuberlich voneinander getrennt; und soweit sie sich doch vermischt haben sollten, sorgt Habermas dafür, daß auch noch der Seminarist in der letzten Hörsaalreihe bald wieder begreift, was er, vernünftig geordnet, als Schwarz und Weiß nach Hause tragen darf. Daß die Dinge jedoch nicht so einfach sind, wie sie vom Gipfel des Projekts der Moderne aus erscheinen mögen, von der Höhe der Vernunft, von der aus offenbar nur noch grobe Unterscheidungen zu erkennen sind, will ich im folgenden zeigen.

3

Wenn die «Neue Zeit», im Rückblick auf die um 1500 beginnenden Umwälzungen, als Moderne erkannt werden konnte, so wäre die Postmoderne [1] wohl am besten als die «Zeit danach» zu charakterisieren –

---

1 Zur Klärung des Begriffs «Postmoderne» empfiehlt sich der ausgezeichnete, auch (und gerade) heute nicht überholte Aufsatz von Köhler (1977), der dem inflationären Gerede von der «Postmoderne» nüchterne Fakten entgegensetzt und ins Tohuwabohu (Bedeutung nach dem 1. Buch Moses = «wüst und leer») des feuilletonistischen Ereignisses «Postmoderne» sachgerechte Verstrebungen (= Informationen) einbringt. – Nach Köhler hat der Begriff «Postmodernismo» zunächst in der spanischsprachigen Literaturkritik eine Rolle gespielt. Möglicherweise kam es zu einer Übernahme des Begriffs vom Spanischen ins Englische, zu einer Transportation von Süd- nach Nordamerika. «Der Autor aber, der dem Begriff erstmals zur Breitenwirkung verhalf, dürfte mit großer Wahrscheinlichkeit ... (der) englische Universalhistoriker Arnold Toynbee» (Köhler 1977, 10 f) gewesen sein. Bei ihm bezieht sich der Begriff auf das Ende nationalstaatlichen Denkens, auf den Beginn der Weltpolitik im globalen Stil. Toynbee nennt als Stichzahl, die den Wechsel von der Moderne zur Postmoderne bezeichnen könnte: 1875. Nietzsches Schrift über den «Nutzen und Nachteil der Historie für das Leben», mit der wichtige Topoi für den nachmodernen Diskurs vorgegeben werden, erscheint eben zu jener Zeit: 1874.
Der Lyriker und Essayist Olson bringt im Zusammenhang mit einer Analyse der historischen Selbst-Überschreitung der Moderne den Sinn zum Ausdruck, der ganz wesentlich mit dem Begriff der «Postmoderne» verbunden ist, ohne diesen Begriff selbst explizit zu gebrauchen. Olson charakterisiert die Veränderung, indem er sagt: «...the nature of knowledge has changed since 1875» (zit. n. Köhler 1977, 11). Hier taucht – wie bei Toynbee – die magische Jahreszahl 1875 auf, die zugleich auf einen damals noch unbekannten, aber bereits publizierenden Philosophen verweist: Nietzsche. Tatsächlich zeigt dessen Erkenntniskritik am deutlichsten die Struktur, aber auch die Hinfälligkeit des modernen Wissens auf, womit Nietzsche – zumindest mit einem «Bein» – bereits außerhalb der Moderne steht.
Bei den amerikanischen Literaturkritikern hat der Begriff «Postmoderne» von Beginn an einen negativen Beigeschmack – und zwar dann, wenn sie «postmoderne» Literaten mit den modernen Klassikern (Yeats, Eliot, Pound, Joyce) vergleichen, um bedauernswerten Qualitätsverlust bei den späteren, postmodernen Autoren zu konstatieren.
Aus der Literatur- und Kunstkritik kam der Begriff «Postmodernismus» («Post-

als die Zeit *nach* dem weitgehenden Zusammenbruch der modernen (inzwischen auch schon wieder traditionellen) Subjekt-, Vernunft-, Sinn- und Geschichtskonstruktionen. Es mögen noch viele Versuche unternommen werden, diese Konstruktionen zu retten (genauer: sie zu konservieren – was die Anhänger solcher Versuche als die wirklich neuen Konservativen auszeichnet); ihre Überzeugungskraft haben sie inzwischen weitgehend verloren. Auschwitz, Hiroshima, der Gulag, die Verwüstung der drei Elemente Wasser, Erde, Luft, die nur noch das vierte, das Feuer, am Leben zu lassen scheint, all dies waren keine Rückfälle hinter die «Vernunft», sondern – wie man spätestens seit Adorno mit einigem Recht behaupten darf – notwendige Korrelate des Vernunft(aber)glaubens, wenn sie sich auch hinterrücks, im Schatten der Aufklärung, bemerkbar gemacht haben.

Moderne und Postmoderne unterscheiden sich keineswegs im Hinblick auf die Dynamik des gesellschaftlichen Wandels. Im Gegenteil: Die gegenwärtigen technologischen Umwälzungen in den westlichen Industriestaaten – denen die sozialistischen Staaten (unter Opferung ihrer bisher gültigen Staatsideologien) inzwischen zu folgen versuchen – lassen alle Merkmale eines noch rasanteren Wandels erkennen. Aber es läßt sich durchaus ein Kriterium nennen, das – jenseits aller philosophischen Betrachtungen – einschneidend genug ist, Moderne und Postmoderne zu unterscheiden. Dieses Kriterium hilft verstehen, *warum* die Überzeugungskraft der tradierten, modernen Konstruktionen nachgelassen hat: Erstmals produzieren die Menschen – und zwar unabhängig von den konkreten politischen Verfassungen der einzelnen Staaten – eine Umwelt (physikalisch, chemisch, psychosozial), die nicht mehr nur fremd und entfremdend auf das Erleben der Produzenten und auf deren Verhältnis zueinander wirkt (seinerzeit der Ausgangspunkt der Marxschen Kritik); erstmals wird eine Umwelt produziert, die darüber hinaus objektiv zerstörerische Qualitäten enthält,

moderne») allmählich in die philosophische Debatte. Hierbei stellen sich m. E. aber mehrere Fragen: Was ist «postmoderne» Philosophie eigentlich? Ist das eine Philosophie, die eine neue Epoche registriert und über diese neue «Nach-Zeit» reflektiert? Oder ist das eine Philosophie, die selbst Ausdruck der «Zeit danach» ist und sich ausweist, indem sie die überlieferten Diskurs*formen* (und zum Teil auch: Diskurs*inhalte*) der Moderne überwindet, durch neue ersetzt? Jeder einzelne Text der «postmodernen» Philosophie wäre außerdem danach zu befragen, ob er tatsächlich neue Gedanken und ästhetische Erfahrungen transportiert und/oder anregt: oder ob er nur manieristisch mit Worten spielt.

von deren Langzeitwirkungen weniger bekannt ist, als der allgemein zugängliche Diskurs über die Zerstörung der Umwelt vermuten läßt. Der Zweifel an der These, das vergangene Leben habe notwendig mehr Entbehrungen enthalten als das zukünftige, erscheint daher als objektiv berechtigt. Die charakteristische Perspektive der «Neuen Zeit», derzufolge ein in Richtung Zukunft offener, unbegrenzter Zeithorizont vorhanden war, existiert nicht mehr. Die Gegenwart produziert gleichsam *erkennbare* Grenzen der Zukunft. Während die Grenzen zwischen Kontinenten und Gesellschaftssystemen immer offener, in absehbarer Zukunft gar irrelevant werden, erhält die Zeit selbst erstmals seit Jahrhunderten wieder eine *Grenze*, und gleichzeitig werden die Grenzen des Raumes (beispielsweise durch Reaktorkatastrophen) gänzlich aufgelöst.

Objektiv wie subjektiv deutet sich ein neues Zeit- und Raum-Gefühl an, das sich entscheidend vom modernen Erleben entfernt hat und das somit sinnvoll als postmodern zu charakterisieren wäre. Die überlieferten Modelle für die Projektion des Guten (in eine demnächst erreichbare Zukunft) und des Bösen (in abseitige, noch nicht kolonisierte – vornehmer: noch nicht «zivilisierte» – Länder) versagen zunehmend in ihrer die Gegenwart stabilisierenden Funktion. «Gut» und «Böse» kehren unerwartet in die *Gegenwart* zurück. Die Gegenwart – für das moderne Zeitgefühl nur ein flüchtiger Durchgangsort – wird in einer ganz neuen Weise wichtig: Was *heute* geschieht, hat bereits morgen Konsequenzen – möglicherweise tödliche Konsequenzen.

Auf der psychosozialen Ebene wird der Zerfall des Subjekts *erfahrbar* – und dies ist nicht mehr nur ein für die philosophische Reflexion interessantes Thema. Selbst ein vergleichsweise spätes Konzept wie das der Freudschen Psychoanalyse ist – wenigstens in traditioneller Fassung – kaum noch geeignet, die postmoderne Subjektivität und deren «pathologische» Ausformungen zu begreifen. Traditionell-moderne Dichotomien – wie: Innen/Außen, Wesen/Erscheinung, Latenz/Manifestation, Privat/Öffentlich, Authentizität/Entfremdung, Zeichen/Bezeichnetes – verlieren ihren Erklärungswert. Der Als-ob-Charakter ist kein exotisch anmutendes Krankheitsbild mehr, sondern Leitbild gesellschaftlich funktionstüchtiger Karriere-Versessener. «Krank» wird man nicht mehr, weil der «Trieb» unbefriedigt bliebe, sondern weil die Sicherheiten zunehmend fehlen, die einstmals die Einheit des Subjekts garantierten. Erst jetzt erkennt man, daß diese Einheit nicht auf Vernunft, sondern auf affektiven Bindungen beruhte.

Immer weniger geht es in den Behandlungs-Analysen um die Deutung eines tieferen Sinnes, eines geheimen, verschwiegenen Wunsches. Dünne Haut und leere Tiefen ohne Geheimnis enthüllen sich bereits dem oberflächlichen Blick. Der postmoderne Analyse-Patient spricht längst unumwunden aus, was Freud seinen modernen Patienten erst noch mit Hilfe mühseliger Deutungen zu Bewußtsein zu bringen suchte. Differenzierte, entwickelte, «historische», gesellschaftlich modellierte Affekte fehlen dem «früh» in seiner Entwicklung stagnierten Patienten weitgehend; statt dessen erscheinen «unhistorische» Affekte in archaischer Gestalt – Wut, Haß oder eine kaum von der «Zivilisation» berührte (wenn auch von ihr provozierte) Sehnsucht nach elementarer Liebe, die gänzlich unfähig ist, den Anderen noch als einen Anderen zu kennen (vgl. Heigl-Evers, Nitzschke 1991). Der Andere ist in diesen Fällen entweder ein bedürfnisbefriedigendes Objekt, das keine eigenen Ansprüche stellt – oder er ist einfach nicht vorhanden.

Überspitzt ausgedrückt: Es geht nicht mehr um die Aneignung einer zum Teil verlorenen Biographie; es geht – wenn dies überhaupt gelingt, wenn dies überhaupt möglich sein sollte – um die *erstmals* im Verlauf der Behandlung zu gewinnende Biographie. Es geht nicht mehr um die Aufhebung von Verdrängungen; es geht um das *erstmalige* Erreichen einer Verdrängungsschranke, die vor einer Überflutung mit archaischen Impulsen schützen könnte, welche doch durch das gesellschaftlich organisierte und kalkulierte Reizangebot stets aufs neue provoziert werden. Der philosophisch geführte postmoderne Diskurs findet im Sprechzimmer des Analytikers also durchaus Korrespondenzen.

4

Foucault (1977) analysiert das Verhältnis des «modernen» Subjekts zur Sexualität. Eine seiner Thesen lautet: Je heftiger und je lauter über den Sexus gesprochen wurde, desto mehr verstummte der Sexus selbst. Zeichen des modernen Umgangs mit dem Sexus sind für Foucault in diesem Zusammenhang pädagogische, medizinische, psychiatrisch-psychologische Texte – also im weitesten Sinne wissenschaftliche Reden. Foucaults Kritik an diesen Reden hinterläßt den Eindruck, als glaube er, diese Reden seien selbst nicht nur der Ausdruck, sondern das Wesen einer neuen – eben modernen – Form der Naturbeherrschung und Disziplinierung. Dagegen wäre zu sagen: Sosehr sie Begleitumstand von Disziplinierungstechniken sind, sosehr sind sie (verfehltes) Mittel, den Sexus noch am Leben zu erhalten, ihn in die Beziehungen zwischen den Menschen noch einzugliedern, während er doch im Prozeß der ökonomischen Produktion allenthalben vernichtet wird (vgl. Nitzschke 1974; 1988).

Über den *individualisierten* Sexus *muß* gesprochen werden (und selbst Foucault legt ja mit seiner *eigenen* Rede von dieser Notwendigkeit Zeugnis ab). Gerade weil der «unhistorische Augenblick» in den Modernen Zeiten verlorengeht, muß wenigstens die Sprache zu erhalten suchen, was ohne sie – gleichsam in einem Naturschutzpark gerettet – nur als Illusion überleben könnte. Der Diskurs schafft kein neues Unrecht; schlimmstenfalls bestätigt er nur das vorhandene. Gewiß – solange gesprochen wird, schweigt das Glück. Aber es gibt genügend Unglück, über das gesprochen werden muß.

Foucault – der postmoderne Kritiker der modernen Unterhaltung über den Sexus – erkennt die Nähe der modernen Rede über den Sexus zur Beichte, zum Geständnis. Unter der Rubrik «‹Diskursivierung› des Sexus›» (1977, 31) verdeutlicht er die Versprachlichung – und damit eine *bestimmte* Form der Vergesellschaftung – des sexuellen Körpers. Noch die geheimsten, seltsamsten und feinsten Erregungen dieses Körpers werden zur Sprache – und damit auch in einem gewissen Sinne zur Strecke gebracht. Das ist zum Teil Ausdruck einer Disziplinierungsstrategie. Man fragt sich aber, warum auch jene, die im Sprechen über den Sexus dessen Verschwinden betrauern, unaufhörlich fortfahren, über den Sexus zu sprechen.

Foucault übersieht, daß die Sprache – neben aller Disziplinierungsfunktion, die sie hat – zugleich das letzte Mittel ist, Verbindungen und Beziehungen zwischen den auf anderen Feldern längst sprachlos getrennten Körper-Monaden wenigstens notdürftig wiederherzustellen. Je moderner – und das heißt zugleich: je individualisierter – der Sexus wurde, je weniger das Paar, das sich vereinigen will, auf tradierte, *stillschweigende* Selbst-Verständlichkeiten zurückgreifen konnte, desto notwendiger wurde zugleich die sprachliche Verständigung. Diese wiederum braucht eine Verankerung in der gesellschaftlichen Realität – und sei es die in medizinischen, psychologischen oder sonstigen Texten. Auch der Sexus ist ein Kontinent, der ohne Landkarten nicht zu bereisen ist. Wenn die vorsprachlichen und außersprachlichen Selbstverständlichkeiten in Modernen Zeiten immer unverständlicher wurden – eine Folge keineswegs nur der Unterdrückung und Disziplinierung des Sexus, sondern der weitgehenden Ausgrenzung der Affektivität aus dem gesellschaftlich tolerierten Raum –, so ist die Suche nach neuen Verständigungsmöglichkeiten eine Notwendigkeit. Wenn es für den *träumenden* Verstand und für die Vernunft der Sinne keinen gesellschaftlich freigehaltenen Platz mehr gibt, wird das «Chaos» der Sinne, das den «unhistorischen Augenblick» allemal kennzeichnet, zu einer bedrohlichen Erfahrung ohne gesellschaftliche Rückversicherung. Mit anderen Worten: Der von Foucault beschriebene und kritisierte moderne Diskurs über den Sexus wäre auch als ein *hilfloser* Versuch zu verstehen, das Fehlen institutionalisierter, kultisch-rituell ehedem sanktionierter Erfahrungsmöglichkeiten wenigstens halbwegs zu umgrenzen und auszugleichen.

Foucault beklagt, unserer Zivilisation fehle eine *ars erotica*. Sie besitze nur noch eine – pädagogisierende, medizinalisierende, psychoanalysierende – *scienta sexualis*. Die mit diesen Begriffen angesprochenen Formen der Wissensvermittlung und -aneignung bedienen sich verschiedenartiger Mittel: *Ars erotica* setzt körpernahe, affektive Beziehungen zwischen dem Wissenden und dem Wißbegierigen voraus. Erst unter der Voraussetzung solcher Bindungen kann die Initiation – ein altertümliches Wort für «Aufklärung» – beginnen. *Scienta sexualis* – oder eben die moderne Wissensvermittlung über den Sexus – zeichnet sich hingegen als das Mittel aus, das eingesetzt werden muß, wenn solche affektiv-körpernahen Beziehungen zwischen dem Aufklärer und dem Aufzuklärenden *fehlen*. Die «Form der Pädagogik», bei der «ein kostbares Wissen von Körper zu Körper weitergegeben wurde» (1977, 79), die Foucault am Beispiel des antiken Griechenland darstellt, die er aber auch anhand beliebiger «primitiver» Gesellschaften hätte exemplifizieren können, verschwindet in den Modernen Zeiten Schritt für Schritt. Das ist aber nicht die Folge einer zunehmenden «Diskursivierung des Sexus»; vielmehr ist diese die Folge der fortschreitenden – und aufgrund der modernen Produktionsbedingungen notwendigen – körperlich-affektiven Distanzierung der Menschen voneinander (und des Menschen zu sich selbst). Die «Form der Pädagogik», die Foucault sehnsuchtsvoll anfordert, ist in Modernen Zeiten im wahrsten Sinne Nietzsches – *unzeitgemäß*. Sie zu praktizieren würde bedeuten, in einem bestimmten Bereich Verkehrsformen zuzulassen, die ja gerade ausgemerzt werden mußten, sollten Moderne Zeiten überhaupt möglich werden. Wie mühsam war es, das moderne «Kind» mit seiner Unschuld und Schutzbedürftigkeit als die wesentliche Grundlage und Keimzelle der modernen Subjektivität gesellschaftlich-historisch zu produzieren! Hätte man diesen – ohnehin gegen die Rebellion des «Triebes» – nur gewaltsam durchgesetzten Produktionsprozeß gerade dadurch gefährden sollen, daß man ausgerechnet für die Vermittlung des sexuellen Wissens einen in traditionellen Gesellschaften typischen und notwendigen, in der modernen Gesellschaft aber hinderlichen und widerständigen Freiraum erübrigte? Nein, Foucaults Klagen sind, so verständlich sie sein mögen, anachronistisch, mißt man sie an der Elle der *modernen* Vernunft. Diese hätte sich selbst widersprochen, hätte sie auf einer *ars erotica* und der ihr gemäßen Form der Wissensvermittlung bestanden. Was Foucault analysiert und kritisiert ist notwendiger Bestandteil der Produktion des modernen Subjekts. Es hätte die moderne Vernunft und das ihr gemäße Subjekt nicht geben können ohne die «Diskursivierung des Sexus» und die darin mitenthaltenen, hier aber keineswegs orginär entspringenden Formen der Disziplinierung.

In Modernen Zeiten dient, was den Sexus und die Vereinigung des Paares betrifft, als Richtschnur nicht mehr das körperhaft übermittelte Wissen, das zugleich mit der Welt der Ahnen verknüpfte (also über die Individuen hinauswies), sondern das – bei vorhandener körperlicher Distanz – vermittelte abstrakte Wissen wird zum Ausgangspunkt der vom solchermaßen «Aufgeklärten» *später* versuchten Annäherung an den fremden (und damit auch den eigenen) Körper.

Das traditionelle Paar mußte über kollektiv verankerte und stillschweigend, aber körperhaft übermittelte Formen der Annäherung nicht endlos diskutieren. Darüber mußte nicht mehr gesprochen werden; darüber hatten längst schon die Ahnen gesprochen. Und davon erfuhren auch die Kinder, ohne daß ihre Körper einer vollständigen und sukzessiven Versprachlichung unterworfen werden mußten.

Selbstverständlich – um falschen Romantisierungen vorzubeugen – enthielten solche tradierten Formen der Annäherung und Bindung auch Zwänge. Diesen gegenüber erscheint die Individualisierung der Liebe als Fortschritt. Aber das Bild einer «freien», von allen gesellschaftlichen Zwängen befreiten, romantischen Liebe zwischen *einem* Mann und *einer* Frau war immer nur das literarische Hochglanzprodukt (und hier oder dort ein Ausnahmefall). Als illusionäre Hoffnung widersprach es stets der gesellschaftlichen und psychischen Wirklichkeit des Paares der Modernen Zeiten. Vielleicht war dieses Bild als *Ideal* geradezu gesellschaftlich *notwendig*, um das reale Elend der Geschlechterbeziehungen in den Modernen Zeiten verdeckt zu halten. Sicher war es ein unerreichbares Ziel für viele – und zwar nicht nur wegen ökonomischer Zwänge, sondern auch wegen psychischer Tatsachen: Die Koordination zweier hochindividualisierter Lebensentwürfe – ohne Rückhalt in tradierten Verbindlichkeiten – übersteigt bei weitem die psychischen Fähigkeiten durchschnittlicher Menschen.

Bei zunehmender Isolation der (Klein-)Familien entwickelten sich zudem Privatcodes und Privatsprachen für das Gefühlsleben und für die Ausgestaltung von Gefühlsbindungen. Überdeckt wurden solche Zerfallserscheinungen durch gesellschaftlich transportierte Klischees und (später von den Massenmedien gepflegte) Bilder der romantischen oder sonstwie exzentrischen Liebe. Nun trösten solche Bilder zwar – und sie erwecken (uneinlösbare) Hoffnungen; aber für eine Verständigung zwischen den Menschen, die sich zum Paar vereinigen wollen, nützen sie nichts. Viel eher schaden sie – denn sie beinhalten ein (Pseudo-)Wissen, das für den Alltag unbrauchbar ist.

Dennoch: Die modernen Liebenden *mußten* unter gegebenen Bedingungen einen Diskurs über ihre Gefühle, Wünsche, Leiden beginnen, wollten sie überhaupt noch (wenngleich unzureichend) zueinander finden. Sie mochten sich anfangs an der Belletristik, später an wissenschaftlichen Diskursen und heute (postmodern) an scheinbar revoltierenden Texten orientieren. Die Lücke, die der Verlust der emotionalen Wissensvermittlung hinterlassen hat (meinetwegen: das Fehlen einer *ars erotica*), konnte und kann so allerdings nicht geschlossen werden.

Während die reale Isolation der Monaden immer mehr zugenommen hatte, stiegen die Sehnsüchte nach «unhistorischen Augenblicken» immer mehr an. Das macht die Körper manipulierbar (sei's im individuellen, sei's im gesellschaftlichen Sinn). Der romantische und pornographische Sexus sind beide – zumindest dann, wenn sie keine Einheit mehr bilden können – Zeugen einer manipulierten, auf Illusionen beruhenden Sexualität. Trotz aller Hoffnungen, die beide Formen des illusionären Sexus erwecken, ist das reale psychische Elend *nicht* aus «einem» Punkte zu kurieren. Der wichtige Unterschied zwischen dem Paar, das einer traditionell verankerten Gesellschaft entstammt, und dem modernen Paar besteht darin: Das traditionelle Paar kennt von Kindesbeinen an die Bedeutung der mimischen und sonstigen Körpersignale, die, unterstützt von Kult und Ritus, im Laufe des Lebens kollektiv ausgestaltet und abgestimmt werden. Dieser Prozeß, durch den «unhistorisches» Wissen erworben und kollektiv gesteuert wird, gipfelt in der Initiation. Die damit verbundenen Selbstverständlichkeiten bedürfen keines weiteren individuellen Diskurses. Der Preis, den das moderne Paar für seine Freiheit von traditionellen Zwängen und Vorschriften, für die Individualisierung der Liebe bezahlt, kann hingegen sehr hoch sein: Im Extremfall müssen alle affektiven Codes neu besprochen, abgestimmt und entschlüsselt werden, wenn es überhaupt noch zu einer orgiastischen Vereinigung und lebenslanger Bindung kommen soll. Ich will nicht mißverstanden werden: Die traditionelle Gemeinschaft legt mehr Wert auf das Kollektiv als auf die Individuen. Sie beinhaltet Zwänge – doch sie gibt auch Sicherheit und Orientierung und bietet einen im Kollektiv verankerten Hintergrund an Verständigungsmöglichkeiten, über die nicht erst *gesprochen* werden muß, die also eine «Diskursivierung des Sexus» in dem für Moderne Zeiten charakteristischen Ausmaß nicht nötig erscheinen lassen.

Was Foucault für den modernen Diskurs über den Sexus zeigt, gilt für das moderne *Wissen* überhaupt. Der Leitsatz, der dieses Wissen auszeichnet, heißt: Die Welt muß gewußt werden, *bevor* sie – geschützt von solchem Wissen – affektiv erfahren und erlebt werden darf. Nicht zufällig kritisiert Nietzsche an der oben von mir zitierten Stelle *in einem Atemzug* das Tempo der Neuen Zeit, das sich zum Prestissimo steigert, *und* das moderne Wissen, das der Wissenschaftler produziert. Es ist dies ein vom affektiven Erleben weitgehend abgespaltenes Wissen, das schließlich die Bindung zwischen dem Wissenden und dem Wißbegierigen aufhebt. Es wird «objektiv», das heißt: Es wird unabhängig vom Konkret-Wissenden. Dieser ist am Ende beliebig austauschbar. Während Körper und Wissen in der traditionellen Gesellschaft noch eine relative Einheit bilden, treten sie in Modernen Zeiten zunehmend auseinander, um am Ende als schiere Gegensätze zu erscheinen.

Das postmoderne Wissen endlich wird von Lyotard (1986) folgendermaßen charakterisiert: Es ist effektiv bis hin zur beliebigen Verwendbarkeit; es unterliegt einer allumfassenden Instrumentalisierung. Es produziert Fakten, die selbst Ausdruck eines durch und durch instrumentellen Umgangs mit dem Gegenstand des Wissens sind. Der nahezu vollständige Verlust des emotionalen Lehrers geht konstitutiv in diese Form des Wissens ein. Das narrative Wissen – in den «primitiven» Gesellschaften leibhaft, von Mund zu Mund weitergegeben – verliert endgültig seinen Wert. Die eine Hälfte der Sprache, die Information, nimmt den gesamten Raum ein; die andere Hälfte, der Beziehungsgehalt, die Musikalität der Sprache, bleibt als Leerstelle zurück. Diese Leerstelle zwingt, so folgere ich, zugleich zu einem endlosen Palaver, dessen Gegenstand nicht zuletzt die Klagen über den Verlust des «unhistorischen Augenblicks» sind.

So gesehen wäre das postmoderne Wissen nur eine Steigerungsform des modernen Wissens, dessen eigentlicher Höhepunkt. Aberwitzig aber wäre der Gedanke, das in der beschriebenen Form angeeignete Wissen, das alle Zeichen seiner Abkunft an sich trägt, könnte nützlich sein, wenn es um die Berührung der Körper geht. Daß dem nicht so ist, zeigt der simple Umstand, um nur ein Beispiel aus einem bestimmten Feld anzuführen, daß noch keiner durch die Lektüre psychologisch-therapeutischer oder psychoanalytischer Literatur von seinem Leiden befreit worden ist – und dies, obgleich das in solcher Literatur niedergelegte Wissen, wenigstens zum Teil, noch Ausdruck von Erfahrungen ist, die nicht dem Muster der modernen Wissens-Kreation folgen. Ein Blick in manche zeitgenössischen Psychoanalyse-Standardwerke zeigt allerdings, daß auch hier jene Methoden der Wissensaneignung auf dem Vormarsch sind (nämlich die am Vorbild der empirischen Psychologie orientierten), wegen deren Ein-Seitigkeit es überhaupt einmal *notwendig* war, eine zusätzliche und andersartige (nämlich die psychoanalytische) Methode zu «erfinden».

5

Das *postmoderne* Schicksal des Sexus wird vielleicht eines Tages – rückblickend – durch ein verhältnismäßig neues Four-Letter-Word zu charakterisieren sein: AIDS. Das seit langem beklagte Schicksal des psychisch zerfallenen Subjekts wird derzeit ergänzt durch die Zeichen einer neuen Krankheit, die den Körper zerfallen läßt. Was auf der Ebene archaischer Phantasiebildungen seit jeher eine Gewißheit ist – die Einheit von Eros und Thanatos (vgl. Spielrein 1912) –, gewinnt plötzlich eine neue, reale Bestätigung: Wer ungeschützt den Körper des Anderen liebt, stürzt sich vielleicht geradewegs in die Arme des Todes. Das ist die neue Botschaft einer Aufklärung, die, endlos und in allen möglichen Variationen wiederholt, das zukünftige Wissen vom Sexus in einer heute noch unvorstellbaren Weise verändern könnte. Ein ungewolltes, historisch-gesellschaftliches Experiment zeichnet sich ab, dessen Umrisse gerade erst erkennbar werden: Geschlecht und Krankheit werden zu Synonymen. Ein Blick in die Massenmedien zeigt, wovon ich spreche. Ich greife willkürlich ein Beispiel heraus. Zum Thema AIDS heißt es in der Frauenzeitschrift «Brigitte»:

«Schutzmaßnahmen weder aus Scheu noch aus Rücksicht anderen überlassen. Es geht ums eigene Leben. Sperma ist sehr ansteckend. Deshalb bei dem Geschlechtsverkehr mit einem Partner, den man nicht gut kennt oder von dessen Treue man nicht vollkommen überzeugt ist, ein Kondom benutzen» (Heft 6/ 1987).

Von wessen Treue könnte man «vollkommen» überzeugt sein? Also: Mißtrauen gegen jeden, auch gegen sich selbst! Im Vergleich zu diesem neuen Diskurs über den Sexus ist der ältere, den Foucault analysierte, nahezu harmlos. Das Mißtrauen, die Angst, die stetige Kontrolle und Überwachung nisten sich in allen möglicherweise noch zur Spontaneität neigenden Regungen ein. Solche Botschaften mögen für die heute Erwachsenen ängstigend sein oder nicht. Was aber bedeuten sie für eine Generation, die im Zeichen von AIDS und angesichts eines endlosen Gesprächs über Sexualität *und* Tod heranwächst? Die Umsetzung eines historischen Ereignisses in kollektive und individuelle Phantasiebildungen hat man im Falle der von Freud skizzierten Theorie über den Vatermord in der «Urhorde» (Freud 1912/1913) bezweifelt, da an den zugrundeliegenden Fakten zu zweifeln war. Über das Faktum AIDS aber gibt es keine Zweifel mehr. Das historisch-gesellschaftliche Experiment einer Umsetzung des Faktums in Phantasiebildungen und die daraus resultierenden Folgen für Erleben und Verhalten könnten also im Zusammenhang mit AIDS, sollten nicht rasch genug Gegenmittel gefunden werden, in den nächsten Jahrzehnten in vivo beobachtet werden. Und die Zukunft des Sexus? – Die eben genannte Frauenzeitschrift gibt Antwort: «Was kann bei wechselseitiger Masturbation passieren? Nichts» (Heft 6/1987).

Daß Sperma potentiell tötendes Gift sein könnte, diese Botschaft wird den Leserinnen nahegelegt. Auch sie stimmt mit einer archaischen Phantasiebildung überein, derzufolge zu enge Berührung (psychisch) anstecken könnte. Die wachsame Vernunft – der eigentliche Gegenspieler des «unhistorischen Augenblicks» – wird zur allgegenwärtigen Begleiterin des Sexus. Es zeichnet sich eine neue, ganz und gar *historische* Gestalt des Sexus ab. Spontaneität wird zum Rest-Risiko. Wachsamkeit ist besser als eine Lebensversicherung. Der Traum, das Lebenselement des archaischen Sexus, muß restlos durch eine immer gegenwärtige Wach-Vernunft verdrängt werden.

Begleitet wird der neue Diskurs über den Sexus von zwei unterschied-lichen Strategien: Pornographisierung und Romantisierung des Sexus. Alle Varianten der geschlechtlichen Vereinigung werden im Hinblick auf die Ansteckungsgefahr beurteilt. Die Absurdität der Praktik mag im älteren Sinne «pervers» genannt werden – sie wird propagiert, sofern sie die Ansteckungsgefahr minimalisiert. Zum Verbot nötigt die Über-lebenschance des Virus; was dessen Leben bedroht, kann empfohlen werden. Die Neue Sachlichkeit in puncto Liebe wird im öffentlich-recht-lichen Fernsehen von dubiosen Sexologen empfohlen, die eigens aus Amerika eingeflogen werden. Staatsbeamte, die für Gesundheit zustän-dig sind, wedeln mit Kondomen vor der Kamera, derweil andere die bereits Erkrankten oder Risikogruppen behandeln, als seien sie dem-nächst in speziellen Lagern zu konzentrieren.

Der Strategie der Pornographisierung entspricht auf der anderen Seite die der Romantisierung. Dabei geht es um eine Form der geistig-spiritu-ellen Masturbation. Auch hierfür greife ich ein beliebiges Beispiel her-aus, den Einladungs-Prospekt für ein «Forum: Eros – Liebe – Sexus», abgehalten 1987 auf Lanzarote. Esoterische Geister – Herr Sloterdijk (München), Lama Sogyal Rinpoche (London/Santa Cruz, Kalifornien), Frau Hippius-Gräfin Dürckheim (Todtmoos) u. a. – werden angekün-digt, und der Prospekt formuliert treffend, worum es, bei Tanz und Innenschau für 2080 DM in einer Woche, gehen soll:

«...die Befreiung der letzten Jahrzehnte scheint am Ende nichts zu sein als ein säkularisierter Versuch, den Sexus und seine Objekte zu beherrschen... So wen-det sich der beherrschte Sexus gegen seine Unterdrückung und trifft uns dort, wo wir ohnmächtig und schutzlos sind (wie die Bedrohung durch AIDS zeigt).»

Das hätte ein Kardinal nicht besser sagen können. Die katholische Kir-che will angesichts des Virus die verlogene Romantisierung des Sexus ganz ebenso wiederherstellen wie dies *die* Postille des popularisierten Zeit-Geistes, die Zeitschrift «Wiener», will; in ihr lesen wir: «Liebe, Mai ’87 – Die neue Sehnsucht nach Romantik» (Heft 5/1987).

Gewiß, die abgrundtiefe Verlogenheit einer Kampagne gegen ein Vi-rus, dem hierzulande bisher (tragischerweise) einige Tausend Men-schen zum Opfer gefallen sind, angesichts der Tatsache, daß seit Jahr-zehnten (und heute noch) Millionen Kinder und Erwachsene an Hunger sterben, springt in die Augen. Aber es geht nicht um Moral (jedenfalls nicht um die Moral als Selbstzweck); es geht um eine neue

Form der Disziplinierung. Denn selbst wenn ein Impfstoff gefunden werden sollte, wäre seine Wirkung nicht hundertprozentig. Das jedenfalls versichern die Frankfurter Professoren Eilke Brigitte Helm und Wolfgang Stille (1987):

«Die Besonderheiten einer Retrovirus-Infektion (jahrelange Latenz, fehlende Spontanheilung, hohe Letalität, lebenslange Infektiosität) machen die Erkrankung so gefährlich. Bereits jetzt zeigt sich, daß eine relativ simple Impfung gegen AIDS... nicht erreichbar sein wird. Vermutlich werden bestenfalls Impfstoffe gefunden werden können, die nur kurzdauernde und unsichere Schutzeffekte wie etwa bei der Grippeimpfung bewirken.»

Die Aussichten also sind schlecht. Sie sprechen für eine neue Form des Umgangs mit dem eigenen und dem fremden Körper – für eine postmoderne Sexualität. Glauben wir den zitierten AIDS-Experten, folgen wir den Gedanken der Mediziner, denen ja – einem gängigen Volksvorurteil gemäß – der Sprung vom Behandlungszimmer zum Immobilienmarkt keine Mühe bereitet:

«Mit dem Thema AIDS sind aber auch vitale Interessen der Banken tangiert. Wenn zehn Prozent der potentiellen Immobilienkäufer gestorben sind (eine Hochrechnung für die Zukunft, die offenbar von besonders verheerenden Folgen der Seuche für kapitalkräftige Anleger ausgeht – B.N.), ein weiterer hoher Prozentsatz chronisch krank oder entmutigt ist, dann scheint es unausbleiblich, daß – zumindest auf längere Sicht – der Immobilienmarkt durch AIDS kollabieren wird» (Helm, Stille 1987).

Keine schönen Aussichten für Begüterte und Banker, wenn solche Phantasien auch bisher nur in den Köpfen einiger AIDS-«Experten» blühten. Und vielleicht ist das Proletariat resistenzfähiger (jedenfalls ist von ihm nicht die Rede). So käme es ganz unverhofft zu billigem Haus- und Grundbesitz – ein Kollabieren des kapitalistischen Wirtschaftssystems, das Marx und Engels bei der Konzeption der Verelendungstheorie noch nicht voraussehen konnten, das Helm und Stille apokalyptisch an die Hauswand malen.

AIDS stimuliert offenbar die Phantasie: Woher kommt das Virus? Zwei Ursprungsmythen zeichnen sich ab. Den ersten hat Bobby Hatch in «Sexualität konkret» (Heft 7/1986) ausführlich dargestellt. Dieser Mythos schuldigt die moderne Vernunft an. Das Virus, dieser Version entsprechend, ist bei gentechnischen Experimenten einem US-Labor entsprungen. Frankenstein läßt grüßen...

Der zweite Ursprungsmythos besagt das Gegenteil: Danach wird die vernünftige, moderne Welt abermals von der Wildnis bedroht. Inner-Afrika, die Natur, der Neger, der Affe haben der Zivilisation – auf dem Umweg über eine «abartige» Randgruppe – das Virus geschickt. Die «Natur» schlägt zurück; das «Tier» bricht aus den Reservaten aus, um sich zu rächen für das Unrecht der Legebatterien und Hundehütten, zoologischen Gärten und Tierversuche. Nicht die moderne Vernunft hat das Virus geschaffen, vielmehr ihr Widerpart, die Wildnis, die Unvernunft, hat ihn als Zeichen ihrer ungebrochenen Macht über die zivilisierte Menschheit gebracht.

Die Dialektik der Aufklärung erscheint in neuer Brisanz; die Extreme, die sie zu vereinen wußte – die Vernunft und die Wildnis –, fallen wieder auseinander. Neue Mythen können sich bilden. Ausgerechnet *Afrika*, das Land des Dschungels, der Sümpfe und der Wüsten, wird zum Konkurrenten der sterilisierten, technisierten Labors Amerikas, soweit es um die Phantasien über die Abkunft des Virus geht. Finstere Vergangenheit und helle Zukunft vereinen sich auf völlig unerwartete Weise in der Gegenwart. Afrika ist ein *Symbol*. Über Afrika lesen wir beim Revolutionär des algerischen Befreiungskampfes, bei Frantz Fanon:

«Die feindliche, widerspenstige, zutiefst rebellische Natur wird in den Kolonien durch den Busch, die Moskitos, die Eingeborenen und die Fieberkrankheiten repräsentiert. Die Kolonisierung ist gelungen, wenn diese ganze unbezähmbare Natur schließlich doch niedergezwungen ist. Eisenbahnlinien durch den Urwald, Trockenlegung der Sümpfe, politische und wirtschaftliche Nichtexistenz der Eingeborenen – das ist in Wirklichkeit ein und dasselbe» (1969, 191).

Die Kolonialisierung ist nicht gelungen. Oder aber: Sie ist gelungen, doch zeigt die Tatsache, daß auch das hochmoderne Labor Ursprungsort des Unheils sein könnte, daß die Anstrengungen, die unternommen worden sind, die Welt zu zivilisieren, vergebens waren. Denn am Ende kommt es zu denselben Effekten – egal ob das Virus im Urwald oder im Labor beheimatet war, bevor es sich in zivilisierten Körpern ausbreitete. Spricht die Phantasie für den Urwald, so zeigt sie die Machtlosigkeit aller zivilisierten Anstrengungen. Spricht sie für das Labor, so erscheint dieses plötzlich als eine modifizierte Form des Urwalds.

Zurück bleiben die Menschen – hilflos wie seit je ihren Phantasien ausgeliefert. Aber sie machen das Beste daraus: Auf den Titelblättern einschlägiger Magazine – vom «Stern» bis zum «Spiegel» – verschwinden die Körper in Zellophan, sobald über AIDS berichtet wird; das postmoderne Gesamtkunstwerk «Mensch» – und Christo, der Verpackungskünstler, als Vorläufer der Werbestrategen der Kondom-Industrie, läßt grüßen. Wir gehen postmodernen Zeiten entgegen, mit denen verglichen die Modernen Zeiten vielleicht eines Tages noch als Idylle erscheinen könnten.

Literatur

Fanon, F.: Die Verdammten dieser Erde. Reinbek (Rowohlt) 1969

Foucault, M.: Sexualität und Wahrheit, Bd. 1. Frankfurt/M. (Suhrkamp) 1977

Habermas, J.: Der philosophische Diskurs der Moderne. Zwölf Vorlesungen. Frankfurt/M. (Suhrkamp) 1985

Hatch, B.: Ist AIDS ein Laborunfall? Sexualität konkret 7, 1986, 32–37

Heigl-Evers, A., Nitzschke, B.: Das Prinzip «Deutung» und das Prinzip «Antwort» in der psychoanalytischen Therapie. Anmerkungen zur theoretischen Begründung zweier therapeutischer Angebote, die an unterschiedliche Patientengruppen gerichtet sind. Zeitschr. psychosom. Med. u. Psychoanalyse 37, 1991, 115–127

Helm, E. B., Stille, W.: «Wir müssen mit dem AIDS-Problem leben.» Aktuelle Konsequenzen der AIDS-Epidemie. Der Spiegel 18, 1987, 249–254

Hörisch, J.: Das doppelte Subjekt. Konkursbuch 15, 1985, 43–60

Kaufmann, F.-X.: Religion und Modernität. Soziale Welt (Sonderbd. 4), 1986, 283–307

Köhler, M.: «Postmodernismus»: Ein begrifflicher Überblick. Amerikastudien 22, 1977, 8–18

Lyotard, J.-F.: Das postmoderne Wissen. Graz, Wien (Edition Passagen) 1986

Münch, R.: Die Kultur der Moderne, Bd. 1–2. Frankfurt/M. (Suhrkamp) 1986

Nietzsche, F.: Umwertung aller Werte, Bd. 2 (hg. von F. Würzbach). München (dtv) 1969

Nietzsche, F.: Sämtliche Werke, Bd. 1. München (dtv) 1980

Nitzschke, B.: Die Zerstörung der Sinnlichkeit. München (Kindler) 1974

Nitzschke, B.: Der eigene und der fremde Körper. Bruchstücke einer psychoanalytischen Gefühls- und Beziehungstheorie. Tübingen (Konkursbuchverlag) 1985

Nitzschke, B.: Die Bedeutung der Sexualität im Werk Sigmund Freuds. In: Ders.: Sexualität und Männlichkeit – Zwischen Symbiosewunsch und Gewalt. Reinbek (Rowohlt) 1988, 282–346

Spielrein, S.: Die Destruktion als Ursache des Werdens (1912). Neuausgabe: Tübingen (edition diskord) 1986

Teil II
Von Söhnen und anderen Illusionisten – über Revolten, Utopien und Realitäten

4   Eine Generation der Ausgeschlossenen, von Anfang an

«Dem Denken geht das *Leiden* voran.»
Ludwig Feuerbach, *Vorläufige Thesen zur Reformation der Philosophie*

In einer kleinen Schrift mit dem Titel *Erinnern, Wiederholen und Durcharbeiten* hat sich Freud (1914), dieser Meister des psychischen Sezierens, der sich ein Leben lang in selbstquälerischer Weise darum bemühte, seinen Erinnerungen an die eigene verschollene Kindheit und der darin beschlossenen traumatischen Erlebnisse auf die Spur zu kommen, in eher theoretischer Absicht mit dem Problem der Erinnerung beschäftigt. *Ein* Aspekt seiner Krankheitslehre lautet, kurz gefaßt: Der Kranke hat aus seiner Erinnerung verdrängt, was ihn verletzte, und deshalb wurde er krank. Also nicht das traumatische Ereignis an sich wirkt pathogen, sondern die Art und Weise, wie der psychische Organismus darauf reagiert.

Nun wird man einwenden, bisweilen bleibe gar keine andere Wahl als zu vergessen, zu verdrängen. Das ist richtig. Man muß vergessen können, wenn man – nach verletzenden Ereignissen – weiterleben will. Aber es gibt offenbar eine schädigende Form des Vergessens: eben die Verdrängung. Auch die zu Ende geführte Trauerarbeit, während deren sich der Mensch seinem Schmerz hingibt, um ihn zu überwinden, ist ja ein – erfolgreicher – Versuch, die traumatischen Ereignisse zu vergessen. Man löst sich von den verlorenen Objekten, den traumatisierenden Ereignissen, vergißt sie, um wieder in der Gegenwart leben zu können. Der Prozeß der Trauerarbeit aber ist schmerzhaft, so schmerzhaft offenbar, daß viele Menschen versuchen, ihn zu umgehen, wodurch sie die psychische Krankheit im eigentlichen Sinne jedoch erst verfestigen, am Leben erhalten, sollten Freuds Thesen zutreffen.

Psychische Krankheit ist nach Ansicht Freuds auch als eine nicht zu Ende gebrachte Trauerarbeit zu verstehen. Die Trauer wird verdrängt und hält dennoch an, sie kommt zu keinem Ende, wühlt im Verborgenen und führt in der Gegenwart zu Erlebnissen und Reaktionen, die scheinbar nichts mit der längst vergangenen Verletzung zu tun haben. Die Verdrängung, so lautet eine weitere Annahme Freuds, führt zum Erlöschen der bewußten Erinnerung an das traumatische Ereignis, fixiert aber die versunkenen Erinnerungsspuren im «Unbewußten». Dort gewinnen sie symptombildende Kraft. Was dann, womöglich erst nach einer langen Phase der Latenz, in Träumen und Phantasien, in neurotischen Symptomen und Reaktionen erscheint, ist vielfach gebrochener Abglanz jenes verdrängten, bewußt nicht mehr erinnerten, psychisch jedoch wirksamen Traumas, das die Krankheit am Leben erhält. Der Vergangenheit ist auf diesem Wege nicht zu entkommen.

Vor diesem Hintergrund können gegenwärtige neurotische Erlebnisse und Reaktionen auch als ein Ausagieren verinnerlichter, scheinbar vergangener psychischer Schmerzen verstanden werden. Der Kranke reproduziert das Verdrängte «nicht als Erinnerung, sondern als Tat, er *wiederholt* es, ohne natürlich zu wissen, daß er es wiederholt» (Freud 1914, 129). Und, so schreibt Freud weiter, der Kranke wird «von diesem Zwang zur Wiederholung nicht mehr frei; man versteht endlich, dies ist seine Art zu erinnern» (1914, 130). Wer zu seiner Zeit nicht zu trauern vermochte, der holt die schmerzhaften Ereignisse in unbewußter Absicht und in Form der Tat wieder an die Oberfläche, anstatt der schmerzhaften Er-*inner*-ung sich auszusetzen, die ihn ja zwänge, den Schmerz von ehedem erneut zu erleben.

Therapie im Sinne Freuds ist daher auch als eine nachgeholte Trauerarbeit zu verstehen. Dabei werden die psychischen Schmerzen von einst vorübergehend wiederbelebt. Das Durcharbeiten dieser Schmerzen im Verlauf der Therapie ist die Trauerarbeit. Kommt es nicht zu dieser therapeutischen Katharsis, zu dieser Reinigung von innen, dann können die im Unbewußten weiterhin wirksamen traumatischen Erlebnisse von einst den psychischen Organismus von innen her zerstören, zumindest aber schwächen. Ist so die Selbstzerstörung extremster Ausgang einer nicht zu Ende gebrachten Trauer, so gibt es eine zweite Möglichkeit, den traumatischen Erlebnissen zu entkommen: Die Zerstörung eines anderen Menschen kann die Selbstzerstörung ersetzen.

Die Fremdzerstörung, die sich in familien- und gruppendynamischen Prozessen abspielt und beschreiben läßt, kann so als eine notwendige Ergänzung der intrapsychischen Dynamik der Selbstzerstörung erkannt werden. Auch das also erscheint uns als eine hoffnungslose Form des Entrinnens aus der eigenen Vergangenheit: das Ausagieren der verdrängten Erinnerungen mit Hilfe anderer Menschen, die man zu Opfern der eigenen Erinnerung macht.

Ist es möglich, die psychoanalytischen Überlegungen Freuds, die im Sinne einer Individualpsychologie entworfen sind, auch auf eine historische Epoche anzuwenden? So konnte sich ein damals amtierender Ministerpräsident (Filbinger) in deutschen Landen im Jahre 1978 kaum noch daran erinnern, daß er in brauner Zeit minuziös notierte, wie ein junger Soldat, dessen Tod er gefordert hatte, ebendiesen Tod erlitt. Es war dies ebenjener Ministerpräsident, unter dessen Verfügungsgewalt einer der merkwürdigsten Strafprozesse der jüngeren deutschen Geschichte zu Ende ging – die Selbstmorde aller Angeklagten führten zum Ende dieses Prozesses gegen die RAF-Terroristen, die als «erste» Generation vor Gericht stand.

Günther Nenning (1978, 14) hat in einem Essay über den Terrorismus einen notierenswerten Gedanken formuliert: «Voraussetzung für besondere Brutalität des gegenwärtigen Anarchoterrorismus ist vorausgegangener Faschismus.» Also in Japan, Italien und Deutschland ist die extremste Form des Anarchoterrorismus zu finden. Auch Basken, Iren und Palästinenser haben terroristische Aktionsformen entwickelt, um sich als ethnische Minderheiten durchzusetzen. Aber welche Minderheit wird denn hierzulande verfolgt, um ihre Existenzrechte gebracht, die glaubt, mit Hilfe des Terrors überleben zu müssen?

Erinnern wir uns: Faschismus, das bedeutete in Deutschland unter anderem die Vernichtung von Menschen, denen man im rassischen, politischen und moralischen Sinne das Recht absprach, in diesem Lande und in diesem Volke zu überleben. In einer barbarischen Vernichtungsaktion, der das Verbrennen von Büchern und die Stigmatisierung von «Volksschädlingen» mit Hilfe besonderer Abzeichen vorausgingen, tobte die seinerzeit herrschende Vernunft, der gleichzeitig Autobahnen, Behebung der Arbeitslosigkeit und Volkswagen zu verdanken waren, gegen «lebensunwertes» Leben. Jedwede Form tatsächlichen oder vermuteten Widerspruchs gegen die herrschende Vernunft der Volksgenossen war mit dem Tode bedroht. Und in den Lagern fand man sie wieder: Juden, Zigeuner, Pazifisten, Zeugen Jehovas, Kriminelle, Homosexuelle, Sozialisten, Kommunisten, Anarchisten, Intellektuelle, konservative Christen, Arbeitsscheue, Landstreicher, Bettler. Und auch die Geisteskranken standen auf der Todesliste. Die Diagnose Schizophrenie kam fast einem Todesurteil gleich. Aber ist diese Liste der abweichenden Minderheiten ein historischer Zufall? Hat sich nicht die instrumentelle Vernunft im Abendlande seit jeher der Vernichtung von Randexistenzen bedient, um ihren Siegeszug fortzuführen und zu Ende zu bringen? Foucaults Analysen des historischen Prozesses der letzten Jahrhunderte legen jedenfalls eine Antwort auf diese Frage nahe.

Von jeher hat sich die heute herrschende Form der Vernunft gegen jedes ihr widersprechendes Prinzip gewandt. Sie hat alle Formen der Unvernunft und des Widerspruchs diffamiert und ausgeschlossen. Und sie hat den Ausgeschlossenen dennoch immer wieder die Hand gereicht: Arbeit macht frei! Werdet so vernünftig, wie es der Rest der Menschheit schon ist! Kolonisation ist Kulturarbeit! Und daher ist die Geschichte dieser Form der Vernunft nicht nur eine Geschichte der allgemeinen und höheren Schulen, der Akademien und Kadettenanstalten, sondern vor allem auch eine Geschichte des Strafvollzugs und der Exekutionen, der Irrenhäuser *und der Fabriken*. One World, die Welt der eindimensionalen Vernunft, die sich von aller Unvernunft, von jedem grundsätzlich widersprechenden Prinzip befreit hat, das ist die Fabrikgesellschaft, in der Werkshallen und Disneyland, Büros und Naturparks, Universitäten und Kindergärten, Live-Sendungen und das Leben selbst kaum noch zu unterscheiden sind.

Die größte Gefahr für diese Form von Vernunft kam bisher von der Unvernunft. Jetzt, so scheint es, wird diese Vernunft zunehmend selbst als Gefahr erkannt. Bisher aber war der Widerstand, das Besondere, das sich dem Allgemeinen versagte, *die* Gefahr. Und der Widerstand reicht bis in die individuelle Denkform und Wahrnehmungsstruktur hinein. Das wußte Nietzsche: «Hätte es nicht allezeit eine Überzahl von Menschen gegeben, welche die Zucht ihres Kopfes – ihre ‹Vernünftigkeit› – als ihren Stolz, ihre Verpflichtung, ihre Tugend fühlten, ... so wäre die Menschheit längst zugrunde gegangen. Über ihr schwebte und schwebt fortwährend als ihre größte Gefahr der ausbrechende *Irrsinn* – das heißt eben das Ausbrechen des Beliebens im Empfinden, Sehen und Hören, der Genuß in der Zuchtlosigkeit des Kopfes, die Freude am Menschenunverstande. Nicht die Wahrheit und Gewißheit ist der Gegensatz der Welt des Irrsinnigen, sondern die Allgemeinheit und Allverbindlichkeit eines Glaubens, kurz das Nichtbelieben im Urteilen. Und die größte Arbeit der Menschen bisher war *die*, über sehr viele Dinge miteinander übereinzustimmen und sich ein *Gesetz der Übereinstimmung* aufzulegen – gleichgültig, ob diese Dinge wahr oder falsch sind... Es ist eine Notdurft ersten Ranges, welche hier gebietet und fordert. *Wir anderen sind die Ausnahme und die Gefahr* – wir bedürfen ewig der Verteidigung! – Nun, es läßt sich wirklich etwas zugunsten der Ausnahme sagen, *vorausgesetzt daß sie nie die Regel werden will*» (1959, Aph. 76).

Die Abweichler, die Propheten der Befreiung vom Prinzip der instrumentellen Vernunft und der verfügten Arbeit wollten die Regel werden, als sie jedermann einzureden versuchten, unter dem Pflaster läge der Strand, und forderten, die Phantasie solle an die Macht. Wie anders wären die heftigen Reaktionen zu verstehen auf ein inzwischen historisches Ereignis? Protestbewegungen, die länger, heftiger und folgenreicher, wenigstens auf den ersten Blick folgenreicher, in die Geschichte eingegriffen haben als jene der Jahre 67/68 hat es genug gegeben – in Frankreich etwa die Bewegung gegen den Algerienkrieg, die Erfolg hatte, in der Bundesrepublik jene gegen die Wiederaufrüstung und die Atomwaffen, die scheiterte. Aber man hat die Protestanten nicht immer noch Jahre später verfolgt, versucht, ihnen jeden Zugang zu Kindergärten und Schulen zu versperren, sie in ihrer moralischen, politischen und beruflichen Existenz zu vernichten.

Offenbar hatte der Protest gegen den Krieg in Vietnam eine andere Qualität als der Protest gegen den Krieg in Algerien. Stand hier nicht zum erstenmal ein Prinzip zur Debatte, das tief in der abendländischen Geschichte wurzelt, das Prinzip der instrumentellen Vernunft? Die große Verweigerung, der Angriff auf Herrschaft in jedweder Form, der Angriff auf ihre ideologische Absicherung und auf die zugehörigen Techniken der Manipulation – mußte man da nicht mit heftigen und langandauernden Reaktionen rechnen? Brandstiftung, Banküberfälle, Mord und Totschlag gehören schließlich zu unserem Alltag, aber sie als Mittel der Befreiung zu propagieren setzt neben den Gesetzesverstoß auch noch die Verhöhnung des Gesetzes.

Nietzsche, jener angebliche Philosoph des Irrationalismus, der das Irrationale der instrumentellen Vernunft so klar erkannte, wußte: Die Allgemeingültigkeit ebendieser Vernunft darf nicht grundsätzlich in Frage gestellt werden, die Ausnahme, sosehr sie zur Regel gehört, darf nicht zur propagierten Regel werden. Wen die Verhältnisse zur Verzweiflung treiben, der hat deswegen noch lange kein Recht, den Ausnahmezustand, in dem er sich befindet, im Lande auszurufen.

Aber kehren wir zurück: Nie war der Wahnsinn bisher besser organisiert, «vernünftiger», als während der Zeit des Faschismus. Was ist vom Leiden aus jener Zeit, vom Leiden der Täter geblieben?

Eines der merkwürdigsten Kennzeichen der authentischen Studentenbewegung war die Hinwendung zu den Ausgeschlossenen dieser Gesellschaft, zu den Mühseligen und Beladenen. Man bemühte sich um die Kriminellen in den Haftanstalten, um die Psychiatrisierten, um soziale Randgruppen, um Arbeiterinnen und patriarchalisch verwaltete Ehefrauen, um Kinder in Heimen und Gastarbeiter. Wieso identifizierten sich plötzlich so viele Kinder, die aus geregelten und bürgerlichen Familien kamen, mit sozialen Außenseitern? Nahm man deren Leiden als Vorwand für Leiden, das man selbst, in geordneten und geregelten Verhältnissen, erlebt hatte?

Wer wollte sich im Mai 68 von welchen Ketten befreien? Kämpften Arbeiter gegen zu geringe Löhne, schlechte Arbeitsbedingungen, gegen das kapitalistische System gar? Aber nein: Von den Vertretern des orthodoxen Marxismus mußte man sich bereits damals sagen lassen, die Studentenbewegung sei eine kleinbürgerliche Protestbewegung, weshalb sie, von der Arbeiterklasse isoliert, auch scheitern müsse. Arbeiter hat man in jener Zeit kaum auf den Barrikaden, wohl aber auf der Seite von Ruhe und Ordnung des öfteren gesehen. Das war eine der großen Ent-Täuschungen.

Ich behaupte hier nicht, daß die Kinder der Bourgeoisie an den Außenseitern der Gesellschaft wiedergutzumachen versuchten, was die Väter diesen angetan hatten. Das wäre zu einfach. Aber vielleicht hatten die Väter, um mit ihren Erinnerungen fertig zu werden, eine Trauer hinterlassen, die zu bewältigen sie selbst sich geweigert hatten. Bernward Vesper, der sich 1971 in einer psychiatrischen Anstalt das Leben nahm, hat in seinem Romanessay «Die Reise» (1977) ein Leiden beschrieben, das in unserer Gegenwart noch keinen Namen gefunden hat. Vesper schreibt mit bedrückender Ehrlichkeit über Kommunikationsstrukturen und Erziehungsrituale, die vom deutschen Faschismus weder erfunden noch mit ihm untergegangen sind. Er lügt nicht, wenn er seine Erfahrungen beschreibt, und ich kenne kaum ein Buch der letzten dreißig Jahre BRD-Literatur-Produktion, über das ich ein ähnliches Urteil abgeben würde.

Vesper geht mit einem amerikanischen Freund, einem Juden, auf eine Drogen-Reise. Aber die Erinnerungen sind mörderisch. «Den Horizont verlieren, ist das Risiko, wenn du dich auf die Erinnerung einläßt, wenn du dich darauf verläßt, dich zu erinnern. Ich warne dich, nachdem ich dir vorher gut zugeredet habe. Ich war sehr naiv. Das habe ich nicht einkalkuliert. Ich war naiv: aufgeputscht von der Lust, mich in vergangene Zustände zu versetzen, übersah ich ihre Fangarme, Fangvorrichtungen, die sich über mir schlossen wie die Fäden des Sonnentaus über dem Insekt, das sich auf dem Fangteller der Pflanze niedergelassen hat. Oder anders: anfangs glaubte ich, ich könnte von ‹heute› aus mühelos ein paar Beiträge zu dem alten Thema ‹Zittern vor Deutschland› liefern, jetzt merke ich, daß ich alle Stationen ganz von neuem durchlaufen muß. Und keinesfalls sicher sein kann, die alten Türen, die mir das Entkommen aus dem faschistischen Ghetto ermöglichten, auf Anhieb wiederzufinden» (1977, 478).

Bernward Vesper, der mit Gudrun Ensslin verlobt war, bricht, nach anderthalb Jahren Arbeit am Versuch, seine Erinnerungen zu begreifen, zusammen. Er erlebt einen Wahnzustand, der Anlaß ist, ihn in die Psychiatrie zu verweisen. Sein Ende fällt mit dem Ende der Studentenbewegung zusammen. Die unverrückbaren Verhältnisse haben ihn verrückt gemacht. Der Faschismus der Väter also, der die Kinder verfolgt, die sich zerstören müssen, um der Verfolgung zu entkommen? Ist das die Erfahrung einer Generation oder nur die ins Extrem gesteigerte Ausnahme des Bernward Vesper?

Man hat jene, die man inzwischen als Psychopathen diffamiert und als Kriminelle stigmatisiert, auch als Hitler's children apostrophiert. In einem gewissen Sinne, wenngleich ebendieser Sinn nicht gemeint war, hatte man damit recht. Aber der Versuch, sich mit der Vergangenheit auseinanderzusetzen, ist schwer, wenn die Schergen Hitlers, seine Bewunderer und Mitläufer inzwischen längst zu überzeugten Demokraten geworden sind. Und das allein ist ja noch nicht alles: Jene lebenden Polit-Chamäleons schrieben auch noch die Geschichte und zimmerten die äußere Realität, in der die Bernward Vespers leben sollten. 1945, das war die Zeitwende, so wissen wir, der tiefe Einschnitt, der Zeitpunkt, zu dem die Millionen geheimer Widerstandskämpfer sich endlich öffentlich äußern durften, die braune Tarnfarbe abwaschen konnten. Bücherverbot hat nichts mit Bücherverbrennung, Radikalenerlaß nichts mit Judenstern und GSG 9 nichts mit Waffen-SS zu tun! Das muß sich jeder zu Herzen nehmen, der auf dem Boden der freiheitlich-demokratischen Grundordnung steht. Wer das nicht tut, ist gehässig, ein

Verleumder, vielleicht verrückt. Ihm wird der Boden unter den Füßen weggezogen. So einfach ist die Realität. Und so sinnlos sind die Erinnerungen.

Aber etwas, wenigstens in den Gesten, in den beiläufigen Bemerkungen, in der Alltagskommunikation ist geblieben. Auch hierzu ein Beispiel aus Vespers Buch: «In Münsingen hielt ich vor einem Gasthaus, in dem noch Licht brannte. Drei Männer standen im Mondschatten des Giebels, auf der Treppe eine Frau mit weißer Schürze. ‹Haben Sie noch ein Zimmer für eine Nacht?› fragte ich aus dem Fenster. Die Männer gaben die Frage an die Frau nach oben weiter. ‹Einen Augenblick, bitte›, sagte sie. Ich stieg aus, ging über das Kopfsteinpflaster vor, sie musterte mich: weiße, schmutzige Jeans, Sandalen, die braune fleckige Lederjacke, dann, ohne im Haus nachzufragen: ‹Nein, für heute ist alles belegt.› ‹Können Sie mir sagen, wo das nächste Gasthaus ist?› ‹Hier gibt es kein Gasthaus!› sagte sie, wandte sich um, schloß die Tür von innen ab und drehte die Außenbeleuchtung aus. Die drei entfernten sich feixend und grölend» (1977, 238). Der Abgewiesene fährt weiter durch die Nacht. «Die Suche nach einem Schlafplatz hatte sich längst verselbständigt, sie war die Suche nach einer Zuflucht geworden, die Hetze eines Ausgestoßenen, der durch die Gesetzlosigkeit der Nacht irrte, während hinter verschlossenen Türen und heruntergelassenen Rolläden diejenigen schliefen, die mit der absurden Welt ihren Frieden gemacht hatten und in Gnaden aufgenommen worden waren» (1977, 240).

Eine Generation der Ausgeschlossenen – von Anfang an? Mußten sie krank gemacht werden, damit andere von ihren Erinnerungen verschont blieben? Wenn man zugesehen hatte, wie Menschen mit dem Zeichen am Rock, gebrandmarkt in aller Öffentlichkeit, leben mußten, warum sollte man nicht zusehen, wie jene, die sich durch Wort und Tat gegen den allgemeinen Konsens des Schweigens auflehnten, in ihrer scheinbar nur aufgezwungenen, letztlich doch selbstgewählten Isolation verkamen?

Aber auch hier ist Mitleid am Platz: Wie schmerzhaft muß es sein, eine vernichtende Niederlage einzustecken, von aller Welt gedemütigt zu werden, zu sehen, wie ein Glaube demontiert wird, für den man bis nach Stalingrad und Tobruk marschiert war. Und das soll alles sinnlos, umsonst, falsch, ja verbrecherisch gewesen sein? Aber auch das ist richtig: Wären sie die Demokraten, als die sie sich ausgeben, würden sie am 8. Mai ein Freudenfest feiern. Welch schreckliche Angst haben sie vor ihrer eigenen Erinnerung, vor der Generation, die nahe genug an diesen Erinnerungen ist, um sie wieder in die Gegenwart zu holen.

Bernward Vespers Buch endet mit den Worten: «Ich bin frei... Du bist frei, verstehst du, du bist frei» (1977, 542). Frei – wovon? Wenn man sich aller Erinnerungen entledigen muß, wovon kann man dann noch leben? Man lebt doch immer auch von den Erinnerungen. *Freedom is just another word for nothing left to loose.* In diesem Sinne war Bernward Vesper frei, als er sein Manuskript beendet hatte: «Du lebst nur so lange, als du etwas mitzuteilen hast, als noch etwas Unmitgeteiltes in dir ist und als noch eine Grenze zwischen dir und andern aufzuheben ist; hast du alles mitgeteilt, ist nichts mehr übrig als die letzte, trockne Hülse deiner Persönlichkeit, so gibst du dich selbst hin. Diese Hingebung ist der Tod», schrieb Feuerbach (1975, 212f). Bei Bernward Vesper heißt es hierzu: «In uns ist nichts. Wenn alles herausgekommen ist, was jemals hereinkam, sind wir leer» (1977, 236).

Und die Erinnerung? Diese, so meint Feuerbach, «ist allein das Reich der Toten, das Land der abgeschiedenen Seelen» (1975, 227). Wenn ich mich selbst an jene Zeit erinnere, so fallen mir manche Genossen ein, die heute nicht mehr leben. Ein Autounfall, ein Selbstmord, eine innere Krankheit; viele starben jung. Andere wurden erschossen. Einer, an den ich mich noch gut erinnere, schrieb 1967, kurze Zeit bevor er starb und wenige Wochen nach dem Tod von Benno Ohnesorg, in einer Studentenzeitung, bei der ich damals mitarbeitete, rückblickend und vorausblickend: «Antisemitismus als identitätsbringende Abgrenzung gegen andere... bedeutet Pflicht zum Mord, wenn man dazugehören will... Das Bestürzende dieser psychischen Deformierung liegt darin, daß sie auf Befehl ohne Federlesens von einer vorgeschriebenen Verhaltensweise in die andere wechselt. Der große Schock nach 1945 blieb aus, die psychischen Strukturen blieben... Langhaarige in Korporiertenkneipen, Gastarbeiter in Straßenbahnen und Studenten in Berlin wissen ein Lied davon zu singen, daß sich nichts, aber auch gar nichts geändert hat... Wie einst im März steht wieder einmal eine deutsche Volksvertretung bereit, um es an der Legalisierung dieser Totschlägermentalität nicht fehlen zu lassen, ja sie zum Staatsprinzip zu erheben» (Kretschmer 1967, 14). Der Genosse ist tot. Er starb an einer inneren Krankheit. Die Zukunft wird zeigen, ob seine Vorhersage zutrifft. Seinen eigenen, bereits geahnten Tod hat er in dem zitierten Artikel mit einer Zeile von Franz Josef Degenhardt umschrieben: «Adieu Kumpanen, ich zieh in ein andres Land» (1967, 14).

Und ich erinnere mich an einen anderen Genossen, den ich in einem Psychiatrischen Landeskrankenhaus traf, als ich dort 1971 als Praktikant arbeitete. Er kam in die Anstalt, weil er sich merkwürdig genug verhalten hatte. Barfuß, verschmutzt, langhaarig lief er mit einer Schaufel an der Autobahn entlang und sammelte totgefahrene, plattgewalzte Tierkadaver, Igel, Katzen, Rebhühner, Hunde. Er begrub sie neben der Autobahn. Man war auf ihn aufmerksam geworden. Die Polizei griff ein. Man wies ihn darauf hin, daß er durch diese Tätigkeit sich selbst und auch andere Menschen gefährde. Aber er machte weiter. Also wurde er zwangsweise in die Psychiatrische Anstalt eingewiesen.

Die Verdachtsdiagnose lautete: Schizophrenie. Der amtierende Oberarzt war außer sich vor Freude, als er einen solch seltenen Fall begutachten durfte. Die Pfleger allerdings hatten ihre Mühe mit dem Neuzugang. Der Mann stellte sich mitten im Saal auf den Kopf, buchstäblich auf den Kopf! Yoga-Übung nannte er das. Inmitten von Debilen, Depressiven, Schizophrenen stand da einer auf dem Kopf. Er wurde ermahnt. Ohne Erfolg. Also kam er in die Einzelzelle. Auch dort stellte er sich und die Ordnung der Anstalt auf den Kopf. Aber hier konnten ihn die Pfleger, ohne Augenzeugen zu fürchten, zusammenschlagen.

Ich sah ihn mehrere Tage hintereinander. Wir unterhielten uns. Nach vierzehn Tagen wurde er entlassen – niemand hatte ein Interesse daran, daß die Mißhandlungen an die Öffentlichkeit kamen. Man gab ihm die Freiheit zurück. Seither habe ich nichts mehr von ihm gehört.

Von all den Gruppen, in die die Studentenbewegung zerfallen ist, antiautoritäre Kindererzieher und Terroristen, Feministinnen und Schwule, Betriebsgruppen und Haschischesser, Seminarmarxisten und Chaoten, Kadergruppen und studentische Sturmtruppen des Weltgeistes, schien mir jene Gruppe die merkwürdigste zu sein, deren Handeln durch die Affinität zur Anti-Psychiatrie bestimmt wurde. Plötzlich gab es Menschen, die der Meinung waren, im Wahnsinn einen Ort der Befreiung zu entdecken. Wie konnte die allgemeine Ratlosigkeit und Verzweiflung zur Identifikation mit den entwürdigsten Opfern der Verhältnisse führen? *Ein* Unterschied mußte doch bestehen zwischen den Wahnsinnigen und all jenen, die den Wahnsinn zum Kult machten. Wie konnte ein Teil einer Generation mitten im 20. Jahrhundert im Wahnsinn die Freiheit suchen? Woher kam das zeitgenössische Interesse der Intellektuellen an der Schizophrenie? Eine Kritik an der Ideologie der Anti-Psychiatrie, in der auch eine Antwort auf diese Fragen enthalten ist, gibt Jervis: «So paradox es... scheinen mag, der Wahnsinn ist ein *schlechter Rückfall* in die Normalität, beim Versuch sie zu verlassen; oder er ist das Scheitern der Verschiedenheit, das Erdrücktwerden von der Geschichte der anderen, das Enteignetwerden; er ist der Verlust von sich an die Geschichte...; er ist ein Sich-Verlieren, das zum Tod bestimmt ist» (1978, 57).

Warum ist man bestrebt, die herrschende Normalität zu verlassen, und wer ist von welcher Geschichte hierzulande erdrückt worden? Wer die Anstalten von innen kennt, wird rasch von der Illusion befreit, im Wahnsinn sei eine letzte Insel des Glücks zu finden. Weit entfernt von jener Insel ist der Wahnsinn ein letzter Versuch, das eigene Leben wenigstens noch in der Vorstellung, hinter Masken und Panzern zu bewahren, die dann doch so rasch zerbrechen, wenn es gilt, sich zu wehren – gegen die herrschenden Verhältnisse.

Und das war der andere Weg: Der Kampf gegen die herrschenden Verhältnisse geführt als ein Kampf gegen leibhaftige Menschen, der blutige Weg der RAF. Die abstrakt benannten Verhältnisse, denen man mit Seminardiskussionen und womöglich auch mit einer akademischen Karriere zu Leibe rücken konnte, schienen mit der Waffe in der Hand besser verändert werden zu können. Es ist in einer gewissen Weise unehrlich und erbärmlich, wenn heute versucht wird, die RAF mit Hilfe theoretischer Argumente als illegitime Erben der Studentenbewegung hinzustellen. Das Thema Gewalt bestimmte von Anfang an die Diskussion. Nicht zufällig fiel anläßlich der Gedenkveranstaltung für den am 2. Juni 1967 in Berlin erschossenen Studenten Benno Ohnesorg das Wort vom «linken Faschismus», wenn dieses Wort auch einer sehr unpräzisen Denkweise entsprang, denn nirgendwo hat beispielsweise das Großkapital im «linken Faschismus» einen möglichen Bundesgenossen für seine eigenen Zwecke gesehen, weshalb in diesem Zusammenhang von Faschismus zu reden einer historischen Lüge gleichkam. Das falsche Wort bezog sich auf die sich abzeichnende Bereitschaft zur Gewalt.

Nur: Wie konnte tatsächlich eine kleine Gruppe von Desperados annehmen, mit ein paar Maschinenpistolen ein bis an die Zähne bewaffnetes System in die Knie zu zwingen? Ich glaube, daß die 1968 auf Rudi Dutschke abgefeuerten Schüsse als das zumindest auslösende Moment der offenen Gewalt auf seiten der Protestanten angesehen werden müssen. Michael Baumann, der beschreibt, wie alles anfing, sagt es so: «... das war eben für mich eine Verkörperung der ganzen

Geschichte. Die Kugel war genauso gegen dich, da haben sie das erste Mal nun voll auf dich geschossen.... Da war natürlich klar, jetzt zuhauen, kein Pardon mehr geben» (1977, 38). Und er fährt wenig später fort: «Dieselben Leute, die 6 Millionen Juden vergast haben, die pöbeln dich an wegen langer Haare... Diese Waschlappen haben mir nicht zu sagen, wie ich meine Haare zu schneiden habe...» (1977, 40).

Wer erinnert sich denn bei der Hatz auf lange Haare gleich an sechs Millionen tote Juden? Ist das nicht übertrieben? Vielleicht gab und gibt es im postfaschistischen Deutschland eine Mentalität, der die Jagd auf Minderheiten immanent ist.

Verpönte Erinnerungen finden, wie Freud meinte, bisweilen in Taten ihren Ausdruck, in denen Vergangenheit sich unbewußt reproduziert. Und mörderische Taten sind Erinnerungen an mörderische Zeiten. Daher glaube ich, daß die deutsche Vergangenheit nie so gegenwärtig war wie in jenem Herbst 1977, als ein Mann sterben mußte, mit dessen Vergangenheit sich auch die Initialen der SS verbinden.

Inzwischen ist aber auch bereits unsere Gegenwart zur Vergangenheit geworden. Als ich 1972 und 1973 für längere Zeit im Ausland war und dann wieder in die Bundesrepublik zurückkehrte, schien es mir, als habe die Zeit der Studentenbewegung nie wirklich existiert. Zwar gab es zum Teil noch dieselben sprachlichen Formulierungen, gab es vor allem auch viele Menschen, deren individuelles Scheitern die deutlichen Spuren des gesellschaftlichen Schicksals an sich trug, doch die Vergangenheit, an die ich anzuknüpfen versuchte, war allenfalls noch in Form der Resignation oder in Form rigider Denkverbote vorhanden, die sich «linke» Gruppen selbst auferlegt hatten, um im veränderten gesellschaftlichen Klima zu überleben. Eine voraussetzungslose Diskussion war kaum noch möglich; man kämpfte ums Überleben.

Einige Genossen, an die ich mich erinnere, waren jung, als sie starben. Es ist unsere Pflicht, sie nicht zu vergessen und die Trauer um sie auszuhalten. Erst so können wir hoffen, daß uns unsere eigene Vergangenheit nicht eines Tages einholt. Jene aber, die im Terrorismus einen Rückfall in die Barbarei und nicht ein letztes verzweifeltes Aufbäumen eines Teils jener Generation sehen, die miterleben mußte, wie ihre historisch legitime Hoffnung zerstört wurde, es sei in Deutschland endlich der Tag gekommen, die Strukturen im Zusammenleben der Menschen zu verändern, die einstmals den Faschismus ermöglicht haben, jene unglaubwürdigen Moralisten also verschweigen, daß wir nicht auf eine historische Stufe zurückfallen können, die wir nie verlassen haben.

Der moralische Protest gegen Völkermord, Zerstörung der Natur und massenhaftes psychisches Leiden an dieser Wirklichkeit war und ist schließlich der Ausgangspunkt der Politisierung. In der Bundesrepublik kam die Erinnerung an den Faschismus hinzu, an eine Epoche, die in den psychischen Strukturen fortlebt, auch wenn dies weitgehend geleugnet wird. Wer die barbarischen Verhältnisse nicht, deren Opfer aber um so härter verurteilt, bedient sich eines Tricks, dessen sich Herrschaft zu allen Zeiten versicherte: Man schlägt dir die Fresse blutig und macht dich dann dafür verantwortlich, daß du aller Welt mit deiner Fratze Mißvergnügen und Schuldgefühle bereitest.

Der Versuch, solche Verhältnisse zu ändern, ist vorerst gescheitert; die Aufgabe bleibt.

Literatur

Baumann, B.: Wie alles anfing. Frankfurt/M. (Karl Marx Buchhandlung) 1977

Feuerbach, L.: Gedanken über Tod und Unsterblichkeit (1830). In: Werke, Bd. 1. Frankfurt/M. (Suhrkamp) 1975, 77–349

Freud, S.: Erinnern, Wiederholen, Durcharbeiten (1914). GW X, 125–136

Jervis, G.: Der Mythos der Antipsychiatrie. In: Jervis, G., Rella, F.: Der Mythos der Antipsychiatrie. Berlin (Merve) 1978

Kretschmer, R.: Konsumterror und Faschismus. Marburger Blätter 113, 1967, 13 f

Nenning, G.: Realismus und Terrorismus oder Aktion Rumpelstilzchen. Profil 17, 1978

Nietzsche, F.: Die fröhliche Wissenschaft (1882). München (Goldmann) 1959

Vesper, G.: Die Reise. Frankfurt/M. (März) 1977

5 Zum Tode Rudi Dutschkes
(Mit fünf Nachsätzen über Vergänglichkeit)

> «Genossen, Antiautoritäre, Menschen!
> Wir haben nicht mehr viel Zeit.»
> Rudi Dutschke (1968)

Nach dem Motto «Nur ein toter Revolutionär ist ein guter Revolutionär» nahmen die etablierten Medien 1980 Abschied von Rudi Dutschke. Einer, der es schon immer ganz genau wußte, Jürgen Habermas, setzte sich in seinem Chambre séparée aufs Plüschsofa und begann über den «wahrhaftigen Sozialisten» zu räsonieren: «Nach dem Begräbnis von Benno Ohnesorg in Hannover habe ich die heisere, suggestiv-surrende Stimme zum erstenmal gehört. Trotz der förmlichen Anrede – wie wir alle sagte er ‹meine Damen und Herren› – war Dutschke in seinem Element. Er hatte nur ein Ziel: das, was man damals die Zustände an der Freien Universität nannte, den Studenten aus Westdeutschland als Modell, als ihre eigene unmittelbare Zukunft vor Augen zu führen… Spontan sollten sich an allen Universitätsorten ‹Aktionszentren› bilden, die ‹Bewegung› sollte die festen Organisationen der Studentenschaft unterlaufen. Die Formeln, die Funken schlugen, waren alle schon da: Politisierung und Bewußtseinsschärfung, die Durchbrechung etablierter Spielregeln, Opposition gegen die Entdemokratisierung der Gesellschaft, die kritisch-praktische Entfaltung der bewußtesten Teile der Studentenschaft, die Aktionseinheit des antiautoritären Lagers, und so weiter. Eine Vokabel kehrte immer wieder: aktiv, aktivistisch, Aktion. Und eine Parole ließ mir, inmitten dieser ersten überregionalen *Massen*versammlung der universitären Linken, den Atem stocken: Keine Aufklärung ohne Aktion! Dutschke nannte gar ‹Aufklärung und *direkte* Aktion› in einem Atemzug» (1980).

Die *direkte* Aktion neben und zusammen mit der Aufklärung, Aufklärung also ernst genommen, die Tat also, in der nach einem Wort Hegels einzig der Mensch *wirklich* ist, das allerdings war Rudi Dutschkes Anliegen, das machte seine Wahrhaftigkeit, seine Wirklichkeit aus. Der aus dem fernen Frankfurt nach Hannover gereiste Professor verstand dieses Anliegen und vergißt heute, in seiner Laudatio auf den *toten* Revolutionär, daran zu erinnern, wie er damals in Hannover darauf reagierte: Direkte Aktion setzte er gleich mit «linkem Faschismus».[1] Das böse Wort fiel, als man das erste Opfer gerade zu Grabe getragen hatte, und sicherlich, dieses Wort hatte seine Wirkung: Ich selbst, damals Anfang Zwanzig, hielt es seinerzeit nicht für völlig

[1] Den Vorwurf des «linken Faschismus» machte Habermas übrigens genau demjenigen gegenüber, den er heute als «wahrhaftigen Sozialisten» preist: Rudi Dutschke war diffamierend gemeint, wurde markiert. Weiß Gott, es waren nicht nur die Springer-Presse und der Berliner Senat, die frühzeitig den später Ermordeten brandmarkten. Habermas über Dutschke anläßlich der Trauerveranstaltung für Benno Ohnesorg am 9. Juni 1967 in Hannover: «... ich bin erstaunt, daß die Linie, die Herr Dutschke hier vertreten hat, zwar aus dem Publikum in Frage gestellt worden, aber vom Tisch der Veranstalter ohne Kommentar hingenommen worden ist... Herr Dutschke hat als konkreten Vorschlag nur vorgetragen, daß ein Sitzstreik stattfinden soll. Das ist eine Demonstration mit gewaltlosen Mitteln. Ich frage mich, warum er das nicht so nennt und warum er eine Dreiviertelstunde darauf verwendet hat, eine voluntaristische Ideologie zu entwickeln, die man im Jahre 1848 utopischen Sozialismus genannt hat, die man aber unter heutigen Umständen – jedenfalls glaube ich, Gründe zu haben, diese Terminologie vorzuschlagen – ‹linken Faschismus› nennen muß. Es sei denn, daß Herr Dutschke aus dem, was er an ‹Überbau› entwickelt hat, praktisch keine Konsequenzen zu ziehen wünscht» (zit. n. Grossner 1971, 165 f). Also, das heißt im Klartext: Herr Dutschke hätte sich mit einem Satz begnügen können, nämlich dem, es sei ein Sitzstreik zu veranstalten. Da er das nicht tat, sondern eine Dreiviertelstunde lang theoretisch entwickelte, in welchem Kontext die Aktion eines Sitzstreiks zu stehen habe, was damit politisch bezweckt sei, was den Sitzstreik zu mehr als einem bloßen armseligen Herumhocken, zu einer bewußten politischen Aktion nämlich, macht, weil er all dies sagte, ist er wohl ein «linker Faschist», Voluntarist, utopischer Sozialist. Immer einen Brei, einerlei, die Diffamierung wird schon ankommen – und sie kam an, wie man weiß. Die reaktionäre Presse nutzte das professorale Wort zur Verunglimpfung der 68er-Bewegung, die – wie man sieht – so bereits vor ihrer «Geburt», nämlich bereits 1967, bei einem falschen Namen gerufen werden konnte. Am Ausdruck «linker Faschismus» nahm Habermas 1968 die Formulierung, nicht aber, wie er ausdrücklich betonte, «die Intention meiner damaligen Bemerkung» zurück (zit. n. Grossner 1971, 168). Es sollte ein Jahrzehnt dauern, bis Habermas endlich die Bemerkung vollständig bedauerte, die er 1967, nach dem ersten Toten der 68er-Bewegung, gemacht, und 1977, als die Toten von Stammheim das tragische Ende der Geschichte symbolisierten, widerrufen hatte. Die politisch diffamierende Funktion seiner Worte von 1967 konnte er damit nicht mehr revidieren; sie hatten ihren Zweck erfüllt.

falsch... Da kamen Leute und wollten handeln, brachen die Spielregeln, deckten die hinter der Etikette verborgene brutale Gewalt auf. Und Faschismus? Linker Faschismus gar? Was hatten wir denn in den Schulen eines Staates, der bereits in seinem ersten Jahrzehnt die konsequentesten Widerstandskämpfer gegen den Hitlerfaschismus, die Kommunisten, wieder in die Kerker verbannt und für die ehemaligen SS-Schergen den Weg freigehalten hatte zur Karriere in Justiz, Polizei, Verwaltung und Wirtschaft, was hatten wir denn vom Faschismus gehört und gelernt? Und «links» gar, war das nicht, wenige Jahre nach dem Bau der «Mauer», ein ganz und gar disqualifizierendes Wort? «Linker Faschismus», nun, Rudi Dutschke wußte schon damals in Hannover die richtige Antwort zu geben. Wir Jüngeren brauchten einige Jahre, um zu verstehen, welches Spiel hier gespielt wurde. Mittlerweile aber überschlugen sich die Ereignisse...

Zwei Jahre nach dem Tode von Benno Ohnesorg und ein Jahr nach dem Attentat auf Rudi Dutschke, an dessen Folgen er Ende 1979 starb, erschien ein Buch von Habermas, aus dessen Einleitung ich zitiere: Eine «aktionistische Minderheit» habe das zweckrationale politische Handeln zugunsten einer «der Wissenschaft feindlichen Agitation» aufgegeben. Und von «Scheinrevolutionarismus» war da die Rede, ja, schon früh machte der Frankfurter Professor – gerade auf dem Weg ins alternative Leben am Starnberger See – einen neuen «Irrationalismus» aus. Die «Gewaltrhetorik der Ostertage», die vermutete «Taktik des begrenzten Vandalismus» waren ihm ein Dorn im rechten linken Auge. Die Kerne der Protestbewegung, so der Herr Professor, seien aus der «Subkultur» gekommen. Subkultur? Vermutlich auch damals schon etwas ganz Verwerfliches. Zwar habe man der marxistischen Theorie eine Reihe von Konzepten entlehnt, doch: «Weil das Potential der Unzufriedenheit nicht aus ökonomischer Entfremdung, sondern aus einem psychologisch bedingten Unbehagen hervorgeht, verdanken sich die Definitionen des gegenwärtigen Zustandes nicht einem evidenten Pauperismus, sondern einer eher esoterischen Kulturkritik» (1969, 7 ff).

Jetzt wissen wir es also, und Herr Habermas wußte es schon 1969: Die Revolte entsprang einer esoterischen Kulturkritik! So kann schreiben, wer materielles Elend, wie es das 19. Jahrhundert als Material dem Entwurf einer revolutionären Theorie anbot, nicht zur psychischen Verelendung weiterdenken kann, wie es sich in den Industriegesellschaften des 20. Jahrhunderts allenthalben breitmacht und doch wohl

– vielleicht? ganz sicher! – zur Grundlage eines neuen revolutionären Entwurfs dienen könnte. Was Habermas den ausgemachten «aktionistischen Gruppen» der Protestbewegung vorwirft, wobei er meint, Dutschke habe vor ihnen «gewarnt» – mangelnde Ichstärke, zerfließende Identität, Rückzug in Subjektivismus (die Vokabel war 1969 für manchen noch ein Schimpfwort) und/oder Irrationalismus –, das alles diente einer redlichen intellektuellen Analyse sicherlich zur Neubewertung des «Aktionismus»↓ Aber diese Analyse gelänge nur, wenn nicht hartnäckig *Folgen* mit *Ursachen* verwechselt würden. Und dieser seiner intellektuellen Leistung gemäß konstatierte Habermas: «In der Protestbewegung haben sich von Anbeginn emanzipatorische Kräfte mit regressiven verbunden.» Auch das war damals offenbar noch wirkungsvoll, die Erklärung der Regression als Schandmal.

«Pfui! Ihr wollt in ein System hinein, wo man entweder Rad sein muß, voll und ganz, oder unter die Räder gerät!» fluchte Friedrich Nietzsche (Morgenröte, Aph. 166). Nun ja, das wollten sie, das wollten wir: in ein System hinein, nicht zum Rad werden und nicht unter die Räder kommen. Für Rudi Dutschke ging dieser Versuch tödlich aus. Aber er war eben kein «skeptischer Intellektueller», der den Zeitlauf angeekelt aus der Distanz verfolgt, immer besserwisserisch den Untergang vorhersagt und hinterher sich immer noch selbst auf die Schulter klopfen kann. Er wollte teilnehmen, handeln: direkte Aktion! Sein Freund und Mitkämpfer von einst, Bernd Rabehl, sprach dieses Bekenntnis Dutschkes, das Bekenntnis eines reflektierenden Intellektuellen zur Aktion, zum Handeln, zur Praxis, aus der heraus die rationale Analyse ihre Korrektur erfährt, an, als er im überfüllten Auditorium maximum der Freien Universität am 3. Januar 1980 des soeben begrabenen Genossen gedachte.

Nicht zum Rad zu werden und nicht unter die Räder zu geraten und dennoch mitzumachen, nicht alternativ zu flüchten, nicht sich selbst aus den Verhältnissen davonzustehlen, um auf diesem Wege den Verhältnissen um so besser ihren freien Lauf zu lassen – nun, ganz sicher waren das keine «realistischen» politischen Ziele. Und sie waren doch die einzig realitätsgerechten. Dafür stand Rudi Dutschke mit seinem Denken, seiner politischen Praxis, seiner ganzen Person ein: «Genossen, Antiautoritäre, Menschen! Wir haben nicht mehr viel Zeit. In Vietnam werden auch wir tagtäglich zerschlagen, und das ist nicht ein Bild und ist keine Phrase», schrieb er kurz vor dem Mordanschlag (1968, 92).

Die Solidarität mit den kolonialisierten und ausgebeuteten Völkern der Dritten Welt war sicherlich eines der *bewußten* Anliegen der Revolte. Dahinter stand aber, den Akteuren selbst oft gar nicht unmittelbar einsichtig, sehr viel später erst bewußt werdend, vor allem auch ein Kampf gegen die eigene, innere Kolonisation, ein Kampf gegen die völlige Integration aller psychischen Vermögen ins System der Unterdrückkung, Ausbeutung und des Zynismus. Das war auch ein Kampf gegen die in die eigene Person des Revoltierenden reichende Verlängerung des Systems, gegen das System *im* Kolonialisierten. Rudi Dutschke las die 11. Feuerbach-These von Karl Marx so: «Die Philosophen haben die Welt nur verschieden *interpretiert*, es kömmt darauf an *sich* (anstelle von: *sie* – Anm. B. N.) zu *verändern.*» Der Kampf gegen das System war so vor allem auch ein Kampf gegen dessen subversive Anteile in der Person des Revoltierenden. Wie kann man gewinnen, wenn man sich selbst zum Feind erklären muß?

Die Reproduktion der Herrschaftsmechanismen, die von den Antiautoritären durch Praxis, neue Praxiserfahrungen, bekämpft werden sollten, wurde in vielen der Nachfolgeorganisationen, die dem Zerfall folgten, wurde in den erbitterten Abgrenzungsritualen deutlich. *Darin* wäre das eigentliche Scheitern der Bewegung zu sehen. Und nicht im Entwurf utopischer Ideale, gegen deren Verwirklichung schlechterdings kein redlicher Mensch argumentieren kann, deren Verwirklichung gegen die bevorstehende, von *Menschen* gemachte Realität einzufordern ist. Rudi Dutschke formulierte das Dilemma so: «Ein intellektuelles Durchschauen der gesellschaftlichen Mechanismen der Herrschaft – ob nun in Vietnam oder bei uns – löst die individualistische Struktur unseres Denkens nicht auf» (1968, 81). Solche Auflösung des die Herrschaft letztlich noch stützenden Denkens – die Buchkonzerne und die mit progressivem Touch versehenen Medien wissen das gewinnbringende Lied dieses Denkens zu singen – konnte sich Rudi Dutschke nur vorstellen durch gemeinsame, kollektive Praxis, durch Lernprozesse, die ihr Ergebnis nicht schon kennen, bevor sie noch begonnen haben, die aus der Erfahrung entspringen und auf sie zurückwirken. Also: Gab es diese verändernde Praxis? Gab es dieses durch neue, veränderte und verändernde Praxis gewonnene Denken? In Ansätzen. Die Zeit war kurz. Die blutigen Ereignisse ließen keine Zeit zum Atmen, kaum noch zur bewußten Aktion. Der «blinde Aktionismus» war kein theoretisches Konzept, wurde von niemandem vertreten, war allenfalls phänomenologisches Resultat, Ergebnis einer Verfolgung, Widerschein einer Treibjagd.

Als alle sich einbunkerten, zurückschossen, flohen blieb einer verzweifelt darum bemüht, die Verbindungen aufrechtzuerhalten: Er ließ sie nicht abreißen zu den Genossen von 68, die in die DKP oder SEW gegangen waren, er sprach mit solchen, die der RAF nahestanden, er diskutierte mit linken Gruppen in der SPD und mit Jungsozialisten, er genoß Ansehen bei «K»-Grupplern und Chaoten, schließlich bei den Alternativen und Grünen. Und wenn er Trennendes sah, so respektierte er die Differenz, ohne selbst irgendein Credo in die Welt zu posaunen, auf das man sich erst einschwören mußte, bevor man von ihm als Genosse ernst genommen wurde. Und so lagen denn auf seinem Sarg die Kränze der KP Spaniens *und* die der SEW, die Kränze der Jungsozialisten *und* die der Alternativen.

Und die Beileidsbekundungen kamen von den chilenischen Genossen *und* von den tschechischen und slowakischen Genossen, die nach 68 um ihre fast schon gewonnen geglaubte Freiheit wieder einen fast aussichtslosen Kampf kämpften. Rudi Dutschke war ein Internationalist. Und in diesem Sinne stand er in einer Tradition, die seit der Aufklärung zum Besten gehört, was man als das Erbe deutschen Geistes rühmen kann. Und sosehr Rudi Dutschke die Gemeinsamkeit aller Unterdrückten und Beleidigten erkannte, sosehr er die Gemeinsamkeit der Revolutionäre beschwor, so ausdauernd er die unterschiedlichen Standpunkte zu diskutieren bereit war, sosehr haßte er doch eins: unkritisches, selbstgerechtes, überhebliches Sektierertum: «Im linken Sektierernebel erhalte ich hin und wieder die widersprüchliche bzw. fragwürdige Ehre, ein Leninist, Trotzkist, Maoist, kleiner Stalinist, ein Sponti u. a. zu sein. Nun kann ein Sozialist und Kommunist demokratischen Typs über den kapitalistischen und asiatischen Imperialismus schreiben, was er für notwendig hält. Seinen Bedingungen gemäß wissenschaftlich aktiv sein – die Sektierer bleiben stabil. Mit einem Bein in der leeren Vergangenheit, mit dem anderen in Moskau oder Peking, kann man durchaus stark sein! Ihre scheinbare Stärke gewinnen sie dadurch, daß der größere Teil des Gehirns einer Weltmacht übergeben wird. Die konkrete Wahrheit ist dann ein Hemmnis, nicht Aufgabe und Grundvoraussetzung des sozialistischen Standpunkts. Das Leben und Denken mit der Halbwahrheit und Lüge ist die Konsequenz. Wenn die Sektierer ein radikales Bedürfnis hätten, sich an die konkrete Wahrheit heranzutasten, so müßten sie ja ihre Daseinslage korrigieren, um ihr Bewußtsein neu entwickeln zu können. Eine solche Anstrengung erforderte Selbstveränderung, keine leichte Sache – allerdings für keinen von uns» (zit. n. Treulieb 1980).

Wie schillernd die Revolte 68 auch war, wie international sie auch zu sein schien, sie hatte doch eine je national gefärbte Eigentümlichkeit. Gemeinsam war nur die Niederlage. Zur Revolte gehörten die Studenten in Mexiko, die zu Hunderten erschossen und eingekerkert wurden, bevor die Weltfestspiele der Jugend, die Olympischen Spiele, beginnen konnten; zur Revolte gehörten die Vietnamgegner in den Vereinigten Staaten, die schwarzen Bürgerrechtskämpfer in Chicago und Detroit; zur Revolte gehörten der Generalstreik in Frankreich und die Kulturrevolution in China; zur Revolte gehörten die Studenten in Berlin, Hamburg, Frankfurt, Heidelberg und München und die Sozialisten des Prager Frühlings. Napalmbomben auf Vietnam, russische Panzer in der Tschechoslowakei und die schwerbewaffneten paramilitärischen Einheiten der Polizei in Frankreich und in der Bundesrepublik gehörten auch zur Revolte – zu ihren Gegnern, zu ihren Feinden und zu ihren Besiegern. Ein Sieg der Reaktion? Ein Sieg? Diesbezüglich ist das letzte Wort noch nicht gesprochen; wenn es gesprochen wird, wird es ein historisches sein: Die Revolte – geboren aus «esoterischer Kulturkritik»? Ein scheinbar ganz mutwilliges Spielen mit dem Feuer, mit dem Tod? Oder ein erstes Wetterleuchten? Ein letzter Versuch, die Dinge noch mit der Geste der Humanität zu begleiten, sie noch einmal, mit letzter Anstrengung, zurückzuholen in den Kontext der Menschlichkeit, bevor sie sich endgültig losreißen, *ihr* Spiel spielen, das nicht das unsrige sein wird und von dem nur eins bekannt ist: sein Ausgang.

Wie gesagt, die Revolte hatte auch ihr jeweils *nationales* Gesicht, wenngleich sie international war und fast durchgängig, mehr oder weniger betont, internationalistische Züge trug. In der Bundesrepublik, so kann man nachträglich feststellen, hatte die Revolte zwei spezifische nationale Aspekte, die keinesfalls unmittelbar die Auseinandersetzungen prägte, die auch noch keineswegs in ihrer vollen Bedeutung bis heute anerkannt sind, geschweige denn fruchtbar theoretisch diskutiert worden wären: Ich meine die Auseinandersetzung mit der nationalen Vergangenheit, mit dem Faschismus, und die Auseinandersetzung mit der (damaligen) nationalen Gegenwart, der Teilung des Landes. Der Faschismus lebt fort – in den gesellschaftlichen und psychischen Strukturen, nicht unbedingt als explizit formulierte Ideologie, falls der Faschismus eine solche Ideologie überhaupt jemals hatte. Seine Ideologie war ein Sammelsurium mißverstandener Bruchstücke der Vergangenheit – und eben das wird seine zukünftige Gestalt wieder auszeichnen, da die Auseinandersetzung mit dieser Vergangenheit nicht stattgefunden hat, nicht stattfinden durfte. Und die nationale Gegenwart? Die Teilung des Landes... Aber so erheblich war diese Teilung doch gar nicht: Rudi Dutschke, aus der DDR stammend, durfte dort wegen seiner pazifistischen und antimilitaristischen Haltung nicht studieren, bekam gewissermaßen präventives Berufsverbot. Und im *freien* Westen wurde er zum Bürgerschreck hochstilisiert, zum «Volksfeind Nummer 1», wie man auf einer der ekelhaften, vom Berliner Senat, dem DGB und der CDU organisierten Gegendemonstrationen 1968 hören konnte, kurz vor dem Attentat; als der Regierende Bürgermeister Schütz ausrief «Seht euch diese Typen an!» und die aufgeputschte Menge einen Demonstranten, den sie fälschlich für Rudi Dutschke hielt, fast zu Tode prügelte, mit den Rufen: «Lyncht ihn!» Nein, es gab noch deutsche Gemeinsamkeiten. Rudi Dutschkes Freund, Wolf Biermann, kaum aus der DDR in den Westen entlassen, hatte hierzulande Fernsehboykott, weil er Carstens' braune Weste nicht schön fand und Straußens gefährliches Gesabbere nicht erheiternd – das im freien Westen, nachdem er im Osten jahrelang nur im Wohnzimmer singen durfte. Bei uns durfte er doch immerhin noch öffentlich auftreten. Also gibt es doch Unterschiede?

Rudi Dutschke – wie so viele seiner Schicksalsgenossen – in der DDR unterdrückt, in der BRD diffamiert und schließlich ermordet, *verkörperte* das Dilemma dieser Nation. Springers Schreibtischtätern galt er als Agent von drüben – und die Aufrecht-Sozialisten von *Konkret* unter Führung Gremlizas wollten ihn aus der Liste der Mitarbeiter streichen, weil er sich mit einem sowjetischen Dissidenten solidarisiert hatte, Unrecht beim Namen genannt hatte, zu dem, was er anderen verkündete, auch dann stand, wenn es den Dunkelmännern jedweder Couleur politisch nicht opportun erschien. Rudi Dutschke verfocht nicht nur das Ideal vom aufrechten Gang, er praktizierte es auch. Das machte ihn sichtbar. Angreifbar. Verletzbar. «... sanft war er. Sanft. Ein bißchen zu sanft – wie alle echten Radikalen», schrieb Wolf Biermann im Lied, das er seinem toten Freund nachsang. Er war das Symbol – und die Schüsse trafen ihn und das *Herz* der Revolte. Köpfe und Arme hatte sie genug... Man hatte keinen «Falschen» niedergestreckt. Da hatte *Spiegel*-Augstein in seinem Kommentar, den er zum Tode Rudi Dutschkes schrieb, ganz recht: Es war der «richtige» Rudi, auf den man schoß, und der «falsche» konnte sich auch nicht mit zehntausend Mark aus der Affäre ziehen, die er mit seinem richtig-falschen *Spiegel*-Bild vom unrasierten Rudi Dutschke mitbereiten half.

Rudi Dutschke, das Opfer von Gewalt, erkannte die Dialektik der Gewalt, auch dort, wo scheinbar ganz eindeutige Sachverhalte zu konstatieren waren: «Holger, der Kampf geht weiter!» Diese Worte sprach er am Grab eines jener Aussätzigen, die – ursprünglich angeekelt von jedweder Gewalt – ausgezogen waren, die Gewalt mit Gewalt zu beenden. Rudi Dutschke bekannte sich zu Holger Meins, von dem er wissen konnte, wissen mußte, woher er kam. Wie anders hätte er, Rudi Dutschke, reagieren sollen? Hätte er, als es politisch opportun war und fast jedermann im linken Lager sich anschickte, Distanzierungsbekenntnisse zu verfassen, hätte er sich also am Grab von Holger Meins distanzieren sollen, wo er doch dem Mann, der auf ihn selbst drei Kugeln abfeuerte, längst vergeben hatte? Als sein Attentäter im Gefängnis sich das Leben nahm, reagierte Rudi Dutschke zutiefst betroffen; er machte sich Vorwürfe, ihn, das verwirrte, in die Irre geleitete Kind, nicht im Gefängnis besucht zu haben. Vielleicht hätte er ihn vor dem Schritt in den Tod bewahren können? Vielleicht. Bei der Trauerveranstaltung im Auditorium maximum der Freien Universität am 3. Januar 1980 stellte Erich Fried andersartige «Wenn-dann-Überlegungen» an. Wenn Rudi Dutschke nicht in England gewesen wäre, verletzt, um Genesung kämpfend, hätte er dann Ulrike Meinhof vom Schritt in den bewaffneten Kampf zurückhalten können? Erich Fried meint: Sie hätte auf ihn, mit dem sie viel verband, gehört. Ungläubigkeit im Auditorium. Dann aber, als Fried davon spricht, daß die wahren Mörder Rudi Dutschkes noch leben und weitertöten – ein minutenlanger, lauter, fast befreiter, demonstrativer Applaus! Ja, das glaubte ihm das Auditorium! Zum ersten und einzigen Mal an diesem Nachmittag wich die Trauer für einige Minuten der Wut, der Empörung, verwandelte sich Schmerz in Haß, ein Prozeß, den so viele Genossen, von 68 und später, einzeln oder in kleinen Gruppen durchgemacht hatten und dessen Resultat Leben kostete.

Rudi Dutschke, das war ein Sozialist, ein Internationalist, ein Aktionist, ein Utopist – die Symbolfigur der Revolte. Das war aber vor allem auch ein Mensch, der seine christliche Vergangenheit *niemals* überwunden hatte. Die Tradition der bürgerlichen Aufklärung, das marxistische und das christliche Ethos waren die drei Quellen seines Handelns. Und da liegt er nun im Schatten der St.-Annen-Kirche, ganz dicht bei der Kirchenmauer, auf einem kleinen Friedhof in Berlin, der so klein und weltentrückt aussieht wie ein Dorffriedhof. Christliche Choräle *und* Lieder von Wolf Biermann sang die Trauergemeinde – die

Genossen von einst sangen am Schluß noch leise die Internationale. Es war ein kalter Tag. Die Sonne schien. Einer jener klaren, kalten Wintertage. Nein, das christliche Erbe ließ sich hier am allerwenigsten verbergen; ja, Gollwitzer ging in seiner Predigt sogar so weit, ihn als einen würdigen Nachfolger des Religionsstifters zu bezeichnen. Und etwas Symbolisches hatte sein Sterben denn auch: Ostern, zum Fest der Auferstehung, wurde er niedergeschossen; am Heiligen Abend, an Christi Geburt, starb er.

Der 2. Juni 1967. Wir saßen im Club Voltaire einer kleinen westdeutschen Universitätsstadt und feierten. Da kam einer mit der Nachricht, in Berlin sei ein Student erschossen worden. Ungläubigkeit. Das Gefühl einer völligen Irrealität. Lähmung, allmähliche Erbitterung, Wut. Verzweiflung. Abscheu. Aktion. Ein paar Fackeln. Eine kleine Gruppe, zehn, zwölf Leute, die vor ein Universitätsgebäude zogen, in dem ein Sommernachtsball stattfand. Ein paar rasch gefertigte Plakate, Fackeln, ein stummer Protest. – Es dauerte nicht lange. Der Hausmeister hatte die Polizei alarmiert. Uniformen. Handgemenge. Das sei eine nicht angemeldete, demzufolge verbotene Demonstration. Zerstörung von Plakaten und Fackeln. Ausweiskontrolle. Wieder Wut. Ohnmächtige Wut. Wie mußte das alles erst in Berlin gewirkt haben?

Ein gewisser Herr Stoltenberg, auch damals schon Bundesminister in Bonn, hatte im Februar 1967 erkannt, daß in Berlin «eine radikale Minderheit die Mehrheit terrorisiert» (zit. n. Nevermann 1967, 9). Damit war das entscheidende Stichwort von der «Minderheit» gefallen, das in Zukunft immer wieder aufgegriffen werden sollte – als die Demonstranten später zu Zehntausenden auf die Straßen zogen, riefen sie ironisch: «Wir sind eine kleine radikale Minderheit!» Aber wer wußte, was in deutschen Landen mit Minderheiten zu geschehen pflegt, der ahnte, was der ausgegebenen Parole folgen mußte. Die bloße Nicht-Zugehörigkeit zur feixenden Mehrheit ist hierzulande mit dem Tode bedroht. Karl-Dieter Bracher rückte anläßlich einer Trauerfeier für Benno Ohnesorg die Sachverhalte denn auch zurecht: «Ich identifiziere mich hier nicht mit möglichen Zielen einzelner Gruppen, aber inzwischen ist bekannt, daß es sich in Berlin nicht um einen einzelnen Mißgriff handelte, sondern um bewußten Terror gegen Andersdenkende, die man als Minderheiten abtut und mit unverhältnismäßigen Zwangsmaßnahmen einzuschüchtern sucht. Diese Ereignisse sind um so schwerwiegender, als sie von oben verdeckt oder verschleiert wurden» (zit. n. Nevermann 1967, 43).

Hier wird der Sachverhalt beim Namen genannt: Der Terror ging eindeutig und von Anfang an gegen eine Minderheit, ein planmäßiger, gezielter, mit ungeheurem Aufwand betriebener Terror. Und dies zu einem Zeitpunkt, zu dem sich diese Minderheit überhaupt noch nicht hatte artikulieren können, als die moralische Empörung noch im Vordergrund stand. Aber in der offiziellen Geschichtsschreibung liest es sich ganz anders: Die Minderheit übt Terror gegen die Mehrheit aus! Die Gewerkschaft der Polizei, Landesbezirk Berlin, reagiert am 3. Juni 1967, einen Tag nach dem Mord an Benno Ohnesorg, so «auf das zügellose Treiben dieses Mobs» (gemeint sind Studenten): Sie forderte dazu auf, «vom Kurs der weichen Welle bei der Behandlung dieser Kriminellen (gemeint sind Studenten – B. N.) abzugehen» (zit. n. Nevermann 1967, 7). Und die Legende, wonach die Opfer die eigentlichen Täter seien, beginnt zu entstehen, nein, beginnt systematisch und bewußt propagiert zu werden: «Benno Ohnesorg ist nicht der Märtyrer der FU-Chinesen (gemeint sind die Studenten – B. N.), sondern ihr Opfer», heißt es in der *Berliner Morgenpost* vom 4. 6. 67. Und einen Tag zuvor schreibt die *BZ*, worum es in Zukunft gehen soll – und tatsächlich auch gehen wird: «Die *Anständigen* in dieser Stadt (Berlin) sind jene Massen der Berliner, die Berlin aufgebaut und Berlins Wirtschaft angekurbelt haben. Ihnen gehört die Stadt. Ihnen ganz allein.» Die anderen, die gerade ihr erstes unschuldiges Todesopfer zu beklagen haben, werden gnadenlos ausgegrenzt, als die wahren Terroristen erkannt, und mit der unverhohlenen Geste faschistischer Brutalität wird ihnen, die Rechtfertigung ist ja schon mitgeliefert, ihr zukünftiges Schicksal vorhergesagt: «*Wer Terror produziert, muß Härte in Kauf nehmen*», heißt es im selben Artikel der *BZ* vom 3. 6. 67. Damit sind die Opfer bestimmt. Deutsche Traditionen: Wir erinnern uns. Auch die Reichskristallnacht war eine Notwehraktion gegen den Terror der jüdischen Minderheit.

«Am 2. Juni waren wir reines Objekt der West-Berliner Bürgerkriegsarmee», schrieb Rudi Dutschke (1968, 81) später. Und man muß hinzufügen – Opfer blieben sie, Opfer blieben wir, auch wenn die Offizialkultur den Sachverhalt ins Gegenteil umlog und aus der terrorisierten Minderheit – im doppelten Sinne verstanden: Terroristen machte. Man hat der Revolte vorgeworfen, sie habe kein vernünftiges Verhältnis zur Realität gehabt, habe sich in utopischem Denken verloren. Wie dem auch sei – in *einem* Punkt hat die Revolte die Realität ganz sicher falsch, tödlich falsch eingeschätzt, in jenem nämlich, der vom Umgang der Herrschenden mit der Gewalt handelt. *Das* Ausmaß an Repression war nicht erwartet, und dabei hielt man sich noch in Grenzen, ließ man es dabei bewenden, nur einige wenige zu markieren, sichtbar für die, die zu schießen verstanden. Der größere, weitaus größere Teil des Potentials der herrschenden Gewalt schlummert noch; noch immer.

Rudi Dutschke ist tot. Er starb am Ende eines Jahrzehnts, am Ende der toten 70er Jahre, denen er eigentlich schon nicht mehr angehörte. Sie begannen mit einem Heuchler, der auszog, mehr Demokratie zu wagen und Berufsverbote erließ; und sie endeten mit einem perfekten System aus Überwachung, Angst, Verbot, Lähmung. Geistige, kulturelle Öde weit und breit. Und sie endeten mit einem Mann, der eine einstmals revolutionäre Partei in aller Öffentlichkeit der Lächerlichkeit preisgab, indem er sie dazu zwang, der Weiterrüstung mit noch schrecklicheren Vernichtungswaffen zuzustimmen, und heuchlerisch verkündete, man werde trotz, ja wegen dieser Aufrüstung den Frieden bewahren und neue Abrüstungsverhandlungen beginnen. Von einem Mann also ist die Rede, der der besten CDU vorstand, die es je gab, während er gleichzeitig den bayrischen Kandidaten als die drohende rechte Alternative karikierte. Da hatte der schon eher recht, wenn er behauptete, er – Strauß – müsse dem Kanzler Schmidt helfen, die versprengten, entmutigten Linken in der SPD in Schach zu halten. Ja, so war es: «Der Kandidat und sein Kanzler» – das wäre der Titel eines wahrhaft Brechtschen, eines kafkaesken Stückes zur aktuellen Politik, zur Politik der beginnenden 80er Jahre gewesen...

Politik und Moral – und da Rudi Dutschke ein Moralist, ein Asket, ein Puritaner war, «unkorrupt bis ins Mark» (Augstein 1980 über Rudi Dutschke), war er wohl kein Politiker. Dann jedenfalls nicht, wenn es keine Wirklichkeit gibt, die diese beiden Begriffe zusammendenken kann: Politik und Moral. Wie schön, daß es schon immer welche gab, die alles beizeiten wußten, und immer besser. So schrieben eine Monika Steffen und ein Klaus Funken kurz und bündig im damals schon der jeweils neuesten Stimmung im Westen sich anpaßlerisch anbiedernden *Kursbuch*: «Die Studentenbewegung war wesentlich eine kleinbürgerliche Massenbewegung» (1971, 124). Aha! Da wissen wir's. Und was zeichnet das Kleinbürgertum so aus (abgesehen natürlich davon, daß es fröhliche Urständ' beim revolutionären Subjekt, beim Proletariat nämlich, feiert)? Die proletarische Kompagnie Steffen/Funken weiß zu vermelden: «Zu seinem (des Kleinbürgertums) ideologischen Korsett gehören: Die Moral – Die Wahrheit – Die Befreiung» (1971, 136).

Ja, lieber Rudi Dutschke, das waren deine Ziele: die Moral, die Wahrheit, die Befreiung. Gollwitzer verglich Dich in seiner Predigt in der St.-Annen-Kirche mit Rosa Luxemburg, Karl Liebknecht, Che Guevara und Camillo Torres. Der Vergleich stimmt nicht ganz. Rosa Luxemburg und Karl Liebknecht waren die führenden Köpfe einer revolutionären, kämpferischen Partei – Du gehörst keiner solchen Partei an. Che Guevara und Camillo Torres kämpften den bewaffneten Kampf – Du tatest es nicht. Aber etwas verbindet Dich mit jenen: Ihr wart Moralisten und ihr wolltet dasselbe: Moral, Wahrheit, Befreiung.

Nun bleiben noch ein paar Worte von Hölderlin, die dieser an den Freund Neuffer am 8. Mai 1795 anläßlich eines Todesfalls schrieb: «... o wenn wir auch nur darum da wären, um eine Welt zu träumen und dann zum Traum eines andern zu werden...»

Fünf Nachsätze über Vergänglichkeit [1]

1 «Politik und Verbrechen»

Das Titelblatt eines deutschen Nachrichtenmagazins zierte (links unten!) am 4.2.1991 eine halbschräge Zeile: «Hans Magnus Enzensberger Saddam = Hitler». Im Inneren des Blattes äußerte sich der Zeit-Geist wie gewohnt: majestätisch; diesmal über «Saddam Hussein im Spiegel der deutschen Geschichte». Etwa so: «Der Preis für die Entfernung Saddam Husseins von der Erdoberfläche wird astronomisch sein...» Wie wahr! Das sollte einiges kosten, wenngleich Hussein (wenigstens bis zum Sommer 1991, da ich dies schreibe) am Leben blieb, ein ausgewiesener Menschenschinder, den man gebraucht und mit Waffen versorgt hatte, solange er das schmutzige Geschäft des Westens (die Schwächung der schiitischen Fundamentalisten in Persien) besorgte. Als er westliche Interessen (sprich: Kuwait) angriff, schlug man zu: Man wollte ihn schwächen, aber doch nicht vom «Erdboden ent-

[1] Hinzugefügt im Sommer 1991

98

fernen», denn ohne ihn wären die Schiiten und die Kurden im Irak zu selbständig (und damit eine Bedrohung westlicher Interessen, zum Beispiel in Saudi-Arabien und in der Türkei). Immerhin, der Golfkrieg hat sich gelohnt: Die Rüstungslieferungen erreichten «astronomische» Ausmaße: Der größte Rüstungsproduzent und -exporteur aller Zeiten und Länder, die USA, schloß unmittelbar *nach dem Ende* des Krieges Verträge über Waffenlieferungen in den Mittleren Osten im Wert von 30 Milliarden Dollar ab (Frankfurter Rundschau, 25.6.1991). Aber das konnte H.(er) M.(ajesty) E.(nzensberger) noch nicht wissen, als er sich Anfang Februar 1991 an der Konfetti-Parade deutscher Intellektueller zu Ehren des amerikanischen Präsidenten beteiligte.

Der Haute Couturier aller «links»- und sonstigen intellektuellen Moden vor & nach 68 hat dennoch im Laufe seines Wirkens manch prophetisches Wort gesprochen. So zum Beispiel in einem 1964 erschienenen Buch mit dem Titel «Politik und Verbrechen», aus dem ich zitiere: «Alle individuellen Gewaltverbrechen... wiegen das Unrecht nicht auf, das allein... die kolonialen Hoheitsakte eines einzigen Jahrzehnts verursacht haben» (Enzensberger 1964, 17). Frage: Bedurften die britischen Kolonialherren tatsächlich eines «Jahrzehnts», um die Linien in den Wüstensand zu ziehen, mit deren Hilfe sie Kuwait kreierten? Fortan konnte ein korrupter Herrscherclan über den ölreichsten Flecken dieser Erde «souverän» verfügen, und vorbei an den arabischen Massen flossen die Öl- und Geld-Ströme in die Kassen des Emirs und seiner westlichen Alliierten. Daher noch einmal H. M. E. anno 1964: «Daß die modernen Nationalstaaten und ihre Anhänger moralisch zu allem fähig seien, ist... keine neue Entdeckung: die Wortführer des Imperialismus haben es schon im vergangenen Jahrhundert mit Stolz verkündet. Inzwischen wissen wir, daß sie auch technisch zu allem fähig sind» (1964, 19).

2 Eins, zwei g'suffa!
Dem setzen wir noch eine Krone auf

Das erwähnte deutsche Nachrichtenmagazin brachte einige Wochen nach der Erschießung Benno Ohnesorgs (die zum wesentlichen Anlaß für die Mobilisierung der Studenten nach dem 2.6.1967 wurde) eine Geschichte mit dem Titel «Krönung auf Öl», eine Art Jubelperserei auf deutsch. Dabei ging es u. a. auch um Polemik gegen ein Buch, das der

Schah-Gegner Nirumand (1967) verfaßt hatte, um anläßlich eines Besuchs des vormaligen persischen Despoten über dessen korruptes Verständnis für westliche Öl-Interessen aufzuklären.[1] *Der Spiegel* (44/1967) widersprach Nirumands Thesen damals so:

(1) «Seit Nirumands Buch und dem Krawall-Tod des Berliner Studenten Benno Ohnesorg sehen die Deutschen im Schah nur noch einen Potentaten aus dem Morgenland, der sich dem Ausland gnädigst zeigt, dafür Entwicklungshilfe kassiert und dann persönlich Luxus treibt: der zum Beispiel in Bonn 40 Millionen Mark einstreicht, nach Paris fliegt und dort zwei gläserne Badewannen kauft... In Paris besichtigte der Schah zwar bei Lacour... gläserne Badewannen, aber gekauft hat er sie nicht... So irreführend und falsch wie diese Meldungen sind auch viele von Nirumands Angaben.» Pfui, Fälscher!

War also die 68er-Bewegung das Ergebnis einer Ente? Wir erinnern uns an die Bilder vom Golfkrieg '91: Auch dabei spielten ein paar andernorts aufgenommene ölverschmierte Wasservögel propagandistisch ausgefeilte Rollen. Man zeigte die armen Tiere (Opfer einer Tankerkatastrophe, die nichts mit dem Golfkrieg zu tun hatte), um auf die Folgen der Öl-Verseuchung des Golfs aufmerksam zu machen (die angeblich *nur* Hussein zuzuschreiben war). Hatte der abgefeimte Nirumand 1967 also mit Hilfe einer Falschmeldung über «gläserne Badewannen» den Studenten Benno Ohnesorg in den «Krawall-Tod» gehetzt?

Aber nein – doch: In einem Heft des erwähnten Nachrichtenblattes war die Falschmeldung erschienen, die später Nirumand in die Schuhe (bzw. ins Buch) geschoben wurde. Verziert mit einem Bild eines in «gläserner Badewanne» sich rekelnden Nacktmodells konnte man – im *Spiegel* (28/1967) – lesen:

(2) «Mohammed Resa Pahlewi, 47, Schah von Iran... besuchte... den Sanitär-Ausstatter Lacour und bestellte zwei durchsichtige Badewannen aus Kristallglas. Der Schah... meldete Sonderwünsche an: Die Wanne... soll mit Halbedelsteinen... verziert werden. Die Wannenrechnung für den Schah, der während seiner Deutschlandreise einen Entwicklungshilfe-Kredit in Höhe von 40 Millionen Mark erhielt, will Lacour geheimhalten.»

Nun sage einer, die Herren wußten nicht mehr, was sie *vorher* (gegen den Schah) geschrieben hatten, als sie *nachher* (gegen den Schah-Gegner Nirumand) zu schreiben begannen.

---

1 Pikanterweise verfaßte 1967 ausgerechnet H. M. Enzensberger ein Nachwort zu diesem wahrhaft «anti»-amerikanischen Buch Nirumands!

3 «Vatis» Opa

Nun sage noch ein anderer, die 68er (soweit sie noch leben – und zwar vom Schreiben) seien zwischenzeitlich nicht zu staatstragenden Groß-Vätern mutiert! Denn merke: Wer immer nur dieselbe Meinung hat, der leidet am Ende an Gehirnverkalkung. Um diesem Verdacht zu entgehen, formulierte der Apo-Opa Peter Schneider, ein als Schriftsteller tätiger Geist, in der Ausgabe der *Frankfurter Allgemeinen Zeitung* vom 19.4.1991 ein paar gehirnerweichende Sätze bzw. den «Verdacht», eine, «und zwar die intelligente» Art, «gewisse Konstanten des faschistischen Weltbildes über den Konkurs zu retten», habe «in Deutschland» darin bestanden, «linksradikal zu werden». Hört! Hört! Und vor allem: Lest, was dieser Mann zum Golfkrieg 1991 zu sagen hatte:

«Auf den Plakaten der Friedensdemonstranten, die beteuerten, sie seien nicht antiamerikanisch, sprangen die balkendicken antiamerikanischen Parolen ins Auge: ‹Amis raus aus Saudi-Arabien› und so weiter. Daß die Vereinigten Staaten auf Wunsch der Saudis und im Bündnis mit fast drei Dutzend Ländern Truppen an den Golf gebracht hatten, interessierte nicht… Die Wiederbelebung des bewährten Feindbildes Amerika war wichtiger als die Wahrnehmung der tatsächlichen Vorgänge am Golf.»

Der Wahrnehmungsberechtigte der tatsächlichen «Vorgänge» (sprich: Interessen) am Golf, also Peter Schneider, weilte, wie er uns im selben *FAZ*-Beitrag mitteilte, «während des größeren Teils des Golfkrieges» an der «Ostküste der Vereinigten Staaten». Nach seiner Rückkehr konstatierte er konsterniert: «Nicht nur ich wartete auf ein Wort meiner Regierung» (zum Golfkrieg). *Seiner* Regierung! Welches Mitglied «seiner Regierung» hätte sich denn an der Ostküste der USA, die zwischenzeitlich bis zum Golf verschoben worden war, bei unserem Poeten melden sollen: Kohl oder Genscher? Hätte Möllemann – nach dem Grundsatz, gleich und gleich gesellt sich gern – nicht auch gereicht? Hier also noch ein paar Muntermacher aus einem Text Peter Schneiders (1967) zwecks Wiederbelebung des «bewährten Feindbildes Amerika», verziert mit ein paar ins blaue Dichterauge springenden «balkendicken antiamerikanischen Parolen», die zeigen, wie auf «intelligente Art» von unserem Wahrnehmungsberechtigten «linksradikale» Parolen seinerzeit unter das ahnungslose deutsche Volk gebracht wurden:

«Wir haben in aller Sachlichkeit über den Krieg in Vietnam informiert, obwohl wir erlebt haben, daß wir die unvorstellbarsten Einzelheiten über die amerikanische Politik in Vietnam zitieren können, ohne daß die Phantasie unserer Nachbarn in Gang gekommen wäre… Da sind wir auf den Gedanken gekommen, daß wir erst den Rasen zerstören müssen, bevor wir die Lügen über Vietnam zerstören können» (1967, 49 f).

Hoppla! Zerstörung, nichts als Zerstörung! Daß sich aber Vietnam am Golf nicht wiederholen sollte, das – immerhin – hatte der amerikanische Präsident versprochen, also *verzichtete* die US-Luftwaffe diesmal darauf, 100 000 Tonnen chemische Kampfstoffe (wie seinerzeit in Vietnam) übers Land zu sprühen.

4 Ein Lied, zwei, drei!

Gäbe es da nicht noch den Sängerknaben Wolf Biermann, der Golfkrieg wäre ganz unmusikalisch zu Ende gegangen: «Soldaten sind sich alle gleich, lebendig und als Leich'!» Denkste! Diesmal war Herr Biermann *«für* diesen Krieg». Und weil er so dafür war, sang er auch noch dies (Biermann in der *Zeit* vom 1.2.1991 zu den Golfkriegsgegnern): «Na dann!» Das klingt ganz ähnlich wie: Saddam! «Na dann! Bindet euer Palästinensertuch fester, wir sind geschiedene Leute.» Schnürt euch also lieber selbst die Kehle zu, bevor «wir» das besorgen, ihr Antiamerikaner! Einer wandelt und wendelt sich – und bleibt doch immer gleich, lebendig noch als Leich': der Mann mit dem Schmierfett für die eigene Karriere. Oder tun wir ihm Unrecht? Ging's diesmal nicht gegen Hitlers «Wiedergänger» und demzufolge auch gegen die verkappten Antisemiten unter den deutschen «Linken»? Angesichts solcher Vorwürfe darf man das Habermassche Verdikt gegen die Studenten von 1967 («linker Faschismus») doch noch als ein prophetisches Wort rehabilitieren? *Krieg den Hütten! Friede den Palästen!* Wie dem auch sei: Biermanns Bemühen brachte ihm jüngst den Georg-Büchner-Preis für herausragende Leistungen als «Pamphletist» ein.

War was? Vielleicht nur dies – Vergänglichkeit: *The times they are a changing.* Der dies einmal sang, blieb sich auch 1991 treu: Bob Dylan, ein ausgezeichneter (Anti-)Amerikaner, erhielt just zu Golfkriegszeiten anläßlich seines 50. Geburtstages für sein Lebenswerk einen «Grammy» verliehen. Und was tat der Mann? Er stieß seine Landsleute vor den Kopf und sang öffentlich sein altes Lied. Er fluchte auf die

Generale am Golf, warf ihnen vor, Mörder zu sein! Kein Ton, kein Bild davon in deutschen TV-Programmen.

Und sonst? War noch was? Ach ja: Gremliza, Herausgeber der Zeitschrift *Konkret*, der seinerzeit Rudi Dutschke aus der Mitarbeiterliste hatte streichen wollen, weil dieser sich für einen verfolgten Dissidenten in der UdSSR eingesetzt hatte, marschierte Seit' an Seit' mit den US-Boys an den Golf, aus einem «‹einzig vertretbaren Kriegsgrund›», wie er verlauten ließ, nämlich um «den Irak der Fähigkeit zu berauben, ‹Israel – wie von Saddam angekündigt – anzugreifen und zu liquidieren›» (Gremliza 1991, 8).

Mag also sein: *auch* dieser Krieg war «gerecht»! Und wenn er es nicht gewesen sein sollte – gerechtfertigt wurde dieser Krieg auf jeden Fall und mit *jedem* Argument. Seit man Intellektuelle hier und anderswo über die *Notwendigkeit* des Golfkrieges reden hörte, kann man nachträglich ein historisches Ereignis besser verstehen: Als es 1914 bei der Zustimmung zu den Kriegskrediten darum ging, NEIN! zu sagen, konnten nur die wenigsten dieses menschliche Wort über die Lippen bringen. Die Argumente *gegen* den Krieg waren schon immer mit dem Verdacht bedroht, die eigentlichen Mörder versteckten sich im Schafspelz der Pazifisten. Denn gaben diese Verräter nicht das Leben schutzlos preis, das die Generale aller Herren Länder seit jeher zu schützen wissen? Hochachtung also vor den real existierenden Sozialisten Rosa Luxemburg und Karl Liebknecht, die dennoch und schon damals ihre Zustimmung verweigerten, eine «neue Weltordnung» mit Hilfe jener Mittel zu begründen, durch die seit jeher die alte Weltordnung wiederhergestellt wurde.

5 Abgesang

In der *Frankfurter Rundschau* erschien am 16. 2. 1991 unter der Überschrift «Ein amerikanischer Jude und eine deutsche Friedensrede» ein Beitrag von Markovits, der laut Vorspann der Redaktion «in den USA zu den besten Kennern der bundesdeutschen... Linken» gehören soll und selbst dankenswerterweise mitteilte, er schreibe derzeit «ein Buch über die deutsche Linke seit 1968». Was immer er damit gemeint haben mag: Diese «Linke» war nie eine Einheit – und kann daher auch als Einheit legitimerweise nicht kritisiert werden. Es handelt sich dabei nämlich nicht um einen Verein, und es gab bisher auch keine Aufnah-

meverfahren, mit deren Hilfe darüber entschieden worden wäre, wer
zu dieser «Linken» gehört (und wer nicht). Auch ein Herr Gremliza
kann sich demzufolge zu diesem Verein rechnen – und wenn er meint,
dem einen (Dutschke) oder dem anderen (Wallraff) sei die Mitglied-
schaft wieder abzusprechen, so tut er dies auf eigene Rechnung. Er tut
dies zum Beispiel dann, wenn er sich verrechnet hat. Wie im Falle des
Türken h. c. Wallraff, dem von Gremliza die zuvor verliehene Ehre wieder abgeschnitten wurde, als Wallraff seine «authentischen» (großen-
teils von Gremliza verfaßten) Erlebnisberichte anstatt in *Konkret* ka-
pitalistisch im *Spiegel* vermarktete.

Wenn aber Markovits bei seinem Bemühen, die «deutsche Linke»
als potentiell antiamerikanisch und antisemitisch zu diffamieren, ohne
im Einzelfall – und nur auf den käme es an – einen Nachweis für diese
Behauptung zu erbringen, und Sätze schreibt wie diesen: «Die deutsche
Linke war an Osteuropa nicht interessiert» und habe die dortigen Op-
positionsbewegungen nicht unterstützt und auch keine «Kritik» an
den dortigen «‹Links›diktaturen» geübt, so ist dies zynisch. Welche
tschechoslowakischen Genossen, die sich gegen die Intervention des
Warschauer Pakts in der ČSSR 1968 zur Wehr gesetzt hatten, legten
aus welchen Gründen am Grabe Rudi Dutschkes Kränze nieder? Und
wer oder was war Rudi Dutschke damals: ein «linker Faschist» – oder
einer der wenigen, die *nicht* an die eigene Karriere (im bürgerlichen
oder im «linken» Miljöh) dachten, als sie meinten, «linkes» politisches
Engagement und die ungeteilte Verteidigung der Menschenrechte seien
identisch?

Weiter bemerkt Markovits in seinem Beitrag, die deutschen Linken
«mußten erst Scuds auf Tel Aviv niederprasseln sehen», um zu begreifen, daß «die Juden» wieder einmal in ihrer «Existenz» bedroht seien.
Tatsächlich haben viele derjenigen, die gegen den Golfkrieg demon-
strierten, diese Bedrohung Israels rechtzeitig begriffen und u. a. auch
aus diesem Grunde gegen die systematisch auf eine militärische Intervention abzielende US-Politik Stellung bezogen. Alle «Scuds», die im
Verlaufe dieses Krieges auf Tel Aviv «niederprasselten», waren das
mittelbare Ergebnis einer Politik, die sich die Argumente der Friedensbewegung gerade *nicht* zu eigen gemacht hatte. Wie sehr die *militärische* Aktion gegen Hussein – anstelle beispielsweise einer langandauernden Blockade – gewollt war (und zwar völlig unabhängig von den
Resolutionen der UN), geht noch aus den Formulierungen von Markovits hervor: «Hoffentlich haben wir (!) Saddams Todesmaschine und

Todesküche so weit zerbombt, daß Israels Existenz zumindest für die nächsten zehn Jahre garantiert ist.» Soweit bekannt, war gerade dieses Ziel durch die UN-Beschlüsse, die sich auf eine «Befreiung» Kuwaits beschränkten, nicht gedeckt. Daß die Vereinten Nationen im übrigen nach dem Willen der israelischen *Regierung* – die sowenig mit dem israelischen Volk zu verwechseln wie die deutsche Regierung mit «den» Deutschen gleichzusetzen wäre (von Ausnahmen, z.B. Peter Schneider, abgesehen) – in der Region nichts zu suchen haben, machte Schamir schon während des Golfkrieges deutlich: Er berief einen Rechtsradikalen in sein Kabinett und kurbelte – entgegen bestehender UN-Resolutionen – das Siedlungsprogramm für die besetzte Westbank sofort nach dem Ende des Golfkrieges wieder kräftig an. Markovits sagte es ja bereits: Der nächste Krieg (in «zehn Jahren») wird auf diese Weise vorhersehbar.

Wie man hörte, gab es auch in Tel Aviv einige (wenn auch nur wenige) Menschen, die vergeblich Argumente *gegen* den Krieg vorgetragen hatten. Und es gab anderswo Juden (z.B. Rothschild 1991), die nicht *für* diesen Krieg eintraten, der notwendig geworden war, weil ein Hund geprügelt werden mußte, der das Bellen und Beißen *von seinen westlichen Herren* gelernt hatte. Als dieser Kampfhund den Schoßhund seiner Herren (Kuwait) anfiel, anstatt weiterhin das zu tun, wofür er ausgebildet worden war, nämlich die Köter im Iran und in Syrien in Schach zu halten, erging es ihm ähnlich wie zuvor dem Ex-CIA-Agenten Noriega in Panama, als er geglaubt hatte, Geschäfte auf eigene Rechnung abwickeln zu können: Man brachte ihn – unter Einbeziehung eines Massakers an der Bevölkerung seines Landes – wieder zur Raison.

Diese Raison ist die Vernunft der Herren, eine Vernunft, die von herrschaftlichen Interessen diktiert, keineswegs aber vom Eintreten für Menschenrechte hier *und* dort geleitet wurde und wird. Dieser Art der Raison zu widersprechen war das Anliegen Rudi Dutschkes, von dem die reaktionäre Presse hierzulande ein Bild gezeichnet hatte, das dem eines tollen Hundes glich, bis sich endlich einer fand, ihn abzuknallen.

Literatur

Biermann, W.: Kriegshetze, Friedenshetze. DIE ZEIT, 1.2.1991

Dutschke, R.: Beitrag in: Bergmann, U., Dutschke, R., Lefevre, W., Rabehl, B.: Rebellion der Studenten oder Die neue Opposition. Reinbek (Rowohlt) 1968, 33–93

Enzensberger, H. M.: Politik und Verbrechen. Frankfurt/M. (Suhrkamp) 1964

Enzensberger, H. M.: Hitlers Wiedergänger. Der Spiegel, 45 (Heft 6), 1991

Gremliza, H. L.: Mein Krieg. konkret, Heft 4, 1991

Grossner, C.: Jürgen Habermas und der «Linke Faschismus». In: Ders.: Verfall der Philosophie. Politik deutscher Philosophen. Hamburg (Wegner) 1971, 165–171

Habermas, J.: Protestbewegung und Hochschulreform. Frankfurt/M. (Suhrkamp) 1969

Habermas, J.: Beitrag zum Tode Rudi Dutschkes. DIE ZEIT, Nr. 2, 1980

Markovits, A.: Beitrag zur FR-Debatte Golfkrieg und Linke. Frankfurter Rundschau, 16.2.1991

Nevermann, K. (Hg.): der 2.juni 1967. Studenten zwischen Notstand und Demokratie – Dokumente zu den Ereignissen anläßlich des Schah-Besuchs. Köln (Pahl-Rugenstein) 1967

Nirumand, B.: Persien, Modell eines Entwicklungslandes oder Die Diktatur der Freien Welt. Reinbek (Rowohlt) 1967

Rothschild, T.: Zwei Perspektiven. Juden und Nicht-Juden in der deutschen Linken. In: Ich will reden von der Angst meines Herzens. Darmstadt (Luchterhand) 1991, 77–82

Schneider, P.: Wir haben Fehler gemacht (Rede auf der Vollversammlung aller Fakultäten der Freien Universität Berlin am 5.Mai 1967). In: Provokationen. Die Studenten- und Jugendrevolte in ihren Flugblättern 1965–1971 (hg. von J. Miermeister und J. Staadt). Darmstadt, Neuwied (Luchterhand) 1980, 47–50

Schneider, P.: Das falsche gute Gewissen der Friedensbewegung. Frankfurter Allgemeine Zeitung, 19.4.1991

Steffen, M., Funken, K.: Die einfache Kaderproduktion. Thesen zur Studentenbewegung als kleinbürgerlicher Massenbewegung. Kursbuch 25, 1971, 123–141

Treulieb, J.: Rudi Dutschke (Rede bei der Veranstaltung in der FU nach der Beerdigung Dutschkes). taz, 4.1.1990

6 Rückfall in die Barbarei? Über «Terroristen» und andere Menschen

Die meinungsbildende Presse in der Bundesrepublik war sich einig, als es darum ging, mit Empörung zu verurteilen, was wir alle nicht wollen: Gewalt.

Doch die bedingungslose Ablehnung von Gewalt endet oft überraschend schnell. Ein kurzer Blick genügt, um zu erkennen, daß es nur eine spezielle Form der Gewalt ist, die genügend Abscheu erregt, von *allen* bürgerlichen Blättern abgelehnt zu werden: revolutionäre Gewalt.

Manche, die sich über die Entführung eines Diplomaten in Südamerika entrüsten, können unter Umständen durchaus verstehen, wenn dort «zur Verhinderung einer kommunistischen Gefahr» interveniert wird. Mehr als siebzigmal haben die USA bis 1970 Invasionstruppen in südliche Nachbarländer geschickt, und nicht immer war es der Kommunismus, gegen den sie antraten, denn dieses Schreckgespenst gibt es noch nicht allzulange in Südamerika zu bekämpfen. Wirtschaftliche und militärische Unterwerfung Lateinamerikas war bereits im 19. Jahrhundert Programm der US-Außenpolitik. Inzwischen, so wird erklärt, habe sich das Programm geändert, gelte es, die «Freiheit der freien Welt» zu verteidigen. Dies geschieht, so scheint es, nur allzu häufig auf Kosten der freien Menschen. Anhänger dieser Art der Verteidigungsstrategie sehen sich dann plötzlich Definitionsschwierigkeiten gegenüber: Was ist Gewalt? Was dient der Verhinderung von Gewalt? Es gibt «Gegner» der Gewalt, die das atomare, bakteriologische und chemische Schreckensarsenal als Mittel zur Verhinderung von Gewalt ansehen. Ihnen gilt eine Bomberflotte in den «richtigen» Händen als Garantie der Freiheit, eine Pistole in den «falschen» Händen als

Terror. Endlos wären die Beispiele, an denen man Schizophrenie in Sachen Gewalt demonstrieren könnte. So wußte sich die «freie Welt» seit 1957 in Haiti mit einem Diktator verbunden, dessen Aberglauben und Grausamkeiten besser in ein mittelalterliches Schauerstück paßten als zum Habitus eines Vorkämpfers für die Freiheit, gegen «den Kommunismus». Daher schwieg man sich besser über diesen Bundesgenossen aus. Wer redete schon von Gewalt in Haiti, wer wußte schon darüber Bescheid? Bevor die tatsächlichen Opfer in Haiti sich empörten, zu vergleichsweise ohnmächtigen Mitteln griffen, gab es Gewalt in diesem Lande womöglich überhaupt nicht.

Wem so systematisch Informationen und politische Zusammenhänge vorenthalten werden, der kann nicht anders, als den «*sinnlosen Terror*» der Guerilleros zu verurteilen. Den Terror palästinensischer Widerstandskämpfer etwa, die Passagierflugzeuge und Fluggäste in das Kampfgeschehen des Nahen Ostens einbeziehen, wie es insbesondere die Gruppe um den Kinderarzt Dr. George Habbasch getan hat. Für ihn, den «*größenwahnsinnigen, paranoiden Terroristen*», stammen die unbeteiligten Fluggäste aus Ländern, deren Regierungen seit mehr als vierzig Jahren mit dem Schicksal des palästinensischen Volkes am Kartentisch der großen Politik Poker spielen. Bisher hat noch kein einziger Friedensplan für den Nahen Osten die unmittelbar Betroffenen, die Palästinenser, auch nur als mögliche Gesprächspartner einbezogen. Und auch gegenwärtig (Sommer 1991) stemmt sich die israelische Regierung mit allen Mitteln gegen die Möglichkeit, die Palästinenser könnten ihre Vertreter für eine Nahostkonferenz *selbst* bestimmen.

Für die internationale Politik existierten sie nicht, solange sie in den Flüchtlingslagern vegetierten. Man nahm sie allenfalls als Almosenempfänger zur Kenntnis, bevor sie sich militärisch organisierten.

Mit kräftigen Farben wird das Bild des «Terroristen» gemalt – oder sollte man besser vom Holzschnitt sprechen, dessen Schwarz-Weiß-Kontraste keine Differenzierungen erlauben? Bei kaum einem anderen Thema können Emotionen so leicht und selbst für den kritischen Leser so schwer erkennbar in den Dienst anti-aufklärerischer Propaganda gestellt werden. Der Drohwert, den das Wort «Terror», geschweige denn das, was es bezeichnet, für unser labiles psychisches Gleichgewicht besitzt, das wir trotz der aus allen Himmelsrichtungen kommenden Meldungen über Folterungen, Bombenkrieg und Völkermord aufrechterhalten müssen – wie, das wissen jene, deren Seelenmassage unseren selbstgerechten Standpunkt stützt –, dieser Drohwert macht es leicht, beim Thema revolutionäre Gewalt die intellektuelle Kritikfähigkeit zu eliminieren. Sentimentale Kommentare in der Presse knüpfen geschickt an die hilflose Angst des Lesers vor dem «Terror» an und verhindern, jene Hypothese kritisch zu überprüfen, nach der die Revolutionäre in der Dritten Welt die Gewalt nicht erfinden, sondern sie vorfinden; nach der es unmöglich ist, dem heimlichen, verschwiegenen, vorgegebenen Terror anders zu begegnen als durch kalkulierten, offenen Gegenterror. Ebendiese angebliche Kaltblütigkeit ist es, die uns den un-heimlichen Terror so konsequent verurteilen läßt.

Blicken wir in das Antlitz des Terroristen, wie es von der bürgerlichen Presse gesehen wird: «*Sein Gesicht sieht nicht so aus: Es verrät nichts von der Lust an der Gewalt, von der Besessenheit, Schrecken zu verbreiten, Angst und Furcht. George Habbasch, der die Menschen in Angst und Schrecken versetzt, dem Mord nur ein anderes Wort ist für Moral, macht nicht den Eindruck eines Mannes, der blindlings über Leichen geht. Er ist ein Mörder von besonderer Qualität, er setzt die Welt in Schrecken, um sie aufzuschrecken, er ist ein Abenteurer aus Idealismus, einem tödlichen, verbrecherischen Idealismus.*»

Wer so charakterisiert wird als «*Mörder von besonderer Qualität*», wie kann der erwarten, daß sich einer finden könnte, ihn zu verteidigen – es sei denn, dieser gehörte eben zur gleichen «besonderen Qualität». Was Habbasch veranlaßt haben könnte, zur Gewalt zu greifen, «*es bleibt ein Rätsel*». Hier zeigt die Sprache die Absicht – wenngleich ungewollt. Das Ziel ist erreicht, wenn mit Hilfe von Emotionen das Problem revolutionärer Gewalt für den Leser ein «Rätsel» bleibt. Wobei der Widerspruch beeindruckt, daß trotz der Rätselhaftigkeit, trotz eines ungelösten Problems also, ein Urteil – die Verurteilung – möglich sein soll. Nicht Rationalität löst diesen Widerspruch, sondern Emotionalität verdeckt ihn.

Scheinbar widerspruchsfrei kann man argumentieren, wie in einem anderen Kommentar ausgeführt, wenn man Gut und Böse eindeutig verteilt, eine heile Welt und eine unheile Gegenwelt postuliert: «*Die arabischen Terroristen triumphieren über unsere Zivilisation*», die es – vorgeblich – geschafft hat, «*Gewalt und Willkür in die Schranken zu weisen*». Zwar «*werden hier und dort Stimmen laut, die fordern, man solle... Gewalt mit Gewalt vergelten, Terror mit Gegenterror beantworten*», doch «*der Himmel bewahre uns vor dieser Schraube ohne Ende: Da bliebe am Schluß nur der abgefeimteste Schuft am Leben, und nur die Brutalität triumphierte.*» Man beläßt es demnach besser bei der vorgegebenen Gewalt, dem heimlichen Terror, dann bewahrt der Himmel zumindest *uns* vor der Brutalität. Auch hier fällt ein Widerspruch auf: Gewalt und Terror gehen offensichtlich dem Gegenterror voraus, obgleich unsere Zivilisation doch jene längst in die Schranken verwiesen haben soll. Besteht dennoch – uneingestandenermaßen – eine Verbindung zwischen der heilen Welt und der unheilen Gegenwelt? Es scheint, als wollten sich die Stimmen, die den Gegenterror fordern, die uns so schrill in den Ohren klingen, nicht länger mit dem Himmel vertrösten lassen.

An dieser Art des Kommentars besticht zunächst die scheinbar unangreifliche moralische Größe. Wir alle sind für Frieden und gegen die Gewalt. Wer könnte sich solchen Anliegen nicht anschließen? Mord ist Mord, ein Unschuldiger ist ein Unschuldiger, und ein Schuldiger ist ein Schuldiger. Das ist die Quintessenz einiger Jahrtausende Philosophie «unserer Zivilisation», die das Problem der Schuld, besonders aber das Dilemma des politischen Menschen – wenn überhaupt jemals gekannt – so doch offensichtlich längst gelöst hat. Denn wäre dem nicht so, ließe sich politisches Handeln nicht so eins, zwei, drei auf ein paar moralische Imperative reduzieren, wäre nicht das Rätsel, warum einer zur Gewalt greift, sondern auch das, warum einer *nicht* zur Gewalt greift in unserer Welt, ungelöst, dann gäbe es ein echtes Problem im Zusammenhang mit revolutionärer Gewalt. Dann entpuppten sich Stellungnahmen hierzu als um so primitiver, je eindeutiger sie sind – sei es die Verurteilung, sei es die schwärmerische Sympathie.

Es gilt, drei gängige Argumentationsweisen gegen revolutionäre Gewalt näher zu untersuchen, wobei die daran zu übende Kritik eine teilweise Rechtfertigung ebendieser Gewalt impliziert. Und zwar wird von vielen – meist sich selbst als «liberal» etikettierenden – Gegnern revolutionärer Gewalt vorausgesetzt:

- daß sich politisches Handeln hier und heute sinnvoll auf Moral reduzieren ließe, deren Beachtung – «Spielregeln, an die wir uns alle halten» – die Guten von den Bösen trenne;
- daß erst dann Brutalität triumphiere, wenn Gewalt mit Gegengewalt beantwortet wird, unsere Zivilisation aber nichts zu tun habe mit ebendieser ursprünglichen Gewalt;
- daß revolutionäre Gewalt ein Problem der Psychologie sei, hinter dem sich die Lust an der Gewalt und ein verbrecherischer Idealismus erkennen ließen.

Von jenen, die unter Berufung auf moralische Grundsätze den Verzicht auf Gewalt fordern, die die gewaltsame Gegenwehr der Opfer bestehender Gewalt verurteilen, wird nur allzuoft eine Alternative aufgestellt, die es vorerst nicht gibt: Gewalt oder Frieden, Terror oder Moral.

Besonders infam ist diese scheinbare Alternative dann, wenn bestehende Gewalt – mit welchen Argumenten immer – als Frieden, Moral, Verteidigung der Freiheit ausgegeben wird. So gehen beispielsweise die Spruchkammern vor, die über die Anträge von Kriegsdienstverweigerern zu entscheiden haben. Nur bei jenen, die unter keinen Umständen töten, die auf das Recht der Notwehr verzichten, werden Gewissensgründe anerkannt. Ein derart rigoroses Gewissen kann dann als Betriebsunfall unseres Sozialisationsprozesses angesehen werden. Der so betroffene Verweigerer ist tatsächlich nicht mehr tauglich. Beruft sich dagegen einer auf Bewußtsein anstelle von Gewissen, stützt er seine Argumente – psychoanalytisch ausgedrückt – auf autonome Ich-Leistung und nicht auf zwanghafte Über-Ich-Gebote, wird sein Antrag abgelehnt. Der Untertan soll nicht selbst entscheiden können, in welchem Falle er bereit ist, Gewalt anzuwenden, und in welchem nicht. Als Gewissensnotstand wird nur der Wille zum absoluten Verzicht auf Gewalt unter allen Umständen anerkannt.

Der hier ins Spiel gebrachte moralische Rigorismus ist selbstverständlich für die politische Praxis irrelevant. Auf ihn berufen sich die Herrschenden nur, wenn sie ihr Monopol der Entscheidung über die Anwendung von Gewalt gefährdet sehen. Das ist immer dann der Fall, wenn autonome, mündige Bürger sich diese Entscheidung selbst vorbehalten, wenn sie Bewußtsein und Gewissen für die politische Praxis relevant vermitteln. Das nun allerdings setzt eine autonome, ich-starke Persönlichkeit voraus und keinen moralischen Zwangscharakter.

«Humanismus und Terror» sind, wie Merleau-Ponty ausgeführt hat, in der politischen Praxis nicht voneinander zu trennen. Dies gilt so lange, wie von einer gewaltfreien Gesellschaft nicht geredet werden kann. So lange gilt aber auch, daß der moralische Rigorismus allenfalls Ohnmacht bedeutet. Er will uns einreden, Humanismus sei eine Charakterhaltung, eine Lebensführung, eine politische Praxis, die sich, losgelöst von der je konkreten Situation, mit einem vorgegebenen Maßstab bestimmen ließe. Da liegt gewissermaßen der Ur-Humanismus bei konstanter Temperatur im Glaskasten wie das Urmeter bereit, damit all jene vermessen werden können, die sich auf Humanismus berufen.

Der moralische Rigorismus verkommt auf der Ebene des konkreten Zusammenlebens der Menschen zur Hilflosigkeit, zur Stütze dessen, was er angeblich bekämpfen will, der Inhumanität. Absoluter Pazifismus bedeutet absoluten Verzicht auf politisches Handeln. Eine gewalttätige Welt vorausgesetzt, wird diese Art des Pazifismus zum Komplizen der Gewalt. Dieser lupenreine Pazifismus, der Moral aus dem politischen Kontext löst, war für die Herrschenden noch niemals gefährlich. Zwei einander zunächst so wesensfremde Formen des Terrors verbinden sich: der Terror der Herrschenden und jener für die Beherrschten bereitgehaltene, in die Praxis umgesetzte Kant, den Hegel als Terror entlarvte. Das «Beherrsche dich selbst» wird zum wohlgelittenen Instrument der Unterdrückung.

Diese Problematik, die Zweischneidigkeit des radikalen Pazifismus, erkannte gegen Ende seines Lebens selbst Martin Luther King. Sein Handeln und Reden kurz vor dem gewalttätigen Ende, dem organisierten Mord, brachten ihn in zunehmende Nähe zu militanteren Bürgerrechts-Organisationen, die er längst nicht mehr so kategorisch verurteilte wie in früheren Zeiten. In der unmittelbaren Konfrontation mit der Gewalt hat sich jeder Humanismus bisher von abstrakten Prinzipien zurückziehen müssen, wenn er verwirklichen wollte, was er proklamierte.

Bestehende Gewalt in den hochentwickelten Industriestaaten wie in den ausgebeuteten Ländern der Dritten Welt kann hier nur kurz skizziert werden. Sie darzustellen reicht weder der Platz noch die Methode eines Essays aus. Eine überwältigende Fülle unangreifbarer Fakten liegt als Indiz vor. Man braucht nicht auf die hungernden Massen in Südamerika oder die verelendeten Flüchtlinge in den Lagern des Nahen Ostens zu verweisen. Man kann die Spuren der Gewalt auch an der psychischen Deformation der Menschen hierzulande wiederfinden; an der zur Brutalität gegen sich selbst und alle anderen neigenden Form des Zusammenlebens in der Konkurrenzgesellschaft, deren Werte per se Leistung und technischer Fortschritt heißen, auch wenn dabei beispielsweise durch ungezügeltes Profitstreben selbst der eigene Lebensraum für alle erkennbar zerstört wird. Auf die Gefahren der Umweltverschmutzung hinzuweisen ist ja gerade modern geworden. Diese Form der Gewalt des Menschen gegen sich selbst, die anderen und die Natur stand im Mittelpunkt der Marxschen Kritik, und es ist einfach nur lächerlich, wenn die Apologeten des Kapitalismus Marx zu widerlegen versuchen, indem sie auf den angeblich wachsenden Wohlstand der Arbeiter verweisen – deren relativer Anteil am Volksvermögen in den USA und der Bundesrepublik im Vergleich zur Zeit vor 40 Jahren gesunken ist –, oder indem sie behaupten, «dort drüben» sei doch alles genauso oder noch schlimmer gewesen. Natürlich entbindet die Marxsche Kritik jene nicht, die sich auf ihn berufen, sie auf sich selbst anzuwenden.

Bei diesen Voraussetzungen entzieht sich das Problem der revolutionären Gewalt dem folgenlosen Gerede von der Freiheit, der freien Rede ohne Konsequenzen, die immer noch eine Freiheit kennt, die noch nie eine Verbindung zur konkreten Existenz der Menschen hatte, denen man Freiheit als abstrakten Wert präsentierte. «*Es gibt eine Gewalt, von der sich jede andere Gewalt herleitet: die Gewalt Nummer eins – die Gewalt der Ungerechtigkeiten, die überall bestehen, die Gewalt der Unterdrückung. Die meisten meinen nämlich, wenn sie von Gewalt sprechen, bereits die Gewalt Nummer zwei – die Reaktion der Unterdrückten, den Aufstand der Jugend gegen die ursprüngliche Gewalt.*»

Der brasilianische Erzbischof Dom Helder Camara, der diese Sätze formulierte, ist gewiß gegen den Angriff gefeit, ein Terrorist zu sein. Er hat sich – für seine eigene Person – nicht zur revolutionären Gewalt entschieden. Dies nicht auf Grund eines rigiden und deshalb amoralischen Moralismus, dessen Absurdität wir ausgeführt haben, sondern auf Grund einer politischen Überzeugung: «*Wenn die Unterdrückten in Lateinamerika heute darangingen, die Waffen der Unterdrücker zu benutzen, dann wären sie nicht mehr als eine Maus in den Pfoten einer Katze. In allen Ländern des Kontinents gibt es Antiguerilla-Truppen, die eigens dazu ausgebildet sind, die Zermalmten noch mehr zu zermalmen.*»

Man mag zu Camaras Schlußfolgerung stehen wie man will, seine Entscheidung weist ihn als einen Betroffenen aus, der vor dem Problem der Gewalt nicht fromm die Augen schließt und den Himmel anruft, der sich nicht mit den billigen Federn des Moralisten schmückt: «*Ich respektiere es durchaus, wenn jemand überzeugt ist, er müsse sich für die bewaffnete Gewalt entscheiden.*»

Die Entscheidung für oder gegen revolutionäre Gewalt ist *auch* ein moralisches Problem; sie ist vor allem ein politisches Problem. Kritik an dieser Entscheidung kann daher niemals nur moralisch sein. Der politische Mensch fand sich oft vor der Alternative, entweder nichts zu tun oder «kriminell» zu werden. Daß Untätigkeit kriminell sein kann, wissen wir spätestens seit 1945. Daß der Verstoß gegen bestehende Gesetze immer als «kriminell» verurteilt wird, ist eine Binsenweisheit. Die Alternative, entweder Gewalt oder Achtung vor dem Gesetz, ist eine Mystifikation. Das Nachdenken über das Dilemma des politischen Menschen und die Entscheidung für eine «kriminelle» Lösung im Sinne bestehender Gesetze gehören zur besten Tradition abendländischer Philosophie. Montaigne wich nicht aus, als er schrieb: *«Was ist da für Abhilfe? Da ist keine Abhilfe; wenn er* (der politische Mensch – B. N.) *wirklich zwischen diesen zwei äußersten Nöten in die Enge getrieben war, mußte er so handeln; aber wenn er es ohne Bedauern tat, wenn es ihn nicht bedrückte, so zu handeln, dann ist es ein Zeichen, daß es um sein Gewissen schlecht bestellt ist.»*

Jenen, die so leichtfertig bei der Hand sind, wenn es darum geht, revolutionäre Gewalt zu verurteilen, darf man unterstellen, daß sie dieses Dilemma entweder nicht sehen oder ganz bewußt nicht sehen wollen. Durch ihre verkürzte Perspektive disqualifizieren sie sich selbst. Es kann nicht ihre Aufgabe sein, über das Gewissen der Revolutionäre zu urteilen. Daß diese sich häufig mit dem Problem, der Gewalt mit Gewalt zu begegnen, auseinandergesetzt haben, daß sie ein Gewissen besaßen, wie Montaigne es fordert, zeigt ein Blick auf entsprechende Diskussionen. Nur vollkommen Unwissende oder Böswillige können noch an das Bild des blutrünstigen, charakterlosen Revolutionärs glauben, der blindlings über Leichen geht. Dieses Bild zu zeichnen müssen jene interessiert sein, die von den bestehenden Herrschaftsverhältnissen profitieren. *«Der Mensch, welcher geschlagen wird, muß früher oder später sich rächen... Das Entsetzliche liegt nicht darin, daß man schlägt, sondern darin, daß man nicht anders kann, als schlagen.»* So formulierte es Maxim Gorki. Und vier Monate bevor ein betrunkener bolivianischer Feldwebel den verletzt in Gefangenschaft geratenen Ernesto «Che» Guevara ermordete, schrieb dieser in sein Tagebuch: *«Gegen 17 Uhr tauchte der Militärwagen von gestern mit zwei Soldaten, die in Decken eingewickelt auf dem Bett hinter dem Fahrersitz lagen, wieder auf. Ich fand nicht den Mut, auf sie zu schießen.»*

Wir wissen nicht, was die guatemaltekischen Guerilleros dachten und fühlten, als sie 1970 den deutschen Botschafter Graf Spreti erschossen. Die Verantwortung für ihre Handlung wird ihnen keiner abnehmen können. Und niemand wird sie auf Grund abstrakter Prinzipien rechtfertigen können. Aber wir wissen: Graf Spreti lebte, wie es sich für einen Botschafter gehört; er ging in Gala-Garderobe zu Empfängen und dinierte bei Banketten mit Regierungsmitgliedern eines Landes, in dem drei Viertel der Bevölkerung unter dem Existenzminimum ihr Dasein fristen und sich die Kerker mit politischen Gefangenen gefüllt hatten, nachdem 1954 der demokratisch gewählte liberale Präsident Arbenz mit Hilfe einer CIA-Söldnertruppe gestürzt worden war. Der US-Delegierte und United-Fruit-Aktionär Cabot Lodge sabotierte damals das Hilfegesuch des Präsidenten Arbenz an den Weltsicherheitsrat. Guerillas in Lateinamerika glauben heute nicht unbedingt mehr daran, daß Botschafter westlicher Staaten nur aus Repräsentationsgründen in ihren Ländern sind. Zu eng ist die Verbindung zwischen ökonomischer Ausbeutung, Geheimdienstaktivitäten zugunsten korrupter Regime und Diplomatie. Zu weit ist die Kluft zwischen Regierung und Volk, zwischen Herrschern und Beherrschten, als daß man noch Beziehungen zu den einen aufrechterhalten könnte, ohne sie zu den anderen abzubrechen. Graf Spretis Tod nahmen westliche Zeitungen zum Anlaß, sich über das «*politische Gangstertum*» der Guerillas zu empören, das «*einen neuen Höhepunkt seiner Ruchlosigkeit erklommen*» habe. Aus einigen kritischen Blättern erfuhr man bei dieser Gelegenheit nebenbei, daß Guatemalas neuer Präsident Oberst Arana bereits 1967 mit Hilfe amerikanischer Waffen und Berater in der Sierra de las Minas 6000 unbeteiligte Bauern liquidiert hatte, um den Aufstand von achtzig Guerilleros niederzuschlagen. Darüber hatte sich bis dato niemand empört; kaum jemand wußte es. So gesehen wurde Graf Spreti zum Märtyrer für eine Sache, mit der er nichts zu tun haben wollte.

Es fällt schwer, nach all dem, was wir angeführt haben, daran zu glauben, man könne den Terror der Revolutionäre erklären oder auch nur beschreiben durch eine «Lust an der Gewalt», durch einen krankhaften, «verbrecherischen Idealismus». Solche Formulierungen bezwecken im Grunde nur eins: Sie wollen von der Tatsache ablenken, daß revolutionärer Terror konkrete, sachliche Gründe haben kann, die gleichermaßen greifbar wie unangreifbar sind. Revolutionäre als Sadisten und Verrückte hinzustellen, das ist denn doch eine zu simple Methode anti-aufklärerischer Propaganda.

Und selbst wenn es so wäre, die Vorwürfe fielen unversehens auf eine Gesellschaftsordnung zurück, die Menschen zu Sadisten und Verrückten macht. Wer nicht an die aus dem vergangenen Jahrhundert stammende These glaubt, es gebe Menschen, die als Sadisten und Verrückte geboren werden, der weiß, daß die Leidensfähigkeit des Menschen begrenzt ist. Das Potential an Gewalt, das sich in einer Revolution entlädt, ist in der Gesellschaft vorgegeben, gegen die revoltiert wird. Hier findet nicht nur der Exzeß an Gewalt während einer Revolution seine Erklärung, sondern auch das bis heute ungelöste Problem, aus den gewaltsam psychisch deformierten Untertanen eine neue Gesellschaft freier Menschen zu bilden.

Der aus der Psychoanalyse bekannte Mechanismus der Identifikation mit dem Aggressor ist nicht schon dann in seiner Wirkung aus der Welt geschafft, wenn der Aggressor erfolgreich bekämpft ist. Haltung und Verhalten des Aggressors hinterlassen tiefe Spuren in der Psyche der Opfer. In «normalen» Zeiten funktioniert dieser Mechanismus im Interesse der Herrschenden: Die Unterdrückten bekämpfen sich gegenseitig. Sie tun einander an, was man ihnen antat. Die ethnischen Minderheiten in den USA – Schwarze, Puertorikaner, Mexikaner usw. – bekämpfen und verachten sich gegenseitig, solange es nicht zu einer bewußt gelenkten Solidarisierung gegen den gemeinsamen Unterdrücker kommt. Die Gegengewalt wird niemals die Stigmata ihrer Abkunft verlieren. Gewalt gebiert Gewalt. Diese unselige Verkettung kann nicht einseitig dadurch aufgehoben werden, moralische Appelle an die Unterdrückten zu richten.

Revolutionäre Gewalt wird erst dann anachronistisch, wenn den liberalen Werten der Gleichheit, Freiheit und Brüderlichkeit eine an ebendiesen Werten gemessene Praxis entspricht. Kritiker, die das Mittel der Gewalt ablehnen, dieses Ziel zu erreichen, müßten eine Alternative aufzeigen können, die mehr wäre als bloß Apologetik bestehender Gewalt. Tun sie dies nicht, verurteilt sie die Reinheit ihrer Prinzipien. Man kann die Proklamation humaner Ideen nicht für Humanität selbst halten. Wer revolutionäre Gewalt als Rückfall in die Barbarei bezeichnet, vergißt oder verschweigt, daß wir nicht auf eine Stufe zurückfallen können, die wir nicht verlassen haben.

7 Vom Wunsch nach «sexueller Revolution» zur Einsicht in emotionale Notwendigkeiten

1 Was wir ('68) wollten? – Im Zweifelsfalle: ALLES!

Als «Veteran» einer «Bewegung», die vom Zorn getragen war und in Trauer endete, blicke ich zurück: auf die Teilnahme am Teach-in anläßlich der Beerdigung von Benno Ohnesorg in Hannover 1967; auf verschiedene Vietnam-Demonstrationen; auf ein letztes Aufbäumen gegen die Verabschiedung der Notstandsgesetze im Frühsommer 1968; auf die Ereignisse in Stammheim 1977; auf ein letztes gemeinsames Treffen mit «Genossen» im Januar 1980 anläßlich der Beerdigung von Rudi Dutschke; auf die Rückseite der Studentenzeitung (*marburger blätter*, Juli 1967), für die ich damals als politischer Redakteur arbeitete – dort findet sich eine später leider zur Wahrheit gewordene Karikatur, die ein Mahnmal für die im Zusammenhang mit der Revolte Getöteten zeigt, konzipiert zu einem Zeitpunkt, als es vorerst nur *einen* Toten zu beklagen gab...

Trauer – und Zorn über das, was aus dem Versuch der «Söhne» geworden ist, die gegen die Verdrängung des Faschismus durch die «Väter» rebelliert hatten, gegen den blindwütigen Antikommunismus und gegen die Kreuzzugsmentalität einer Großmacht (USA), deren unterwürfigster Vasall (BRD) sich angeschickt hatte, zu errichten, wogegen wir mit viel Moral, guten Argumenten, einiger Verzweiflung und mit ohnmächtigen Mitteln gekämpft hatten: gegen eine restaurative Gesellschaft. Heute, so scheint es, liegt der «Strand» nicht mehr nur unter einem Pflaster, sondern unter Beton. Ist das alles, was wir erreicht haben?

Die «große» Revolution, die in unseren Köpfen ausgebrochen war, scheiterte in der Praxis. War die «große» Revolution nicht zu haben, wollten wir doch wenigstens eine «kleine»; genannt – die «sexuelle». Das gesellschaftliche Schlachtfeld führte zum privaten Kampf gegen das «Bürgerliche» in uns selbst – und in unseren Beziehungen, besonders: in den sexuellen Beziehungen. Angesichts der vielen falschen Propheten, die die sexuelle Revolution als erreicht oder als erreichbar ausgaben, als sei das Private vom Gesellschaftlichen zu trennen, scheiterte auch dieses Unternehmen. Was unter der Hand blieb? Gescheiterte Existenzen – so oder so. Und je offensichtlicher das Scheitern wurde, desto verbissener hielten einige – oft nicht die Schlechtesten – an Utopien, an Hoffnungen, an Illusionen fest. In manchen Fällen führte die explosive Mischung aus Utopie und Verzweiflung zur Akzeptanz von Gewalt, die sich am Ende nicht mehr von jener unterscheiden ließ, gegen die wir angetreten waren. Heute tritt der GSG9-Kombattant in ebenjener Wollmaske auf, die auch der Terrorist trägt...

War die «neue» Gesellschaft nicht zu haben, sollte es wenigstens eine «neue» Erziehung sein: antiautoritär. Wer spricht heute noch davon? Oder: Die Entdeckung «neuer» (altbekannter) Randgruppen sollte das Gefühl schärfen für das, was in *jedem* Menschen verborgen ist – für das Abweichende, das Ausgeschlossene, das Verdrängte. Die Homosexuellen – zum Beispiel. Die Wahnsinnigen – zum Beispiel (wer spricht heute noch von der Antipsychiatrie?). Bewußtsein – mit Hilfe von Drogen «erweitert» – sollte neue Erfahrungsräume aufschließen. Der Traum, die Phantasie, die Sinnlichkeit, der Körper – «neue» Erfahrungszusammenhänge sollten «alte» Reflexionsmuster aufsprengen. Auch das, was sich heute «Frauenbewegung» nennt, fand damals – unter Rückgriff auf die sozialistische Frauenemanzipation (vgl. Merfeld 1972) – einen neuen Anfang. Gegen die «Männer» im SDS formulierte der «Frankfurter Weiberrat»: «Befreit die sozialistischen Eminenzen von ihren bürgerlichen Schwänzen!» Warum nicht? Fragt sich nur, was dabei herauskommt? Ein Kastrat, schlimmstenfalls; denn ein «sozialistischer» Schwanz wächst nicht so rasch an Stelle eines «bürgerlichen» nach. Wie ein Blick auf den gegenwärtigen «Zeitgeist» offenbart: Viele Männer hatten den Schwanz nur eingezogen, um zu überwintern, auf das Zeitalter des «neuen» Macho wartend. Zwischenzeitlich konnten alte, über Jahrhunderte hinweg von Männern gepflegte und gehegte Klischees in ein neues, scheinbar emanzipatorisches Gewand eingekleidet werden. Dazu gehören Überzeugungen wie: Die Frau steht der Natur näher; die Frau ist gefühlshafter als der Mann. Man vergißt dabei zu leicht, wieviel Gefühle, wieviel Affekte freigesetzt und inszeniert werden müssen, wenn beispielsweise Männer begeistert in den Krieg ziehen sollen. Der letzte Anschauungsunterricht hierfür war der Golfkrieg 1991. Wer diese Propagandaschlacht erlebt hat, kann nun endlich auch verstehen, warum die große Mehrheit der «Linken» 1914 den Kriegskrediten zustimmen *mußte*.

Was wollten die 68er? – Im Zweifelsfalle: ALLES! Zumindest «Sexualität und Klassenkampf» (Reiche 1968). Und weil der Klassenkampf über kurz oder lang vergeblich oder anachronistisch erschien, ersetzten ihn manche einfach durch den Geschlechterkampf. Und aus den Herrschenden, die es zu bekämpfen galt, aus den Charaktermasken, die das große Kapital – nicht gemäß den Bedürfnissen der Menschen, sondern gemäß den Verwertungsgesetzen des Kapitals – in Bewegung setzten, wurden über kurz oder lang «die» Männer: Männer wie du und ich bewerkstelligen die Unterdrückung, die Zerstörung der Natur... Männer wie ich, wie du oder wie Flick! Konstruiere ich hier Kurzschlüsse? Oder bezeichnen solche Denkfiguren auf ihre Weise auch das Scheitern der Revolte, weil sie einmal mehr das Wesentliche verdecken helfen?

Sicher, das Scheitern der Revolution, die nie stattgefunden hatte, begann bereits *innerhalb* der «Bewegung». Auch damals schon setzten sich rasch scheinrevolutionäre Gestik und Rhetorik an die Stelle der Anstrengung des Begriffs, an die Stelle einer durch Theorie vermittelten Praxis. Glanz und Elend der «Bewegung» verdeutlichen beispielsweise zwei Buchtitel: «Sexualität und Klassenkampf» (Reiche 1968) versus «Sexfront» (Amendt o. J.). Hatte Reiche noch differenziert argumentiert, so errichtete Amendt nur noch verbalradikale Barrikaden an der Bett-Front. Genauer gelesen, enthüllt bereits dieses Buch den Verfall der 68er-Revolte. Darin wurden unter anderem Ratschläge erteilt, die sich umstandslos auch mit der amerikanischen Swinger-Ideologie vereinbaren ließen. Zum Beispiel: Gehst du zu einer Party, mach dir eine «Strichliste»! «1. Gibt es was zu essen? 2. Gibt es was zu trinken? 3. Gibt es was zu ficken? 4. Kann man jemanden anpumpen?» (Amendt o. J., 93) Erst die orale Befriedigung; dann der Konsum deines Nächstbesten; schließlich die Fortsetzung des Schnorrertums auf finanziellem Gebiet.

Gegen das suggerierte Angebot einer raschen Wunschbefriedigung hier und jetzt bei scheinrevolutionärem Übertreten bürgerlicher Konventionen nahm Reiche schon Stellung, als er gegen die Kommune I (eine anarchistische Abspaltung vom SDS) argumentierte. Das Insistieren auf Anerkennung der Realität, die Erinnerung an die gesellschaftliche Realität, wäre ein wirklich emanzipatorisches Unterfangen, insofern nämlich, als ohne solche Anerkennung überhaupt keine Möglichkeit der Veränderung gegeben ist: Gegen die Kommunarden also wandte sich Reiche, da diese suggerierten, es sei quasi möglich, den «Kapitalismus» und die aus ihm folgenden Formen der Entfremdung (auch zwischen den Geschlechtern) in Gestalt eines Privatissimums zu überwinden, durch die Schaffung befreiter Gebiete im Inneren der eigenen Seele oder im Getto exklusiver Kleingruppen.

«Das Programm schlägt fehl. Objektiv konterrevolutionär wird diese subjektiv revolutionäre Haltung dort, wo sie bei den jungen ‹unglücklichen› Linken die Hoffnung freisetzt, alle ihre Hoffnungen ließen sich *heute* erfüllen, alle ihre Leiden *heute* abschaffen. Die Täuschung dieser Hoffnung hat bei vielen Kommune-Nachbildungen in der BRD zu chaotischen persönlichen Zusammenbrüchen oder, wo diese vermieden wurden, zu tief resignativen Haltungen geführt» (Reiche 1968, 154f).

Der Wunsch, die Hoffnung, das Ideal, der «neue» Entwurf haben revolutionäre Potenz – aber nur so lange, wie sie sich nicht kurzschlüssig an die Stelle der Realität setzen, als verwirklichbar hier und jetzt ausgegeben werden. «Konsumterror» – so lautete die entsprechende Metapher von '68 – macht vor Hoffnungen nicht halt, macht sich diese besonders leicht dienstbar. Je größer die Spanne zwischen Realität und Utopie ist, desto stärker wird die Spannung, die auszuhalten, durch eine von der Theorie angeleitete, von der Realität begrenzte Praxis zu gestalten wäre. Wer an dieser Spannung zugrunde geht, ist vielleicht «schwach»; er ist aber immer noch stärker als einer, der sich in die Arme des nächstbesten Gurus wirft, um Befreiung im «Hier und Jetzt» wahnhaft zu genießen.

Was also ist aus uns geworden? – Für manch einen hat sich der Grundwiderspruch zwischen Kapital und Arbeit zu rasch zum Widerspruch zwischen dem «Revolutionär» und seiner Partnerin und noch rascher zum Selbstwiderspruch entwickelt. Von Beginn an hatte die Revolte ein doppeltes Gesicht: Reflexion auf der einen Seite – Aktion auf der anderen Seite. Zu selten ließen sich privates und öffentliches Elend umstandslos auf denselben Nenner bringen. Theoretisch mochte dieser Nenner zu finden sein; praktisch ging der Bruch selten auf. Die Revolution im Schlafzimmer konnte die öffentliche nicht ersetzen.

Karikieren wir die beiden Gesichter der Revolte einmal an einem anderen Beispiel. Da gab es einerseits den etwas blassen Seminaristen, Politologie- oder Soziologiestudent, Mitglied im SDS, Repräsentant von dessen «traditionalistischem» Flügel. Er konnte zwar nicht stets mit allen «Blauen Bänden» (Marx-Engels-Gesamtausgabe) unter dem Arm herumlaufen, aber wenigstens seine Sprache war so gedrechselt – und dementsprechend unverständlich –, als hätte er sämtliche «Blauen Bände» im Kopf verstaut. Heute ist dieser Vertreter verbeamtet, an einer Schule oder Hochschule tätig, wenn er nicht zum harten Kern gehört, der in einer Partei oder in einer Gewerkschaft vergebens gegen den Zeitgeist ankämpft. Vielleicht besitzt er auch ein Refugium in der Toscana; oder er kann es sich wenigstens durch Anruf bei einem Ex-Genossen beschaffen, der dort unten Schafe züchtet. Bei einer Flasche Rotwein kann dann am Kamin Veteranen-Nostalgie beschworen werden: Weißt du noch...? Die Ereignisse werden der zweiten Ehefrau – die erste ist längst im Trubel der Zeiten verlorengegangen – erzählt, einer Frau, die wesentlich jünger ist, '68 vielleicht noch in einem (antiautoritären) Kindergarten spielte. Der Altersunterschied ist der Bewunderung für den «Revolutionär» seitens der neuen Frau sicherlich nicht abträglich.

Der andere Teil der Revolte bestand aus den Repräsentanten des «antiautoritär-aktionistischen» Flügels im SDS, ein Revoluzzer, dem das viele Lesen in «Blauen Bänden» ferner lag als das gelobte Land Vietnam. Am Befreiungskampf des vietnamesischen Volkes – das ihn später so nachhaltig enttäuschen sollte – nahm er empathisch teil, indem er sich diesen Kampf stellvertretend aneignete bei seiner Revolte gegen die Enge der elterlichen Drei-Zimmer-Wohnung und gegen die in dieser Wohnung herrschenden Verhältnisse. Vietnamesischer Befreiungskampf und Aufstand gegen die «patriarchalische» Kleinfamilie waren für ihn damals nur zwei Seiten einer Medaille. Hätte der Aktionist allerdings genauer hingesehen, so hätte er bemerken müssen, daß der «Patriarch», gegen den er zu Felde zog, vielfach gar nicht vorhanden war: Der «Vater» war im Krieg geblieben oder erst spät aus der Gefangenschaft zurückgekehrt; oder er war kein Vorbild für den Sohn, weil dieser ihn als Vertreter der faschistischen Epoche entwerten mußte. Der Vater *fehlte* – so *oder* so. Die scheinbar patriarchalische Kleinfamilie hätte sich, näher besehen, nur zu oft als eine symbiotische

Bindung des Sohnes an die *Mutter* entpuppt. Aber so genau wollte der Aktionist das gar nicht sehen. Zudem fehlten die Reflexions- und Denkmuster, um solche Familienkonstellationen näher zu analysieren. Was es gab: Das war die «ödipal» konstruierte Theorie der Familie. Und dieser Theorie entsprach – Freud sei Dank! – nun einmal der «Vater» als autoritärer Herrscher, den es zu entmachten galt. Wieviel schwerer wäre die Auseinandersetzung mit der oft hochambivalenten Bindung an die Mutter zu führen gewesen... Der Aktionist von einst, der sich treu geblieben ist, hat seither viele Stationen eines langen Passionsweges hinter sich gebracht: In diversen Wohngemeinschaften erlebte er wohlige Wärme und selbstzerfleischende Endlos-Gespräche über «emanzipierte» Beziehungen. Die Ambivalenz von Liebe und Haß, von Narzißmus und Selbsthaß ist für ihn kein blasses theoretisches Konstrukt, sondern leibhaftige Erfahrung geworden. Später erhoffte er sich in politischen – und anderen – Sekten Erlösung (u. a. von der Selbstquälerei). Der Abhängigkeit einer Zweierbeziehung entronnen, flüchtete sich der Aktionist in neue Abhängigkeiten, etwa in die Arme eines Gurus. In einem selbstverwalteten Kleinunternehmen genoß er sodann bei halbem Lohn und doppelter Arbeitszeit (im Vergleich zu einem kapitalistischen Betrieb) die Selbstausbeutung. Heute lebt er abseits auf dem Lande, baut biodynamisches Gemüse an und schreibt vielleicht feierabends Texte für irgendein entlegenes oder auch für ein Zeitgeist-Magazin. Wie auch immer – er geht weiter mit der Mode, die er für Fortschritt hält. Diese Texte enthalten «Wildnis», die der Aktionist kennengelernt hat, als er mit Hans Peter Dürr (1978) über den Zaun zu springen versuchte, auf dem die «Hexe» sitzt, um sich dann darin zu verfangen. So trifft er sich mit seiner feministischen Schwester, die sich selbst inzwischen stolz für eine «Hexe» hält und den Mann, der sich soft und geschmeidig, als entstamme er dem Windkanal, allen Strömungen anzupassen verstand, dennoch nicht als einen wahrhaft «neuen» Mann anzuerkennen bereit ist. Das kränkt den Aktionisten zwar, doch er läßt nichts unversucht, am Ende doch noch als «Feminist» wieder Anschluß an die Weiblichkeit zu finden. Und während ein großer Teil der «Schwestern» inzwischen bereits kritisch die Nase über manche Elaborate rümpft, die vorgeblich eine spezifisch weibliche Ästhetik pflegen, verteidigt der Aktionist eben gerade solche Texte, als ginge es um sein Leben, als könnte die Kritik daran seinen schlecht verdrängten Weiberhaß nur allzu leicht wieder mobilisieren. Den unterstellt er lieber anderen, die nicht so rasch bereit sind, jeden Modetrend als neue Befreiung zu begrüßen.

Was blieb von '68? – bestenfalls die Erkenntnis, daß Subjektivität *ohne* Bezug zur gesellschaftlichen Realität nicht zu verstehen ist; daß sie sich zwar – wenngleich recht mühsam – aufschlüsseln läßt; daß sie sich aber keineswegs so rasch wie die wechselnden intellektuellen Moden verändert (es sei denn im Sinne einer Selbsttäuschung, einer bloß ideologischen Behauptung); daß Subjektivität als Ausdruck des eigenen Lebensschicksals in dieser Gesellschaft wie ein Fels im Meer der immer neuen «Bewegungen» liegenbleibt, um sich nur sehr allmählich, unendlich langsam zu glätten – viel zu langsam für einen «Revolutionär».

Wäre das Glück nicht schneller zu erhaschen? Wir glaubten es – damals, als wir Wilhelm Reich lasen, der Anweisungen für die sexuelle Revolution zu geben schien. Dem Links-Freudianer Reich schien gelungen zu sein, was wir inzwischen als Truggebilde erkannten: die Integration von Marxismus und Psychoanalyse. Mit Hilfe der Reich-Lektüre meinten wir, «Die Funktion des Orgasmus» (1969) endlich zu verstehen (bis wir dahinterkamen, daß hierfür *Gefühle* entscheidend sind, die als manipulierte kein Glück ermöglichen). Wenigstens aber führte uns Reich zurück in eine selige Urzeit, die «Der Einbruch der sexuellen Zwangsmoral» (1972) unglücklicherweise beendet hatte. Seit jener Urzeit leiden wir an solch unerquicklichen Affekten wie beispielsweise Eifersucht, die der wirkliche «Revolutionär» überwunden (d. h. verleugnet) hatte.

Mit Wilhelm Reich gegen den Kapitalismus, gegen die Zweierbeziehung, gegen die Zwangstreue, gegen die Eifersucht, gegen die Kleinfamilie! Was blieb? Ein vereinsamter «Single», in dessen Händen sich spärlich vorhandene irdische Glückserlebnisse zu übersinnlichen Erfahrungen mauserten: Vorwärts zur «Einführung in die Orgonomie» (1976)! Psychoanalyse und Marxismus mündeten unversehens im Reichschen Okkultismus. Das einstmals gepflegte aufklärerische Rationalitäts-Ideal schlug um ins Gegenteil: In die mit Theorie überfrachteten Köpfe, die sich an langen Haaren und Satzspiralen einige Jahre zuvor noch aus dem Sumpf der Gefühle zu ziehen versucht hatten, brachen plötzlich «neue» Innerlichkeit und alte Irrationalitäten ein. Der Kopf ward flugs durch den «Bauch» ersetzt; und aus den Abgründen der Eingeweide entstand so etwas wie eine postmoderne Philosophie: Posthistoire – post festum '68. Eine Verbindung zwischen gesellschaftlichen Hintergründen und individuellen Abgründen ist in solchen Fällen kaum noch auszumachen. Augenblicklich wiederholen wir die

Mode der fünfziger Jahre nicht nur als Frisur und Dekor, sondern auch in Gestalt eines Neo-Existentialismus; ganz zu schweigen vom Enkel Adenauers, den man auch als einen Urenkel Wilhelms II. bezeichnen könnte.

Und die schleichende Apokalypse, die allenthalben beschworen wird? – Der neue Freund, die neue Freundin – gesund, frisch sehen sie ja aus. Wer aber weiß, welche Zeitbombe in ihnen ticken mag (AIDS-Viren haben Geduld)? Die vier Wände, in denen wir hausen, sind vielleicht mit Formaldehyd bestrichen? Im Wein könnte Glykol sein! Fische sterben auch dort tonnenweise, wo ein Minister für Umwelt zuständig ist, der früher einmal angetreten war, diese Republik «unregierbar» zu machen (als er noch vor Brokdorf agitierte). Daß die Luft voller Abgase, die Wiesen voller Blei und Cäsium sind, daß der Regen «sauer» dem Wald zusetzt – das ist bekannt. Neu ist, daß nun auch das Gemüse und der Schafskäse «strahlen».

Wir leben in einer Welt der unsichtbaren Bedrohungen, der tödlich wirkenden Substanzen, deren «Geduld» unerbittlich ist. Die Zeit spricht für sie – und gegen uns. Infantile Ängste, die seit jeher im Unbewußten lauern, verbünden sich ganz zwanglos mit real begründbarer Angst. '68 hätte man in diesem Zusammenhang vielleicht noch auf den Grundwiderspruch von Kapital und Arbeit hingewiesen; aber damals glaubte man auch noch an eine *politische* Gewerkschaftsbewegung und daran, daß viele Arbeitslose dereinst ein revolutionäres Potential abgeben könnten. Damals hätte man die imperialistischen Bestrebungen der Großmächte an den Pranger gestellt mit Hilfe einer politischen Analyse. Heute genügen oft Friedensbeschwörungen, Hinweise darauf, daß all das recht schädlich sei, daß die «Menschheit» umkehren müsse, wenn sie sich nicht selbst zerstören wolle. Der Zeitgeist ist flexibel; er ist auch «kritisch», solange die «Kritik» für das ist, wofür jeder ist – für «Frieden» und/oder «Freiheit» beispielsweise.

Der Zeitgeist wird nirgendwo deutlicher als in den Zeitschriften, die ihm gewidmet sind (*Tempo*; *Wiener*). Hier verkommt die kritische Attitüde zum Alibi; und die «neue» Sachlichkeit triumphiert nach dem Motto: Design ist ALLES! Dies ermöglicht eine neue Variante der Nicht-Auseinandersetzung mit der Realität. Die Zeitschriften für Zeitgeist inszenieren perfekt, was sich bereits seit Jahren in den Stadt- und Szene-Zeitschriften beobachten ließ. Wichtigstes redaktionelles Prinzip: Zwischen dem Anzeigenteil und dem Rest des Blattes sollten auch bei schärfster Aufmerksamkeit keine Grenzen mehr zu erkennen sein.

Beispiel (*Wiener*, 6, 1986): Da wirbt ein nackter Mann für das Duft-
wasser «Care», offenbar kreiert von der Leitstelle für die Gleichstel-
lung des Mannes als Objekt sexueller Ausbeutung für Werbezwecke.
Dieser nackte Mann hätte genausogut in der im selben Heft veröffentlichten Fotoserie erscheinen können, die unter dem Motto «Trau *dich*
doch» nackte Männer und Frauen («Deutsche» – ein Begriff, der immer häufiger auftaucht) vorstellt. Leiber, zusammengekarrt aus Fuß-
ballmannschaften, Betrieben, Randgruppen – Redaktionsmitglieder,
Punks, Stadtstreicher – dokumentieren die neue Schamlosigkeit. Der
Fortschritt bedeutet Rückschritt. Im Begleittext wird ausdrücklich auf
jenes berühmte Foto aus den «sechziger Jahren» hingewiesen, das Berliner Kommunarden nackt vor einer weißen Wand zeigte. Was damals
Widerspruch war, fatale Erinnerungen an KZ-Fotos erweckte, die
«Bürger» genauso schockte wie die «Genossen», zumindest eine De-
batte auslöste, ist heute längst integrierter Bestandteil einer Werbe-
Verkaufs-Strategie. Damals Protest – heute Konsum. So macht *Wiener*
aus Berlinern Würstchen. So ändern sich die Zeiten. Wie ändern sie
sich? Am besten verdeutlichte das der Schriftsteller und Schauspieler
Franz Xaver Kroetz in einem Interview (*Düsseldorfer Illustrierte*,
Nov. 1986). In den siebziger Jahren war er noch DKP-Mitglied. Im
Interview denunziert er die Aufbauhelfer, die nach Nicaragua gingen,
als «Polit-Touristen», während er sein eigenes Auftreten in der Fern-
seh-Serie «Kir Royal» als politische Aufklärungsarbeit begreift. Von
seinem Gesprächspartner muß er erst daran erinnert werden, daß
«Contras» «den deutschen Kommunisten» Bernd Koberstein, der als
Aufbauhelfer tätig war, ermordeten. Seine Antwort:

> «Mag sein, daß ein paar alte oder junge DKPler dort intensiver arbeiten – der
> Koberstein war ja auch ein Handwerker –, aber der Rest ist Polit-Tourismus.»

Keiner hat bisher das, was als «Wende» gilt, besser charakterisiert. Im
Vergleich zu Kroetz sind Kohl oder Geißler honorige Gesellen – sie
wenigstens haben sich nicht gewendet, sind sich treu geblieben.

   Den Zeitgeist führt uns auch *Tempo* (11/1986) noch einmal dra-
stisch vor Augen: Im selben Heft, in dem ein paar «APO-Opas» porträ-
tiert werden – einer, Jens Litten, war für ein Gespräch nicht mehr aufzutreiben, er macht inzwischen in Südafrika Geschäfte –, begibt sich
die Redaktion einige Seiten später auf die «Suche nach der verlorenen
Elite». Wer gehört zur Elite? Nobelpreisträger, Schriftsteller, Unter-
nehmer und – wer hätte *das* gedacht? – die Meisterschützen von der

GSG 9, die den «finalen Rettungschuß» perfekt beherrschen. Diese Elite-Männer werden, ganz unironisch, ganz ernst gemeint, mit diesen Sätzen vorgestellt:

«Die Anti-Terroristen der GSG 9 sind Beamte auf Lebenszeit. Der Dienst beginnt täglich um sieben Uhr: Schießen, Sport, taktischer Unterricht und immer wieder Übungen mit den komplizierten Apparaten und unter verschärften Einsatzbedingungen. Manche landen mit Spezialfallschirmen punktgenau auf einem Garagendach in einem zwölf Stockwerke tiefen Innenhof, andere erstürmen eine Bohrinsel der Nordsee von unten, aus dem Wasser. Jeder hat auf seine Körpermaße und sein spezielles Einsatzgebiet individuell abgestimmte Waffen.»

Das ist die neue Elite – das ist das neue Manns-Bild! Und das ist der Zeitgeist, der unterschiedslos zusammenmischt, gleich-gültig jede Differenz übergeht. Die Kritik, die in diesen Zeitschriften erscheint, ist keine mehr. Bestenfalls bestätigt sie nur, was die jeweilige Zielgruppe ohnehin schon weiß. Zum Beispiel: daß Reagan ein verrückter Schauspieler war. Aber *warum* Ron gegen den Rest durchziehen konnte, was Rambo vorexerziert hatte… *Warum* er mal kurz in Libyen ein paar Wohnviertel bombardieren durfte… *Warum? – Diese* Frage wird nicht geklärt! Die Antwort weiß vielleicht der Wind, aber der weht nicht in den Zeitgeist-Redaktionen.

2 Gegen den Zeitgeist – auf der Suche nach dem «neuen» Mann

Wenn wir uns nicht mit der Feststellung begnügen wollen, daß Rambo den «neuen» (Macho-)Mann symbolisiert, wo steckt der «neue» Mann dann? Es scheint, er ist zur Zeit so sehr mit sich selbst beschäftigt, daß er die Frauen überhaupt nicht mehr wahrnehmen kann. Jedenfalls nicht deren Komplexität, zu der auch all das gehört, was der «neue» Mann am Alten Adam so sehr haßt – also zum Beispiel das Verlangen nach Macht. Der hypersensible «neue» Mann hält lieber an der alten Illusion fest, daß die Frauen doch das bessere, idealere Geschlecht seien (eine bloße Umkehrung der traditionellen Vorstellung, derzufolge die Frauen die Sünde verkörpern). Schließlich war das Bild der Frau im Kopf des Mannes immer zweigeteilt: Die Inquisitoren waren *zugleich* glühende Marienverehrer und erbarmungslose Frauen-(Hexen-)Mörder.

Es scheint, als ließen sich die Mißverständnisse zwischen den Geschlechtern nie aus der Welt schaffen. Wie sonst wäre es zu erklären, daß Handke in seinem Film «Das Mal des Todes» – nach der Romanvorlage «Die Krankheit Tod» von Marguerite Duras (vgl. das Interview mit der Autorin in: *literatur konkret*, 1985) – eine Frau auftreten läßt, die männerfeindlich erscheint, während sie dies im Buch gar nicht ist. Und überall, wo es um weibliche Homoerotik geht, versteht Handke: Heterosexualität. Der «weibliche» Kommentar, die Antwort einer erfahrenen Frau:

«In ‹Die Krankheit Tod› spucken die Frauen nicht auf die Männer wie in Handkes Film. Das ist im Buch nie geschehen. Die Frau lächelt und schläft, sie ist auf seiten des Meeres und ist Teil des Draußen, eines zeitweilig ausgeschlossenen Draußen. In dieser Weise hat er (Handke – B. N.) sie nicht behandelt, sondern wie eine vollständige Frau» (Marguerite Duras).

Eine *vollständige* Frau – das ist für den Mann (Handke) die Frau, die sich unablässig mit dem Mann beschäftigt. Und sei es in der Negation. Für Marguerite Duras hingegen ist die vollständige Frau eben die, welche ihr eigenes Geschlecht als das andere Geschlecht bejaht, weder zur Ergänzung des Mannes noch zu dessen Duplikation werden will. Wäre dies auch ein Modell für den «neuen» Mann, der sein eigenes Geschlecht als das andere zu bejahen hätte, bevor er sich der Frau nähert, anstatt zu versuchen, wie die Frau zu werden – weiblich, feminin?

Marguerite Duras ist eine Frau, die den Bruch zwischen den Geschlechtern nicht verschleiert und die Tragik der Liebe, die jenen Bruch zu überwinden meint, nicht durch Verweis auf simple Gleichmacherei verleugnet. *Daher* ist sie auch fähig, das eigene Geschlecht zu kritisieren:

«Heutzutage, wo die Frauen mit offenen Karten spielen, ist die Romantik verschwunden, und oft hat man das Gefühl, daß sie gar nicht mehr da sind, sich nicht mehr zeigen. Daß sie durch konkretere, unmittelbarere und verlogenere Frauen ersetzt worden sind. Die Frau – das liegt weiter zurück, als die jungen Frauen denken» (Interview – *literatur konkret*, 1985).

Der nackte Sexus ohne die romantische Lüge, die als Schleier notwendig ist, die Tragik des Bruches vorübergehend zu verhüllen – der nackte Sexus wäre die konkrete, die rüde Lüge… In diesem Sinne ist das, was Marguerite Duras (vgl. Kamber 1986) schreibt: *Poesie* – keine Frauenliteratur im Sinne des Zeitgeistes; sowenig die Texte etwa von Georg Büchner oder Franz Kafka «Männerliteratur» sind.

Sehen wir uns hingegen ein Stück «Frauenliteratur» im Sinne des schein-progressiven Diskurses an. Gewiß ist nicht nur das Bild der Frau im Kopf des Mannes gespalten; auch das Bild des Mannes im Kopf der Frau ist zweigeteilt. Einerseits der rüde Patriarch – andererseits der «Märchenprinz». Was erfahren wir über den «Tod des Märchenprinzen» (Merian 1980) – ein Prinz, der auch ein alkoholisierter Patriarch gewesen sein soll? – Wir erfahren, daß die Autorin vor Wut schäumt, weil das andere – in diesem Falle also das männliche – Geschlecht nicht das eigene ist und sich demnach nicht umstandslos einverleiben läßt. Hinter der Wut über die vergeblichen Auseinandersetzungen mit einem vielfach beschädigten «alten» (jungen) Mann lauert noch eine unerbittliche Sehnsucht: Wie schön wäre es, gäbe es den Märchenprinzen doch! Wie entsetzlich ist die Realität der Trennung, des Geschlechterunterschiedes! Die endlose Symbiose wird als letzte Insel einer vermeintlich zu erreichenden Glückseligkeit latent beschworen, während die Realität des (männlichen) Geschlechts *in* dieser Gesellschaft gnadenlos verdammt werden muß. Und ist die Symbiose nicht mehr mit dem Mann zu erreichen, so doch wenigstens vielleicht mit dem Kind. Zahlreich sind die Texte aus den vergangenen Jahren, in denen die «neue» Mütterlichkeit, das Glück des Stillens ersehnt werden. Solche Sehnsüchte verdecken das reale Unglück, die Unfähigkeit, zu einem erwachsenen Partner des anderen Geschlechts eine stabile Beziehung einzugehen; und sie überfrachten das Kind, das der Mutter – in anderen Fällen auch dem Vater – den verlorenen Partner ersetzen muß, mit unerfüllbaren Forderungen. Ein solches Kind wird später – als Erwachsener – Angst vor Nähe haben, weil Nähe von Anfang an bedeutete, fremde Wünsche zu erfüllen. Der symbiotischen Beziehung zur Mutter nie entwachsen, fürchtet sich ein solcher Mensch vor Nähe, aber auch vor Einsamkeit, weil es ihm nie gestattet wurde, eine eigene Identität, stabile Ich-Grenzen, in Auseinandersetzung mit und durch Lösung von der Mutter zu erreichen.

Wie sieht die gesellschaftliche Realität aus, die den Hintergrund abgibt für symbiotische Wünsche, die doch immer auch – neben ihrer prinzipiellen Unvergänglichkeit bei *beiden* Geschlechtern – ein Zeichen dafür sind, wie vereinsamt die Menschen leben (müssen)? Schätzungsweise anderthalb Millionen Kinder wachsen heute bei nur *einem* Elternteil – meist bei der Mutter – auf. Traumatisierende Verlusterlebnisse auf Grund der Scheidung der Eltern gehören heute bereits zur Erfahrung einer durchschnittlichen Kindheit. Zwischen 1980 und

1984 stieg die Scheidungsrate um 36 Prozent an. Von der Scheidung ihrer Eltern waren 1984 hunderttausend Kinder betroffen. Und etwa die Hälfte der heute aufwachsenden Kinder wird bei Erreichen der Volljährigkeit nicht mehr in der Familie leben, in die sie hineingeboren wurde. In einer Großstadt – Beispiel: Hamburg – wird nahezu die Hälfte aller Haushalte (1982: 40 Prozent) von Alleinstehenden unterhalten...

Die Vereinzelung, die Isolation, die zur Beschädigung von Subjektivität führen und diese zum Ausdruck bringen, wären allerdings vor dem Hintergrund der gesellschaftlichen Realität zu würdigen, bevor sie dann auch im individuellen Falle zu analysieren sind. Verzweifelte Sehnsucht nach Nähe bei gleichzeitiger, oft panischer Angst vor Nähe (bzw. vor dem Verlust des Partners) kennzeichnen, was ich als Bindungs-Trennungspathologie benennen möchte (vgl. Nitzschke 1985). Welchen *Sinn* hat die Frage nach dem «neuen» Mann (oder die nach der «neuen» Frau) im Kontext dieser individuellen Problematik, die das Wesen einer Gesellschaft zum Ausdruck bringt, deren implizites Kalkül es ist, Vereinzelung, monadenhafte Existenzen, systematisch hervorzubringen?

Der *Wunsch* nach einem «neuen» Mann ist das eine; die reale Existenz des gegenwärtigen Mannes ist das andere. Dieser gegenwärtige Mann wird von Patrick Süskind (1985) am Beispiel eines Helden dargestellt, der im Roman in einer scheinbar längst vergangenen Zeit lebt, tatsächlich aber in einer parfümierten Welt, die der unsrigen entspricht. Grenouille, der Held des Romans, der als Bestseller den «Nerv» der Zeit traf (1985: 350000 verkaufte Exemplare), wächst ohne Eltern auf – bei einer Stiefmutter. Gedeutet: Seine Eltern sind emotional nicht verfügbar; was «Mutter» heißen könnte, erlebt das Kind als böse Hexe, die nur darauf bedacht ist, das Kind auszubeuten, um es schließlich von sich zu stoßen. Später dreht Grenouille in seiner Beziehung zu Frauen den Spieß um: Sexuell – im engeren Sinne begriffen – will Grenouille nichts mehr von den Frauen. Was er verlangt, das ist die «Seele» der Frauen, das ist deren Pneuma, deren Geruch, das geheimnisvolle Odium, der Duft des fremden Leibes. Er will – psychoanalytisch gesprochen – das, was ihm vorenthalten worden ist: primäre Mütterlichkeit. Diese holt er sich mit *Gewalt* – mit mörderischem Gleichmut, wie überhaupt das sadomasochistische Ritual (vgl. Treut 1984) die Annäherung an das jeweils fremde Geschlecht nur noch als Gewalt- und Unterwerfungsakt ermöglicht. Die Gewalt zwischen den

Geschlechtern mag seit jeher immer *auch* Ausdruck einer Angst vor unmittelbarer Nähe gewesen sein, ein Mittel, Nähe zu begrenzen, die anders – wegen grenzenloser Sehnsucht – nicht mehr einzudämmen war; daß solche Rituale aber neuerdings als faschistoide Jugendkultur gleichgültig, gleichsam wertfrei vorgestellt werden (vgl. *Tempo*, Nov. 1986), wie etwa in einer Reportage über eine englische Sex-Sekte, das ist *neu*. Grenouille trifft den Zeitgeist, wenn er den vorenthaltenen Körpergeruch der Mutter später als «Parfüm» herstellen will, das er aus den Leichen totgeschlagener Frauen gewinnt. Erasmus von Rotterdam hatte im 16. Jahrhundert eine Banalität formuliert, deren tiefere Wahrheit Grenouille/Süskind für unsere Zeit als Abnormität enthüllt: «Das Kind wird nicht nur mit Milch ernährt, sondern auch mit dem Geruch des mütterlichen Körpers», hieß es bei Erasmus von Rotterdam (zit. n. van Ussel 1970, 27). Eine primitive Wahrheit wird zur modernen Absurdität...

Haben wir Mitleid mit den Männern! Und mit den Frauen, denen es nicht besser geht. Noch allemal spiegeln die späteren Beziehungen zwischen den Erwachsenen, zwischen den Geschlechtern das Schicksal der Kindheit, die Bindungs- und Trennungserfahrungen der individuellen Prähistorie.

Was die Moderne in bezug auf Geschlechtlichkeit und in bezug auf die Geschlechterbeziehungen zu bieten hat, deutet sich an in zwei Werken, die am Beginn unseres Jahrhunderts publiziert worden sind. Zwei Männer, ein Verrückter (Schreber 1903) und ein Selbstmörder (Weininger 1903), führen exemplarisch vor Augen, was geschieht, wenn das Band zwischen den Geschlechtern endgültig zerreißt. Schreber (vgl. Nitzschke 1985) ersetzt die unerreichbare Frau, indem er sich selbst in ein Weib verwandelt, in der Hoffnung, so die Welt, die Menschheit erlösen zu können. Als Paranoiker wird er deshalb in einer Irrenanstalt interniert. Weininger (vgl. Nitzschke 1980) beschreitet den entgegengesetzten Weg: Die Welt soll nur aus einem Geschlecht bestehen (in diesem Falle aus dem männlichen Geschlecht). Weininger ist, seinem Selbstverständnis nach, ein Freund der Frauen. Er propagiert deren Emanzipation. Und Emanzipation heißt für ihn: Die Frauen sollen dem Manne gleich werden, die Weiblichkeit, die Natur, das Gefühl überwinden – wie die Männer es, seiner Ansicht nach, schon längst getan haben. Während Schreber die Frau ganz aus der Realität streicht, sie in sich selbst reproduziert (um sie äußerlich nicht mehr zu benötigen), propagiert Weininger die Verdoppelung des eigenen (männlichen) Geschlechts. Beide Strategien laufen auf dasselbe hinaus: Trennung, Differenz, Leiden am Bruch zwischen den Geschlechtern werden halluzinatorisch aufgehoben. «One world» ist endlich auch das utopische Ziel einer gewaltsamen Versöhnung zwischen den Geschlechtern. So wie sich der abendländische Geist den «Fortschritt» in den Kolonien stets nur als eine Angleichung dieser («Entwicklungs»-)Länder an sich selbst vorstellen konnte.

Wie immer ich die Suche nach dem «neuen» Mann auch aufnehme, ich spreche immer wieder von den Frauen. Denn ich weiß nicht, was ein «Mann» sein könnte – ohne Bezug zu einer Frau, ohne Rücksicht auf Phantasien über Frauen, ohne Rückgriff auf Sehnsucht nach einer Frau. Und umgekehrt: Was ist eine «Frau» ohne Bezug zu einem Mann? «Mann» und «Frau» sind Beziehungsbegriffe (vgl. Nitzschke 1988); was damit jenseits einer Beziehung zwischen den Geschlechtern gemeint sein könnte, weiß ich nicht. Daß Männer und Frauen darüber hinaus auch noch getrennt voneinander existieren, in bestimmten Zeiten ihrer Entwicklung sich vom jeweils anderen Geschlecht abgrenzen müssen, um eine eigene Identität als Voraussetzung für eine angstfreie Wiederannäherung an das fremde Geschlecht zu gewinnen, ist selbstverständlich. Es sind wohl diese Zwischenstadien und Zwischenschritte, durch die sich allzuleicht die Vorstellung vom fremden als dem «bösen» Geschlecht fixiert, eine Strategie, die nicht zuletzt den Zweck hat, durch die Aufwertung des eigenen als des «guten» Geschlechts die eigene Identität zu festigen. Ziel einer weitergehenden Reife wäre es allerdings, später ein «Jenseits von Gut und Böse» zwischen den Geschlechtern zu erfahren, wie ja überhaupt die «Liebe» – jedenfalls die *leidenschaftliche* Liebe – erst dort beginnt, wo es Moralität – «Gut» und «Böse» – nicht mehr gibt. Für die leidenschaftliche Liebe gibt es nur eine einzige Form der Unmoralität: Sie aus Angst zu vermeiden, sie *nicht* zu leben, sie allenfalls im Kopf, in der Phantasie zu erleben, sich ihr in der Realität zu verweigern.

Es scheint nicht zuletzt die Angst vor der Leidenschaft – vor der Grenz-Überschreitung – zu sein, die dazu beigetragen hat, das jeweils fremde Geschlecht in zwei Teile zu zerlegen – in den «guten» und in den «bösen» Teil. Bekanntlich waren gerade Männer Meister in dieser Strategie: Mutter und Hure; Ehefrau und Geliebte; eine Frau fürs Gebet und eine fürs Bett. Und einige Jahrhunderte lang haben sich Männer darum bemüht, aus wilden Töchtern sittsame Ehefrauen zu formen. Im Einzelfalle glaubten die Männer auch an ihr Ideal, als sei es

Realität – bis sie ihre Frau endlich im Bett eines anderen Mannes fanden: die «Mutter» als «Hure» in den Armen eines «Betrügers», der doch nur den Selbstbetrug des Gehörnten aufdeckte. Was wären das Theater, die Literatur ärmer, hätte es solche Verleugnungsstrategien nicht gegeben, deren Ergebnisse dann zur Erheiterung (oder Trauer) aller auf der Bühne zur Schau gestellt werden konnten!

Im Wunsch nach dem «neuen» Mann, der dem «alten» Macho gegenübergestellt wird, scheint sich dies nun – gleichsam seiten- oder geschlechterverkehrt – zu wiederholen. Zwar hat noch keine(r) den «neuen» Mann gesehen – es war immer nur eine Frage der Zeit, bis auch der sanfteste Softie seine Mackerallüren nicht länger vertuschen konnte; das hindert aber manche Frauen (und Männer) nicht daran, weiter Ausschau nach dem «neuen» Mann zu halten, der sich, da bin ich sicher, so gewiß als Täuschung entpuppen wird wie das frühere Bild von der «reinen» (nur guten, asexuellen) Mutter. Und schließlich haben die Männer nicht nur ein bestimmtes Bild der Frau idealisiert (ein anderes gleichzeitig dämonisiert); sie haben auch sich selbst idealisiert, ihr eigenes Bild (dem allerdings wiederum in der Regel ein Kontrast-Bild entsprach, das deutliche Züge des Selbsthasses trug). Warum also sollte es den (modernen) Frauen nicht gestattet sein, die gleichen Fehler – meinetwegen für ein paar Jahrhunderte – zu wiederholen? Warum sollte nicht einmal für längere Zeit daran geglaubt werden, die Welt wäre «besser», wäre sie «weiblicher»? Schließlich hat man lange Zeiten hindurch daran geglaubt, die Welt mache Fortschritte, je «männlicher» sie werde. Es dürfte auch im Hinblick auf die Utopie einer «weiblichen» Welt nur eine Frage der *Zeit* sein, bevor sich herausstellt, daß die Gebrechen dieser Welt nicht aus einem Punkte (aus dem Verhältnis der Geschlechter zueinander) kuriert werden können.

Utopien haben den Nachteil, daß sie irgendwann durch die Realität eingeholt werden. Idealisierungen haben den Nachteil, daß sie nur um den Preis der Verleugnung aufrechterhalten werden können. Leicht schlagen sie um ins Gegenteil: in die völlige Entwertung des zuvor idealisierten Objekts. Selbsthaß, Selbstzweifel, Selbstzerfleischung sind dann oft die Folgen einer nicht bewältigbaren Ent-Idealisierung, einer allzu schroffen Konfrontation mit der Wirklichkeit. Es soll entsprechende «Unglücksfälle» auch bei emanzipierten Frauen gegeben haben: Die in der Öffentlichkeit noch immer streitbare Kämpferin gegen den Macho und für eine bessere, weiblichere Welt schleicht dann heimlich ins Bett eines ganz und gar «chauvinistischen» Mannes, um auszuleben und zu erfahren, was ihrem Ideal gemäß eigentlich «verboten» ist – so wie früher der sittsame Ehemann in die Rotlicht-Bezirke schlich, um am anderen Morgen an seine nächtens widerrufenen Ideale bezüglich einer «guten» Ehe nur um so fester zu glauben. Jede Tragödie wiederholt sich als Komödie...

Ich stelle an diesem Punkte meine Suche nach dem «neuen» Mann ein, nicht ohne hinzuzufügen: Es wird ihn nicht geben, es sei denn, es gelänge, das, was am «alten» Mann hassenswert erscheint (und ist), könnte in ein vollständiges Bild, in ein realistisches Bild vom Mann *integriert* werden, fände Eingang in eine *Beziehung*, die löst und erlöst, weil sie nicht verdammen muß. Das Verlangen, das «Böse», in welcher Form immer, aus der Welt zu jagen, hat bisher jedenfalls stets nur dazu geführt, im Namen des «Guten» haßerfüllt und destruktiv auszuleben, was angeblich beseitigt werden sollte. Der Kampf für das «Gute» – geführt in den letzten zweitausend Jahren christlich-abendländischer Kultur von den Männern – hat das «Böse» vielleicht bisweilen von der Oberfläche verschwinden lassen. Unerkannt und hinterrücks konnte es sich deshalb um so besser durchsetzen. Fragt sich also, ob der Kampf für das «Gute», das diesmal mit dem «Weiblichen» identifiziert wird, andere Ergebnisse bringen wird? Ich meine: nein. Aber darüber kann gestritten werden; am besten mit Argumenten, die sich eine Korrektur durch die eigene Lebenspraxis gefallen lassen.

3 Was wäre die Realität ohne Märchen? Was wäre ein Mann ohne eine Frau? Was wäre das Kind ohne den Vater?

Rede ich von einem Märchen, wenn ich davon spreche, das «Böse», wo immer es lokalisiert werden mag, sei nicht zu verdrängen und zu verdammen, sondern zu integrieren und zu erlösen? Warum also sollte ich nicht auch einmal von einem Märchen sprechen? Das Märchen heißt: «La Belle et la Bête» (verfilmt von Cocteau, von einem homosexuellen Mann): Die Schöne und das Tier. Meinetwegen: Die Frau und der Mann (obgleich es auch – ein anderes Märchen ausgewählt – umgekehrt lauten könnte). In diesem Märchen nähert sich die Schöne dem Tier – dem Ungeheuer des fremden Geschlechts; dem verwunschenen Märchen-Prinzen. Das eben ist der Unterschied zwischen dem realistischen Märchen und der unrealistischen Hoffnung auf eine andere Realität: Im Märchen nämlich tritt der Prinz selten zu Beginn als schöne Gestalt auf. In der Regel trägt der Märchen-Prinz zunächst eine häßliche Maske (die Maske des unvertrauten, des unheimlichen, des fremden Geschlechts). Seine Schönheit verbirgt sich im Fell, im Schuppenpanzer eines Ungeheuers (wie zum Beispiel auch die Prinzessin zunächst ein armseliges, unscheinbares Aschenputtel ist). Das fremde Geschlecht trägt das Kleid der Angstphantasien, die jenen beherrschen, der sich aus den vertrauten Gefilden des eigenen Geschlechts auf fremdes Territorium wagt. Das fremde Geschlecht ist erst einmal von Verwünschungen, von einem Fluch, von einem bösen Zauber zu befreien. Und die ängstigende Maske liegt nicht nur über dem, der auf den «Erlöser» (oder auf die «Erlöserin») wartet, sondern auch über jenem *Teil* im Erlöser *selbst*, der das jeweils andere Geschlecht symbolisiert und den es zunächst zu befreien gälte, *bevor* das andere «draußen» befreit werden könnte. Der andere – das bin immer «ich» selbst. Befreie ich den «anderen» Teil in mir selbst, erkenne ich auch den anderen «draußen» mit anderen Augen. Der Prinz im Märchen «La Belle et la Bête» wird zu dem, was er ist, erst, *nachdem* ihn der Blick der Schönen erkannt hat (... und sie erkannte ihn...). Dieser liebende Blick durchdringt die äußere Gestalt des Ungeheuers. Er reicht tiefer, erreicht das Innere, berührt den Körper von innen, befreit, erlöst – und bringt zur Erscheinung, was das verborgene Wesen des Ungeheuers war. Die Maske, die Fesseln fallen, weil der Wunsch nach einer Beziehung, der hinter der Verwünschung, hinter der Isolation, verborgen war, erhört worden ist. Das geschieht im Märchen niemals auf Anhieb. Der für die «Erlösung» Auserwählte (eine Frau, ein Mann) hat in der Regel zahlreiche Prüfungen zu bestehen, zahlreiche Ängste zu überwinden, bevor sich ihm das Geheimnis, die Schönheit des fremden Geschlechts, enthüllt.

Dieses Geheimnis ist aber nur das Spiegelbild des Geheimnisses, das der «Erlöser» in sich selbst trägt – das Geheimnis seiner Angst vor dem jeweils fremden Geschlecht (und vor dem eigenen Begehren danach). Die Prüfungen deuten auf die zahlreichen infantilen Ängste hin, die der zu überwinden hat, der sich nicht nur dem anderen, dem Fremden, sondern auch seiner eigenen Kindheit wieder annähern muß, will er denn eine *emotionale* Beziehung eingehen, die das Glück der Kindheit mitenthalten könnte. Nur, leider, enden die Märchen dort, wo in der Realität das eigentliche Drama erst beginnt: Es gibt keine ewig-friedfertige Symbiose zwischen den Liebenden. Und der Schmerz der Trennung ist nach jeder glücklichen Vereinigung erneut zu betrauern. Davon weiß das Märchen nichts.

Und noch etwas unterscheidet das Märchen von der Realität: Im Märchen gibt es so etwas wie eine verlorene – also auch wiederzufindende Zeit des Glücks. Was aber, wenn es solche Erinnerungen an die eigene Kindheit nicht mehr gibt, weil in ihr kein Glück enthalten war? Am Ende kann auch der «ideale» Partner im Erwachsenenalter den Mangel nicht ersetzen, der in der Kindheit durch fehlende emotionale Beziehungen oder durch ausbeuterisch-parasitäre Bindungsmuster entstanden ist. Es ist das Schicksal jedes «neuen» Mannes, jeder «neuen» Frau, daß sie die Hypotheken alter, längst vergangener Beziehungen zu übernehmen haben, wobei gerade die frühesten Defizite später allenfalls noch zu betrauern, kaum aber aufzufüllen sind. Ich komme zum Schluß auf ein Defizit zu sprechen, das mich auch noch einmal an den Anfang meiner Argumentation, zu den Erinnerungen an '68, zurückbringt.

War die 68er-Revolte tatsächlich der Aufstand gegen die «Väter», gegen die Autoritäten, wie wir damals glaubten? Oder wäre die Revolte – rückblickend – vielleicht doch besser zu verstehen, würden wir sie als einen verzweifelten Versuch interpretieren, «Väter» zu finden, Autoritäten zu akzeptieren? Die vorhandenen Väter, die Repräsentanten einer (deutschen) Vergangenheit, konnten wir sowenig akzeptieren wie diese Vergangenheit selbst. Antiautoritär war der Affekt, der den Protest trug. Dahinter aber verbarg sich die Sehnsucht nach Vätern, mit denen man sich hätte identifizieren können. Kein Fort-Schritt ist möglich ohne Rück-Halt in einer Vergangenheit, mit der man sich identifizieren kann. Was taten wir? Was taten die revoltierenden Studenten? Sie suchten sich «neue» Väter, um sie gegen die «alten», gegen die mit dem Faschismus assoziierten Väter auszutauschen. Die «neuen» Väter waren jüdische Väter: Horkheimer, Adorno, Bloch, Marcuse, Reich, Freud, Marx. So hießen sie. Und sie wurden als Autoritäten – zeitweise nahezu bedingungslos – anerkannt. Ein zitiertes Wort dieser Väter – und der «anti-autoritäre» Diskurs war beendet. Wer zur rechten Zeit ein Marx- oder Freud-Zitat vorweisen konnte, wurde selbst zur Autorität.

Ich meine, daß die Sehnsucht nach dem Vater, der *akzeptiert* werden kann, der zum Aufbau und zur Festigung der Identität beiträgt (individualpsychologisch gesprochen: nicht nur zu der des Jungen, sondern auch zu der des Mädchens), nicht nur im Hintergrund der 68er-Revolte gefunden werden kann (was keineswegs heißt, diese Sehnsucht sei der einzige Grund der Revolte gewesen); ich meine, daß die Sehnsucht nach dem Vater auch einen (oft verborgenen) Grund für die Suche nach dem «neuen» Mann heutzutage abgibt (wenngleich wiederum nicht den einzigen Grund).

Die Bedeutung des Vaters für das Kind (der präödipalen Zeit) liegt zunächst darin, daß er dem Kind (unabhängig von dessen Geschlecht) bei der Ablösung von der Mutter hilft, indem er einen Teil der Liebe, die der Mutter galt, auf sich zieht. Eine Mutter, die ihrerseits den Vater ihres Kindes liebt, wird diese Frühform einer Dreier-Beziehung nicht sabotieren, während eine Mutter, die ihr Kind zur Befriedigung eigener Defizite benötigt, oftmals gerade gegen die Hinwendung des Kindes zum Vater Stellung bezieht. Erfüllt der Vater seine für die Identitätsbildung wichtige Funktion, so ist er eine Art «Halt» für das Kind, das sich immer wieder auch gegen die eigenen regressiven Wünsche, bei der Mutter zu bleiben, in der mütterlichen Symbiose zu verharren, zur Wehr setzen muß. Diese Wünsche werden zudem begleitet von archaischen Ängsten vor der Mutter, die das Kind möglicherweise wieder «verschlingen» könnte. Solche Ängste tauchen noch in jeder intensiveren emotionalen Beziehung zwischen den Geschlechtern wieder auf, da Verschmelzung nicht nur Glück, sondern auch Bedrohung der eigenen Individualität bedeutet. Ist der Vater in der hier angedeuteten Funktion ausgefallen (weil er etwa ganz fehlte, sich emotional verweigerte oder von der Mutter aktiv vom Kind ferngehalten wurde), so können die entsprechenden Ängste unmodifiziert überleben, was dazu führen kann, daß eine spätere Annäherung an das andere Geschlecht – vor allem auch im sexuellen Bereich – nahezu unmöglich wird, weil infantile Abhängigkeitsängste die Hingabefähigkeit bedrohen. Der Vater bietet dem Kind aber nicht nur «Halt», indem er die Bindung zur Mutter auflösen hilft; er lebt dem Kind auch eine weniger angstbesetzte Beziehung zur Mutter vor, indem er sich dieser anders nähert (und sich von ihr wieder trennen kann), als es dem Kind zunächst möglich ist. Das kann er allerdings nur, wenn er bei seiner Frau nicht überwiegend (und ersatzweise) die Mutter sucht; wenn er sich nicht an die Stelle des Kindes setzt, mit diesem um die Liebe der Mutter/Frau konkurriert. Im ödipalen Stadium gewinnt dann der Vater eine neue Bedeutung, die geschlechtsspezifischer gefärbt ist. Für den Jungen wird er (überwiegend) zum Identifikations-, für das Mädchen zum Liebesobjekt. In jedem Falle aber ist der Vater als «Dritter», als der zur Mutter-Kind-

Dyade Hinzukommende, eine wichtige Gestalt, die beispielhaft lehren könnte, daß eine (Zweier-)Beziehung nicht endgültig zerbrechen muß, wenn sie durch einen «Dritten» modifiziert wird. Diese Modifikation aber ist notwendig, soll sich das Kind überhaupt – auf lange Sicht gesehen – von den Eltern lösen können, indem es eine eigene, aus den Beziehungen zur Mutter und zum Vater aufgebaute Identität gewinnt.

Die primäre Sozialisation des Kindes bietet also grundsätzlich emotionale Beziehungen zu *beiden* Geschlechtern an (zur Mutter *und* zum Vater). Niederschläge dieser Beziehungen finden sich im Inneren jedes erwachsenen Menschen und bestimmen – so *oder* so – auch die Beziehungen, die er zu seinem eigenen und zum fremden Geschlecht eingehen kann (oder vermeiden muß). Der Wunsch nach einem «neuen» Mann – wäre das nicht auch die Sehnsucht nach einem «neuen» Vater, dessen *Männlichkeit* nicht als Abschreckung, sondern als Hilfe für die Mutter, für das Kind erlebt werden kann? Aus psychoanalytischer Sicht spricht alles – eben nicht nur die Theorie, sondern vor allem die therapeutische Praxis und die während der Behandlung wieder zutage tretenden Sozialisationserfahrungen – dafür, daß der Mann/Vater für die Identitätsbildung des Kindes (unabhängig von dessen Geschlecht) notwendig ist. Seine Funktion kann er aber nur ausfüllen, wenn er seine Männlichkeit akzeptieren kann – wenn er sich von der Mutter auch in emotionaler Hinsicht *unterscheidet*. Es mag sein, daß ich mit dieser Feststellung manchen «feministischen» Positionen widerspreche. Aber auch *dieser* Unterschied wäre auszuhalten. «Streit» ist nicht immer etwas «Böses». Er trägt auch dazu bei, die Dinge differenzierter zu sehen. Und wo es keine Differenzen gibt, gibt es auch keine Versöhnung.

Literatur

Amendt, G.: Sexfront. (März) o. J.
Duerr, H. P.: Traumzeit. Über die Grenzen zwischen Wildnis und Zivilisation. Frankfurt/M. (Syndikat) 1978
Kamber, P.: Liebe, Schmerz und Tod bei Marguerite Duras. In: «Der Alltag» (Zürich) 1986, 68–76
Merfeld, M.: Die Emanzipation der Frau in der sozialistischen Theorie und Praxis. Reinbek (Rowohlt) 1972
Merian, S.: Der Tod des Märchenprinzen. Frauenroman. Hamburg (Buntbuch) 1980

Nitzschke, B.: Männerängste, Männerwünsche. München (Matthes & Seitz) 1980

Nitzschke, B.: Der eigene und der fremde Körper. Bruchstücke einer psychoanalytischen Gefühls- und Beziehungstheorie. Tübingen (Konkursbuch Verlag) 1985

Nitzschke, B.: Männlichkeit. Versuch einer Definition. In: Ders.: Sexualität und Männlichkeit. Zwischen Symbiosewunsch und Gewalt. Reinbek (Rowohlt) 1988, 73–80

Reich, W.: Die Funktion des Orgasmus. Köln, Berlin (Kiepenheuer & Witsch) 1969

Reich, W.: Der Einbruch der sexuellen Zwangsmoral. Köln, Berlin (Kiepenheuer & Witsch) 1972

Reich, W.: Ausgewählte Schriften – Eine Einführung in die Orgonomie. Köln, Berlin (Kiepenheuer & Witsch) 1976

Reiche, R.: Sexualität und Klassenkampf. Zur Abwehr repressiver Entsublimierung. Frankfurt/M. (Neue Kritik) 1968 (hier zit. n. Taschenbuchausgabe: Frankfurt/M., Fischer 1971)

Schreber, D. P.: Denkwürdigkeiten eines Nervenkranken (1903). Frankfurt, Berlin, Wien (Ullstein) 1973

Süskind, P.: Das Parfüm. Die Geschichte eines Mörders. Zürich (Diogenes) 1985

Treut, M.: Die grausame Frau. Zum Frauenbild bei de Sade und Sacher-Masoch. Basel, Frankfurt/M. (Stroemfeld/Roter Stern) 1984

Ussel, J. van: Sexualunterdrückung. Geschichte der Sexualfeindschaft. Reinbek (Rowohlt) 1970

Weininger, O.: Geschlecht und Charakter. (1903) München (Matthes & Seitz) 1980

8 Sexuelle Machtphantasien bei Männern

Mit einem Exkurs zur (Anti-)Pornographiedebatte vor und nach der 68er-Liberalisierung

Die unter dem Stichwort «PorNO» inszenierte Kampagne, gestartet im Zusammenhang mit einem Buch (Dworkin 1987), dessen deutsche Übersetzung zehn Jahre nach der Originalpublikation erschien, rückte ein Produkt in den Mittelpunkt des Interesses, das normalerweise eher auf verschämten Wegen seine Konsumenten erreicht(e). Mag sein, daß durch die Kampagne die Argumente gegen dieses Produkt eine breite Öffentlichkeit fanden; gleichzeitig gilt dies aber auch für das Produkt selbst, denn seine Gegner veröffentlichten Texte und Bilder – zu dokumentarischen Zwecken, wie sie meinten – und konfrontierten damit auch Menschen mit einschlägigem Material, die solches sonst vielleicht eher meiden.

Herkömmliche Fronten wurden halbwegs verrückt: Männer – allen voran Karasek im *Spiegel* (1988) – zogen sich ein Büßergewand über den gedankenschweren Kopf und verurteilten die Darstellung einschlägiger Masturbationsphantasien. Glückliche Männer, die nie unter derartigen Phantasien litten, vereinigten sich mit selbstquälerischen Geschlechtsgenossen oder auch nur mit heuchlerischen Biedermännern, während Frauen die inszenierte Debatte zunehmend kritisierten (Rutschky 1988; Koch 1988; Gehrke 1988). Ein Jahr nach Karasek konnte die *Spiegel*-Redakteurin Bettina Musall (1988) im selben Magazin gar die Forderung nach einer spezifischen Variante weiblicher Pornographie formulieren. Ein kleiner, aber feiner Unterschied ließ sich allerdings zwischen Karasek, dem Mann, und Musall, der Frau, ausmachen: Sein Artikel war im *Spiegel* namentlich gezeichnet, ihrer nicht. Männer und Frauen unterliegen offenbar noch immer unterschiedlichen Gesetzen.

Während konservative Geister der von einem bestimmten – nicht unbedingt repräsentativen, in jedem Falle aber besonders lautstarken – Teil der feministischen Bewegung formulierten Anklage leicht zustimmen können, sitzen «die» Linken als vermeintliche Befürworter der Pornographie auf der Anklagebank: «Die neue Porno-Industrie ist eine linke Industrie; gefördert besonders von den Jungs der sechziger Jahre» (Dworkin 1987, 250). Offenbar veröffentlichen sie Texte und Bilder, die Anstoß erregen, aber auch, nach allem, was wir aufgrund empirischer Untersuchungen wissen (Schmidt 1975; Schmidt, Sigusch 1969, 1970; Schmidt et al. 1973; Sigusch et al. 1970), sexuelle Erregung (nicht nur bei Männern, sondern auch bei einem nicht unerheblichen Teil der Frauen) befördern. Feministische Frauen, vornehmlich aus der sadomasochistischen Lesben-Szene (Califia 1980, 1981, 1983), fühlen sich von der «PorNO»-Kampagne bevormundet und stellen sich freiwillig an den Pranger, an einen Platz, den manche Männer (wie Karasek) so intensiv wie möglich zu meiden suchen, an dem sie nur den armen «Wichser», nicht aber sich selbst vermuten.

Die inszenierte Kampagne fiel in eine Zeit des allgemeinen Ressentiments. Die Wende auf politischem und sozialpolitischem Feld wurde nun endlich auch durch eine sexualpolitische Trendwende ergänzt. Bei einer Umfrage – für Nordrhein-Westfalen repräsentativ – bejahte als uneingeschränkt (25 %) bzw. als teilweise richtig (29 %) mehr als die Hälfte der Befragten das folgende Statement: «Die AIDS-Gefahr hat auch ein Gutes, nämlich, daß das freie Sexualleben vieler Leute ein Ende hat» (vgl. *Frankfurter Rundschau*, 17. 5. 1988). Das Virus erreicht also auch etwas «Gutes», und im Zusammenhang mit der Angst, die es verbreitet, sind neue Disziplinierungsstrategien zu beobachten, die doch in vieler Hinsicht nur auf die verstaubten Argumente von vorgestern zurückgreifen. Erinnern wir uns:

Die Liberalisierung der Gesetzgebung in den USA (und daran anschließend in der BRD) folgte den Vorschlägen der «Kommission für Obszönität und Pornographie» des amerikanischen Kongresses. Eine deutsche Teilübersetzung dieses Reports erschien in der seinerzeit von mir betreuten Reihe «rororo-sexologie». Unter Hinweis auf wissenschaftliche Ergebnisse war damals für eine beschränkte Freigabe der Pornographie plädiert worden. Der unter der Regierung Reagan angefertigte «Meese-Report» (1986) fordert hingegen die Rücknahme der Liberalisierung, da inzwischen von einer Schädlichkeit der Pornographie auszugehen sei. Allerdings hat Lautmann (1988) gezeigt, daß der Streit – Stimulationshypothese (Pornographie als Handlungsanreiz für sozial schädliches Verhalten) versus Katharsishypothese (Pornographie als nützliches Ventil, das größere Schäden verhindern könne) – wissenschaftlich bisher nicht entschieden ist und im Sinne einer einfachen Gegenüberstellung (ohne Berücksichtigung weiterer Faktoren) wohl auch nie zu entscheiden sein wird.

Anhänger wie Gegner der Pornographie können sich daher wohl auch immer nur ausschnittweise auf wissenschaftliche Ergebnisse berufen, während der Verlauf der Debatte zeigt, daß es wesentlich die eigenen Affekte sind, die die jeweilige Position unterfüttern. Heiliger Zorn und missionarischer Eifer sprechen aus Dworkins Buch allenthalben und ersetzen auf weiten Strecken die rationale Argumentation. Zwecks Studiums des Pornographisch-Abartigen hatte sich diese Autorin in «extreme Isolation» (1987, 15) begeben. Dieser Zustand gipfelte in «allgemeinem Menschenhaß» (1987, 18) und in paranoiden Reaktionen, die die Autorin selbst offen beschreibt. Zeitweise erkannte sie in jedem länglichen Gebrauchsgegenstand eine gegen das weibliche Geschlecht gerichtete penisartige Waffe. Die Darlegungen der Autorin zeigen, daß der Konsum pornographischen Materials unter besonderen Umständen offenbar ein allgemein sexualisiertes Weltbild stimuliert – oder auch nur die eigenen Obsessionen, in diesem Falle paranoid gefärbt, offen zum Ausdruck bringt. Die Realitätswahrnehmung Dworkins vergleicht man wohl am besten mit der Otto Weiningers (1903). Seinerzeit hatte Weininger die Abschaffung der Geschlechtlichkeit überhaupt propagiert, da er sich offenbar nur auf diesem Wege vor den immer geilen Weibern (seiner Phantasie) zu retten vermochte. Bei Dworkin übernehmen die Männer die Funktion, die bei Weininger die Frauen hatten; und – wie man von Dworkins neueren Thesen hört – inzwischen wird von ihr zumindest die Abschaffung des heterosexuellen Koitus gefordert, eine These, die hierzulande bereits Schwarzer in den 70er Jahren formuliert hatte. Damals ging es um die Abschaffung des «Schwanzfickens», wie es im sexistischen Jargon Schwarzers hieß (vgl. Nitzschke 1988 a).

Kennzeichen der «PorNo»-Agitation – im Sinne Dworkins, Schwarzers und ihrer Anhängerinnen – ist eine bewußte Entdifferenzierung des angegriffenen Gegenstandes. Dworkin beispielsweise nennt de Sade und Bataille in einem Atemzug mit Billigprodukten des (legalen und illegalen) amerikanischen Porno-Marktes. Und implizit beantwortet sich auch die einst von Simone de Beauvoir *verneinte* Frage neu: «Soll man de Sade verbrennen?» (Beauvoir 1964). Ginge es nach Dworkin, wäre de Sade als schlichter Pornograph einzustufen und entsprechend zu behandeln.

Noch undifferenzierter – im Sinne der Propaganda allerdings geschickt – werden die einschlägigen Thesen in einem Sonderband (1988) der Zeitschrift *Emma* zur «PorNO»-Debatte formuliert. Die bekannten Muster der politischen Propaganda – Entdifferenzierung des Gegenstandes, Emotionalisierung, Vermittlung der Botschaft – treiben Sumpfblüten hervor, die dann für einfältige Gemüter zu einem Strauß der vermeintlich guten Argumente zusammengebunden werden.

So suggeriert beispielsweise bereits der Einleitungsbeitrag zum erwähnten Sonderband einen Zusammenhang zwischen dem «Gesamtwerk von Henry Miller», «Pornomagazinen» und «Folterungen in Südamerika». Nach diesen einstimmenden Darlegungen wird ein Sexualmörder erwähnt, der eine Frau zu Handlungen gezwungen habe, die er aus Porno-Videos kannte, bevor er sie umbrachte. Es wird nicht versäumt, u. a. auch die frühere Zugehörigkeit dieses Täters zur Westberliner SEW zu erwähnen. Auch die Nationalsozialisten versäumten es in analogen Fällen früher nie, die politische oder konfessionelle Zugehörigkeit eines Sexualstraftäters zu benennen (vorausgesetzt, er gehörte dem gegnerischen Lager an). Und wenn im Sonderband von *Emma* Teresa Orlowski – Modell und Herausgeberin einschlägiger Porno-Produkte – ausdrücklich als «Polin» apostrophiert wird, die es von der Sozialhilfeempfängerin zur reichen Frau gebracht habe, so wird unterschwellig an die niedrigsten Instinkte der Adressaten appelliert – in einem Land, dessen aufrichtige Bürger in den «Polen» früher Untermenschen sahen und heute in ihnen eher unerwünschte Asylanten sehen, die auf Kosten des Steuerzahlers von der Sozialhilfe leben.

Hatte die Springer-Presse es seinerzeit nie versäumt, das Thema «Frauen im Kommunebett» (Zitat aus dem *Emma*-Sonderband) zwecks Diffamierung der politischen Intentionen der 68er groß herauszustellen, so greift auch der Sonderband dieses Thema in bewährter Springer-Manier auf, um die These zu belegen, die schlimmsten Pornographen fänden sich im linken Lager. Dort, in den «WGs», so heißt es weiter, finde auch der Pornograph Bukowski seine begeistertsten Leser. Die Infamie des Textes, der als Einleitungsbeitrag namentlich nicht gezeichnet ist, wohl aber aus Schwarzers Feder stammt, gipfelt in der

Aussage über die «neuen» Männer, die im Kontext unschwer als die Männer von 68 ff auszumachen sind. Über sie heißt es: «Ihnen genügt es nicht mehr, uns mit Netzstrümpfen, Dekolleté und Häschenohren darzustellen. Sie fesseln uns. Foltern uns. Ermorden uns.»

«Wir», die Opfer und deren Verteidiger, sind auf der einen Seite; auf der anderen Seite sind die Täter, die Mörder. Hier das «Gute», dort das «Böse». Das platteste und plumpeste Realitätsmodell, das zu allen Zeiten die in letzter Konsequenz stets verheerende Verfolgermentalität gestützt hat, ist die Plattform, von der aus die Welt manichäisch wahrzunehmen ist. Wie heruntergekommen die intellektuelle Analyse ist – vergleicht man sie mit den Debatten um 68 –, zeigt auch der Verweis auf die Diskussion bei den «Grünen» (in der BRD), die sich ernsthaft stritten, ob denn Vergewaltiger nicht *mindestens* soundsoviele Jahre ins Gefängnis zu sperren seien. Obgleich jedermann weiß, daß Strafandrohungen die Verbrechenswahrscheinlichkeit nicht reduzieren (vgl. die Debatte um die Todesstrafe), und daß im Gefängnis niemand resozialisiert wird, trat eine feministisch inspirierte Gruppe bei den «Grünen» auf, die in bester «bayrischer» Manier den Vergeltungs- und Rachegedanken über jeden wirklichen Gedanken zu setzen verstand. Das Stichwort vom «Wertkonservativismus» stiftet in diesem und in anderen Zusammenhängen manch unheimliche Bündnisse.

Das Ressentiment hat den Affekt und die Gaffer immer auf seiner Seite, während der differenzierte Gedanke, der das «Böse» nicht nur im anderen, sondern auch in der eigenen Brust voraussetzt, es schwer hat, sich Gehör zu verschaffen. Die Mentalität jener, die das «Böse» stets außerhalb von sich selbst verfolgen, legt es nahe, denjenigen, der Verständnis auch für das «Böse», das Abartige, das Opfer *im* Täter zu bedenken gibt, zu diffamieren und möglichst rasch zum Schweigen zu bringen. Wenn die gerechte Seele kocht, kommen manche trübe Blasen an die Oberfläche – und vielleicht hat die Debatte auch diesbezüglich etwas Befreiendes. Sie zeigt nämlich, daß die Dinge nicht so einfach sind, wie sie aufgrund eines manichäischen Weltbildes zu sein hätten.

Wer allerdings den Bogen von der Mode bis zum Mord, von Henry Miller bis zur Folter in Südamerika spannt, sollte in einem Lande besonders vorsichtig sein, das in Hinsicht auf diffamierende Propaganda und Zensur über eine reiche, in Hinsicht auf politische Kultur und Toleranz jedoch über eine arme Vergangenheit verfügt; und wer gegen die Gewalt der Pornographie-Produktion antritt, die ich nicht grundsätzlich bestreiten will, sollte sich zumindest gelegentlich fragen, woher die

Bilder der Gewalt kommen und wie die *Bedingungen* aussehen, die schaffen, was in den Bildern zum Ausdruck kommt. Ein Bilderverbot hat noch nie die Wirklichkeit abschaffen können, die in den Bildern nur dargestellt wird. Die Zensur verbietet den Blick auf die Realität, aber beseitigt nicht diese selbst.

Folter, Totschlag, Mord – allabendlich geraten solche Bilder televisionär in die Stube von Biedermann und Biederfrau. Offenbar bedarf der «gute» Bürger solcher Stimulation (oder Katharsis?), jedenfalls reagiert er aufgeregt, wenn ihm derartige Bilder vorenthalten werden sollen. Als unlängst in der Schweiz die Absetzung des pornographischen Produkts «Aktenzeichen XY» geplant war, erhob sich ein Sturm der Entrüstung. Der Vorschlag einer möglichen Absetzung dieser Serie, in der ein selbstgerechter Moderator dem Bürger mit der Gewalt zugleich die Gewißheit ins Haus liefert, daß das «Böse» sich stets außerhalb der «guten» Stube befindet und erfolgreich nur im Gefängnis zu kasernieren ist, stieß auf heftigen Widerstand.

Man sollte sich bei all dem daran erinnern, daß die «Würde» des Menschen nicht nur ein schützenswertes Gut ist, sondern daß es auch Bedingungen gibt, durch die die Würde einzelner so sehr mit Füßen getreten wird, daß einzelne am Ende die Gewalt, der sie unterworfen waren, an anderen austoben, weil sie nicht verstehen, mit ihrem Leiden anders umzugehen, als es an andere zu delegieren. Vielleicht wäre dies auch ein Weg, den anti-pornographischen Affekt und die Gewalt, mit der er im Einzelfalle zutage tritt, zu verstehen.

Dennoch: Die zu verteidigende Würde wurde sehr häufig sehr einseitig verteidigt.[1] Das Bild, das das «Böse» offen anspricht, oder der Tä-

---

1 Es gibt vielerlei Formen der «Würde», die bei bestehender Zensur zu verteidigen sind. Ein Beispiel aus den frühen 60er Jahren: Damals nahm die «Freiwillige Selbstkontrolle der deutschen Filmwirtschaft» etwa Anstoß an der folgenden Dialogsequenz aus dem Film «Die Eingeschlossenen von Altona»:
«Glaubst du, ich schätze, wonach Vater strebt? Und ich bewunderte Flick, Krupp und Vater? Jedesmal wenn ich einen Mercedes-Benz sehe, rieche ich den Gestank eines Gasofens.»
Im Schreiben an den Filmverleih wurde die «Würde» der Angesprochenen u. a. mit dem Hinweis verteidigt, es habe «nichts mit der ‹Bewältigung der Vergangenheit› zu tun, einzelne Namen hervorzuholen und zu diffamieren». Erläuternd hieß es weiter: «Mit einem Namen wie Mercedes-Benz grauenhafte Erinnerungen an Gasöfen heraufzubeschwören, sei ebenso diffamierend wie tendenziös entstellend.» Hinzu komme, «daß diese Textpassage sich nicht abhebe vom ostzonalen Jargon kommunistischer Hetzparolen, die etwa zum Ausdruck brächten, solche und ähnliche Namen, die sich am Weltkrieg schuldig gemacht hätten, säßen heute wieder in

ter, der es ohne moralische Legitimation offen agiert, waren stets nur ein Teil der Wirklichkeit – und vermutlich hat der Terror im Namen des «Guten», im Namen der Tugend und im Namen der Durchsetzung höherer Werte im Verlaufe der Geschichte der Menschheit weit mehr Opfer gekostet als das schlechthin «Böse», das sich in gemeiner Weise zu erkennen gab.

Ist es ein Zufall, wenn gerade auch totalitäre Regime – vor allem die Hitlers und Stalins – zu den erbittertsten Feinden des Abartigen – insbesondere der Pornographie – gehörten? Erinnern wir uns noch einmal an die Zeit vor «tausend» Jahren. Die Würde der deutschen Frau war damals vorgeblich geschützt, denn die «Sittlichkeitsverbrecher» saßen in den KZs, bekamen, was sie verdienten. Damals hieß es etwa über Pornographie: «Die nat.-soz. Regierung hat in Erfüllung von Punkt 23 des Parteiprogramms schon in den ersten Tagen des Umbruchs (wie damals die «Wende» genannt wurde – B. N.) einen entschiedenen Kampf gegen die P. in jeder Form aufgenommen und bes. den überwiegend in jüd. Händen gelegenen Handel mit P. restlos beseitigt» (Meyer's Lexikon, 8. Aufl., 1940).

An derselben Stelle ist auch vom «geistigen Kampf des nat.-soz. Schrifttums für die Reinerhaltung von Literatur und Kunst» die Rede. Wie sich die Formulierungen doch manchmal gleichen können. Damals lag die Pornographie angeblich «überwiegend in jüd. Händen». Heute – so Schwarzer in einem Interview mit Claus Leggewie (*Frankfurter Rundschau*, 24. 9. 1988) – liegt sie «vorwiegend» in der Hand der Linken. Auf die Frage, ob sie Pornographie und Linke in einem Waschgang zu säubern versuche, antwortete Schwarzer: «Da müssen wir uns zunächst darauf einigen, was Pornographie ist. Unsere Definition lautet: Pornographie ist die sexualisierte, erniedrigende ... Darstellung von Frauen vorwiegend aus sogenannten progressiven Kreisen.»

Das ist kein unfreiwilliges Selbstbekenntnis (oder doch?); das ist zunächst nur eine schlampige Sprache. Gemeint sind ja nicht die Frauen «vorwiegend aus sogenannten progressiven Kreisen», die lustvoll vor der Porno-Kamera posierten, sondern ebenjene Kreise, die Frauen aus sozial eher schwachen Kreisen als Porno-Modelle abbilden oder lüstern betrachten. Den Einwand, sie identifiziere die Linke generell mit

höchsten und einflußreichsten Positionen Westdeutschlands, führen Wohlstandswagen und seien dieselben, die in der Nazizeit Menschen umgebracht hätten» (zit. n. Hack 1964, 85).

Pornographie, pariert Schwarzer mit dem Hinweis, «die gesamte traditionalistische Linke» sei im Anti-Pornokampf auf ihrer Seite. Gemeint ist vornehmlich die DKP. Deren real existierende Vorbilder sorg(t)en im anderen Teil Deutschlands für Sauberkeit. Und auch sie wissen, daß der Schmutz immer dort ist, wo sie selbst nicht sind. So hieß es in einem einschlägigen DDR-Lexikon über Pornographie etwa: «Im Imperialismus ist die P. Teil der bürgerlichen Schund- und Schmutzliteratur und der kommerziell bestimmten Manipulierung der Masse durch das Monopolkapital. Oft wird P. unter der Maske der sexuellen Aufklärung verbreitet... Den Kampf gegen die P. führen in den imperialistischen Ländern die Vertreter des sozialistischen Realismus gemeinsam mit fortschrittlichen Publizisten und einer demokratischen Öffentlichkeit. In den sozialistischen Ländern verbietet die Gesetzgebung die Produktion und Verbreitung von P.» (Meyer's Lexikon, DDR-Verlag, 1975)

Schwarzer kann sich also auf den sozialistischen Realismus berufen, wenn sie für die Reinerhaltung von Literatur und Kunst oder auch nur der Porno-Läden eintritt. Den Realismus des Elends, den die Pornographie auf ihre Weise illusionär verbrämt, beseitigen allerdings weder der Pornograph noch der Anti-Pornograph. Sie treffen sich nur im Wunsch, an die Stelle einer leidvollen eine «heile» Welt zu gaukeln, wenn dieser Wunsch auch jeweils unterschiedlich verwirklicht werden soll.

Was Schwarzer selbst anbelangt, so wechselt sie die Argumentation je nach Zielpublikum. Im Sonderband ist die Pornographie – wie aufgezeigt – allgegenwärtig; sie beginnt bei der Mode und endet beim Mord (wie der Ehebruch einst begann, wenn ein Mann eine Frau nur begehrlich ansah). Auf die Frage nach einem möglichen Pornographie-Verbot im bereits zitierten Interview mit Claus Leggewie antwortete Schwarzer, das linksliberale Publikum der *Frankfurter Rundschau* im Auge: «Wir fordern keineswegs das Verbot der Pornographie – wo fängt das an, wo hört das auf, da müßte man ja die halbe Welt verbieten... Wir wollen nur die ‹Spitze des Eisbergs›, die Gewaltpornographie nämlich, verbieten, die Gewalt, Folterung und Ermordung als lustvoll propagiert...»

Das klingt, als wolle sie nur verbieten lassen, was ohnehin nach geltendem Recht verboten ist, wie Gertrud Koch (1988) kritisch kommentierte. Doch im Sonderband der Zeitschrift *Emma*, der Artikel bringt, die zuvor für das *Emma*-Publikum geschrieben waren, lautet die Forderung ganz anders. Im Kommentar zum vorgeschlagenen Gesetzestext polemisiert Schwarzer zunächst gegen die Faltblatt-Modelle aus *Playboy*, um sodann zu schließen: «... ist doch der Hart-Porno nur die logische Konsequenz aus dem Weich-Porno. Die Grenzen sind fließend, beides wird aus einer Quelle gespeist: aus der der Verachtung von Frauen. Der Unterschied ist nur ein Unterschied in Graden, nicht in der Sache.»

Die Argumente wechseln; da der Unterschied nur dem Grad nach besteht, wird keineswegs nur ein Verbot der oben qualifizierten «halben Welt» gefordert. Zudem wird exegetisch generell auf die «Würde» der Frau verwiesen, die es zu schützen gelte.[1] Was ist «Würde»? Was ist «Gewalt»? – Mit der «Würde» der Frau argumentierten in den 50er und 60er Jahren bereits jene, die den *Playboy* oder Werke Henry Millers indizieren ließen. Und «Gewalt» kann man – bei genügender Ausdehnung des Begriffs – in jedem, nicht nur im pornographischen Produkt erkennen, das die Menschen unter der Bedingung der herrschenden Warenproduktion herstellen.

Mag sich Schwarzer im Einzelfalle opportunistisch verhalten und differenzierter argumentieren – wenn sie zu ihrem eigentlichen Zielpublikum spricht, so entdifferenziert sie bewußt. Und ihre Botschaften kommen dann auch an, setzen sich in einschlägige Aktionen um, die

1 Wie bekannt, schlägt Schwarzer ein zivilrechtliches Verfahren vor, demzufolge sich jede Frau, die sich durch den Anblick einer pornographischen Vorlage in ihrer «Würde» beleidigt fühlt, bei einem Gericht Beistand verschaffen kann, um sich den Schaden, mit Hilfe einer Art Schmerzensgeld womöglich, entgelten zu lassen. Im Grund wäre damit Pornographie nicht verboten; es ließen sich nur im Einzelfalle abhängig von der Willkür potentiell Geschädigter und berufener Richter – Schadenersatzansprüche stellen. Nach § 5 des von Schwarzer vorgeschlagenen Gesetzentwurfs ließen sich solche Ansprüche gegen jeden anmelden, der Frauen «vorsätzlich oder fahrlässig» mit derartigem Material konfrontiert, also nicht nur gegen den Porno-Produzenten, sondern auch gegen einen Mann – *oder eine Frau* – der (oder die) pornographisches Material achtlos liegenläßt. Um ein krasses Beispiel zu wählen: Eltern, die Porno-Videos nicht im Panzerschrank einschließen, könnten zwar nicht von ihren Söhnen (denn Männer sind vom Gesetzentwurf ausgeschlossen), wohl aber von ihren Töchtern, die das Material entdecken, auf die Anklagebank gesetzt werden. – Nebenbei bemerkt: Der Gesetzesgedanke entsprang nicht Schwarzers eigenem Nachdenken, ist vielmehr – wie die gesamte «PorNO»-Kampagne – aus den USA importiert. Dort gibt es beispielsweise, laut Haeberle (1986, 42), in einzelnen Städten bereits derartige Initiativen: «So trat etwa in Indianapolis am 1. Mai 1984 eine entsprechende städtische Verordnung in Kraft. Jede Frau, die sich geschädigt fühlt, kann nun innerhalb der Stadt eine Zivilklage wegen Benachteiligung anstrengen.»

bisweilen offene Kunstfeindschaft beinhalten. So erregte beispielsweise in Hamburg ein Theaterplakat feministischen Anstoß, das einen kleinen, kümmerlichen Mann vor einer riesenhaften, nackten Frau zeigte (entworfen von Helnwein). Oder – um ein zweites Beispiel zu nennen – das offizielle Plakat des «steirischen herbstes '88» präsentierte u. a. ein barbusiges, gezeichnetes Strich-Mädchen. Immer wieder tauchten dann auf den Brüsten dieses harmlosen Strich-Mädchens die bekannten «PorNO»-Plaketten aus dem Hause Schwarzer auf. Berechtigte Kritik schlägt schneller, als vielleicht bedacht, in Kreuzzugsmentalität um. Daß Schwarzer sich in manchen Diskussionen zurückhaltender äußert, mag allerdings nicht nur mit dem jeweiligen Zielpublikum zu tun haben, sondern auch mit der Erinnerung an *Emma*-Hefte, die Anfang der 80er Jahre, also vor der «PorNO»-Kampagne, veröffentlicht worden sind. Da kaum einer sich an deren Inhalt im Zusammenhang mit der «PorNO»-Kampagne noch erinnerte, seien hier einige kurze Hinweise gegeben. Ich zitiere im folgenden aus einem *Emma*-Sonderband des Jahres 1982/83, der damals das Thema «Sexualität» abhandelte.

Da las man aus der Feder einer Feministin: «Ich stöbere gern in Pornoshops und bedauere es sehr, daß es so wenig für Frauen gibt. Das ist eine Marktlücke!!!» Ein Mann, der heute in der öffentlichen Debatte bekunden würde, «gerne» in Pornoshops zu stöbern, wäre wohl gleich disqualifiziert. Aber man las seinerzeit im Sonderband (1982/83) auch noch wesentlich härtere, pornographische Phantasien aus weiblichem Kopf. Etwa die folgende, die sich im Beitrag einer anonym bleibenden Lesbierin findet, die eine potentielle Gespielin auffordert, ihr doch einmal ein «Höschen» mit «Votzenschlamm» zuzusenden, und zu diesem Zweck die Adressatin mit allerlei Erinnertem und Phantasiertem konfrontiert: «Jetzt stell Dir bitte mal vor, wie voll eine Badewanne wird, wenn mehr als ein Dutzend Weiber sich so richtig ausschiffen. Dann, das mußten die vorher abgesprochen haben, schnappten sie sich die Kleinste und legten sie ganz sacht in die Pisse, drehten sie noch zwei oder drei mal rum, hatten nun alle Pisse an den Händen, wuschen sie sich, die Kleine in der Pisse heulte wie verrückt, kroch raus, drehte die Brause an, bat eine andere, ihr ihre Sachen zu bringen, trocknete sich ab, war nicht zu beruhigen, schob heulend ab, Richtung eigene Heimat.»

Diejenigen, die *heute* an Theater- oder Kongreßplakate «PorNO»-

Plaketten kleben, sollten zunächst einmal ältere *Emma*-Hefte zur Hand nehmen, um dort die einschlägigen Seiten entsprechend zu markieren. Der Sonderband (1982/83) verwies u. a. auch auf die Propagandistin der sadomasoschistischen Lesbierinnen-Pornographie, also auf Pat Califia. Dazu hieß es einleitend: «Das Interessante an der gesamten Debatte um Sado-Masochismus scheint die Grenzüberschreitung: Frauen wagen es, die Frage nach lustvoller Gewalt zu stellen und gehen so über die neue drohende Beschränkung auf ‹Nur-Zärtlichkeit› hinaus.»

Frauen, die *heute*, wie etwa Cora Stephan, auch nur die lustvolle, von Gewalt niemals völlig freie sexuelle Begegnung einer Frau mit einem Mann positiv würdigen, werden inzwischen von Schwarzer als Verräterinnen, als von Männern «kolonialisierte» Frauen diffamiert (vgl. zur Kritik an dieser These Schwarzers: Rutschky 1988). Damals bestand die Bedrohung in der «Nur-Zärtlichkeit»; heute besteht sie, wenn Frauen es wagen, sich gegen den Anspruch aufzulehnen, die Propagandistin der würdevollen Sexualität spreche im Namen *aller* Frauen.

Der Hinweis auf den früheren *Emma*-Sonderband zeigt zumindest dies: Schwarzer hatte bereits einmal versucht, das Thema Pornographie zu vermarkten. Dieser Versuch, Pornographie – besonders in ihrer sadomasochistischen (lesbischen) Variante – an die Frau zu bringen, war jedoch nicht verkaufsfördernd und auflagensteigernd ausgefallen. Das überrascht auch nicht, da die Konsumenten einschlägiger Produkte («Wichsvorlagen», wie es heute in der *Emma* wieder heißt) ihre Bedürfnisse anders als aus zweiter Hand zu befriedigen verstehen. Sie verschaffen sich lieber das Original als den Zweitaufguß und müssen zum Kauf auch nicht erst stimuliert werden. Die anderen aber, die solche Produkte meiden (jedenfalls nicht gewohnheitsmäßig konsumieren), lassen sich durch positiv gefärbte Propaganda nicht einfach zum Kauf überreden. Fängt man sie hingegen mit Hilfe des anti-pornographischen Affekts ein, bietet man also Pornographie *zugleich* mit einer Verurteilung der Pornographie an, so können sie schadlos zugreifen, denn ihr Überich ist und bleibt bestechlich. Sie befinden sich dann in der Position des Biedermannes, der das Mörderische als «XY» bei sich selbst vergeblich sucht, während es im anderen personifiziert einen doppelten Genuß bereitet: Er kann es gleichzeitig konsumieren *und* verurteilen, ein Vorzug, den auch alle Porno-Jäger genießen. Liefert man die Verurteilung frei Haus immer schon mit, so können endlich auch jene zugreifen, die bei der Beschäftigung mit dem «Schmutz» ihre sauberen Hände in Unschuld zu waschen verstehen. Man kehrt so bereitwillig unter den eigenen Teppich, was man – lüstern und empört zugleich – unter fremden Teppichen wieder hervorzuzaubern versteht. Vielleicht ergeht es aber dem Porno-Jäger wie dem Hasen im Märchen mit dem Igel: Er glaubt zu jagen und hetzt sich doch nur selbst zu Tode, weil seine Wahrnehmung zu undifferenziert ist, um die Realität noch zu erkennen.

Undifferenziert in fast jeder Hinsicht ist auch der Blick, den Dworkin (1987) auf das von ihr so und nicht anders wahrgenommene pornographische Universum wirft. Es ist zwar richtig, wenn sie den Begriff «Pornographie» vom griechischen Wortsinn (graphein = schreiben; porne = Hure; Pornographie = Schriften von oder über Huren) ableitet, doch es bleibt unzulässig, unseren heutigen pornographischen Blick auf die Antike zurückzuwerfen, um dann etwa, wie im *Spiegel* (44/ 1988) geschehen, ein antikes Vasenbild als pornographisches Produkt zu etikettieren.

Die Moderne und die Antike, das sind zwei verschiedene Welten. Damals trug eine Göttin – Aphrodite [1] – den Beinamen Porne. Die Praktizierung und Darstellung des Sexuellen war in einen kultisch-rituellen (zunächst vor allem auch in einen religiösen) Kontext integriert. Der Sinn des modernen Begriffs Pornographie bezieht sich hingegen auf das Schicksal eines Sexus, der mehr und mehr aus sozialen und emotionalen Bezügen ausgegliedert worden ist (vgl. Nitzschke 1988 b). In *diesem* Sinne ist das Zeitalter der Aufklärung (in dem, soweit mir bekannt ist, Restif de la Bretonne erstmals den Begriff «Pornographie»

---

1 Dworkin (1987, 143) hat die griechische Mythologie auf frauenfeindliche Elemente hin untersucht. So stieß sie etwa auf die Tatsache, derzufolge Pegasus – das Symbol der Dichtkunst – dem entleibten Körper einer Frau (Medusa) entsprang. Das dient ihr zum Argument, auch gegen leibhaftige Dichter anzutreten, etwa gegen Bataille. – Die griechischen Götter wissen allerdings mehr als Dworkin. So kennen sie auch sehr männerfeindliche Geschichten, zum Beispiel die von der Entmannung des Uranos. Aus dem Blut, das der Kastration entsprang, entstanden zum Beispiel die drei Erinnyen (entstand also die Gestalt der «Großen Mutter», deren Ebenbild die drei Erinnyen sind). Und aus dem Schaum, der sich um die abgeschlagenen Genitalien des Uranos bildete, wurde die Liebesgöttin Aphrodite geboren. Die Liebe – eine Folge der Kastration des Mannes? Und Eros, der Sohn, den Aphrodite mit dem Kriegsgott Ares zeugte, ein Beispiel dafür, daß Erotik nur das Ergebnis einer Paarung zwischen Liebe und Krieg, zwischen Libido und Destruktion sein kann? – Fürwahr, die Mythologie denkt dialektisch, während Dworkin alles wieder über ihren einfältigen, «feministisch» genannten Leisten schlägt.

in einem Romantitel verwendet) – zugleich das Zeitalter der modernen Pornographie, wie es auch das Zeitalter ist, das den pornographischen Roman im Kampf gegen die Zensur, gegen klerikale und staatliche Willkür und gegen moralische Heuchelei benutzt. Der bekannteste und konsequenteste «Pornograph» dieses Zeitalters – das im Zuge einer Revolutionierung der Kupferstichtechnik auch von einschlägigen Bildern überschwemmt wird – ist de Sade. Gerade seine Schriften liest Dworkin nur mit blauen Augen, das heißt mit den Augen einer Unschuld, die dann in Empörung umschlägt. Sie erkennt in den Schilderungen de Sades sozusagen Handlungsanweisungen. Die philosophische Kritik de Sades, der den desintegrierten, von jedem Gefühl abgetrennten Sexus nackt zeigt, bleibt ihr verborgen. So erkennt Dworkin im Räderwerk der Lust, das de Sade als kritische Karikatur des Räderwerks der Fabrik entwirft, nichts anderes als affirmatives Bekenntnis zur Inhumanität der sich entwickelnden bürgerlichen Gesellschaft und industriellen Arbeitswelt. Das ist – zumindest – eine äußerst dürftige Analyse, eine von intellektueller Anstrengung wenig geprägte Interpretation der literarisch-philosophischen Werke de Sades. Und man sollte vielleicht als Hinweis hinzusetzen: In den Zeiten des Terrors war de Sade einer der wenigen, die – bei Gefährdung der eigenen Freiheit und des eigenen Lebens – dem Reiz der Guillotine widerstanden. De Sade war ein Gegner der Todesstrafe. Er, der das Laster sozusagen «propagiert» hatte, erhob Einspruch gegen den Terror im Namen der Tugend, der Vernunft und des Fortschritts. Vielleicht ist das auch ein Hinweis darauf, daß jene, die sich eine eigene pornographische Phantasie gestatten, nicht in jedem Fall auch jene sein *müssen*, die zum blutigen Schwert greifen, um ihrem Sadismus in «tugendhafter» Gestalt Ausdruck zu verleihen.

Obgleich in dem von mir genannten Sinne das Zeitalter der Aufklärung, recht verstanden, auch als ein Zeitalter der Pornographie apostrophiert werden kann, wird der Begriff *Pornographie* erst am Ende des 19. Jahrhunderts allgemein üblich. Er wird als ein diffamierender Kampfbegriff eingeführt (Meyer's Lexikon: erstmals 1890, 3. Aufl.; Brockhaus: erstmals 1895, 14. Aufl.); und er beinhaltet die offizielle Moral des Bürgertums, die in der Pornographie den Schmutz nicht mehr erkennt, den die bürgerliche Gesellschaft allenthalben selbst produziert, ihn aber nur bei den «anderen» oder jenen, die ihn abbilden, denunziert und verfolgt. Vermutlich verlangt die Sprache am Ende des 19. Jahrhunderts einen Begriff dieser Art auch deshalb, weil – mit der

Entwicklung der Fotografie – inzwischen massenhaft pornographische Abbildungen auf dem offiziell verbotenen und verfolgten Markt auftauchen.[1]

Der Begriff Pornographie ist seinem Wortsinn nach auf die Antike, seinem *Inhalt* nach aber erst auf das 19. Jahrhundert zurückzuführen. Seither wird er von bürgerlichen Sittenrichtern, Konservativen und Anhängern totalitären Denkens in weitgehend inhaltlicher Übereinstimmung gebraucht.[2] Dabei spielte die heute im Zuge der «PorNO»-Kampagne vielbemühte «Würde» der Frau von Beginn an eine besondere Rolle. Will man sich auf diese Position einlassen, fragt man allerdings

1 Als Ergebnis der Französischen Revolution wurden alle Zensurgesetze aufgehoben. Für eine kurze Zeit konnten alle obszönen, unkeuschen und unsittlichen Gedanken und Bilder straflos veröffentlicht werden. Durch die Reaktion – also den Code pénal – wurde 1810 die Zensur wieder eingeführt. Das Gesetz richtete sich gegen Material, das gegen die «guten Sitten» verstoße. Mitte des 19. Jahrhunderts erließen die verschiedenen deutschen Staaten entsprechende Gesetze. Der Kampf gegen die Masturbation und der Kampf gegen das Obszöne erreichten im 19. Jahrhundert ihren Höhepunkt. Entsprechende Gesetze gegen das Obszöne wurden verabschiedet: Österreich 1852; Belgien 1867; Italien 1889. In Reaktion auf die Erfindung der Fotografie und der damit einhergehenden Massenproduktion einschlägiger Bilder kam es 1857 in England zu einem generellen Vertriebsverbot. Ab 1873 war der postalische Versand derartigen Materials in den USA verboten (Quelle: Haeberle 1986). – Es bleibt allerdings zu vermuten, daß in keinem der Gesetze aus dem 19. Jahrhundert die potentielle Strafandrohung soweit ging wie im Gesetzesvorschlag von Schwarzer, demzufolge es auch möglich wäre, gegen ein ausschließlich zu privaten Zwecken angefertigtes Foto, das fahrlässig in unberufene Hände (bzw. Augen) fiele, zivilrechtlich vorzugehen.

2 In den 6oer Jahren nahm Pater Johann Wiedemann Anstoß an einem Bühnenbild eines Stadttheaters. In einer Augsburger Kirche rief er aus: «Ich rufe dieses Wort im Namen der Frau, im Namen der Würde unserer Bräute, im Namen der Würde der auf der Bühne agierenden Frauen: ‹Es ist nicht erlaubt!›» (zit. n. «littera», Bd. 4, 1964, 56). – Es fällt auf, daß es immer wieder Stellvertreter gibt, die sich um die Würde anderer sorgen. Als die Bundesprüfstelle zum wiederholten Male den *Playboy* indizierte, war vom gegen die «Würde der Frau verstoßenden Inhalt» (zit. n. «littera», Bd. 3, 1964, 99) abermals die Rede. Aber der Zensor schielte – und er schielt vielleicht immer: Nach Geiger (1974, 254) wurden zwischen 1954 und 1971 in der BRD wegen jugendgefährdenden Inhalts 1223 Bücher indiziert; in lediglich 13 Fällen war offene militaristische Gewalt der Stein des Anstoßes.

Die Berufung auf die «Würde» hat neben aller berechtigten Sorge sehr leicht auch etwas Komisches an sich. Im Namen der «Würde» wird derzeit offenbar ein neues, fiktives moralisches Urmeter kreiert: der würdevoll vollzogene oder abgebildete sexuelle Akt. Man bedenke, daß solche Würde leicht in Lächerlichkeit ausarten kann. Das ältere, fiktive moralische Urmeter war anders definiert: Ihm zufolge war jeder sexuelle Akt würdelos, der sich nicht als Koitus in der Ehe zwecks Fortpflanzung vollzog.

erstaunt, warum nur von der Würde der Frau die Rede ist. Der auf dem pornographischen Bild erscheinende Mann, der angestrengt seinen Penis bis zum bitteren Ende benutzen muß, steht in Hinsicht auf seine Würde doch gewiß in derselben Position wie das weibliche Porno-Modell. Meint man hingegen die Würde der Frau, die sich als *Betrachterin* mit der abgebildeten Frau identifiziert, so wäre auch unter diesem Aspekt nach der Würde des Mannes zu fragen, der mit dem pornographischen Abbild seiner zerstörten Sinnlichkeit konfrontiert wird. Wenn überhaupt, so ließe sich der Begriff der Würde in diesem Zusammenhang nur für *beide* Geschlechter reklamieren.

Erniedrigt das pornographische Produkt die Würde «der» Frau, «des» Mannes? Oder bringt dieses Produkt die Würdelosigkeit des Sexus im allgemeinen zum Ausdruck, die ohnehin – und auch ohne das Abbild – besteht? Trotz gegenteiliger Versprechungen – mögen sie nun pornographische oder romantische Illusionen enthalten, wobei Pornographisierung und Romantisierung, Dämonisierung und Idealisierung stets Hand in Hand gehen – gibt es in einer unfreien Gesellschaft keine freie Sexualität. Es war vielleicht eine der folgenschwersten Illusionen der 68er (die zu den entsprechenden Ent-Täuschungen führte), wenn davon ausgegangen wurde, eine Avantgarde könne sich innerhalb der bestehenden Gesellschaft Freiräume – in diesem konkreten Falle: sexuelle Freiräume – verschaffen. Der Beginn einer ähnlichen Ent-Täuschung scheint derzeit die Frauenbewegung zu beschäftigen; und vielleicht ist die «PorNO»-Kampagne nur ein letzter Versuch, diese Ent-Täuschung noch einmal zurückzustellen, bevor frau sich damit, anders als bisher, auseinanderzusetzen hätte.

Unverbunden und ungeschminkt stellt das pornographische Produkt Wunden zur Schau (wenn es auch, wie gleich zu zeigen ist, Strategien mitenthält, durch die scheinbar solche Wunden bedeckt werden können). So bleibt zu vermuten, daß die Wut, die sich gegen das pornographische Produkt richtet, jener Wut nur allzusehr gleicht, die das pornographische Produkt zu beschwichtigen sucht. Alles, was unter den herrschenden Bedingungen zu zeigen ist (und worüber zu reden wäre), betrifft die *beschädigte* Sexualität (als Teilstück einer beschädigten Subjektivität). Gewiß spricht das pornographische Produkt darüber nicht ehrlich. Aber genauso heuchlerisch erscheint der anti-pornographische Diskurs, in dem die «Demagogie der Sittlichkeit» (Adorno 1963, 107) vorherrscht, die als Entlastungsstrategie jenen willkommen ist, die «in besonderem Maße von Verfolgungsphantasien gegen das nach ihrer Ansicht sexuell Abwegige, überhaupt von wilden sexuellen Vorstellungen geplagt werden, die sie von sich selbst abweisen und auf Außengruppen projizieren» (1963, 102). Seit den Zeiten der Inquisition verfolgen die Hexenjäger im anderen allerdings nur sich selbst; und wenn sie Erfolg haben, so verwandeln sie das «Böse» nur in eine Gestalt, die es ihnen dann erlaubt, selbst – vom moralischen Anspruch gedeckt – das zu praktizieren, was sie vorgeblich bekämpfen. Der Haß, der aus ihren Verurteilungen spricht (zum Beispiel gegenüber dem Vergewaltiger, der noch länger am Ort der Bestrafung isoliert werden soll, wie im Zusammenhang mit der bereits angesprochenen Debatte der «Grünen» gefordert), ist am Ende derselbe Haß, den der Täter, vergeblich, agiert, um sich vom eigenen Leiden zu befreien. Ein aufgeklärter Diskurs könnte einzig die – historischen, gesellschaftlichen, sozialen, familiären und individuellen – Bedingungen solchen Leidens zum Gegenstand haben, anstatt sich in der Verurteilung und im Ruf nach Zensur zu erschöpfen.

Sehen wir uns die Inhalte und die expliziten und impliziten Botschaften des pornographischen Produkts etwas näher an, um auf diesem Wege vielleicht einige Hinweise auf das in diesem Produkt angesprochene Leiden zu gewinnen. Ich habe nach einem Zufallsprinzip drei Hefte aus gängigen Serien («Schoolgirls», Nr. 17; «Sex o'M», Nr. 61; «Anal Sex», Nr. 67) ausgewählt. Es handelt sich dabei um pornographisches Material, das den überwiegenden Anteil des Angebots wie der Konsumenten betrifft. Ich behandle also Material nicht, das, statistisch gesehen, für kleine, abgrenzbare Konsumentengruppen bestimmt und zum größeren Teil auch nach der gültigen Rechtssprechung *verboten* ist. Bei der Analyse der Produkte, die auf die Bedürfnisse des durchschnittlich heterosexuell empfindenden Mannes ausgerichtet sind, beschränke ich mich – meinem Thema gemäß – auf die Botschaften, die sich an den *männlichen* Betrachter wenden, obgleich, wie bereits eingangs bemerkt, diese Produkte auch Botschaften für Frauen enthalten müssen, da sich ein nicht geringer Teil der Frauen durch derartige Produkte gleichfalls sexuell erregend angesprochen fühlt. Der folgenden Analyse liegen also Bildgeschichten zugrunde (die analog auch in den einschlägigen Filmen auftauchen, zumal die Fotoserien häufig nur Standbilder aus jenen Filmen sind), die nach einem stereotypen Aufbau ablaufen: Ein bekleidetes Paar – wahlweise ergänzt durch eine andere Frau oder einen zweiten Mann (bis hin zur Gruppe) – beginnt unvermittelt mit sexuellen Aktivitäten nach dem Schema «FCK» (Fellatio, Cunnilingus, Koitus – in allen Variationen). So weit – so eintönig. Die beigegebenen Kurztexte (bzw. Dialogszenen) erläutern dann noch genauer, in welchen psychischen Kontext die Szenen eingebettet sind. Bei meiner Interpretation beziehe ich mich sowohl auf die Bildinhalte wie auf die Redetexte. Dabei lassen sich im einzelnen etwa die folgenden Männerängste bzw. deren Beschwichtigung erkennen:

1. **Die Angst des Mannes vor der sexuell omnipotenten, übermächtigen Frau** Zunächst erläutern die beigefügten Texte, daß es sich bei der abgebildeten Frau um eine sexuell aktive Frau handelt, die eigene Wünsche mit Hilfe eines Mannes zu befriedigen sucht, bzw. dessen Wünsche dankbar aufgreift, weil sie ihrem eigenen unersättlichen Begehren entsprechen. Die Frau bleibt von Beginn bis zum Schluß die zentrale Handlungsperson, während der Mann eher im Hintergrund als Befriedigungsobjekt agiert. Das wird auch durch die Bildsequenz belegt. Während zu Beginn beide Partner ganzheitlich dargestellt sind, bleibt die Frau überwiegend ganzheitlich abgebildet, während der Mann auf seinen Unterleib, schließlich auf seinen Penis reduziert wird. Die Aktivität der Frau wird durchgängig behauptet: Sie beginnt die sexuelle Stimulation des Mannes, fordert ihn zu bestimmten Praktiken auf, so auch zum mehrfachen Stellungswechsel. Übernimmt der Mann die Aktivität, so betont der Text, daß der Mann damit einem noch nicht geäußerten, aber durchaus vorhandenen Wunsch der Frau nur zuvorkommt. Weiterhin suggeriert der Text, daß die Frau im Verlauf der Handlung mehrfache Orgasmen erlebt, bevor sie schließlich – wiederum meist explizit und fordernd – die Ejakulation des Mannes (Sperma als «Geschenk» für die Frau) aktiv wünscht. Die Grundaussage des Pornos lautet: Die Frau ist aktiv; der Mann hat ihre Wünsche zu befriedigen. Er zwingt sie nicht zu Handlungen, zu denen sie selbst keine Lust hat. Es wird also ein altvertrauter Topos abgehandelt: Die unersättliche Frau, die schwer zu befriedigen ist. Dieser Topos findet sich etwa bereits im «Hexenhammer», dort mit Verweis auf antike Autoren und mit Hilfe von Bibelzitaten belegt. Wie bekannt, hat neuerdings diesen Topos Sherfey (1972) wiederbelebt, die – feministisch drapiert – die Geschichte vom unendlichen weiblichen Orgasmus zu erzählen wußte. Gemäß

Aussage dieses Topos ist die Potenz des Mannes der sexuellen Potenz der Frau hoffnungslos unterlegen. Die entsprechende Angst vor Unterlegenheit beschwichtigt nun der Porno, indem er die Botschaft verkündet, ein Mann, dem es gelingt, dem Räderwerk der weiblichen Lust nur genügend lang standzuhalten, ernte am Ende doch die Anerkennung und Dankbarkeit der Frau, die sich durch ihn befriedigt fühlt. Frei nach dem Motto «Und er befriedigte sie doch...» endet der Porno.

2. Die Kontaktangst des Mannes – insbesondere die Angst vor dem Kontakt mit einer Frau dieses omnipotenten Zuschnitts
Der Porno richtet sich an einen kontaktgehemmten, selbstunsicheren Mann (bzw. an die entsprechenden Anteile in jedem Mann), der nicht weiß, wie er seine eigenen Wünsche an die Frau bringen könnte, dem es also schwerfällt, überhaupt Kontakt zu einer Frau aufzunehmen (mit dem Ziel, eigene Wünsche zu befriedigen). Der Porno weist solche Kontaktängste als völlig überflüssig aus. Der Kontakt kommt sozusagen von selbst, ohne jede Anstrengung zustande. Das Paar *wird* nicht zum Paar; es *ist* sofort ein Paar. Es gibt keinen Prozeß des Kennenlernens, des Werbens, es gibt kein Ringen um Macht und Ohnmacht. Nähe und Distanz, eigene und fremde Wünsche sind nicht erst mühsam auszubalancieren. Eine Auseinandersetzung mit ambivalenten Gefühlen (eigenen und fremden), in der Realität eine unausweichliche Aufgabe, ist unnötig. Alles bleibt eindimensional: Es gibt nur übereinstimmende Wünsche und nur solche Gefühle, die umstandslos mit der ablaufenden Handlung übereinstimmen. Gefühle, die zum Konflikt führen könnten (zum Beispiel auch die der Handlung widersprechenden Impulse, sich zu schützen, sich zu distanzieren, dem Kontakt auszuweichen), existieren weder auf der einen noch auf der anderen Seite. Die Wünsche sind ohnehin kongruent – und die Positionen sind weitgehend egalitär, sieht man von einer behaupteten potentiellen sexuellen Überlegenheit der Frau einmal ab. Der Porno suggeriert die problemlose Übereinstimmung der eigenen und der fremden Wunschwelt und spiegelt somit das Idealbild einer konfliktfreien, zu keinem Zeitpunkt gefährdeten Mutter-Kind-Symbiose.

Eine solche heile Welt kann auch dann nicht gestört werden, wenn ein Dritter (eine andere Frau, ein anderer Mann) oder ein

Vierter usw. hinzukommt. Dann gibt es keinen Grund zur Angst, der Partner könnte an den Neuhinzugekommenen verloren werden. Es gibt keine Eifersucht, keine Konkurrenz, keine aggressiven Besitzansprüche. In der harmonischen Welt wird alles geteilt – und jeder neue Leib wird in die bereits bestehende Einheit integriert, sozusagen eingeschmolzen. Ergänzten sich zuvor zwei, indem ihre Wünsche kongruent waren oder sich komplementär zu einem allumfassenden Wunsch zusammensetzen ließen, so wird die Harmonie durch jeden Neuankömmling problemlos fortgesetzt. Es gibt keinen Kampf um Ausgrenzung; die heile, pornographische Welt saugt alles in sich auf und gibt jedem, was er sich wünscht. Es herrscht eine Art geschlechtlicher Urkommunismus, in dem sich potentiell alle Leiber zu einem endlosen Reigen der Harmonie ergänzen.

In dieser glücklichen Welt muß der Kontakt nicht erst mühsam gefunden werden – und er reißt auch niemals ab, egal, was geschieht. Kehren wir zum Ausgangsmodell, dem Paar, zurück, so läßt sich die potentielle Botschaft, die dem Mann vermittelt wird, folgendermaßen umschreiben: Der Mann (bzw. das Kind) kann ohne Gefahr in die Arme der Frau (bzw. der Mutter) zurückkehren. Sie findet – so überlegen sie auch sein mag – in der Befriedigung des Mannes (bzw. des Kindes) ihre eigene Befriedigung – wie die idealisierte Mutter, die in der Symbiose mit dem Kind die restlose Erfüllung ihres eigenen Glückes erlebt. Eine Störung von außen ist unmöglich; es gibt keinen Dritten, der diese restlos befriedigende Symbiose ernsthaft gefährden könnte.

3. **Die Angst des Mannes, beim Geschlechtsverkehr mit einer Frau zu versagen oder gar geschädigt zu werden** In den Kurztexten zu den Bildern werden immer wieder offen Versagensängste des Mannes angesprochen. Es handelt sich dabei in erster Linie um die Angst, vorzeitig zu ejakulieren – vorzeitig im Sinne der noch nicht erreichten Befriedigung der Frau. Die Texte beruhigen diese Angst, indem sie behaupten, der Mann sei in der Lage, mit Hilfe der Unterstützung der Frau durchzuhalten. Nicht selten sind explizite Tröstungen, hier handle es sich um eine erfahrene, einfühlsame Frau, die weiß, daß sie den Mann nicht zur Unzeit übermäßig erregen darf, will sie ihre eigene Erfüllung erreichen. Diese Frau beherrscht nicht nur die Kunst, aus dem kontaktgehemmten, selbst-

unsicheren Mann einen feurigen Liebhaber zu machen; sie verwandelt durch geschickte Technik nicht nur dessen potentielle Impotenz in Superpotenz; sie weiß vielmehr auch, ihr eigenes Verlangen so zu steuern, daß die komplizierten psychosexuellen Erregungsabläufe des Mannes das angestrebte Ziel erreichen können, der Mann vor der Blamage geschützt wird, die eintreten könnte, würde er vorzeitig ejakulieren.

Werden solche und ähnliche Potenzängste des Mannes im Text explizit beschworen und beschwichtigt, so erscheint die zugrundeliegende Urangst vor der Kastration durch die Frau eher verdeckt. Sie wird in der Regel eher bildlich vermittelt (und beschwichtigt), dann etwa, wenn eine Frau (wie in einem der analysierten Beispiele) zunächst aggressiv die Zähne fletscht, um hernach aggressiv in die Eichel des Mannes zu beißen, bevor sich Bild für Bild der Mund dieser gefährlichen Frau allmählich glättet. Die vermittelte Botschaft lautet: Die Frau wird das Glied des Mannes nicht von dessen Körper trennen, denn sie benötigt es im intakten Zustand schließlich zu ihrer eigenen Befriedigung. Da die Frau am Ende der Geschichte regelhaft das Sperma aus dem Leib des Mannes anfordert, kann sie – bei aller vorausgesetzten und gezeigten Aktivität und Aggressivität – nicht die wirklich kastrierende Frau sein. Sie ist also nicht die Mutter, die den Sohn zerfleischt, sondern die Mutter, die seine körperliche Integrität bewahrt und beschützt, und zwar letztlich deshalb, weil sie ihr eigenes Glück nur durch den unversehrten Leib des Mannes finden kann.

4. **Die Angst des Mannes, sich von einer Frau, die den sexuellen Genuß gewährte, nicht mehr trennen zu können (oder zu dürfen)** Diese Angst, einer Frau, die sexuellen Genuß ungezügelt gewährte, zu verfallen oder ihr verpflichtet zu bleiben, sich von ihr, bzw. vom Wunsch nach ihr nicht mehr trennen zu können, beschwichtigt der Porno indirekt. In Identifikation mit dem Mann einer neuen Bildgeschichte, der sich in den Armen einer anderen Frau befindet, erfährt der männliche Betrachter, daß die Trennung von der Frau so problemlos verläuft, wie die Annäherung an sie zuvor verlaufen war. Blättert der Betrachter um, oder nimmt er ein neues Heft zur Hand, so ist er von allem, was vorausging, frei. Die Trennung vom begehrten Objekt hinterläßt keine Spuren, keinerlei Schaden. Während in der Realität eine solche Trennung zu einer Vielzahl schwer bewältigbarer Gefühle führt, womöglich gar zur

psychischen Desintegration, bleibt die Integrität beim Betrachten des Pornos unter allen Umständen erhalten. Die Annäherung an die omnipotente Mutter, die Erfahrung der Symbiose mit ihr, schließlich die Ablösung von ihr – all das ist konfliktfrei zu genießen und zu bewältigen. Die entsprechende Botschaft lautet: Hier handelt es sich nicht um die umklammernde Mutter, die aufgrund eigener narzißtischer Bedürftigkeit ihr Kind (den Sohn) an sich fesselt, ihm die Trennung und damit die Identität verweigert, sondern um eine Frau, die keinerlei Ansprüche mehr stellt, wenn mit ihr und durch sie eigene Wünsche befriedigt worden sind. Sie besitzt keinen Wunsch, der über den befriedigten Wunsch hinausreichen würde. Sie stellt keine weitergehenden Forderungen und provoziert keine Schuldgefühle. So mächtig sie auch sein mag, sie gibt den Mann in jedem Falle frei. Außerdem ist sie endlos ersetzbar, austauschbar; man braucht ihr keine Träne nachzuweinen, denn bereits in der nächsten Geschichte gibt es eine andere Frau, die genau *dasselbe* anbietet und gewähren kann wie die Frau, von der man sich abgewandt hat. Die böse Erfahrung, die in der Realität regelmäßig zu machen ist, daß kein Objekt wirklich und restlos ersetzbar ist, da mit keinem Zweiten tatsächlich identische emotionale Erfahrungen zu machen sind (eine Wahrheit, die insbesondere mit der Trennung von der Mutter und mit der Suche nach einem halbwegs adäquaten Objekt für sie verbunden ist) – diese Erfahrung negiert der Porno vollständig. Die Leiber ergänzen sich hier nicht nur problemlos, sie lassen sich auch problemlos ersetzen.

Der Porno appelliert also an die unterschiedlichsten Desintegrationsängste, die von der Kastrationsangst über die Näheangst bis zur Trennungsangst reichen, und beschwichtigt sie, indem er behauptet, sie seien gegenstandslos. Eine besondere Angst des heterosexuellen Mannes – die Angst vor seinem eigenen homosexuellen Begehren – wird ebenfalls indirekt angesprochen und beschwichtigt: Angesprochen, indem der männliche Betrachter sich auch mit der koitierenden Frau identifizieren, also weiblich empfinden kann; beschwichtigt, indem er sich am Ende doch wieder in seiner unangetasteten Heterosexualität bestätigt fühlen kann, da die homosexuellen Regungen sozusagen in ein heterosexuelles Kostüm eingekleidet sind.

Fassen wir die bisherigen Feststellungen zusammen, so läßt sich sagen: Der für den durchschnittlichen heterosexuell empfindenden

Mann entworfene Porno aktiviert und beruhigt vor allem solche Wünsche und Ängste, die im weitesten Sinne mit dem *Symbiose-Individuations-Konflikt* zu tun haben. Auffälligerweise negiert der Porno das ödipale Konfliktfeld vollständig. Er führt zwar den Dritten (oder die Dritte) immer wieder ein, aber er stuft ihn zugleich herab zu einem symbiotischen Teilobjekt, zu einem Teilmoment der symbiotischen Alleinheit.

5. **Die Angst, angesichts eines fremden Körpers aufgrund von Hemmungen selbst überhaupt nicht mehr mit Erregung zu reagieren, bzw. so erregt zu reagieren, daß man sich nicht mehr kontrollieren kann** Überstarke Hemmung der eigenen emotionalen Reaktionen angesichts eines affektiv erregten anderen Menschen oder die Angst vor dem Gegenteil, die Angst vor Kontrollverlust in einer Situation affektiver Nähe, die eine sexuelle Begegnung potentiell immer darstellt, sind keine typisch männlichen Ereignisse. Entsprechende Ängste, bei vielleicht in Teilbereichen unterschiedlichen Bewältigungsstrategien, sind beiden Geschlechtern gleichermaßen vertraut. Die geglückte affektiv-sexuelle Begegnung zeichnet sich gerade dadurch aus, daß derartige Ängste für beide, Mann wie Frau, auf ein Minimum reduziert werden können. Bei weniger geglückten Begegnungen gelingt dies dem einen mehr als dem anderen. Mißglückte Begegnungen zeichnen sich hingegen dadurch aus, daß ein Ringen, den anderen in die abhängige Position zu zwingen, um auf dem Umweg über fremde emotionale Reaktionen die eigenen zu schützen und zu kontrollieren, auf einen entsprechenden Widerstand stößt, wodurch dann kollusive Patt-Situationen entstehen, die für beide Beteiligten an sich unbefriedigend sind. Bei näherem Hinsehen handelt es sich dabei um fortgesetzte (latente oder manifeste) Kampfbeziehungen, die keine Lösung finden – es sei denn die, eine Beziehung zu garantieren, in der es nicht zur erlösenden Begegnung kommen kann (und darf). Mit anderen Worten: Die angesprochenen Hemmungen bzw. Ängste vor Kontrollverlust verhindern einen emotionalen Austausch zwischen dem eigenen und dem fremden Körper oder führen doch nur zu charakteristisch starren Ritualisierungen der Beziehung, bei denen ein solcher emotionaler Austausch nur in festgelegten, eher engen Grenzen möglich ist. Die perversen Rituale und neurotischen Kollusionen sind hierfür beispielhaft.

Die zentrale Angst vor der emotionalen Gegenwart des anderen bzw. vor der emotionalen Entgrenzung der eigenen Persönlichkeit in Gegenwart eines anderen verliert durch den Gebrauch des Pornos ihre Berechtigung. Die im Porno abgebildeten Leiber sind selbst erregungslos, leblos. Sie nötigen nicht zur Aufgabe, mit ihnen in emotionalen Kontakt zu treten. Die dargestellten Objekte sind so verfügbar wie die Objekte der Masturbationsphantasie. Der Betrachter kann mit ihnen umgehen, als wären sie bloße Verlängerungen der eigenen Wunschwelt. Sie haben kein Eigenleben. Auch die Stereotypie des Pornos legt den Gedanken nahe, es handle sich dabei um die Vergegenständlichung von Klischees, die endlos wiederholt werden müssen (können). Dies entspricht der Stereotypie überdauernder Masturbationsphantasien. Es ist anzunehmen, daß ein pornographisches Produkt um so erfolgreicher an den Mann (mitunter auch an die Frau) zu bringen ist, je genauer es die Phantasien der Zielgruppe trifft, für die es gedacht ist.

Im Porno ist die Außenwelt nur Schein. Sie bleibt ein Abbild der Innenwelt. Nichts kommt wirklich von außen; alles spielt sich innen ab. Die Vorlage ist ein kurzer Umweg zurück in die eigene autistisch-narzißtische sexuelle Bilderwelt. Was immer der Blick auf das pornographische Produkt auch wahrnimmt, er ist stets nach innen gerichtet. Und alle Erregungen, die das pornographische Produkt auslösen kann, sind die Erregungen des Betrachters, die an keiner Stelle durch die Erregungen eines fremden Körpers modifiziert werden können. Der Betrachter bleibt im eigenen Inneren gefangen, solange ihn die pornographische Realität umfängt. Das gilt im übrigen nicht nur für den pornographischen, sondern auch für den antipornographischen Affekt. Der Gebrauch des Pornos zum Zwecke der sexuellen oder der moralischen Aufregung erlöst dementsprechend von der Angst, sich mit einem lebendigen Objekt auseinandersetzen zu müssen. Der gewohnheitsmäßige, schließlich süchtige Konsum derartiger Produkte ist demnach an Konflikte und Ängste gebunden, die durch den Gebrauch der Pornographie zwar angesprochen, niemals aber überwunden werden können.

Soweit die Analyse der Botschaften, die das durchschnittliche pornographische Produkt für den *männlichen* Betrachter bereithält. Es wäre gewiß sinnvoll, eine entsprechende Analyse auch für weibliche Konsumenten zu versuchen, da sich ja, wie gesagt, auch Frauen von solchen

Produkten sexuell stimuliert fühlen können. Andererseits zeigen alle vorliegenden Studien, daß der *gewohnheitsmäßige* Konsum solcher Produkte sich auf eine bestimmte, meist männliche Käufergruppe eingrenzen läßt. Das Pendant des Pornos für Frauen, das ebenfalls massenhaft und süchtig konsumiert wird, stereotype Inhalte vermittelt, eng umgrenzte Konflikte aufgreift und scheinhaft lösen läßt, dürften die sogenannten «Frauenromane» der Billigheftproduktion sein[1], die, wie der Porno, in den Bereich der Trivial-Bild-Literatur gehören. Diese «Frauenromane» sparen explizite Sexualität in der Regel aus, stimulieren hingegen in erster Linie «romantische» Phantasien und Gefühle – ein Hinweis darauf, daß nach wie vor geschlechtsspezifische Sozialisationserfahrungen, insbesondere im Umgang mit Sexualität, den für Männer und Frauen unterschiedlichen Porno-Konsum bedingen.

Den typischen männlichen Konsumenten pornographischer Durchschnittsware umschreiben die Autoren des «Pornographie-Reports» wie folgt: «Die meisten Kunden von ‹Porno›-Buchhandlungen und -Filmtheatern haben während der Adoleszenz weniger sexuelle Erfahrungen gesammelt als der Durchschnittsmann, dafür aber als Erwachsene eine stärkere sexuelle Orientierung. Diese umfaßt Erotica in Bild- und Textform, häufigeren Partnerwechsel und ähnliches…, sie zeigen jedoch kein Interesse an den von unserer Gesellschaft am stärksten abgelehnten Aktivitäten wie zum Beispiel Sado-Masochismus, Pädophilie, Sodomie und Notzucht» (1971, 164).

Das heißt, daß der Kauf von Produkten, die die zuletzt genannten Inhalte thematisieren, auf relativ kleine «Spezial»-Gruppen be-

---

[1] Ich habe in einem anderen Zusammenhang (bezogen auf einen Roman von Lou Andreas-Salomé) derartige Kitschliteratur mit dem Begriff «Pornographie der Gefühle» (Nitzschke 1983 c) umschrieben. – Der massenhaft verbreitete «Frauenroman» tradiert im übrigen die konventionellen Geschlechterstereotypen weit eindrucksvoller als jeder Porno. Während der Porno eher eine soziale und sexuelle Egalität zwischen den Geschlechtern vortäuscht, ist im «Frauenroman» der gute männliche Held stets ein Repräsentant der herrschenden Ordnung, der höher steht als die liebende Frau, die sich – nach Überwindung der bösen, sinnlichen, oft schwarzgelockten Rivalin – endlich mit diesem Helden und damit auch mit der herrschenden Ordnung in Einklang weiß.

Bereits Stoller hat darauf hingewiesen, daß diese Trivialliteratur, die im wesentlichen ähnliche Zwecke bei Frauen erfüllen dürfte wie der Porno bei Männern, das Gegenstück zur herkömmlichen, für Männer konzipierten Pornographie ist. In Hinsicht auf Scheinbefriedigung kann diese «Frauen»-Literatur dem Porno jederzeit standhalten. «Diese Literatur kann ad libitum erscheinen, ohne als obszön erkannt – oder gar gesetzlich erfaßt – zu werden» (Stoller 1979, 123).

schränkt ist. Der typische Besucher eines Porno-Geschäfts ist laut Angaben des «Reports» zwischen Mitte Zwanzig und Mitte Dreißig, hat einen akademischen oder Büroberuf, also ein eher gehobenes Bildungsniveau, verdient überdurchschnittlich, ist verheiratet und lebt in einer Großstadt. Es handelt sich um Männer aus der Mittelschicht, die zu über 90 % das Geschäft allein betreten, untereinander und zum Verkaufspersonal so gut wie keinen Kontakt aufnehmen.

Eine gewisse (überdurchschnittliche) sexuelle Restriktion zumindest während der Adoleszenz kann also für diese Schicht, die die Masse der Produkte konsumiert, angenommen werden. Weit stärker und vor allem früher auftretend (nämlich bereits in der Kindheit) sind die sexuellen Restriktionen, denen, laut «Report», männliche Sexualstraftäter unterworfen waren: «Die Forschung zeigt, daß man die soziale Umwelt, in der Sexualstraftäter aufgewachsen sind, als sexuell repressiv und depraviert charakterisieren kann. Sexualstraftäter berichten häufig von Familienverhältnissen, bei denen beispielsweise Nacktheit nur wenig toleriert wird, über Sexualität nicht gesprochen wird und die Eltern auf sexuelle Neugier und das Interesse des Kindes strafend oder indifferent reagierten. Die Fallgeschichten von Sexualstraftätern enthüllen unreife und unpersönliche sexuelle Beziehungen, starre sexuelle Einstellungen und sexuell konservatives Verhalten» (1971, 140).

Zu ganz ähnlichen Ergebnissen gelangte Schorsch (1975) anhand einer empirischen Studie über Merkmalskombinationen bei Sexualstraftätern. Demnach handelt es sich – unabhängig vom Delikt – um Männer, die eine emotionale und sexuelle Entwicklungsstagnation aufweisen. Kontaktgehemmtheit, Selbstunsicherheit und eine desintegrierte Sexualität, die es nicht gestattet, eigene und fremde sexuelle Wünsche aufeinander abzustimmen, sind die Konsequenzen dieser Entwicklungsstagnation. Rigide, konventionelle sexuelle Normen, also ein überhartes Gewissen, stehen dem abgespaltenen Trieb entgegen, der in spezifischen Situationen – vermutlich handelt es sich überwiegend um aktuelle Kränkungserlebnisse, die infantile Kränkungen reaktivieren – zum Durchbruch kommt, was dann einen «über»-starken Trieb vortäuscht, während es sich doch nur um einen Ausbruch des Niedergehaltenen und Ängstigenden handelt. Die Tathandlung selbst dürfte das Ziel verfolgen, eine drohende innere Desorganisation aufzuhalten, kann demnach als Versuch einer narzißtischen Reorganisation verstanden werden. Die Tathandlung könnte auch als ein Äquivalent der Phantasiehandlungen verstehen, die der Porno-Konsument häufig zu ähnlichen Zwecken einsetzt, nämlich zum Zweck der narzißtischen Reorganisation. Der entscheidende Unterschied zwischen dem gewohnheitsmäßigen Porno-Konsumenten und dem tatsächlichen Sexualstraftäter liegt aber offenbar darin, daß der erstere auf ein eigenes «pornographisches» Phantasiesystem zurückgreifen kann, das dem letzteren eher nicht verfügbar ist. Was restriktive Normen einschränken, verschafft sich dann in Ausnahmefällen unkontrolliert Ausdruck in Form von Tathandlungen, bei denen häufig auch Alkohol im Spiel ist, ein Mittel, das bestehende Hemmungen vorübergehend außer Kraft setzt. Sollten die hier vorgetragenen Hypothesen zutreffen, so würde dies bedeuten, daß die Nutzung der Pornographie unter Rückgriff auf *bewußte* eigene Phantasien eine Tathandlung eher überflüssig macht, weil der angestrebte Zweck (die narzißtische Reorganisation) auch ohne eine solche Handlung erreicht werden kann. Das hieße weiter: Das pornographische Produkt spricht Konflikte an und beschwichtigt sie, wenn zugleich phantastische Bewältigungsmechanismen in ausreichendem Maße zur Verfügung stehen. Es kann diesen Zweck (Katharsishypothese) *nicht* erreichen, wenn die nötigen bewußten Phantasiesysteme nicht in ausreichendem Maße vorhanden sind. Mag sein, daß in solchen Fällen, also bei potentiellen Sexualstraftätern, für die ich eher ein *Fehlen* entsprechend elaborierter Phantasiesysteme angenommen habe, Pornographie in Einzelfällen zur Tathandlung beiträgt (Stimulationshypothese).

Selg und Bauer (1986) haben die Ergebnisse der psychologischen Wirkungsforschung referiert und zusammenfassend kommentiert. Obgleich der Pornographie eher negativ gegenüberstehend, verweisen sie auf zahlreiche Befunde, die der – im Kontext der «PorNO»-Kampagne immer wieder vorgetragenen – These, Pornographie-Konsum bedinge unmittelbar Sexualstraftaten, widersprechen. So hat beispielsweise die in Dänemark im Vergleich zur BRD liberale Pornographie-Gesetzgebung dort nicht zu einem Anstieg der Sexualstraftaten geführt. Und in Japan, wo die sogenannte «Brutal»-Pornographie weit verbreitet ist, ist die Zahl der Vergewaltigungen im Vergleich zu den meisten anderen Ländern extrem niedrig. Selg und Bauer resümieren: «Die empirischen Untersuchungen können nicht den Nachweis erbringen, daß Brutal-Pornographie direkt zu sexuellen Delikten führt» (1986, 153).

Die Fähigkeit, Kränkungserlebnisse mit Hilfe eines Phantasiesystems, also mit Hilfe innerer Bewältigungsmechanismen (anstelle von Tathandlungen), auszugleichen, setzt Sozialisationsbedingungen voraus, die eher für die Mittel- als für die Unterschicht anzunehmen sind. Ich kann an dieser Stelle die entsprechenden Bedingungen nicht erörtern, da dies zu weit vom Thema abführen würde. Ich will aber anhand zweier Fall-Vignetten kurz die Auswirkungen eines vorhandenen bzw. eines nicht-vorhandenen Phantasiesystems verdeutlichen.

Es handelt sich um zwei junge Männer: Herr A., Anfang 20, entstammte der Unterschicht und war als Exhibitionist wiederholt aufgefallen, weshalb er von mir wegen eines erneuten Delikts für ein Gerichtsverfahren begutachtet wurde; Herr B., Mitte 20, entstammte der Mittelschicht und wandte sich, nachdem sich seine erste Freundin von ihm getrennt hatte, wegen umfangreicher psychischer Desintegration an mich, um sich einer psychoanalytischen Behandlung zu unterziehen. Die Familienkonstellation erschien in beiden Fällen hinsichtlich bestimmter Merkmale ähnlich. In beiden Fällen war die Mutter in sozialer Hinsicht eher in der schwachen Position (als Hausfrau), während der Vater jeweils in der Familie eine Außenseiterposition innehatte. Der Vater des Herrn A. war Alkoholiker und wurde von der Mutter und vom Sohn gleichermaßen verachtet. Der Vater des Herrn B. kompensierte mit herrschaftlicher Gestik eine innerlich hohle Männlichkeit, schreckte und ängstigte den Sohn und trieb ihn in die Arme der Mutter zurück. Beide Väter versagten als Identifikationsobjekte und konnten ihren Söhnen bei der psychischen Ablösung von der Mutter als unterstützende Dritte nicht helfen. Herr B. haßte seinen Vater, der auch von seiner Frau mit ähnlichen Affekten bedacht wurde. Herr B. wie Herr A. waren geheime Verbündete ihrer Mütter im Kampf der Ehefrau mit dem Ehemann. Das Mutter-Bild war bei Herrn A. wie bei Herrn B. sowohl idealisiert wie dämonisiert. Dieser Spaltung entsprach in beiden Fällen eine intensive Haßliebe, wobei die Liebe jeweils im Vordergrund stand, während der Haß eher versteckt blieb.

Herr A. wurde, wie er es im Einzelgespräch berichtet hatte, auch im Beisein des Gutachters von seiner Mutter wie ein Kind behandelt. Die Mutter sprach etwa *für* den Sohn, wenn dieser gefragt wurde. Sie erlebte den Sohn offenbar als ein bloßes Anhängsel ihrer eigenen emotionalen Welt und meinte es demnach nicht «böse», wenn sie *für* ihn handelte und sprach, da in ihrem psychischen Erleben zwischen ihr und dem Sohn kaum eine Grenze bestand. Im Hinblick auf die sexuellen Tathandlungen verfügte Herr A. kaum über ein elaboriertes Phantasiesystem. Aber er konnte die körperlichen Erregungen im Zusammenhang mit den Exhibitionen eindrucksvoll beschreiben. In bestimmten, auslösenden Situationen – durch eine nähere Exploration konnten Kränkungserlebnisse ermittelt werden, deren Zusammenhang mit der nachfolgenden Tat Herrn A. jedoch nicht bewußt war – führten die Körpererregungen ohne größeren Umweg über bewußte Phantasieerlebnisse zur Tathandlung. Die Phantasien traten also nicht modifizierend zwischen die Körpererregung und die Tathandlung. Das jeweilige Kränkungserlebnis löste – verbunden mit einer partiellen Bewußtseinsveränderung – eine innere Fragmentierung aus, während die nachfolgende Exhibition das geeignete Mittel zu sein schien, diese Fragmentierung rückgängig zu machen. Gelang dies, so war auch das Wachbewußtsein wiederhergestellt.

Andere Mittel, das narzißtische Gleichgewicht wiederzufinden, waren Alkoholkonsum, Glücksspiel oder ein zielloses Umherfahren mit dem Moped, wodurch Herr A. sich und andere gefährdete. Die Tathandlung selbst lief «wie im Vollrausch» ab und mündete, wenn sie durch Masturbation erfolgreich abgeschlossen werden konnte, in ein Hoch- und Wohlgefühl, das man wohl als Äquivalent der (vorübergehenden) Reorganisation verstehen kann. Sollte dieses Ziel vollgültig erreicht werden, so hatten die Frauen, vor denen Herr A. exhibitionierte, gewisse Bedingungen zu erfüllen. Herr A. mußte beispielsweise das «Erschrecken» der Frau wahrnehmen können. Zeigte die Frau andere emotionale Reaktionen – war sie neugierig oder lachte sie ihn aus –, so verschärften sich bei Herrn A. die Spannungen, anstatt sich zu lösen. Außerdem hatten die Frauen, vor denen er exhibitionierte, häufig etwa das Alter, in dem die Mutter war, als Herr A. Kind war. Häufig glichen sie auch äußerlich (besonders im Hinblick auf die Haare) der acht Jahre älteren Schwester des Herrn A., der gegenüber er sich bis in die Gegenwart hinein *unterlegen* erlebte. Nach der Tathandlung war das Wachbewußtsein wiederhergestellt, und Herr A. fürchtete sich jetzt vor Entdeckung und Bestrafung. Sein Gewissen war externalisiert; es saß im Gerichtssaal, den er bereits mehrfach kennengelernt hatte.

Die exhibitionistischen Handlungen hatten begonnen, nachdem ein von Herrn A. bewunderter Freund, der alle Eigenschaften besaß, die

Herr A. gerne gehabt hätte, und der aus reichem Elternhaus stammte, bei einem Mopedunfall tödlich verunglückt war. Nach der Katastrophe, die das ideale Selbstbild des Herrn A. vernichtet hatte, war auch die Hoffnung vernichtet, mit Hilfe des Freundes den Kampf um die eigene Identität in Auseinandersetzung mit der bindenden Mutter, dem schwachen, verachteten Vater und der überlegenen Schwester doch noch siegreich zu beenden. An die Stelle der Hoffnung traten die Tathandlungen.

Herr A. erlebte seine Mutter als übermächtiges Objekt, dem es auf scheinbar magische Weise immer wieder zu gelingen schien, ihn in die Knie zu zwingen, ihn wieder zum Kinde zu machen. Es war ihm allerdings unmöglich, dieses Erleben in einer phantastischen Bilderwelt darzustellen, geschweige denn, es mit Hilfe einer solchen Bilderwelt zu bewältigen. Statt dessen benutzte er die Exhibitionen als Bewältigungshandlungen. Wenn er, scheinbar mit magischen Kräften ausgestattet, seinen Penis vor einer Frau entblößte, so schien es ihm zu gelingen, nun seinerseits Macht über das Objekt zu gewinnen. Der Beweis seiner Macht lag in der Fähigkeit, den Schrecken, den er einer Frau gegenüber empfand, mit Hilfe der Exhibition auf das Gesicht der Frau zu zaubern: Sah er in ihrem Gesicht Angst und Erschrecken, so hatte er bei ihr genau die emotionalen Reaktionen hervorgerufen, von denen er selbst gequält wurde und von denen er sich zu befreien suchte. Herr A. benötigte also ein äußeres Objekt, um seine inneren Erregungen auf dem Umweg über dieses Objekt zu bewältigen, weil ihm kein inneres Phantasieobjekt zur Verfügung stand, mit dessen Hilfe er das gleiche Ziel hätte erreichen können.

Anders im Falle des Herrn B.; er verfügte über ein ausgeprägtes, bewußtseinsfähiges Phantasiesystem, in das er sich schon seit der Kindheit zurückzuziehen verstand, um sich von der unerträglichen Realität der Familie zu lösen. Nachdem sich seine erste Freundin, mit der es nie zu einem vollgültigen Koitus gekommen war, von ihm getrennt hatte, wurden die verfügbaren Phantasien im Zuge der inneren Desintegration, die der Trennung folgte, für Herrn B. zunehmend bedrohlicher. Archaische Phantasien, die im Falle einer «klassischen» Neurose erst allmählich zu entdecken sind, lagen bei Herrn B. von Beginn der Psychoanalyse an offen zutage. Dazu gehörten explizit inzestuöse Phantasien, die sich auf den Koitus mit der Mutter bezogen, homosexuelle Phantasien und besonders sadomasochistische Bilder, mit deren Hilfe er die Brüste und die Genitalien der Freundin verstümmelte bzw. seinen eigenen Penis qualvoll sezierte, bevor er sich – in der Phantasie – selbst kastrierte. Die eingetretene Fragmentierung des Selbst und der Objektwelt erschien in solchen Phantasien in sexualisierter Gestalt.

Die Trennung von der Freundin war für Herrn B. gleichbedeutend mit einer Katastrophe. Er hatte gehofft, die Freundin könne ihn von seiner Familie «erlösen», könne ihm geben, was ihm vorenthalten worden war: Schutz, Sicherheit, Vertrauen als Voraussetzungen einer möglichen Identität. Er hatte in ihr von Anfang an nicht einen konkreten Menschen, sondern das Wunschbild gesehen, das er sich in seiner emotionalen Isolation, in seinen kindlichen Phantasien, zurechtgeträumt hatte. Wie die Analyse – insbesondere auch die der Übertragungsbeziehung – erkennen ließ, hatte Herr B. die Freundin (wie dann auch den Therapeuten) so behandelt, wie er selbst behandelt worden war – als ein Objekt, das vollständiger Kontrolle zu unterwerfen war, damit es die emotionalen Reaktionen lieferte, die Herr B. sich wünschte und die er brauchte, um seine innere (früher latente, jetzt manifeste) Desintegration auszugleichen, um sich «ganz» und identisch zu fühlen. Diesem Zwang hatte sich die Freundin entzogen. Herr B. konnte dies lange Zeit nicht verstehen, weil ihm der Zwang, den er auf andere ausübte, nicht bewußt war. Er meinte, so wie er sich verhielt, verhalte er sich als Liebender. Und er verstand nicht, warum sich seine Freundin dieser «Liebe» entzogen hatte.

Aufgrund seiner familiären Erfahrungen, insbesondere aufgrund seiner Beziehungen zur Mutter war für Herrn B. «Liebe» gleichbedeutend mit der Bereitschaft, sich dem Liebenden zu unterwerfen, ein Teil des geliebten Objekts zu werden. Er selbst verhielt sich, seinem Verständnis zufolge, der Freundin gegenüber auf diese Weise und verlangte von ihr dasselbe. Als sie sich verweigerte, darauf bestand, auch innerhalb der Beziehung als Individuum weiterzuleben, sah Herr B. darin einen Beweis, daß sie ihn nicht liebte. Er konnte dies nicht anders verstehen, denn in der Familie, in der er aufgewachsen war, gab es nur dieses Modell der «Liebe». Er hatte nichts weiter versucht, als dieses Modell zu wiederholen. Tatsächlich aber verdeckte dieses in der Familie, aus der er stammte, erprobte Modell heftige Haßreaktionen. Das Modell diente als Mittel, alle negativen, ambivalenten Gefühle zu verleugnen und abzuspalten; sie paßten nicht zur «Liebe», also durfte es sie nicht geben. Die Katastrophe, die Herr B. nach der Trennung erlebte, kam einem Weltuntergang gleich. Er hatte versucht, eine Welt, die er aus seiner Kindheit, aus seiner Beziehung zur Mutter, kannte, in der neuen Beziehung zur Freundin zu rekonstruieren und zu wiederholen. Als die Freundin sich abwandte, brach diese Welt zusammen. Die zuvor latente Desintegration wurde manifest. Der Zusammenbruch gab den Blick frei auf eine Welt, die hinter der «Liebe», hinter der Schein-Welt lag – eine archaische Welt aus Haßgefühlen und intensiven symbiotischen Wünschen.

Für Herrn A. wie für Herrn B. galten in geringerem oder stärkerem Ausmaß jene Merkmalskombinationen, die Schorsch (1975) bei seiner Untersuchung an Sexualstraftätern gefunden hatte. Beide zeigten im emotionalen und psychosexuellen Bereich Entwicklungsstagnation, waren kontaktgehemmt, selbstunsicher und verstanden es nicht, Triebimpulse in emotionale Beziehungen zu integrieren. Unterschiede bestanden zwischen Herrn A. und Herrn B. im Hinblick auf die Internalisierungsprozesse. Während das Gewissen des Herrn A. im Gerichtssaal saß, meldete sich das Gewissen des Herrn B., wenn er versucht hatte, sich mit Hilfe sadomasochistischer Phantasien selbst zu befriedigen. Und während Herr A. zu diesem Zweck ein Außenweltobjekt benötigte, konnte Herr B. auf innere Objekte (oder Teilobjekte) zurückgreifen, nachdem das Außenweltobjekt (die Freundin) verloren war, um das gleiche Ziel – die narzißtische Reorganisation – vorübergehend (bis zum nächsten Kränkungserlebnis) zu erreichen.

Während bei Herrn A. zwischen Körpererregung und Tathandlung kaum bewußtseinsfähige Phantasien lagen, mit deren Hilfe er selbstregulatorisch die Erregungszustände hätte begrenzen können, besaß Herr B. die entsprechenden Bewältigungsmöglichkeiten, die somit einen Kurz-Schluß zwischen Erregung und Tathandlung verhinderten. An die Stelle realen Agierens konnte deshalb ein phantastisches Agieren treten. Es ist allerdings zu vermuten, daß auch bei Herrn A. zwischen der Körpererregung und der Tathandlung Phantasien lagen; sie waren aber nicht bewußtseinsfähig und konnten deshalb nicht zu selbstregulatorischen Zwecken eingesetzt werden. Man erinnere sich: Freuds anfängliches Bemühen – aus dem sich allmählich das spätere psychoanalytische Standardverfahren entwickelte – war darauf gerichtet, die in Dämmerzuständen erlebten und symptomatisch agierten unbewußten Phantasien schrittweise zu rekonstruieren, sie also dem Bewußtsein zugänglich zu machen. Außerdem ging Freud davon aus, daß die Perversion als konkrete Aktion nur das positive Abbild jener Phantasien sei, die sozusagen als Negativ unbewußt das neurotische Geschehen determinieren. Geht man von dieser Gegenüberstellung Freuds aus, so repräsentiert Herr B. einen Typus, bei dem die entsprechenden, pervers genannten Phantasien bewußt sind, aber nicht agiert werden müssen. Dieser Typus unterscheidet sich sowohl von der «klassischen» Neurose wie von der Perversion, bei denen jeweils die entsprechenden Phantasien nicht im selbstregulatorischen Prozeß bewußt eingesetzt und auf Inneres begrenzt werden können. Herr A. agierte im «Dämmerzustand» (also mit partiell verändertem Bewußtsein); bei Herrn B. ließ sich dieser «Dämmerzustand» sozusagen in Phantasien auflösen, auf einer Bühne darstellen, die dem Bewußtsein zugänglich blieb.

Um noch einmal auf das Thema Pornographie einzugehen: Ich nehme an, daß entsprechendes Material seinen Zweck – die Beschwichtigung innerer Konflikte und die vorübergehende narzißtische Reorganisation – nur dann erreichen kann, wenn (wie bei Herrn B.) ausreichend innere Phantasiesysteme und entsprechende Bewältigungsmöglichkeiten vorhanden sind. In allen anderen Fällen mißlingt dieser kathartische Gebrauch des Materials. Es bleibt dann «stumpf», und der Betrachter bleibt «kalt». In Einzelfällen mag solches Material – bei Fehlen innerer Möglichkeiten der Verarbeitung – vielleicht auch zu einer diffusen Körpererregung führen, die (wie im Falle des Herrn A.) dann per Kurz-Schluß direkt in eine Tathandlung überleiten könnte (Stimulationshypothese). Dennoch neige ich nicht zur Auffassung, pornographischem Material einen wesentlichen Einfluß auf Sexualstraftaten zuzusprechen. Als mitauslösender Faktor für solche Straftaten spielt der Alkohol gewiß eine wesentlich entscheidendere Rolle. Dennoch wird – zumindest in den westlichen Industriestaaten – niemand ernsthaft ein Alkoholverbot fordern. Die zweischneidigen Folgen eines solchen Verbotes sind aufgrund historischer Beispiele zur Genüge bekannt.

Auch ein mögliches Verbot der Pornographie könnte weder die Konflikte noch deren Ursachen beseitigen, die durch das pornographische Angebot ausgebeutet und scheinbar gelöst werden. Ein solches Verbot könnte allenfalls den Zugriff auf solches Material erschweren, dessen Produktion, den Handel und Konsum jedoch nicht verhindern. Ein Verbot erzwänge in diesem Falle, wie in anderen Fällen auch, lediglich den Untergrund, ohne deshalb die Realität, die das Produkt nur abbildet, selbst verbieten zu können.[1] Am Ende *braucht* der Anti-Pornograph die Pornographie als Objekt seiner affektiven Begierden aber ebenso wie der Pornograph, weshalb das Verbot der Pornographie nur als Gegenstand seiner Phantasien, nicht aber als Realität ersehnt.

[1] In der an neuen Argumenten eher armen «PorNO»-Kampagne fällt ein Beitrag von Greiner (1987) auf, der immerhin einen Gedanken ausspricht, der durch die Analyse der Heft-Inhalte (vgl. Haupttext) zumindest grundsätzlich gestützt wird. Greiner erkennt in der für Männer bestimmten Pornographie eine Sehnsuchtsproduktion, die den Konflikten entspringe, die mit der Trennung des Sohnes von der Mutter einhergehen. Eben in diesem Sinne habe ich den zentralen Konfliktbereich, den der Porno aufgreift, im Haupttext als die Symbiose-Individuations-Problematik gekennzeichnet. Greiner meint nun, es seien vor allem Männer, die aufgrund entsprechender Konflikte Pornographie produzierten und konsumierten. Gertrud Koch (1988) meint, dieser These widersprechen zu können, da es ja analoge Konflikte auch im Zusammenhang mit der Trennung der Tochter von der Mutter gebe. Sie übersieht dabei den «Frauenroman» (vgl. Anm. S. 162). Es könnte ja sein, daß der «Frauenroman» die entsprechenden Konflikte thematisiert, deren Bewältigung geschlechtsspezifisch, also unterschiedlich ausfällt, demnach auch entsprechend unterschiedliche Materialien bedingen könnte. Andererseits fällt auf, daß der «Frauenroman» – im Unterschied zum Porno – das ödipale Konfliktfeld nicht ausspart, sondern es zum Hauptgegenstand der Thematik wählt. Es geht fast immer um ein spannungsvolles, konfliktgeladenes «Dreieck», in dessen Verlauf ein(e) «böse(r)» Dritte(r) auszuschalten ist. Meist erledigt das «Schicksal» dies, das dem «Bösen» die Rechnung präsentiert, die ihm zukommt. Vergleicht man unter diesem Aspekt «Frauenroman» und Porno, so ließe sich die Hypothese formulieren: Die Männer bringen es unter herrschenden Bedingungen in der Mehrheit nur noch bis zum Symbiose-Individuations-Konflikt, während die Frauen das ödipale Stadium noch erreichen können.

Gänzlich widersinnig sind die Einwände Karaseks (1988) gegen die Thesen Greiners (1987). Karasek präsentiert im *Spiegel* anläßlich seiner Polemik gegen Greiner eine profunde Halbbildung, wenn er sich gegen Greiners «Schnickschnack aus der stickigen Feuilletonküche» mit dem empörten Ausruf wehrt: «Mama als Onanievorlage für den großgewordenen Ödipus, nein danke!» – Es ist im Haupttext erläutert worden, daß der Porno das *ödipale* Konfliktfeld meidet; schon aus diesem Grund ist Karaseks Einwand unsinnig. Außerdem findet sich die These, die Greiner verkürzt referiert, ausführlich bei Stoller (1979) dargestellt. Von dessen allseits bekanntem Buch – «Perversion – Die erotische Form von Haß» – nimmt Karasek nur die zweite Titelhälfte wahr. Er kann sie aber nicht recht einordnen; anstatt sie der Perversion insgesamt zuzuordnen, sieht er nur in der Pornographie «die erotische Form von Haß», um sodann anstelle von Stoller Gunter Schmidt als Urheber des Zitats auszuzeichnen. Solcher «stickige Schnickschnack aus der (*Spiegel*-)Feuilletonküche» offenbart einmal mehr das intellektuelle Niveau, auf dem die «PorNO»-Kampagne häufig angesiedelt war.

171

Literatur

Adorno, T. W.: Sexualtabus und Recht heute. In: Ders.: Eingriffe – Neun kritische Modelle. Frankfurt/M. (Suhrkamp) 1963, 99–124

Beauvoir, S. de: Soll man de Sade verbrennen? In: Dies.: Drei Essays zur Moral des Existentialismus. München 1964, 7–84

Califia, P.: Feminism vs. sex. A new conservative wave? The Advocate, 21.2.1980

Califia, P.: Feminism and sadomasochism. Heresies 3/4, 1981, 30–34

Califia, P.: A secret side in lesbian sexuality. In: Weinberg, T., Levi Kamel, G. W. (Hg.): S. and M. Buffalo (Prometheus) 1983, 129–136

Dworkin, A.: Pornographie – Männer beherrschen Frauen. Köln (Emma) 1987

«Emma». Sonderband, Nr. 3 (1982/83), Nr. 5 (1988)

Gehrke, C. (Hg.): Frauen und Pornographie. Tübingen (Konkursbuch) 1988

Geiger, K. F.: Kriegsromanhefte in der Bundesrepublik Deutschland. Inhalte und Funktionen. Tübingen (Tübinger Verein für Volkskunde) 1974

Greiner, U.: Das Fleisch ist nicht willig. Der Vorstoß von «Emma» zwingt uns, eine neue Pornographie-Diskussion zu führen. Die Zeit, 11.12.1987

Hack, L.: …schneiden für Deutschland. Filmzensur in der Bundesrepublik. littera 5, 1964, 85–106

Haeberle, E. J.: Zur Geschichte der Pornographie: Fotografierte Unzucht. Ein historischer Überblick. In: Aigner, J. C., Gindorf, R. (Hg.): Von der Last der Lust. Sexualität zwischen Liberalisierung und Entfremdung. Wien (Verlag für Gesellschaftskritik) 1986, 25–46

Karasek, H.: Ist die sexuelle Freiheit am Ende? Der Spiegel, 1/1988

Koch, G.: Die neue Sittlichkeit. Zur gegenwärtigen Debatte um die Pornographie. Frankfurter Rundschau, 23.1.1988

Lautmann, R.: Die neue Gefährlichkeit der Pornographie. Politische Kampagnen und psychologische Wirkungsforschung. Ztschr. f. Sexualforsch. 1, 1988, 45–67

Leggewie, C.: Interview (mit A. Schwarzer). Frankfurter Rundschau, 24.9.1988

«Meese»-Report – Attorneys general commission on pornography – final report. Washington, D. C. (U. S. Department of Justice) 1986

Musall, B.: Die erotische Gegenkultur muß her. Der Spiegel, 44/1988

«littera» – Dokumente, Berichte, Kommentare (hg. von W. Böckmann), Bd. 3 u. 4. Frankfurt/M. (Hirsch) 1964

Nitzschke, B.: Frauenphantasien oder: Liebe deinen Nächsten wie dich selbst. In: Ders.: Sexualität und Männlichkeit – Zwischen Symbiosewunsch und Gewalt. Reinbek (Rowohlt) 1988a, 110–132

Nitzschke, B.: Vom Nutzen und Nachteil der Sexualität für das (postmoderne) Leben. Reflexionen über den «unhistorischen Augenblick» und sein mögliches zukünftiges Schicksal. Leviathan, Sonderband 9, 1988b, 348–367

Nitzschke, B.: Messer im Herz, Dreieck im Kopf: Vignetten zu einer Pornographie der Gefühle. In: Ders.: Sexualität und Männlichkeit – Zwischen Symbiosewunsch und Gewalt. Reinbek (Rowohlt) 1988 c, 238–273

Pornographie-Report. Untersuchungen der «Kommission für Obszönität und Pornographie» des amerikanischen Kongresses (hg. von B. Nitzschke). Reinbek (Rowohlt) 1971

Rutschky, K.: Über «kolonialisierte» Frauen und sonstige unkeusche Gedanken. Frankfurter Rundschau, 21. 10. 1988

Schmidt, G.: Male-female differences in sexual arousal and behavior during and after exposure to sexually explicit stimuli. Arch. Sex. Behav. 4, 1975, 353–365

Schmidt, G., Sigusch, V.: Sex differences in response to psychosexual stimulation. J. Sex Research 5, 1969, 199–217

Schmidt, G., Sigusch, V.: Psychosexual stimulation by films and slides: a further report on sex differences. J. Sex Research 6, 1970, 10–24

Schmidt, G., Sigusch, V., Schäfer, S.: Responding to reading erotic stories: male-female differences. Arch. Sex. Behav. 2, 1973, 181–199

Schorsch, E.: Häufige Merkmalskombinationen bei Sexualstraftätern. In: Schorsch, E., Schmidt, G. (Hg.): Ergebnisse der Sexualforschung. Köln (Kiepenheuer & Witsch) 1975, 257–271

Selb, H., Bauer, M.: Pornographie – Psychologische Beiträge zur Wirkungsforschung. Bern (Huber) 1986

Sherfey, M. J.: The nature and evolution of female sexuality. New York (Random House) 1972

Sigusch, V., Schmidt, G., Reinfeld, A., Wiedemann-Sutor, I.: Psychosexual stimulation: sex differences. J. Sex Research 6, 1970, 10–24

Stoller, R. J.: Perversion – Die erotische Form von Haß. Reinbek (Rowohlt) 1979

Weininger, O.: Geschlecht und Charakter (1903). Neuausgabe: München (Matthes & Seitz) 1980

Teil III
männlich, weiblich, göttlich – Passionsstationen auf dem langen Marsch ins Paradies

9 Goethe ist tot, es lebe die Kultur

> Es existiert eine Art Muckertum im Goethekultus, das nicht von Produzierenden, sondern von wirklichen Philistern, vulgo Laien, betrieben wird. Jedes Gespräch wird durch den geweihten Namen beherrscht, jede neue Publikation über Goethe beklatscht – er selbst aber nicht mehr gelesen, weshalb man auch die Werke nicht mehr kennt, die Kenntnis nicht mehr fortbildet. Dies Wesen zerfließt eines Teils in blöde Dummheit, andern Teils wird es wie die religiöse Muckerei als Deckmantel zur Verhüllung von allerlei Menschlichem benutzt, das man nicht merken soll. Zu alledem dient eben die große Universalität des Namens.
>
> *Gottfried Keller, 1824*

1

Goethe, gewiß, ein Symbol deutscher Kultur. Aber ein solches ist auch Stammheim; hatte sich doch Sartre nicht entgehen lassen, diese Mauern und Selbstschutzanlagen zu besichtigen. Und jene Mauern weiter östlich, auch sie hatten symbolischen Wert; waren sie doch Staatsmännern aus aller Welt, mal von Osten, mal von Westen, mit je unterschiedlicher Intention, vorgeführt worden. Und nicht zuletzt hatten sie eine Goethesche Harzreise zu einem Ding der Unmöglichkeit gemacht. Natürlich, Auschwitz gehört auch noch zu diesen Symbolen deutscher Kultur. Und die Deutsche Bank. Und die IG Farben; Verzeihung, Hoechst und Bayer am Rhein. Und die Wohnsilos der Neuen Heimat. Und der preußische Stechschritt der proletarischen Kameraden, die im entmilitarisierten Großberlin friedlich für den Sozialismus marschierten. Das Blöde an Goethe ist, daß er so schlecht in diese deutsche Landschaft paßt. Deshalb kann jeder um so besser über ihn *reden*.

Bernward Vesper — ich habe seinen Text nur in einem Wort geändert — äußerte sich über unsere Kultur so: «Eines Tages wird die Nachricht ‹Mickey-Maus ist tot!› bei einer größeren Anzahl Menschen auf der ganzen Erde weit größeres Entsetzen auslösen als Nietzsches Aufschrei ‹Goethe ist tot!› — die Menschen werden ratlos in den Straßen stehen: ‹Mickey-Maus ist tot! Wer wird der nächste sein?›» Ein bißchen Goethe hier, ein Häppchen Goethe da? Aber noch schwerer, als für sein Denkmal einen würdigen Platz in unserer Kultur zu finden, ist es, den Mann aus Marmor von jenem Sockel zu hieven, auf dem ihn Deutschlehrer, Feuilletonisten oder Theaterintendanten plaziert haben: «Nur für wenige hat er gelebt und lebt er noch: für die meisten ist er nichts als eine Fanfare der Eitelkeit, welche man von Zeit zu Zeit über die deutsche Grenze hinüberbläst. Goethe, nicht nur ein guter und großer Mensch, sondern eine Kultur — Goethe ist in der Geschichte der Deutschen ein Zwischenfall ohne Folgen» (Nietzsche).

Das unerbittliche Wiederaufleben des Genius anläßlich seines hundertfünfzigjährigen Ablebens, das Goethejahr 1982 also, zwang Goethe-Verehrer zum Aufstieg. Jenem Gipfelkreuz deutscher Kultur entgegen, an dem der Meister hängt. Und von dort oben aus betrachtet taten sich wahrhaft schwindelnde Abgründe deutschen Geistes auf: «Goethe und die Arbeiterklasse» (Frankfurt/M.); «Goethe als Briefschreiber und Postbenutzer» (Essen); «Sänger sprechen Goethe» (Oberhausen); «Der erotische Goethe» (Saarbrücken); «Goethes Verhältnis zu Sterben und Tod» (Hamburg)! Die Ritter von der schreibenden Zunft zogen in den Jubiläumskampf gegen den Olympier und ritten dabei einen Pegasus zuschanden, der teilweise dem Klepper Rosinante, teilweise aber auch nur einem Maikäfer glich. Die Titel, die sie dabei einheimsten, lasen sich dann, gemäß ihrer Steigerungsform aneinandergereiht, folgendermaßen: «Goethe»; «Mein Goethe»; «Mein Gott Goethe». Im merkantilen Goethe-Jahr 1932 notierte Walter Benjamin über den Goethe-Schund: «Das Werk (i. e. *Goethe* von Emil Ludwig) befriedigte bekanntlich die Bedürfnisse des breitesten Publikums. Es ermöglichte dem Leser, wenn nicht sich in Goethe zurecht-, so gewiß einen kleinen Goethe in sich selbst vorzufinden.»

Dabei hatten Nick und Netty, zwei auf dem Streckbett einer deutschen Universalbildungsanstalt malträtierte Hamburger Schüler, 18 und 17 Jahre alt, noch rechtzeitig zum Goethe-Jahr gewarnt: «Goethe-Winseln können wir nicht ertragen.» So ließen sie in einem Pamphlet wider die Zurichtung deutschen Geistes verlauten, das ein deutsches

Nachrichtenmagazin (19/1982) verbreitet hatte. Zwar sprachen die beiden mit einem solchen Stoßseufzer Generationen von Heideröslein-Erlkönig-Nachtlied-Gezwiebelten aus tiefstem Herzen, doch genützt hat's wenig. Und das, obgleich die Schüler den Dichterfürsten auf ihrer Seite hatten, konnte der doch das Winseln ebensowenig wie das Kläffen von Kötern vertragen: «Soll ich mit dir das Zimmer teilen,/Pudel, so laß das Heulen,/So laß das Bellen!/Solch einen störenden Gesellen/Mag ich nicht in der Nähe leiden.» Es heißt, schlußendlich habe Goethe das Winseln des Schoßhundes der Frau von Stein weitere Besuche bei derselben verlitten. Aber was kann Goethe, inzwischen selbst zum Schoßhund deutscher Kultur avanciert, noch gegen die Meute seiner kläffenden Schwärmer ausrichten? Selbst starke Worte («Jeglichen Schwärmer schlagt mir ans Kreuz im dreißigsten Jahre…») nützen da wenig. Auch Faustsche Magie reichte nicht aus, in den hohlen Kern, der sich in den Köpfen manch winselnder Pudel verbirgt, irgendeine Substanz zu zaubern.

Goethe-Jahre bieten, Nick und Netty zum Trotze, dem deutschen Feuilleton Gelegenheit, den einen oder anderen Vogel abzuschießen, und sei's auch nur ein Papagei. Den trefflichsten Plattschuß aber – die Kugel hätte vom Teufel selbst gegossen sein können – erlaubten sich 1982 die vereinigten «Schulfunkredaktionen der ARD und des RIAS». So unterzeichneten Dunkelmänner einen leichenschänderischen Text, der Literarisches zu und über Goethe einleiten sollte. Selbiges funkten sie zunächst über Äther in die Ohren deutscher Schüler; darauf ließen sie es pressen und unter dem Titel «Mein Goethe» feilbieten. «Mein»–«Gott»–«Goethe», womit hast du das verdient?

An dem nekrophilen Unternehmen beteiligten sich deutsche Schrift-Stehler, die als eine «Nationalmannschaft» (O-Ton Schulfunk) unserer Gegenwartsliteratur vorgestellt werden. Die Crème de la Nivea, die da Goethe um den Bart streicht, ist im Einzelfall auch für einen Platz auf der SWF-Torschützenliste gut. In jedem Falle aber lassen die Texte der hier versammelten Spitzen- und Gipfelliteraten rückblickend die von einer anderen «Nationalmannschaft» verursachte «Schmach von Córdoba» als eine heroische Kulturleistung erscheinen.

Der Trainer aus den vereinigten Schulfunkredaktionen kam, wie er in seinem «Vorwort» erkennen läßt, zu seinem Ensemble unter Aufbietung äußerster Anstrengung: «Eine Frau sollte dabei sein, natürlich.» Natürlich ist es die papierzentnerschwere Wohmann, die in ihrem Text zwecks Zeilenfülle die Ruh' über allen Gipfeln gleich zweimal in voller

Länge zitiert, damit andeutend, daß sie das Schweigen der Vöglein im Walde für sich nicht als Vorbild nimmt. Wer sollte, laut Schulfunk, noch mit von der Landpartie sein? «Ein Autor, der die heutigen Verhältnisse in Weimar kennt, selbstverständlich.» Selbstverständlich ist dies der ebenso zentnerschwer(kummer)beladene Kunert vom Weltuntergangsflügel der deutschen Nationalliteratur. Er schwadroniert über «Herrn G.»: «Seine nußfarbenen, ein wenig basedowartig hervorgekugelten Augen ließen mich nicht aus denselben.» Na fein, wenn Herr K. sich durch solche Worte von *seinen* Drüsenschwellungen und denselben befreien kann, warum nicht?

Schwierigkeiten bei der Mannschaftsaufstellung begegneten die vereinigten Schulfunkredaktionen vorsorglich: «Mit Absagen mußte gerechnet werden, man schuf eine ‹Ersatzbank›.» Nun läßt sich im nachhinein schwer feststellen, wer dazu gehörte. Mickey-Maus jedenfalls läßt sich nicht blicken. Statt dessen stürmen und drängen: Zok-Roarr-Wumm-Rühmkorf («Was ich davon halte, scheint mir dabei weniger interessant als das, was objektiv vorliegt»); Schnurre-Stracks-Wolfdietrich, sein Opus als Sprechgesang bietend («ICH [bitter] Logisch: Als Null»); Lenz, Siegfried, ebenso bitter, denn für den Namen kann er nichts, obgleich man ihn symbolisch sehen muß («Symbolisch sehen: das heißt, eine Erscheinung nicht um ihrer selbst willen betrachten, sondern sie als Ausdruck für eine höhere Gesamtheit nehmen»). Und so nehmen wir die symbolische Erscheinung des Martin Walser als Ausdruck der hier versammelten höheren Gesamtheit und resümieren mit ihm: «Goethe ist vom Negationisten nicht darstellbar»; und mit dem Vorwortschreiber: «… schließlich war nach rund drei Monaten alles klar.»

Alles klar? Jedenfalls die Tatsache, daß unsere Goethe-schwangeren Schwärmer nach drei und nicht erst nach neun Monaten rund waren, ist klar. Da die Texte, leider, nicht mit der 1819 von Ludwig Börne in Paris gesichteten «sympathetischen Druckerschwärze» hergestellt wurden, «die nach einem Jahr wieder verschwindet», bleiben sie uns erhalten, bis die Auflage und die Nasen vergriffen sind, an denen die Goethe-Interpreten deutsche Schüler herauf und herab und quer und krumm, kurz mit Faustscher Unrast ziehen.

Angesichts solcher Sprachleistungen konnte man im Goethe-Jahr 1982 auch verreisen. Etwa so (Annonce in einem deutschen Bildungsblatt): «Goethes Lebensreise. Karte. Tegel im Norden, Girgenti im Süden, Valmy im Westen und Vieliczka im Osten bilden die vier äußersten geographischen Punkte, innerhalb deren sich Goethes Lebensreise abspielte. Die Karte zeigt synoptisch die äußeren Wege des Dichters und ist, abgesehen von ihrem Informationswert, ein reizvoller Wandschmuck. Format 51×64 cm, Vierfarbendruck auf Zerkall-Bütten-Papier. DM 19,80.» Das finde ich demokratisch, das Format unseres Dichterfürsten auf 51×64 cm zu begrenzen und gleich noch mitzuteilen, daß sich Goethes Lebensreise *innerhalb* deren vier Punkten abspielte. Diese geographische Erkenntnis gleicht der geglückten Quadratur des Kreises!

Es ist ungerecht, den einen oder anderen Erguß eines eiligen Schöngeistes hier hervorzuheben. Der eine zählte sämtliche Titel und Orden auf, die der Weimarer Geist im Laufe seines schier nicht enden wollenden Lebens einheimste; ein anderer zählte die Leichen der Überlebten, die des Dichters Erdenpfad pflasterten, getreu dem unsterblichen Dichterwort: «Lange leben heißt gar vieles überleben...» Fast jeder der Jubiläumsgrüße hätte es verdient, genannt zu werden, und jeder der Jubelnden hat es verdient, je nach Höhe der Auflage der Zeitung, für die er schrieb. Aber einen muß ich hier, pars pro toto, doch noch nennen, weil sich an diesem Beispiel zeigen läßt, daß der Dichter dann besser noch in der Gosse erörtert wird als auf einem Podest. Ich meine Reinhard Baumgart und sein Œuvre «Eine Liebeserklärung». Dasselbe enthält die bedeutungsschweren Worte, Goethe habe «nahezu alles gesagt» und deshalb «zu allem auch scheinbar das Gegenteil gesagt». Das Elend der Dialektik! «...immer dieser eine arme Goethe! Weil er zehnmal mehr begriffen hat als die andern Deutschen, soll er gleich alles gewußt haben» (Ludwig Hohl).

Baumgart nimmt auf einem der Wipfel unserer Kultur Platz, setzt zum Sprung an und landet – wer hätte das gedacht? – mitten auf der Startbahn West. Dort bricht er in die folgende Sentenz aus: «Nun bin ich zwar ganz darauf gefaßt, daß er (gemeint ist Goethe – B.N.) uns in diesem Jahr vorgeführt werden wird (mit Hinweis auf die Philemon-und-Baucis-Szenen im zweiten – Teil? des? –‹Faust›) als ein Gegner der Startbahn West, aber wir müssen eben auch darauf gefaßt sein, daß uns (mit Hinweis auf die gleichen – dieselben? – Szenen) bewiesen wird, wie tragisch notwendig Goethe der Ausbau des Frankfurter Flughafens erschienen ist.»

Allerdings müssen wir ob solcher schlechten sophistischen Späße ganz gefaßt bleiben. Und deshalb sollten wir auch nicht mit der zweiten

Faust auf den Tisch schlagen, vielmehr im zweiten Teile des *Faust* nach-schlagen. Dort zeigt sich dann, daß Goethe aller Bildungsbürgerlektüre zum Trotz keinen Gemischtwarenladen eröffnet hat, in dem sich jeder gerade bedienen kann, wie er lustig ist. Faustens Trachten nach der bescheidenen Startbahnhütte von Philemon und Baucis – nebst «mor-schem Kirchlein» und den schönen «Linden» im Besitz der beiden Alten – hat nämlich gar nichts gemein mit der paranoiden Platzangst des Betonfachmanns und 1982 in Hessen amtierenden Ministerpräsidenten Holger Börner. Faustens Streben nach dem beschaulichen Refugium der beiden antiken Alten entspringt auch keinen spätzivilisatorischen Fort-schrittsphantasien, vielmehr einer Art Grundstücksmaklermentalität, wie sie bei Vettern aller Neuen Heimat üblich ist. Faust will, was die Hütte der beiden Alten angeht, weder die Nordsee eindeichen noch den Frankfurter Flughafen ausbauen, vielmehr treiben *Neid* und *Besitzgier* ihn, das letzte Stück Land an sich zu raffen, das er noch nicht sein eigen nennt: «Die Alten droben sollten weichen, / Die Linden wünscht ich mir zum Sitz, / Die wenig Bäume nicht mein eigen, / Verderben mir den Weltbesitz. / Dort wollt' ich, weit umherzuschauen, / Von Ast zu Ast Gerüste bauen, / Dem Blick eröffnen weite Bahn, / Zu sehn, was alles ich getan.» Faust also will auf die Bäume klettern, um die Aussicht zu genie-ßen, was aber nicht heißt, daß ihm die «Linden ... die Aussicht auf seinen Besitz versperren», wie Mattenklott (in: «Deutsche Literatur», Bd. 6, Reinbek 1980) behauptet. Ganz im Gegenteil, lieber Literaturfreund!

Das soll nun nicht heißen, daß Goethe heute nicht als Grüner im Frankfurter Stadtparlament säße. Schreibt er doch, als Werther getarnt, im gleichnamigen Briefroman unter dem Datum vom 15. September, das Abhauen «herrlicher Nußbäume» in einem alten Pfarrgarten betref-fend: «Ich sage dir, dem Schulmeister standen die Tränen in den Augen, da wir gestern davon redeten, daß sie abgehauen worden – abgehauen! Ich möchte toll werden, ich könnte den Hund ermorden, der den ersten Hieb dran tat. Ich, der ich mich vertrauern könnte, wenn so ein paar Bäume in meinem Hof stünden und einer davon stürbe vor Alter ab, ich muß zusehen ... Das ganze Dorf murrt, und ich hoffe, die Frau Pfarrerin soll es an Butter und Eiern und übrigem Zutrauen spüren, was für eine Wunde sie ihrem Ort gegeben hat. Denn *sie* ist es, die Frau des neuen Pfarrers ..., ein hageres, kränkliches Geschöpf ..., eine Närrin, die sich abgibt, gelehrt zu sein ..., eine ganz zerrüttete Gesundheit hat und des-wegen auf Gottes Erdboden keine Freude. So einer Kreatur war es auch allein möglich, meine Nußbäume abzuhauen.»

Und um den höchst zweifelhaften Zusammenhang, in dem Goethe-Feiern und politische Kultur in unserem Lande zu sehen sind, hat sich auch der bereits erwähnte Holger Börner im Goethejahr 1982 verdient gemacht. *Einmal* nahm er als Repräsentant im Großen Schwarzen anläßlich einer Goethe-Feier im Festsaal einen der Plätze in der ersten Reihe weg, die so gut geeignet sind, des Abends den Politikerschädel im handelsüblichen Format über die Mattscheibe flimmern zu lassen. *Zum zweiten* demonstrierte er wenig später in einem Interview mit einer bunten Illustrierten, was ihm vom Geiste Goethes geblieben ist; er äußerte sich zu «gewalttätigen» Startbahngegnern: «Ich bedauere, daß es mir mein hohes Staatsamt verbietet, den Kerlen eins in die Fresse zu hauen. Früher auf dem Bau hat man solche Dinge mit Dachlatten erledigt.»

Ich meine, solche Worte, in einem Goethejahr gesprochen, sind verdienstvoller, als es ein Festsaal voller Kulturangestellter, Feuilletonisten, Verlagsleiter, Papierverkäufer und Literaten je sein könnte, weisen sie doch nach, daß die Börners, links wie rechts, in Reihen und Kolonnen, kommen und gehen, ein Goethe aber zum Denkmal erstarrt, um ohne Folgen für die politische und sonstwelche Kultur in unserem Lande zu bleiben.

Und die Ironie der Geschichte? Die Goethe-Linde am Hirschgraben hinter des Dichters Geburtshaus wurde just im Goethejahr 1982 vom Frankfurter Gartenbauamt als altersschwach ausgemacht. Es heißt auch, sie stand einer Baumaßnahme im Weg. Also kletterte ein Beauftragter mit einer Kreissäge auf den Baum und fing an, Holz zu fällen. Aus dem Nachbarhaus aber wurde er von Angehörigen des Börsenvereins des Deutschen Buchhandels gesichtet, der dort sein Domizil hat. Sie kamen und schlugen mit zornigem Gebrüll den Säger in die Flucht. In diesem Falle war der Deutsche Buchhandel im Innersten getroffen, dem ansonsten – und sei es nur zum Zwecke der Laudatio auf den Dichter – kein Holz zu schade ist, es als bedrucktes Papier zu verwerten. Der eilends herangekarrte Oberbürgermeister der Goethe-Geburtsstadt befahl dem Frevel Einhalt. Da stand sie nun, die Goethe-Linde, befreit um ein Drittel ihrer knorrigen Äste, angesägt: Welch denkwürdigeres Denkmal hätten die Deutschen augenblicklich ihrem größten Dichter zu bieten?

Hierbei bekenn' ich, daß mir von jeher die große und so bedeutend klingende Aufgabe: *erkenne dich selbst*, immer verdächtig vorkam, als eine List geheim verbündeter Priester, die den Menschen durch unerreichbare Forderungen verwirren und von der Tätigkeit gegen die Außenwelt zu einer innern falschen Beschaulichkeit verleiten wollten. Der Mensch kennt nur sich selbst, insofern er die Welt kennt, die er nur in sich und sich nur in ihr gewahr wird. Jeder neue Gegenstand, wohl beschaut, schließt ein neues Organ in uns auf.

Goethe

2

«‹Falschheit nur und Verstellung ist im Umgang der Menschen, / Keiner erscheint, wie er ist!› – Danke dem Himmel, mein Freund!» *(Xenien)* Nein, Goethe war bestimmt nicht so naiv zu fordern, die Menschen sollten ihr «wahres» Wesen entblößen. Der Schein, die Verstellung bedecken gnädig, die Gnade des Himmels bewahrt uns, ins *Herz* der Menschen zu blicken. Goethe, wiewohl ein großer Psychologe, warnte doch vor allzu intensiv betriebener Psychologie und Introspektion: «Alle gesunden Menschen haben die Überzeugung ihres Daseins und eines Daseienden um sie her. Indessen gibt es auch einen hohlen Fleck im Gehirn, das heißt eine Stelle, wo sich kein Gegenstand abspiegelt, wie denn auch im Auge selbst ein Fleckchen ist, das nicht sieht. Wird der Mensch auf diese Stelle besonders aufmerksam, vertieft er sich darin, so verfällt er in eine Geisteskrankheit, ahnet hier Dinge aus einer andern Welt, die aber eigentlich Undinge sind und weder Gestalt noch Begrenzung haben, sondern als leere Nacht-Räumlichkeit ängstigen und den, der sich nicht losreißt, mehr als gespensterhaft verfolgen» *(Maximen und Reflexionen)*. Wahnsinn, *nicht* seine Ursache, wohl aber seine unausweichliche Konsequenz, das ist für Goethe gleichbedeutend mit dem Verlust der lebendigen Wechselbeziehungen zur Außenwelt, mit der Hinwendung zur eigenen Person, mit der narzißtischen Selbstbespiegelung, mit dem Starren auf den «hohlen Fleck» im eigenen Gehirn. So schreibt er in den *Lehrjahren* über den Harfner: «Seit vielen Jahren hat er an nichts, was außer ihm war, den mindesten Anteil genommen, ja fast auf nichts gemerkt; bloß in sich gekehrt, betrachtete er sein hohles, leeres Ich, das ihm als ein unermeßlicher Abgrund erschien.» Nein, Goethe ist kein Kronzeuge für die Literatur, die nur noch die eigenen Gehirnwindungen abspiegelt, ist nicht zeitgemäß und deshalb auch nicht beliebt bei unseren neoromantischen Ich-Schwärmern. Bloße Introspektion, die mit imaginierten Bildern die Nacht-Räumlichkeit ausfüllt, ist ihm verhaßt. Bei ihm ist es nicht der Schlaf der Vernunft, sondern der Schlaf der Liebe, der die Ungeheuer gebiert. Das Subjekt ist nichts, es sei denn im Objekt; das Objekt ist nichts, es sei denn, es werde zum Subjekt. Das ist die Botschaft der Unterredungen zwischen Suleika und Hatem im *Westöstlichen Divan*. Also formuliert Goethe in den *Maximen und Reflexionen*: «Alles, was im Subjekt ist, ist im Objekt und noch etwas mehr. Alles, was im Objekt ist, ist im Subjekt und noch etwas mehr.» Das «Mehr», um dessen Gestaltung es Goethe geht, ist die *Beziehung* zwischen Subjekt und Objekt, ohne die kein (liebender) Dichter denkbar wäre. Also, weder die bloße Innenwelt, die reine Subjektivität, noch das sture Abkonterfeien der äußeren Realität, der literarische Realismus, sind Goethes Metier. Vielmehr: «Die große Schwierigkeit bei psychologischen Reflexionen ist, daß man immer das Innere und Äußere parallel oder vielmehr verflochten betrachten muß» *(Maximen und Reflexionen)*. Goethe also wendet sich seinen Figuren *nicht* als analytischer Beobachter zu, der sich als Spiegel der Gestalten versteht, die dem hohlen Fleck im Gehirn seiner Helden (Patienten) entspringen. Nicht Neutralität und Abstinenz, sondern Leidenschaft ist die Lösung, in der sich Subjekt und Objekt auf bisher nicht bekannte Weise miteinander zum Kunstwerk verbinden. Fragt sich, was eine psychologische oder psychoanalytische Interpretation solcherart zustande gebrachter dichterischer Bilder denn nun leisten kann, wenn erklärtermaßen nicht Analyse, sondern Synthese am Ausgangspunkt Goethescher Kreativität steht?

Führt eine Reduktion des Kunstwerks auf die (pathologische) Persönlichkeit des Künstlers nicht notwendig in die Sackgasse? Goethe selbst notierte in diesem Zusammenhang einen, Rembrandt zugeschriebenen, Ausspruch: «An meinen Bildern müßt ihr nicht schnuffeln, die Farben sind ungesund» *(Maximen und Reflexionen)*. Der psychologische Kunstfreund, der meint, aus einer Analyse der Farben das «Wesentliche» und «Eigentliche» des Bildes zu gewinnen, wird eine bestürzende Entdeckung machen, nämlich feststellen, daß die Substanz der Farben immer dieselbe ist, ob sie nun von Rembrandt, von Hinz oder Kunz verwendet wurden. Auf seinem Weg, das Besondere zu enthüllen, wird er beim Allgemeinsten enden.

Und so bleibt auch von der Fiktion des Genies auf diesem Wege nichts übrig, es sei denn Menschliches, Allzumenschliches. Die psychologischen Elemente, in die sich das Genie auflösen läßt, wären, so meine ich, bei jedem Straßenfeger wiederzufinden. Um einen Ausspruch des heiligen Augustinus zu variieren: Auch die Kunstwerke werden zwischen Kot und Urin geboren. Eine der Leistungen des Genies besteht darin, solches Wissen vorauszusetzen, nicht es erst entdecken zu wollen. Solche Entdeckungen bleiben den Epigonen und anderen Schnüfflern vorbehalten. Aber immerhin haben auch solche Entdeckungen ihr Gutes: Sie zerstören die Idealisierungen, mit denen der bürgerliche Geniekult das Gefährliche und Gefährdende zu verharmlosen versucht.

Was also nützen uns Ausführungen über das «Pathologische» bei Goethe? Immerhin, sie weisen die andere Hälfte der Welt des Genies (und unserer eigenen Person) auf, sie zeigen, daß die von der bürgerlichen Normalität abgespaltene Pathologie eine Conditio sine qua non für jede Art des künstlerischen Schaffens ist. Mit dieser mittlerweile banalen Feststellung wäre auch den progressiven Wortmaschinen entgegenzutreten, die den Schizo als den wahrhaft Gesunden feiern und die selbsterwählten Anti-Helden Hölderlin, Büchner oder Nietzsche wortreich zerfleischen, um einen so scheinbar Gesunden wie Goethe unverdaut auszuspeien. Nein, meine Freunde der Scheinsubversion: So einfach ist es denn doch nicht! Goethe im Museum und Hölderlin im Turm, das sind nur zwei Strategien, sich dessen zu entledigen, was sie uns zu sagen hätten. Mal den einen zum Komplizen der eigenen Dummheit zu machen, mal dem anderen auch noch seinen Wahnsinn zu nehmen, das führt zu nichts.

Das «Pathologische» an Goethe wiederzuentdecken, das ist eine vergleichsweise notwendige Tat. Immerhin ist es ein Versuch, das Standbild Goethes aus dem Schlick des offiziösen Kulturbetriebs zu ziehen und es von dem Kalk zu befreien, den es im Meer der geschwafelten Worte angesetzt hat. Dieses Unternehmen bedeutet aber auch, Goethe als die allseits entwickelte Persönlichkeit vorzustellen, die er war und zu der – allem sozialistischen Spießergefasel zum Trotz – vor allem auch eine entwickelte Psychopathologie gehört. Nur die allseits reduzierte Persönlichkeit ist von all den Vermögen, Eigenschaften und Leidenschaften befreit, die das bürgerliche Denken ins Reich des Krankhaften abgeschoben hat.

Die Psychiatrie des 19. Jahrhunderts also entdeckt die Dialektik von Genie und Wahnsinn und eignet sich damit ein Wissen an, das die

Künstler selbst niemals verloren hatten. Aber warum denken wir beim Thema Genie und Wahnsinn nicht an den Fortschritt der Naturwissenschaften, der uns in absehbarer Zeit die geniale Umgestaltung des Planeten Erde in eine gigantische Militärmaschine bescheren wird? In der assoziativen Verknüpfung von Genie und Wahnsinn mit Kunst kommt wohl die Gewißheit zum Ausdruck, daß jede mögliche naturwissenschaftlich-technische Entdeckung prinzipiell wieder-holbar wäre. So genial Newton oder Einstein auch waren, man ist geneigt anzunehmen, ihre Leistung könnte ein zweitesmal vollbracht werden. Nicht so in der Kunst: Die *Odyssee*, der *Hamlet* oder der *Faust* könnten, gingen sie verloren, kein zweitesmal erschaffen werden, ist doch die Subjektivität ihrer Schöpfer die unabdingbare Voraussetzung des Kunstwerks. Und wie die Subjektivität eines jeden beliebigen Menschen, so ist auch die eines Homer, eines Shakespeare oder eines Goethe nicht wiederholbar. Deshalb also ist der Geniebegriff so eng mit dem der Kunst verbunden, weil Genie in diesem Zusammenhang die höchste Steigerung der Subjektivität, das ganz persönliche *Er-Leben* der Realität, die Widerspiegelung der Objekte in den Leidenschaften eines *Bestimmten* bedeutet. Diese unauflösliche Verflochtenheit mit der eigenen lebenden und leidenden Person teilt das Kunstwerk mit der Liebe und dem Wahnsinn.

«Ein Narr, der sich einbildet, ein Fürst zu sein, ist von dem Fürsten, der es in der Tat ist, durch nichts unterschieden, als daß jener ein negativer Fürst und dieser ein negativer Narr ist. Ohne Zeichen betrachtet, sind sie gleich» (Georg Christoph Lichtenberg). Heißt das nun, daß jeder Narr ein Genie ist, nachdem wir auf die Dialektik von Genie und Wahnsinn hingewiesen haben? Heißt das nun, daß jedes erlittene Unglück einen Empfindsamen zum begnadeten Dichter macht? Wenn man auf das «Vorzeichen» verzichtet, das Fürst und Narr trennt, dann kann man solchem Trugschluß wohl aufsitzen. Wenn sich heutzutage jeder begabte Schizo oder nur Artaud-Stammler selbst zum Genie erklärt, dann sollte uns das Beispiel des Heinrich Stieglitz (1801–1849) als Warnung dienen. Den heute vergessenen Lyriker, den Goethe einmal beiläufig lobend in den Gesprächen mit Eckermann erwähnt, können wir als wahrhaft Wertherschen Charakter bezeichnen, der es doch zu keinem *Werther*, wohl aber zu ein paar romantisch überspannten Lyrismen brachte. Über ihn bemerkt seine Ehefrau Charlotte: Er hatte «Angst vor dem Sprechen mit Menschen, selbst mit den genauesten Freunden. Dieser passive, nur schlaffe Zustand ... mochte wohl vier

Wochen dauern. Dann wechselte er mit großer Aufmerksamkeit ab. Beklommenheit, Verwirrung, tödliche Unruhe steigerten sich nun, vorzüglich in geschlossener Luft, bis zum Entsetzlichsten... Völliger Lebensüberdruß mitten durch das Anerkennen, wie glücklich er sein könnte... Für diesen Sommer war er voller Pläne; nun ist alles vernichtet und eine tiefe Melancholie bis zur Menschenscheu an die Stelle des sonst so freudig Schaffenden und klar ins Leben Blickenden getreten... Je länger Sie ihn kennen, desto mehr werden Sie diese merkwürdige Ebbe und Flut bei ihm gewahren; nach zeitweiser Dürre schwillt mit einem Male der Nil und befruchtend überschwemmt er den ganzen Stieglitz nach allen Seiten hin; dann dichtet er nicht allein, sondern dann schreibt er Briefe dutzendweise, ...lebt, liebt, liest..., sieht sich und andere klar, und hat alle zerstreuten Kräfte beisammen.»

Kein Zweifel, der Mann war vom «Furor Wertherinus» (Lichtenberg) gezeichnet. Er hätte, wie Jerusalem, als Vorbild für Goethes Werther dienen können. Auch in Goethe selbst steckten Werthers Charakter und Leiden, wie der Dichter an vielen Stellen seiner autobiographischen Mitteilungen und in Briefen an Freunde verlauten ließ. Doch das Erleben der ins Monströse gesteigerten Leidenschaften, das Erleiden womöglich sämtlicher Symptome eines psychiatrischen Lehrbuchs genügen nicht, aus der Qual ein Kunstwerk zu formen. Dazu bedarf es, entgegen aller leidenschaftlichen Unmittelbarkeit, auch der kältesten Distanz, wenigstens nachträglich, zum Erlittenen. In dieser Spaltung und virtuosen Handhabung solcher Spaltung, die man getrost eine Selbstausbeutung, eine Ausbeutung des eigenen Erlebens nämlich, nennen könnte, liegt eine zweite unentbehrliche Voraussetzung künstlerischen Schaffens. Schließlich hat sich nicht Goethe, sondern Werther erschossen. Indem er seinen Stellvertreter umbrachte, brachte sich Goethe auch um dessen Erleben, das in dieser Form jedenfalls kein zweitesmal in seiner Dichtung auftaucht. In dieser Spaltung, die den kreativen Prozeß begleitet, liegt ein Stück manipulierter, das heißt gehandhabter Irrsinn, wie der Nervenarzt Möbius, Goethe charakterisierend, treffend feststellt: «Wenn jemand imstande ist, jederzeit sich selbst zu beobachten, so ist er einerseits sehr zum ‹Seelenmaler› geeignet, andererseits aber nicht normal. Der natürliche Mensch ist bei seinen Hauptangelegenheiten ‹mit ganzer Seele›, er gibt sich hin. Die andauernde Kritik entspricht einer Hypertrophie des Denkens und gehört zur Nervosität. Ich habe nervöse Leute gekannt, die sich in der Brautnacht scharf beobachtet hatten und geneigt waren, gerade im

Momente größter Erregung Betrachtungen anzustellen, und andere, die beim Tode der nächsten Verwandten neugierig auf ihre Empfindungen waren. Dem Gesunden ist so etwas geradezu unheimlich…» Es ist also ein Stück Depersonalisation und Derealisation, das den Dichter wie den Analytiker zu seinen Seelengemälden befähigt, wobei sie die Farben für ihre Gemälde aus der latenten (emotionalen) Realität nehmen, die dem Gesunden, das heißt hier: dem unmittelbar Lebenden, *so* nicht zugänglich ist.

Unter dieser Perspektive betrachtet ist das Streben nach Gesundheit geradezu identisch mit der versuchten *Aufhebung* der Spaltung, deren höchste Steigerungsform sich in der introspektiven Psychologie dokumentiert: «Wer in sich recht ernstlich hinabsteigt, wird sich immer nur als Hälfte finden; er fasse nachher ein Mädchen oder eine Welt, um sich zum Ganzen zu konstituieren, das ist einerlei» *(Maximen und Reflexionen)*. Vielleicht versucht der Künstler, sich als Ganzheit wiederherzustellen, indem er das Kunstwerk als die andere Hälfte seiner selbst sich gegenüberstellt. Er folgt damit nur einer Notwendigkeit, sich vor dem Zerbrechen, also vor dem Wahnsinn zu schützen. Dieser Zug, sich als Einheit zu erhalten oder wiederherzustellen, ist, wie Goethe in der *Farbenlehre* ausführt, in der Natur allgegenwärtig: «Jedes Wesen, das sich als eine Einheit fühlt, will sich in seinem eigenen Zustand ungetrennt und unverrückt erhalten. Dies ist eine ewig notwendige Gabe der Natur, und so kann man sagen, jedes Einzelne habe Charakter bis zum Wurm hinunter, der sich krümmt, wenn er getreten wird. In diesem Sinne dürfen wir dem Schwachen, ja dem Feigen selbst Charakter zuschreiben: denn er gibt auf, was andere Menschen über alles schätzen, was aber nicht zu seiner Natur gehört: die Ehre, den Ruhm, nur damit er seine Persönlichkeit erhalte.» Das Fatale ist nur, und wir werden später ausführlich auf diesen Punkt anhand Goethes Leben und Werk zu sprechen kommen: In der Liebe, in der liebenden Vereinigung, ist die Einheit des Individuums aufs äußerste gefährdet. Hier soll sich einer zur Hälfte machen, um sich zu zweit als Einheit zu erleben! Goethe selbst war hierzu, die Kette seiner unglücklichen Liebschaften beweist es, lange Zeit nicht fähig. Er hatte *Angst*, sich dem Objekt unmittelbar zu nähern. Distanzrituale, physische *Flucht* und kreative Schöpfungen dienten der Selbst-Erhaltung. Erst auf seiner Italienreise, als fast Vierzigjähriger, wird er gewahr, was ihm bislang unmöglich war. An Charlotte von Stein, zu der er über zehn Jahre hinweg ein besonders quälend-distanziertes Verhältnis unterhielt, dem er sich durch Flucht aus

Weimar entzogen hatte, schreibt er aus Rom (8.6.1787): «Übrigens habe ich glückliche Menschen kennen lernen, die es nur sind weil sie *ganz* sind, auch der Geringste wenn er ganz ist kann glücklich und in seiner Art vollkommen seyn, das will und muß ich nun auch erlangen, und ich kanns, wenigstens weiß ich wo es liegt und wie es steht, ich habe mich auf dieser Reise unsäglich kennen lernen.»

Wenn die Frau des Heinrich Stieglitz sich 1834 in Berlin am Schiffbauerdamm im Bette liegend ein Messer in die Brust stieß, um durch solches Leid, wie sie in ihrem Abschiedsbrief schrieb, ihren Mann doch noch zum genialen Kunstwerk zu inspirieren, so saß sie einem Trugschluß auf. Zwar verfaßte Kyser 1915 das Drama «Charlotte Stieglitz», doch ihr Mann blieb, was er war: eine Art genialer Narr, vom Wertherschen Fieber hin und her geschüttelt, der es nur zu Unbedeutendem brachte. Sie hatte Lichtenbergs Aphorismus wohl zu wörtlich verstanden. Mit der dichterischen Inspiration muß man doch ein wenig kunstvoller umgehen, da genügt es nicht, die Flasche der Leidenschaften zu schütteln, bis sie explodiert.

Oskar Panizza bezeichnet – im Anschluß an den französischen Psychiater Moreau – das Genie als «eine Art stehengebliebener Geisteskrankheit». Panizza, zunächst Arzt in einem psychiatrischen Spital, bevor er, in der Mitte seines Lebens, sich in ein solches als Geisteskranker einweisen ließ, beschreibt anschaulich, wie das Genie seinen Wahnsinn bändigen muß, um ihn produktiv zu machen: «Man hat trivial, aber sehr illustrativ, den menschlichen Geist mit einer Flasche Sodawasser verglichen. Die Klarheit der Flüssigkeit entspricht dem normalen Zustand. Bei normaler Geistesverfassung fühlen wir unsere Gedanken nicht als solche... Sobald der Stöpsel Luft bekommt, beginnt das Perlen und Sich-Trüben der Flüssigkeit. Der Stöpsel repräsentiert den controllierenden Druck unseres bewußten Aufmerkens, unseres Verstandes. Die aufsteigenden Perlen sind das Freiwerden der Imagination, die Bilder der Phantasie. In diesem Zustand befinden wir uns alle im Schlaf. Unsere Aufmerksamkeit erlischt, und die Phantasie, die stets parat ist, wie die Kohlensäure, sobald der Druck von ihr genommen, emporzusteigen, beginnt ihre Tätigkeit als Traum... Im Traum selbst sind wir kritiklos, naiv-zuschauend. Sobald wir erwachen, erblicken wir den Wirrwarr; wundern uns über unsern eigenen Zustand. Und mit dem Einstellen des bewußten Aufmerkens, mit dem Fester-Aufdrücken des Stöpsels, hört der ganze Spuk auf; die Perlen bleiben aus, die Flüssigkeit wird wieder klar… Das Ingenium ist dann eine schlecht schlie-ßende Flasche, bei der auch Tags über Perlen in größerer oder geringe-rer Menge durchschießen. Diese Perlen, diese Bilder, diese Motive… erregen… seine gespannteste Aufmerksamkeit, sogar Angst, Un-ruhe…; und nun beginnt eine erregte, fieberhafte Tätigkeit; der Ver-stand ist gezwungen, sich mit den fremden Faktoren abzufinden, sie zu verarbeiten; und das Resultat ist, wenn es gut geht, ein geniales Werk, ein unerhörter Fund, eine barocke Idee, aber immer ein Unicum. Der beginnende Geisteskranke, der beginnende Hallucinant ist dann eben-falls eine Flasche mit gelockertem Stöpsel, bei der die Perlen immer stürmischer auftreten… Auch der beginnende Hallucinant stutzt ge-nau anfangs wie das Genie über den fremden Eindringling, ist in Zwei-fel, geräth in Unruhe…; aber meist häufen sich dann die Sinnesbilder so stürmisch, daß der Verstand Controlle und Kritik verliert, und das wilde Meer der Imagination den ganzen Menschen wie ein steuerloses Schiff hin- und herwirft» (Panizza, *Genie und Wahnsinn*, 1891).

Man sollte glauben, Freud habe diesen Text bei Abfassung seiner «Traumdeutung» gekannt. Traum, Wahnsinn und Genialität – schon seit alters her, spätestens seit Platon, miteinander in Verwandtschaft gesehen – sind voneinander nur getrennt durch das Ausmaß der Kon-trolle, die der Verstand ausübt. Bei Freud ist es der «Zensor», der den «Schlaf» überwacht und der das Wechselspiel zwischen Primärprozeß (= ungebundener Energie, Panizzas perlende Kohlensäure) und Sekun-därprozeß (= gebundener Energie, Panizzas klare Flüssigkeit) regu-liert. Ohne perlenden «Wahnsinn» keine Genialität, sondern Sterilität. Bloßer Wahnsinn aber ist assoziative Beliebigkeit, Subjektivität, die durch keinen anderen Menschen nachvollzogen werden kann, nackte, nicht gestaltete Natur.

Willst du dich deines Wertes freuen,
So mußt der Welt du Wert verleihen.

Goethe

In einer absurd frühen Zeit, mit sieben Jahren, wußte ich
bereits, daß mich nie ein menschliches Wort erreichen
würde.

Nietzsche

3

Genie und Wahnsinn am Beispiel *Goethes* zusammenzudenken, wie
Möbius dies versucht, das war am Ende des 19. Jahrhunderts – und ist
es wohl auch heute noch – ein kleines Wagnis. Zwar war die neueste
Stimmung im Süden, etwa die in Wien oder die auf dem Berge der
Wahrheit in Ascona (der Anarchist Brupbacher notiert 1907 über Ascona: «Hauptstadt der psychopathischen Internationale»), dem Ge-
nie- und Wahnsinnsgerede durchaus hold – kaum noch überschaubare
Massen von Abweichlern, Außenseitern, Décadents, Kulturfreaks,
Nacktbadern, Anarchisten, Kräuter- und Haschischessern machten
sich damals auf den Weg, dem ausgehenden und dem kommenden
Jahrhundert zu beweisen, wie einzigartig einer sein kann, der sich, mit
ein wenig Wahnsinn verziert, dem Bürger als Schreck präsentiert –,
doch an Goethe als Schizo dachte wohl kaum einer. Der «Lizentiat der
Rechte», der «Geheime Legationsrat», der «Geheime Rat», der
«Wirklich Geheime Rat», der «Staatsminister», den man mit einem
Adelsdiplom versehen hatte, der mit dem französischen Kaiser über
den Werther parlierte, als Franzosenhaß unter deutschen Freigesinnten
gerade en vogue war, der Bergwerke, Bibliotheken, Münzsammlungen
und das Weimarer Hoftheater gleichermaßen oberbeaufsichtigte – wie
sollte man bei *dem* an Außenseitertum und Wahnsinn denken?

Möbius' Schrift «Über das Pathologische bei Goethe» (1898) tritt
dem Dichter denn auch nicht *zu* nahe. Zwei Seelen müssen wohl in der
Brust des Leipziger Bildungsbürgers und Gelehrten miteinander gekämpft haben, bevor er sich, eingedenk des gelassenen Goetheschen
Wortes «Wo viel Licht ist, ist starker Schatten», ein Herz nahm, um die
seit Lombroso vertretene psychiatrische Lehre von der «Entartung»
des Genies am Beispiel Goethes zu exemplifizieren. Möbius' Psychiatri-
sierung Goethes fällt dann aber doch eher vorsichtig aus. Die Hauptlast
des Pathologischen entdeckt Möbius an den *Figuren* des Dichters: am

depressiv-manischen Werther, am paranoiden Tasso, an der hyste-
risch-anorektischen Ottilie usw. Ein übriges Maß an Entartung bekommen Goethes Frau Christiane und der Sohn August zugeteilt, die
des Dichters schleichenden Alkoholismus ein wenig dreister praktizier-
ten. Dazu die «Tanzwut» der Christiane und der von Möbius angedeu-
tete Selbstmord des August in Italien, das ergibt immerhin noch genügend Beweis für die Entartungslehre, zu deren Vertretern zuletzt noch
Gottfried Benn zählte, der weiß, daß «die Stunde des Genies» schlägt,
wenn nach «Generationen der Tüchtigkeit der Abstieg beginnt, der
wirtschaftliche Konkurs, der Selbstmord, die Kriminalität». Eine solche Stunde des Genies hatte freilich nicht geschlagen, als Möbius sich
aufmachte, Goethes Pathologie zu enthüllen. Aber doch immerhin eine
Stunde der psychiatrischen Tüchtigkeit und des Fleißes, Lorbeeren, die
der Fachmann Möbius dem Dichter Goethe nicht gerade zu bescheinigen hat. Nach Begutachtung Goethescher Helden kommt Möbius zu
dem traurigen Schluß, daß deren Konzeption mit psychiatrischen Lehr-
buchmeinungen nicht durchweg übereinstimmt. Goethe hätte «im
psychiatrischen Examen nur mäßig gut bestehen, eine weniger gute
Note als Shakespeare davontragen» können, weiß unser Gewährsmann ein Fazit zu ziehen.

Es muß wohl auch an einer inneren Hemmung des Bildungsbürgers
Möbius gelegen haben, dem Bildungsheros Goethe eine profunde Geisteskrankheit zu bescheinigen. Leichter tat er sich da in einem anderen
Werk: «Nietzsche» (1902). Hier konnte er in die vollen greifen, wußte
doch alle Welt, daß der arme Nietzsche Jahre in geistiger Nacht vor sich
hingedämmert hatte. Nietzsche gab Möbius gewissermaßen die Gelegenheit, «Über Entartung» (1900) zu referieren, die ihm Goethe in diesem Ausmaß nicht bot. Möbius konstatiert im Falle Nietzsches eine
ursprünglich krankhafte Anlage, die «man etwa einem Fermente vergleichen (könnte), das bei der Entstehung des Nietzsche-Gehirns eigen-
thümliche Kombinationen hervorrief (und) verhinderte, daß Nietzsche
wie seine Vorfahren ein ehrsamer Pfarrherr wurde...». Nietzsche, der
sich seine Anhänger nach eigener Aussage immer nur als Nullen hinter
einer 1 vorstellen konnte, hat wohl zuwenig an seine Widersacher gedacht. Als solcher entpuppt sich Möbius nämlich, wenn er Nietzsche-
Adepten warnt, so als handle es sich bei diesen um die Kundschaft eines
Falschmünzers: «Wenn ihr Perlen findet, so denkt nicht, daß das ganze
eine Perlenschnur wäre. Seid mißtrauisch, denn dieser Mann ist ein
Gehirnkranker», bramarbasiert Möbius über Nietzsches Werk.

Vollends um die Nietzsche-Forschung hat sich unser Gewährsmann allerdings verdient gemacht durch die Einführung der hier erstmals so genannten «Dr. Möbiusschen Honigprobe», ein Verfahren, das sich als quasi naturwissenschaftlich-experimentelle Technik überhaupt zur Einführung in die literarische Textanalyse empfiehlt. Im *Zarathustra* entdeckte Dr. Möbius neben vielen anderen «Geschmacklosigkeiten» auch die folgende Zungenqual: «gelber weißer guter eisfrischer Waben-Goldhonig». Diesen Nietzscheschen Leckerbissen läßt sich Dr. Möbius nicht entgehen. Er schreibt: «Eis-Honig kommt (in diesem Text – B. N.) wiederholt vor. Abgesehen davon, daß in Zarathustras Höhle und auf den Bergen kein Eis ist, kühlt kein Verständiger den Honig auf Eis. Ich habe es experimenti causa gethan; es geschah, was zu erwarten war: der Honig verlor sein Aroma und schmeckte wie Syrup.» Diese Entdeckung, vor allem aber auch deren sprachliche Darbietung, qualifiziert, wie ich meine, den lieben Möbius zur Teilnahme an der von uns eingangs bereits vorgestellten «Nationalmannschaft» deutschsprachiger Zungenvir-tuosen, zumal, wie Möbius unter strengem Verweis auf Nietzsche ge-steht, ihm «geschwollene Reden äußerst unsympathisch» seien.

Möbius, der sich auch «Über Schopenhauer» (1899), und, dessen ver-meintlichem Weiberhaß folgend, «Über den physiologischen Schwach-sinn des Weibes» (1901) äußerte, verstand, sich pointiert auszudrük-ken. Nun sollte uns das Lächeln über ihn allerdings vergehen, wenn wir daran denken, daß die psychoanalytische Lehre von der moralischen Minderwertigkeit des Weibes – dessen neidischer Charakter getreu der Freudschen Geschlechtsphobie an einem Stück Penis festzumachen ist – immerhin Generationen von Psychoanalytikerinnen bis auf den heu-tigen Tag sehr wohl eingeleuchtet hat (wenigstens nach ein paar hun-dert Stunden Lehranalyse). Ich meine, was Freud recht ist, sollte Mö-bius billig sein: Anerkennung. Freud jedenfalls zollte sie dem Kollegen Möbius bereitwillig, den er in einem Brief an Fließ «den besten Kopf unter den Neurologen» nennt. Und selbst noch in Amerika, wohin er reiste, um an der *Clark University* Vorlesungen zu halten, lobt Freud den Dr. Möbius über den grünen Klee. In einem Interview mit dem *Boston Evening Transcript* (11.9.1909) nennt Freud Möbius – neben Liébault und Bernheim – einen der Pioniere der modernen Psychothe-rapie. Das waren noch Zeiten, als die Psycho-Gurus von Europa nach Amerika reisten, nicht wie heute, wo sie die umgekehrte Richtung ein-schlagen!

Freud hatte mit seinem Urteil keineswegs unrecht. Tatsächlich war Möbius – wie etwa auch Bleuler – einer der führenden Köpfe, die für eine Reformierung der Psychiatrie eintraten. Vor allem wollte er den monistischen Standpunkt der «Somatiker» überwinden, die behaupteten, *jede* psychische Krankheit sei ausschließlich organisch bedingt. Möbius versuchte, an der Tradition der «Psychiker» wiederanzuknüpfen, denenzufolge psychologische Faktoren bei der Verursachung psychiatrischer Leiden unbedingt mitzuberücksichtigen sind. Möbius' Hysterie-Lehre beispielsweise kann als durchaus fortschrittlich angesehen werden, behauptete er doch, die Hysterie sei keine reine Gehirnkrankheit, vielmehr durch Vorstellungen – also Imaginationen – mitbedingt.

Solchen «psychophysischen Parallelismus», zu seiner Zeit keineswegs selbstverständlich, versucht Möbius auch in seinem Goethe-Buch zu vertreten, wenngleich er dabei auf halbem Wege steckenbleibt. Immerhin lehnt er den «plumpen Materialismus» der seinerzeit herrschenden Psychiatrie konsequent ab. Er geht sogar so weit, von jedem Arzt psychologisches Wissen zu verlangen, denn auch bei der Behandlung bloßer Organkrankheiten spielten psychologische Faktoren eine Rolle. Doch am Ende bekommt Möbius Angst vor seiner eigenen Courage. Wenn er auch betont, daß «zwischen Gesundheit und Geisteskrankheit keine scharfe Abgrenzung anzunehmen sei», so zieht er aus dieser mutigen Erkenntnis in seinem Goethe-Buch doch nicht die notwendigen Konsequenzen. Aber, wie gesagt, für seine Zeitgenossen waren solche Äußerungen noch einigermaßen unerhört. So lobt denn auch die damalige Fachkritik Möbius' Werk: «Ein hochangesehener, vielerfahrener Nervenarzt geht hier den Spuren des Pathologischen in Werken und Wesen unseres größten Dichters nach. Da in der großen Goetheliteratur ein ähnlicher Versuch noch nicht vorhanden war, verdient die Schrift erhöhte Aufmerksamkeit» *(Deutsche Litteraturzeitung)*. Und das Buch wird «als die inhaltsreichste Frucht der Goetheforschung der jüngsten Jahre» *(Litterarisches Centralblatt)* gefeiert.

Wenn Möbius die Konsequenzen seiner aufrührerischen Einsichten auch nicht *selbst* vertritt, so läßt er sie durch vorurteilsloses Zitieren doch von dem Dichter aussprechen. Dessen Ansichten über die Zerrüttung der geistigen Gesundheit korrekt herausarbeitend, schreibt Möbius über Goethe: «Der Wahnsinn ist ihm die Wirkung oder eigentlich der höchste Grad der Leidenschaft. Im Sinne des Dichters ist Einer um so mehr wahrer Mensch, je stärker er empfindet. Der leidenschaftliche Mensch ist der eigentlich Gesunde, gerade ihm aber droht die Gefahr des Wahnsinns. Eben deshalb hat der Dichter Interesse am Wahnsinne und sozusagen Respect vor ihm... Macht nicht die unglückliche Liebe oder Kummer, Sehnsucht wahnsinnig, so ist der Wahnsinn dichterisch überhaupt nicht brauchbar.»

Wie gut hat Möbius seinen Goethe verstanden! Besser als die meisten, die Goethe als einen mittelmäßigen, angepaßten Allzu-Gesunden abstempeln. Aber dann nimmt Möbius wieder den Standpunkt im psychiatrischen Ordinationszimmer ein und kanzelt den Dichter ab: «In Wirklichkeit liegen die Dinge freilich anders.»

Wie denn? Na, eben so: «Die ‹Leidenschaftlichkeit› ist nicht eine Eigenschaft des gesunden Menschen. Bei diesem sind leidenschaftliche Erregungen selten... Ein wirklich gesunder Mensch wird nie durch Leidenschaften oder Gemüthserschütterungen geisteskrank werden, denn die gesunde Natur wehrt sich gegen das Übermaaß, stößt das Traurige, Feindliche hinaus, wie der Körper einen eingedrungenen Splitter.» Das könnte man schon als die Beschreibung gesunder Normalität verstehen, die auch dann noch hält, wenn alles ringsumher in Scherben fällt. Und die vor allem, auch darin ist Möbius recht zu geben, das «Traurige» und «Feindliche» vernichtet, und sei es nur, indem sie es beim anderen und Andersartigen grausam verfolgt. Nach «tausend» Jahren weiß man, daß diese bürgerliche Selbstverteidigungs- und Vernichtungsstrategie einigermaßen funktioniert.

> Ich lese einen Roman von Goethe, der mir gar nicht gefällt
> – weitläufig, ennuyant, keine Liebe, nichts als Tugend,
> Entsagen auf alles. Eine einzige Seite ist im ganzen Buch;
> es kömmt mir vor, wie ein dummes Stammbuch, wo viele
> hineinschreiben – der Roman heißt: die Wahlverwandt-
> schaften.
>
> *Pauline Wiesel an Rahel, 1810*

4

Die Zerstörung der Sinnlichkeit, Emotionalität und Leidenschaft, die Konsequenz des Wahnsinns als Ausdruck einer verlorenen Liebe, das Zugrundegehen an psychischen Verletzungen, die unter dem Deckmantel verlogener bürgerlicher Moral und Sittlichkeit verabreicht werden, das sind Themen Goethescher Dichtung. Das ist, zum guten Teil, auch Goethes eigenes Schicksal. Hier taucht allerdings ein Goethe auf, der *anders* ist, anders als der, den uns die bürgerliche Feuilleton- und Literaturgeschichte zurechtgeschrieben hat.

Folgen wir K. R. Eissler (Goethe. A Psychoanalytic Study, Vol. I–II, Detroit 1963), dann erkennen wir einen Goethe, der mit dem unglücklichen Lenz die Hypersensibilität, die kaum kontrollierbare Emotionalität, die affektive Heftigkeit und Leidenschaftlichkeit teilt; der, im Unterschied zu Lenz, gerade noch der schizophrenen Psychose entgeht; der trotzdem zeitlebens unter paranoiden Ängsten, vor allem auch unter (unausgelebten?) homosexuellen Wünschen zu leiden hat. *So* gesehen, kann man den *Faust* auch als das Drama eines homosexuellen Verführungsversuchs lesen, der am Ende glückt. Denn immerhin hält Mephisto am Schluß des Dramas den *Körper* des Faust in seinen Armen, während lediglich dessen pietistisch-herrnhuterische Seele von dannen und in den Himmel schwebt, aus dem die tröstlichen, doch in diesem Falle gänzlich unglaubwürdigen Worte ertönen: «Das Ewig-Weibliche zieht uns hinan». Wie wenig dieser fromme Spruch auf den *Faust* zutrifft!

Der Kollege Schiller teilt Aufschlußreiches über sein homophiles Begehren, das sich auf Goethe richtet, mit; der seinerseits versteht es, sich zu zieren, abzuwehren, was wiederum Schiller frustriert: «Öfters um Goethe zu sein, würde mich unglücklich machen: er hat auch gegen seine nächsten Freunde kein Moment der Ergießung, er ist an nichts zu fassen... Er besitzt das Talent, die Menschen zu fesseln, und durch kleine sowohl als große Attentionen sich verbindlich zu machen; aber sich selbst weiß er immer frei zu behalten. Er macht seine Existenz wohltätig kund, aber nur wie ein Gott, ohne sich selbst zu geben – dies scheint mir eine konsequente und planmäßige Handlungsart, die ganz auf den Genuß der höchsten Eigenliebe kalkuliert ist... Ich betrachte ihn wie eine stolze Prüde, der man ein Kind machen muß, um sie vor der Welt zu demütigen.» Daß diese Bemerkung Schillers psychologischen Scharfblick erweist, werden wir später noch sehen, wenn wir auf das Verhältnis des Tasso zu seinem Demütiger Antonio zu sprechen kommen.

Nein, Goethe ist nicht der Frauenheld, den uns die erotische Phantasie unserer Deutschlehrer, den uns vor allem aber auch Goethes eigene kunstvoll zwischen Dichtung und Wahrheit arrangierte Liebschaften suggerieren wollten. Goethe überwindet, folgen wir Eisslers tiefschürfender psychoanalytischer Interpretation, seine Angst vor Frauen erstmals auf einer Reise in den Süden. Hier, in Italien, in Rom, glückt, laut Eissler, Goethe erstmals, jetzt fast schon vierzig Jahre alt, ein befriedigender heterosexueller Koitus. Mit einer mehr oder weniger wohlfeilen Schankwirtin, die in den *Römischen Elegien* als Faustina gefeiert wird, findet Goethe sein Glück. Vorher litt er, laut Eissler, an Impotenz und Kastrationsangst, an Ejaculatio praecox, die sich – vordergründig – auf seine Hypersensibilität und -emotionalität zurückführen lassen.

Über Italien schreibt Goethe, unser heutiges Gerede von der «Eiszeit» und vom «Packeis» schlichte zweihundert Jahre vorwegnehmend: «Es ist mir als wenn ich hier geboren und erzogen wäre und nun von einer Grönlandsfahrt, von einem Walfischfang zurückkäme.» Grönland, das ist das Herzogtum Weimar, dem Goethe bis dahin zehn Jahre lang gedient hat, dessen höfische Verlogenheit er im *Tasso* schildert; Weimar, das er fluchtartig, samt der zehnjährigen Distanz-Himmelei zur frigiden Frau von Stein, verlassen hat. Hier im südlichen Rom begegnet Goethe einem anderen Völkchen, Künstlern wie dem Sprayer von Zürich in Gestalt des Malers Johann Heinrich Wilhelm Tischbein. Diese Leute wissen zu feiern, und der Geheime Legationsrat feiert, zunächst zögernd, dann aber doch überschwenglich mit. Rückblickend auf sein sexuelles Martyrium, auf sein qualvolles Streben nach sittlicher Reinheit, auf seine Flucht vor der «Schuld» (denn wenn er sich einem Mädchen näherte, meinte er, sich zu versündigen), schreibt der Dichterfürst in den *Römischen Elegien* über den Gott Amor: «Wer sie (die Tugend) am höchsten verehrt, den weiß er (Amor) am besten zu fassen, / Und den Sittlichsten greift er am gefährlichsten an. / Will ihm einer entgehn, den bringt er vom Schlimmen ins Schlimmste. / Mädchen bietet er an; wer sie ihm töricht verschmäht, / Muß erst grimmige Pfeile von seinem Bogen erdulden, / Mann erhitzt er auf Mann, treibt die Begierden aufs Tier, / Wer sich seiner schämt, der muß erst leiden…»

Und gelitten unter diesem grausamen Gott hatte der Dichter bis dahin, weiß Amor, genug! Doch bevor Goethe endgültig den Weg zu «jener buschigen Myrte» findet, die «ein heiliges Plätzchen» «beschattet», muß er noch einige Ängste überwinden, die sich bei ihm vornehmlich als Furcht vor Ansteckung mit der «französischen» Krankheit maskieren. Gleichsam tastend pirscht Goethe sich in Italien an die öffentlichen Schönen heran, diese zunächst aus der Ferne bestaunend: «Ich habe sie alle recht scharf angesehen und in denen acht Tagen nicht mehr als Eine gesehen, von der ich gewiß sagen mögte daß ihre Reitze feil sind», notiert er in Venedig in das Reisetagebuch (25.9.1786).

Wenn das kein göttergleiches Bild ist, unser großer Dichter als venetianischer Eckensteher, der die schönen Kanaljungfrauen mit scharfem Blicke mustert, um herauszufinden, unter welchem Rock sich eine Hure verbirgt! Ich meine, dieses Bild macht ihn uns etwas menschlicher. Schon dreister geworden, notiert er (am 1. 10. 1786): «Heut hat mich zum erstenmal ein geiler Schatz bey hellem Tage in einem Gässgen beym Rialto angeredet.»

Faustina, die römische Schankwirtin, verwitwet, Mutter eines Sohnes, hat unseren Dichter dann in Rom so recht zur Brust genommen. Gleich jubelt er stolz und pfeift dem Gotte Priapus ein Loblied: «Nicht das Mädchen entsetzt sich vor mir, und nicht die Matrone,/Häßlich bin ich nicht mehr, bin ungeheuer nur stark./Dafür soll dir denn auch halbfußlang die prächtige Ruthe/Strozzen vom Mittel herauf, wenn es die Liebste gebeut./Soll das Glied nicht ermüden, als bis ihr die Dutzend Figuren/Durchgenossen wie sie künstlich Philänis erfand.» Jetzt scheinen die Sexualängste und der Wahn überwunden zu sein, mit einem erigierten Phallus häßlich zu wirken; ein Wahn, den eine schizoide Mutter, den ein sittliches, das heißt: hysterisches Bürgermädchen dem sensiblen Dichter nur allzu leicht einimpfen konnten. Die sinnenfrohe Faustina muß ganz anders empfunden haben. Und so auch Christiane, das Blumenkind, die Tochter aus dem Volke, die Goethe, unmittelbar nach seiner Rückkehr, in Weimar kennen-, lieben- und schätzenlernt, sehr zum Mißfallen des Hofes übrigens, besonders aber der Frau von Stein, die sich, ob dieser unstandesgemäßen (in Goethes Erleben aber doch wohl standesgemäßen) Beziehung, indigniert zurückzieht. Christiane jedenfalls, zärtlich und unverblümt, wie sie nun einmal ist, nennt in ihren Briefen an den Staatsminister hinfort dessen halbfußlang-prächtige Rute allerliebst einen «Herrn Schönfuss». Und in den posthum veröffentlichten Epigrammen jubelt Goethe über seinen endlich gefundenen «Bettschatz»: «Lange sucht ich ein Weib mir, ich suchte, da fand ich nur Dirnen,/Endlich erhascht ich dich mir Dirnchen, da fand ich ein Weib.» Als hätte er an Goethes Christiane gedacht, heißt es in einem Traktat Baudelaires über die «den Literaten gefährlichen Frauen» (gemeint sind die «anständige Frau», der Blaustrumpf und die Schauspielerin): «Nur zwei Klassen von Frauen sind möglich: die Dirnen oder die dummen Frauen: die Liebe oder der Suppentopf. – Brüder, bedarf es einer Darlegung der Gründe?»

Das ist die Dichter-Männerphantasie von der anständigen Hure, von der Mutter als Hure und der Hure als Mutter, die Freud später hinreichend analysierte. Gelegentlich schrieb Goethe, es sei leicht, aus einer Göttin eine Hure, aber schwer, aus einer Hure wieder eine Göttin zu machen. Nun, es scheint ihm eine Lösung dieses Paradoxons gelungen zu sein. Und auch ein zweites löste er auf seine Art, das nämlich, wie man homosexuell-anale Bedürfnisse mit der Hilfestellung einer Frau befriedigt: «Knaben liebt ich wohl auch, doch lieber sind mir die Mädchen,/Hab ich als Mädchen sie satt, dient sie als Knabe mir noch» (nachgelassene Epigramme).

So sinnenfroh wie in diesen Sprüchen geht es in Goethes Romanen und Dramen leider nur selten zu. Die Frauen, mit denen es seine Helden zu tun haben, sind von Format, keine Blumenkinder. Eine Ausnahme macht da vielleicht noch Egmonts Klärchen. Aber auch sie nimmt am Ende ein Schlückchen Gift, wohl weil Sinnesfreuden auf Erden ohne Reue genossen nicht in Goethes Welttheater passen. Dem Egmont, der sich gerade mit dem Sohn seines Feindes Alba in einer Gefängniszelle verbrüdert, erscheint Klärchen am Ende als Freiheitsstatue «in himmlischem Gewande», womit der Dichter uns vielleicht kundgeben will, daß glückliche Ehen doch nur im Himmel geschlossen werden. Das war selbst Schiller ein zu starkes Stück, weshalb er diesbezüglich von einem «Salto mortale in die Opernwelt» sprach. Aber solche idealischen Purzelbäume schlägt Goethe in seinen Werken, leider, nur zu oft. Und immer wieder feiert er den großen Tod als einen Sieger über den kleinen.

Die Mehrzahl der erdichteten Goetheschen Weiber erweist sich denn – trotz gelegentlicher skandalöser *Neigungen* – am Ende meist als sittlich, würdig, idealisch und himmlisch, ganz dem bürgerlichen Geschmack entsprechend. Die zugehörigen Erbauungssprüche grenzen nicht selten an sentimentalen Kitsch, weshalb beispielsweise Arnim für die sittenfrohe Botschaft der *Wahlverwandtschaften* seinen Dank an «unsern Herrgott und seinen Diener Goethe» abstattet. Und Bettina bescheinigt dem Meister in einem Brief, «daß Deine Charlotte das Herz eines Weißfisches hat», womit sie die Edle meint, die in den *Wahlverwandtschaften* ihrem Gatten wie ihrem Geliebten gleichermaßen entsagt. Und auch der Wilhelm Meister ist, so möchte ich meinen, ein Stockfisch, der sich in den zwei Bänden eines «Entwicklungs»romans kein Stück von der Stelle rührt, vielmehr am Ende ebenso säuerlich in die Welt der Liebesfreuden blickt wie zu Anfang. *Das* ist der Goethe, den uns die Deutschlehrer, gewissermaßen zu Recht, als Sittenprediger hohen und ersten Ranges präsentieren können, wenngleich er seine Episteln nicht immer so platt gereimt unters Volk bringt wie der Professor Schiller («...soviel Edelmuth, wie der einzige Marquis Posa darbietet, ist in Goethes sämtlichen Werken zusammengenommen nicht aufzutreiben...» – Schopenhauer), den Nietzsche den «Moraltrompeter von Säckingen» (in Anlehnung an Viktor von Scheffels «Der Trompeter von Säckingen», 1854) nannte. Mit Nietzsche müssen wir wohl auch annehmen, daß dort, wo Ideales und Idealisches geboten werden, Grund genug vorhanden ist, das Gegenteil zu vermuten, das sich in seiner wahren Gestalt nicht zeigen darf. Wie gesagt, des Himmels Gnade verdeckt uns oft das wahre Herz eines Menschen.

Vom Sittlich-Moralischen wurde Goethe spätestens nach seinen Leipziger Studentenjahren angefallen. Nicht zuletzt mag dazu die unglückliche Liebe zu Käthchen Schönkopf geführt haben, die in ihres Vaters Leipziger Kneipe als Bedienung wirkte. Goethe verliebte sich, geriet in einen desolaten Zustand – «Verflucht sey die Liebe», schreibt er an den Jugendfreund Behrisch (Nov. 1767) – und kehrte aufgelöst ins Frankfurter Elternhaus zurück. Eissler spricht in diesem Zusammenhang von einer psychotischen Episode mit schweren Depersonalisationserscheinungen. Man weiß, daß solche Zustände körperlicher und geistiger Schwäche eine ideale Voraussetzung für religiöse Erwekkungserlebnisse abgeben. Und da die von Pietismus und Herrnhuterscher Reinheit erfüllte Susanna Katharina von Klettenberg Goethe in Frankfurt wieder gesundpflegte, dürfen wir ihr wohl ganz wesentlich die Förderung des nachhaltig-idealischen Zuges in Goethes späterem Werk zuschreiben.

Der «Frankfurter Zustand» führte Goethe, nach eigenen Worten, in «jene mystisch-religiösen chemischen Beschäftigungen», «in dunkle Regionen», die wir in der «erotischen Chemie» der *Wahlverwandtschaften* ebenso wiederfinden wie im Faustschen Bemühen, zu erkennen, was die Welt im Innersten zusammenhält.

Vorerst machten die in Frankfurt erlittenen pietistischen Attacken Goethe unfähig, halbwegs erdnahe Beziehungen zu einer Frau aufzunehmen. Schon wenig später, in Straßburg, verließ er daher Friederike Brion fluchtartig, als die sittliche Gefährdung irgend zu hautnah zu werden drohte: «Hier war ich zum erstenmal schuldig; ich hatte das schönste Herz in seinem Tiefsten verwundet, und so war die Epoche einer düsteren Reue... höchst peinlich, ja unerträglich», dichtete Goethe später über die schnöde Wahrheit, die er anders nicht verstehen wollte. War diese Wahrheit doch, daß selbst eines Pfarrers Tochter eher aus Fleisch und Blut und Begierden denn aus sittlichen Idealen besteht. Hinfort verlegte sich der junge Rechtsgelehrte vorsichtshalber auf das Entfernt-Lieben von Frauen, die bereits vergeben waren. Für Freud wäre diese Wahl, die als Liebesbedingung einen Dritten (Rivalen) einschließt, der beste Beweis für inzestuös-ödipale Wünsche gewesen. Für Goethe jedoch bedeutete das Vorhandensein eines Dritten (Verlobten, Ehemanns) die sichere Gewißheit, nicht in eine zu gefährliche und zu ängstigende Nähe zur angeschwärmten Geliebten zu geraten. Den damit verbundenen Wertherschen Liebeskummer und Weltschmerz konnte Goethe noch eher ertragen als jene möglichen Gefahren, die eine leidenschaftliche Vereinigung mit der Geliebten für ihn zu dieser Zeit mit sich gebracht hätte.

Dennoch fand Goethe, wahrscheinlich für ihn kurze Zeit später selbst unbegreiflich, den Mut, sich zu verloben: mit Anna Elisabeth Schönemann aus Frankfurt. Doch die war kein sozial weit unter ihm stehendes Blumenmädchen (wie später Christiane), sondern Tochter aus feinem, wenn nicht gar besserem Hause. Und Goethe versagte (sich) und *floh*. Kurz gesagt: Er ließ die Verlobte sitzen. Und das, obgleich – oder gerade weil – er sie liebte, «tief und wahrhaft liebte». Ja, sie sei sogar «die letzte gewesen», die er jemals liebte, gesteht er im Alter – «und doch ging sie mir verloren». Das klingt wie Schicksal, und das ist es auch: das Schicksal eines wohlerzogenen jungen Mannes, dem es unmöglich ist, zärtliche und sinnliche Liebe zu vereinigen. «Wo sie lieben, begehren sie nicht, und wo sie begehren, lieben sie nicht», charakterisiert Freud später diese eigenartige Spaltung, die er bei bürgerlichen Männern allenthalben zu beobachten glaubte.

Die zehn Weimarer Jahre mit Charlotte von Stein, die Goethe rückblickend, aus der Perspektive römischer Ausgelassenheit wahrnehmend, als «schmerzlich» und «lästig» bezeichnete, brachten ihm, gerade weil die verheiratete Hofdame jeder körperlichen Vereinigung abhold war, zunächst einmal (frustrierende) Sicherheit. Er konnte schwärmen und darben, wie es sich für einen idealischen Dichter gehört. Eissler meint, Goethes Beziehung zur Frau von Stein sei als eine Art «Übertragungsbeziehung» anzusehen. Also wie eine quasi-therapeutische Beziehung zu werten, in deren Verlauf alte Kindheitslieben – zur Mutter, zur Schwester – reaktiviert werden, jedoch keine leidenschaftliche Befriedigung im Hier und Jetzt finden können. Für diese These spricht einiges. Goethe selbst scheint seine wahn-sinnige Beziehung zur Frau von Stein halbwegs begriffen zu haben. In einem Gedicht, das er ihr widmete (1776), schreibt er: «Ach, du warst in abgelebten Zeiten / meine Schwester oder meine Frau.» Und bei anderer Gelegenheit bemerkt er: «Ich kann mir die Bedeutsamkeit – die Macht, die diese Frau über mich hat, anders nicht erklären als durch die Seelenwanderung. – Ja, wir waren einst Mann und Weib!» Einst – nur nicht hier und heute. Der mystische Spuk sitzt tief und fährt Goethe wohl in alle Glieder. «Sie hat meine Mutter, Schwester und Geliebten nach und nach geerbt…», gesteht er, Frau von Stein betreffend, weiter. Das heißt wohl, daß die zielgehemmte Liebe ein therapeutischer Hebel war, mit dessen Hilfe Goethe sich von früheren konflikthaften Fixierungen zu befreien suchte. Letztlich allerdings machte sich Goethe durch die Flucht nach Italien von der magischen Macht frei, die ihn an die Frau von Stein fesselte. Diese Frau aber verdankte ihre «magische» Macht einzig und allein ihrem Herzen aus Stein, das es ihr gestattete, den Dichter immer gerade so weit zu erhitzen, daß er an sie gebunden blieb, ohne ihm irgend etwas zu gewähren, das ihn befreit, erlöst hätte. Die zielgehemmte Liebe ist noch immer die beständigste, auch das lehrt Freud, während der sinnliche Genuß in seiner Befriedigung seine Erschöpfung findet.

> Vergleichen Sie nicht die innere Vision des Künstlers mit der des wirklichen Halluzinärs. Ich kenne beide Zustände vollkommen. Ein Abgrund gähnt dazwischen.
>
> *Flaubert*

5

Am Vorabend der Französischen Revolution, die die *Vernunft* als Göttin (abendländischer Zweckrationalität) endlich inthronisierte, erschien der *Werther*. In diesem Buch wird ein Feuerwerk der Leidenschaften abgebrannt. Enthusiasmus und Depressionen wechseln einander ab, bevor sich der Held nicht ohne ausgeklügelte Aggression gegen Charlotte und Albert (die Pistolen stammen von Albert, Charlotte überreicht sie Werthers Diener) per Kopfschuß verabschiedet. Was ist gegen dieses Monstrum an Narzißmus ein «Märchenprinz» aus unserer Zeit? Wieso konnte dieses «Drama eines begabten Kindes» schon damals geschrieben werden? Wieso wirkt dieser zweihundert Jahre alte Held so wenig angestaubt, so taufrisch, daß er auf den ersten Blick wie ein «neuer Sozialisationstyp» erscheint? Lassen wir diese süffisanten Fragen!

Werther ist, jenseits aller psychologischen Deutung, zunächst einmal der Anwalt einer leidenschaftlichen, unsinnigen, vernunftwidrigen und daher auch unnützen Liebe. Seit Werther – spätestens – ist jede wahre Liebe eine unglückliche Liebe. Also lieben, das heißt leiden. Und die menschliche Leidensfähigkeit hat ihre Grenzen, wie Werther dem vernünftigen Albert gegenüber versichert: «Die menschliche Natur... hat ihre Grenzen: sie kann Freude, Leid, Schmerzen bis auf einen gewissen Grad ertragen und geht zugrunde, sobald *der* überstiegen ist. Hier ist also nicht die Frage, ob einer schwach oder stark ist, sondern ob er das Maß seines Leidens ausdauern kann, es mag nun moralisch oder körperlich sein. Und ich finde es ebenso wunderbar zu sagen, der Mensch ist feige, der sich das Leben nimmt, als es ungehörig wäre, den einen Feigen zu nennen, der an einem bösartigen Fieber stirbt.»

Das Fieber unserer Leidenschaften kann uns ebenso hinraffen wie das der Malaria, das ist hier Goethes Botschaft. Und die Bekämpfung *beider* Arten des Fiebers ist Kulturarbeit. Freud stellte das fest, als er die Überwältigung des Es (der Leidenschaften) mit der Trockenlegung der Zuydersee verglich; und Frantz Fanon stellte das fest, als er über «Die Verdammten dieser Erde» schrieb und meinte, die Trockenlegung afrikanischer Sümpfe, die Vernichtung der Malariafliege und die Bekämpfung magisch-zauberischer Riten des Eingeborenen seien Ausdruck ein und derselben Strategie: der kolonialistischen. Und zu deren Weisheit gehört auch die Möbiussche Feststellung, Leidenschaften seien bei einem gesunden Menschen über das normale Maß hinaus nicht anzutreffen. Bei Geisteskranken dagegen – und Werther ist ein solcher – findet man die Krankheit der Leidenschaft, die in der Heilung noch allemal vernichtet werden soll.

Im *Werther* werden drei Unglückliche vorgeführt, mit dreierlei möglichem Schicksal. Da ist zunächst einmal Werther selbst, der seine narzißtische Wut gegen *sich* lenkt, wenngleich er weiß, daß der Ausdruck der Aggressionen nach außen weniger schaden würde. So notiert Werther anläßlich einer durch einen Höfling erlittenen Demütigung: «Ich wollte, daß sich einer unterstünde, mir's vorzuwerfen, daß ich ihm (dem Höfling) den Degen durch den Leib stoßen könnte; wenn ich Blut sähe, würde mir's besser gehen. Ach, ich habe hundertmal ein Messer ergriffen, um diesem gedrängten Herzen Luft zu machen. Man erzählt von einer edlen Art Pferde, die, wenn sie schrecklich erhitzt sind, sich selbst aus Instinkt eine Ader aufbeißen, um sich zum Atem zu helfen. So ist mir's oft, ich möchte mir eine Ader öffnen, die mir die ewige Freiheit verschaffte.»

Wie häufig hat sich einer eine Ader geöffnet, der – wäre er mutiger, weniger gehemmt gewesen – lieber einem anderen eine Kugel in den Wanst geschossen hätte! Aber Werther gehört nicht zu dieser Sorte Natur-Mensch. Dafür ist er von des Gedankens Blässe, von zivilisatorischer Vernunft und Selbstbeherrschung der Leidenschaften doch schon zu sehr angekränkelt. Alles, was Werther noch zustande bringt, ist die Schwärmerei für einen Bauernburschen, der als literarisches Pendant im Roman auftaucht. Dieser Bauernbursche ist in leidenschaftlicher Liebe zu seiner Dienstherrin entbrannt, die ihm geschickt «kleine Vertraulichkeiten erlaubt», sein Feuer schürt, ohne es zu löschen. Er reagiert naturgemäß und bringt seinen Nebenbuhler um. Werther-Goethe preist diese Tat des Naturburschen: «Diese Liebe, diese Treue, diese Leidenschaft ist also keine dichterische Erfindung. Sie lebt, sie ist in ihrer größten Reinheit unter der Klasse von Menschen, die wir ungebildet, die wir roh nennen. Wir Gebildeten – zu Nichts Verbildeten!»

Und der dritte unglücklich Liebende im Roman, der im Hause Charlottes gedient, sich in diese verliebt hat, zeigt, jenseits von Selbstmord und Mord, den dritten Weg ins Unglück auf: den Wahnsinn. Weil er unerhört liebt, landet er schließlich «an Ketten im Tollhause». Er wird «rasend», verfällt in ein hitziges Fieber, bevor er sich schließlich in seinem Wahn akkommodiert, sich in jener anderen Welt mit der unglücklich Geliebten und «mit Königen und Kaisern zu schaffen macht».

Gewiß, der Werther ist ein Stück von des Dichters eigen Fleisch und Blut. Über den Werther bemerkt Goethe zu Eckermann: «Das ist auch so ein Geschöpf, das ich gleich dem Pelikan mit dem Blute meines eigenen Herzens gefüttert habe ... Es wird mir unheimlich dabei, und ich fürchte, den pathologischen Zustand wieder durchzuempfinden, aus dem es (das Buch) hervorging.» Und an Zelter schreibt er, als dessen Stiefsohn sich umgebracht hatte: «Daß alle Symptome dieser wunderlichen, so natürlichen als unnatürlichen Krankheit auch einmal mein Innerstes durchrast haben, daran läßt ‹Werther› wohl niemanden zweifeln. Ich weiß recht gut, was es mich für Entschlüsse und Anstrengungen kostete, damals den Wellen des Todes zu entkommen, so wie ich mich aus manchem späteren Schiffbruch auch mühsam rettete und mühselig erholte ... Ich getraute mir, einen neuen ‹Werther› zu schreiben, über den dem Volke die Haare noch mehr zu Berge stehn sollten als über den ersten.»

Dieser andre Werther ist der *Tasso*. Ihn könne man, meint Goethe, durchaus als «einen gesteigerten ‹Werther›» bezeichnen. Auch Tasso erleidet Schiffbruch – in den Armen des Antonio. Zunächst ist der Tasso ein Werther im nichterschossenen Zustand, also vielleicht der Mensch, der Werther geworden wäre, hätte ihn der Dichter weiterleben lassen. Tasso laboriert noch immer an den Wertherschen Konflikten, versucht nur, anders damit zurechtzukommen. Tassos Hauptübel ist die Illusion, er könne sich die Liebe einer Frau per Kunstwerk verschaffen. Im Stück lechzt der Tasso nach dem Herzen der Herzogin. Antonio, der Höfling, Diplomat und Weltmann, erkennt Tassos Verwundbarkeit nur zu genau. Just in dem Augenblick, in dem die Herzogin ihren Hofdichter und heimlichen Verehrer mit einem Lorbeerkranz für gelungene Dichtung schmückt, erscheint der Antonio und zerstört den Tasso mittels ausgesucht heimtückischer Niedertracht, die sich, in Worte gekleidet, wie eine Kette von Komplimenten anhört. Der paranoid-schizoide Tasso, der introvertiert in seinem eigenen Ich hockt und Erlösung durch die Herzogin erhofft, reagiert, wie es sich in einem solchen Falle gehört: er dekompensiert. Im Theaterstück sagt er über Antonio und über die von diesem erlittene Demütigung: «Sein Wesen, seine Worte haben mich / So wunderbar getroffen, daß ich mehr / Als je mich doppelt fühle, mit mir selbst / Auf's neu' in streitender Verwirrung bin.» Und das sollte ja auch bewirkt werden, wie überhaupt die Strategien psychischer Verletzung immer darauf abzielen, das Opfer in den Konflikt zu treiben, bis es sich darin verwirrt, zerklüftet und zerspaltet.

Hinter dem Drama der unglücklichen Liebe zur Herzogin steht aber noch ein Drama im Drama, nämlich die homosexuell-masochistische Unterwerfung des Tasso vor dem Antonio. Der psychologische Blick der Prinzessin hat das schnell erkannt: «Zwei Männer sind's, ich hab es lang gefühlt, / Die darum Feinde sind, weil die Natur / Nicht *einen* Mann aus ihnen beiden formte». Die homosexuelle Flucht zum Manne ist oft eine Flucht vor dem Weibe, wird Freud später sagen, ist oft eine Reaktion auf die enttäuschte Liebe zum Weibe. Tatsächlich wirft sich der Tasso dem Antonio auch erst *dann* in die Arme, als er von der Herzogin eine gründliche Abfuhr erteilt bekommen hat. In einem Anfall von Leidenschaft hatte sich der Tasso der Herzogin um den Hals gehängt, diese jedoch, eine «Schülerin des Plato» (!), weist ihn schnöde ab. Tasso verfällt daraufhin einem von Goethe psychologisch ganz richtig motivierten und dargestellten narzißtischen Wutanfall, rast und

und «kommt von Sinnen». Das ist die Stunde des Antonio, der seinen allerliebsten Feind nun so weit hat, wie er ihn haben wollte. Tasso bleibt nicht mehr viel anderes übrig, als sich dem Schicksal und dem Antonio zu übergeben: «...berstend reißt/Der Boden unter meinen Füßen auf!/Ich fasse dich mit beiden Armen an!/So klammert sich der Schiffer endlich noch/Am Felsen fest, an dem er scheitern sollte». Der Schiffbruch (der heterosexuellen Liebe) ist perfekt!

Man ist im nachhinein geneigt, dem Werther zu seinem Selbstmord Glück zu' wünschen, ist ihm doch dadurch ein weit demütigenderes Schicksal erspart geblieben, das sich schon andeutete, als der Werther sich Alberts *Pistolen* kommen ließ. Aber auch ein anderes Selbstbild des Dichters, Clavigo, läßt sich erst vom *Degen* seines «Gegners», des Beaumarchais, durchlöchern, bevor er mit diesem auf dem Sarg der dahingeschiedenen geliebten Marie (die gleichzeitig des Beaumarchais' *Schwester* ist) Hochzeit feiert. Clavigos Worte zu Beaumarchais «Ich danke dir, Bruder (für den Degenstoß – B. N.)! Du vermählst uns» sind durchaus zweideutig. Einmal kann man dabei an die Hochzeit zweier Leichen, der des Clavigo und der der Marie, denken (wie ja Goethe die himmlische Hochzeit überhaupt gerne im Leichenhaus feiern läßt – so etwa auch die zwischen Eduard und Ottilie). Dann aber kann man an die nicht im Himmel, sondern soeben auf Erden vollzogene homosexuelle Verbrüderung denken, die ganz gewiß nicht der sadomasochistischen Komponenten entbehrt. Clavigo teilt nämlich schon im ersten Akt des Schauspiels seine Meinung über Frauen, speziell über sein Liebchen Marie, mit: «...man wird der Weiber gar bald satt». «...die Weiber, die Weiber! Man vertändelt gar zu viel Zeit mit ihnen», fällt daraufhin des Clavigos Freund Carlos ein.

Das Schauspiel *Clavigo* ist auch insofern interessant, als hier einmal wieder eine *Frau* durch die *Schuld* eines Mannes *stirbt*. Ich weiß nicht, ob sich je einer die Mühe gemacht hat, die Legion der gemeuchelten, vergifteten, an Kummer gestorbenen Frauen in Goethes Romanen und Dramen zu zählen. Es ist eine sublime Form der Aggression gegen Frauen, die uns Goethe hier demonstriert, die einen Hinweis bietet, der uns noch näher zur Psychopathologie des Dichters führt.

Aber dieser Goethe war so ganz *Realist*, daß es ihm durchaus nicht zu Sinne wollte, daß die *Objekte* als solche nur da seien, insofern sie von dem erkennenden Subjekt *vorgestellt* werden. Was, sagte er mir einst, mit seinen Jupitersaugen mich anblickend, das Licht sollte nur da sein, insofern Sie es sähen! Nein, *Sie* wären nicht da, wenn das Licht *Sie* nicht sähe.

Schopenhauer

6

Zunächst zeigt der *Clavigo* noch ein anderes, bei Goethe in vielen Variationen immer wiederkehrendes Motiv: das des *Bruders*, der seiner *Schwester* beispringt, um sie gegen einen ehrlosen Liebhaber zu verteidigen. Hinter solch ehrenvollem Handeln verbirgt sich der Neid des Bruders auf den Liebhaber, der bekommt, was dem Bruder versagt bleiben muß. Eissler meint denn auch, die inzestuöse Bindung Goethes an seine Schwester Cornelia gehöre zum psychopathologischen Kernproblem des Dichters. Schon vor Eissler fiel Otto Rank («Das Inzestmotiv in Dichtung und Sage. Grundzüge einer Psychologie des dichterischen Schaffens», 1926) Goethes «Geschwisterkomplex» auf, dem er ein eigenes Kapitel (XVI) widmete. In den *Geschwistern* kommt die Wunscherfüllung noch am deutlichsten zum Ausdruck, findet der Konflikt eine glückliche Lösung, weil die sich liebenden Geschwister feststellen, daß sie nur vermeintlich Bruder und Schwester, tatsächlich aber nicht blutsverwandt sind. In *Wilhelm Meisters Lehrjahren* hat ein Geschwister-Inzest fatalere Folgen. Der Harfner, der ihn begeht, wird, mit unheimlicher Schuld beladen, wahnsinnig. Und Mignon, das unglücklich-hermaphroditische Geschöpf, das zeitlebens nicht weiß, ob es Knabe oder Mädchen sein will, die Frucht des Inzests, stirbt schließlich ihrerseits an einer unglücklichen Liebe. Die Schuld, die den Harfner quält, scheint eine zu sein, für die es keine Vergebung gibt. Tatsächlich finden sich überzeugende Hinweise für Goethes intensive emotionale Bindung an die Schwester Cornelia, ein Verhältnis, das wohl enger war als gemeinhin eins unter Geschwistern ist. Inzestuöse Praktiken über das herkömmliche Maß hinaus können für die frühe Kindheit der beiden angenommen werden.

Als Eckermann in einem Gespräch mit Goethe einmal bemerkte, die Liebe zwischen Bruder und Schwester sei wohl die reinste, weil unsinnlichste, die man sich vorstellen könne, bejaht Goethe, die bedachte Einschränkung hinzufügend: «Wir müßten denn nicht wissen, daß unzählige Fälle vorgekommen sind, wo zwischen Schwester und Bruder, bekannter- oder unbekannterweise, die sinnlichste Neigung stattgefunden hat.» Und in seiner Autobiographie schreibt Goethe über seine Beziehung zur Schwester: «Jenes Interesse der Jugend, jenes Erstaunen beim Erwachen sinnlicher Triebe, ... die sich in sinnliche Gestalten einkleiden, alle Betrachtungen darüber, die uns eher verdüstern als aufklären, wie ein Nebel das Tal, woraus er sich emporheben will, zudeckt und nicht erhellt, manche Irrungen und Verwirrungen, die daraus entspringen, teilten und bestanden die Geschwister Hand in Hand...» Goethes Schwester selbst ist in ihrer späteren Ehe mit Schlosser frigide, ja sie ekelt sich vor körperlicher Intimität mit dem Gatten, wie dieser nach ihrem frühen Tode in einem autobiographisch motivierten Drama kundgibt. Cornelia hat also als erwachsene Frau deutliche Ähnlichkeit etwa mit Charlotte von Stein oder mit der Romanfigur der Ottilie.

Generell können wir annehmen, daß die in den *Wahlverwandtschaften* von Goethe konzipierte «erotische Chemie» nur eine ist, die ihren eigentlichen Ausgangspunkt in jener der primären Verwandtschaft hat. Die Unfähigkeit zur körperlichen Intimität *nach* der Pubertät ist psychologisch ja nur zu verstehen als eine Re-Aktion auf prä-pubertäre Sexualität im Umgang mit inzestuösen Objekten, denen in der Verweigerung nach der Pubertät noch immer die Treue gehalten wird, auch wenn es so aussieht, als sei ein Schuldgefühl die Ursache von Frigidität und Impotenz. Es ist, wenn man so will, tatsächlich ein Schuldgefühl, das die Hemmung bewirkt: der Bruch der Treue zum Inzestobjekt nämlich würde Schuld erzeugen.

Es ist nicht zuletzt Freud, der anläßlich seiner Rede zur Verleihung des Goethepreises als den Kronzeugen der psychoanalytischen Theorie des Ödipuskomplexes Goethe zitiert. Und bezogen auf die von Goethe in den *Wahlverwandtschaften* konzipierte «erotische Chemie» setzt Freud fort: «Ja, vielleicht ist es mehr als zufälliges Zusammentreffen, wenn er in den ‹Wahlverwandtschaften› eine Idee aus dem Vorstellungskreis der Chemie auf das Liebesleben anwendete, eine Beziehung, von der selbst der Name der Psycho*analyse* zeugt» (Herv.: B. N.). Erweitern wir die «erotische Chemie» noch zur «erotischen Physik», dann sind wir im Zentrum von «Magie» und «Dämonie», im Reich des Universums der unheimlichen und gefährlichen Imaginationen, die der latenten, «unbewußten» Emotionalität entspringen. Goethe selbst spricht immer wieder und an ungezählten Stellen von der «Dämonie» des Liebeslebens, von einer geheimnisvollen, gleichsam schicksalhaften Verknüpfung der Menschen untereinander, gegen die jeder einzelne machtlos sei. Freimütig und naiv bekennt er gegenüber Eckermann (Gespräch am 7. 10. 1827): «Wir haben alle etwas von elektrischen und magnetischen Kräften in uns und üben, wie der Magnet selbst, eine anziehende und abstoßende Gewalt aus, je nachdem wir mit etwas Gleichem oder Ungleichem in Berührung kommen.» Wer dächte bei dieser Bemerkung nicht an den «animalischen Magnetismus» eines Franz Mesmer? Oder an die quasi-physikalischen Gleichungen von Männlich-Weiblich, die ein Otto Weininger konzipierte? Oder an die scheinbar so phantastischen Imaginationen, die ein Daniel Paul Schreber in seinen «Denkwürdigkeiten eines Nervenkranken» mitteilte. Oder an Schopenhauers «Geschlechtsmetaphysik», ganz zu schweigen von den Libidokonstruktionen eines Freud und Jung oder der Orgontheorie eines Wilhelm Reich? «Es ist nur Schein, daß wir vollkommen getrennte Individuen sind», schreibt Möbius in seinem Goethe-Buch, und der Dichter hätte ihm gewiß zugestimmt.

Wenn unsere These von der Treue dem primären inzestuösen Objekt gegenüber zutrifft, wenn also Besessenheit bedeutet, daß der Besessene tatsächlich psychischer Besitz eines Objektes der frühen Kindheit ist, und wenn solcher Besitz das Scheitern späterer Liebe unausweichlich macht, das Schicksalhafte daran tatsächlich Schicksal und keine freie Bestimmung über die Liebeswahl ist, dann fragt sich, wie solcher Bann gebrochen, solche Gefangenschaft beendet werden kann. Freuds Entwurf der Übertragungsbeziehung ist ein solcher Versuch, Fixierungen aufzuheben. Nun war Goethe kein Psychotherapeut, sondern Dichter. Sein Versuch, sich aus den inzestuösen Verstrickungen zu befreien – Goethe selbst verglich sich einem Vogel, «der sich in Zwirn verwickelt hat: Ich fühle, daß ich Flügel habe und sie sind nicht zu brauchen» –, das ist, wie ich meine, die therapeutische Katharsis, der er sich unterzog, als er die *Iphigenie* schrieb. Nun ist dieses klassisch-kühle Schauspiel, das dem Motto «Klassik ist Gesundheit, Romantik ist Krankheit» zu folgen scheint, auf der vordergründigen Ebene ein Bruder-Schwester-Drama. Und zwar handelt es, angelehnt an den antiken Stoff, eigentlich von *zwei* Schwestern und einem Bruder, wobei wir in der einen Schwester (Elektra) die «böse», die die Leidenschaften bis hin zum Mord anstachelt, erblicken, kurz die präödipale Seite der Geliebten. Die andere Schwester, Iphigenie, ist die jeder sinnlichen Lust entsagende, die idealisch-geistige, die Priesterin, der es gelingt, den schuldbeladenen, wahnsinnigen Orest zu entsühnen. Auf ihrem Altar wird er *nicht* geopfert. Iphigenie verweigert der Göttin das Blutopfer des Orest. Auch diese Tatsache dürfen wir psychologisch-symbolisch interpretieren, ist doch der erste Altar, auf dem der Mann einer Göttin opfert, sein eigen «Blut» (sprich Sperma) vergießt, der Altar der Göttin Baubo. Iphigenie also ist die nicht-mehr-inzestuöse Schwester, die den Bruder vom Wahnsinn heilt, weil sie ihn freigibt, nicht zum Opfer zwingt.

Die tieferliegende Problematik der klassischen Gestalt des Orest, den Goethe selbst auf dem Weimarer Hoftheater spielt, ist jedoch, jenseits der Geschwisterdramatik, der *Muttermord*. Orest bringt, angeblich um den Vater zu rächen, die Mutter, Klytaimnestra, um. Orest ist also kein Ödipus, der die Mutter beschläft und den Vater tötet. Ödipus ist archaischer, setzt ursprünglichere Triebimpulse direkt in die Tat um; Orest ist «moderner» (sein Nachfolger ist der «gelähmte», zu keiner Tat mehr fähige Hamlet), ein «neuerer Sozialisationstyp», wenn man ihn mit Ödipus vergleicht. Orest ist nicht mehr der Held, der die Mutter als Besitz dem Vater streitig macht, vielmehr ein «Weichling», der sich aus der Gewalt der präödipalen, verschlingenden, zerstückelnden Mutter nicht anders befreien kann, als diese umzubringen. Das ist für Orest der einzige Ausweg aus der Symbiose, und der Fortschritt zur Schwester (zunächst zu Elektra, dann zu Iphigenie) ist *so* gesehen tatsächlich bereits ein Fortschritt in Richtung Individuation und Trennung von der allmächtigen Mutter, jedenfalls dann, wenn die inzestuöse Vereinigung mit der Mutter als gänzlich aussichtslos erscheint.

Der Homunkulus im zweiten Teil des *Faust*, selbst ein künstlich Gezeugter, der vergeblich nach Individuation, nach seiner Mensch-Werdung strebt, orakelt: «Wer zu den Müttern sich gewagt, / Hat weiter nichts zu überstehen.» Und wir wissen, daß Faust von Mephisto ins Reich der Mütter geschickt wird, in jenes Reich *ohne Ort, ohne Zeit*, ins Reich des Wahnsinns also, in dem sich die Körper- wie die Zeitgrenzen auflösen, in dem jede Individualität erlischt: «Göttinnen thronen hehr in Einsamkeit, / Um sie kein Ort, noch weniger eine Zeit; / Von ihnen sprechen ist Verlegenheit. / Die *Mütter* sind es!»

Wenn das unendliche Wasser, das *Meer*, von alters her ein Symbol des Wahnsinns ist, dann belehrt Mephisto den Faust, daß das Reich der Mütter noch weniger, noch leerer, noch un-heimlicher, noch un-faßbarer ist als selbst das Meer: «Und hättest du den Ozean durchschwommen, / Das Grenzenlose dort geschaut, / So sähst du dort doch Well'auf Welle kommen, / Selbst wenn es dir vorm Untergange graut. / Du sähst doch etwas.» Im Reich der Mütter aber ist selbst dieses Etwas: Nichts. «Nichts wirst du sehn in ewig leerer Ferne, / Den Schritt nicht hören, den du tust, / Nichts Festes finden, wo du ruhst.»

Um ins Reich der Mütter zu gelangen, erhält Faust von Mephisto einen «Schlüssel», «das kleine Ding»: «Er wächst in meiner Hand! er leuchtet, blitzt!» Und mit diesem Schlüssel soll Faust im Reich der Mütter einen «Dreifuß» berühren, soll er im magischen Dreieck sich verlieren: «Da faß ein Herz, denn die Gefahr ist groß, / Und gehe grad' auf jenen Dreifuß los, / Berühr ihn mit dem Schlüssel!» Also doch, der Mutterinzest ist die höchste Gefahr, aber auch aller Rätsel (und Bindungen) Lösung. Nach dem durchlebten Inzest ist Faust fähig, Helena – immerhin die *Schwester* der Klytaimnestra, und beide sind in ihrer ältesten antiken Gestalt Priesterinnen der matriarchalischen Mondgöttin – zu begatten und mit ihr einen Sohn zu zeugen. Biographisch gewendet: *Nach* der quasi-therapeutischen Beziehung zu Charlotte von Stein, nach der quasi-inzestuösen Beziehung zur römischen Faustina (*Mutter* eines *Sohnes*), ist Goethe in der Lage zu heiraten (Christiane) und einen Sohn zu zeugen (der allerdings ebenso zu Goethes Lebzeiten stirbt wie der mit Helena gezeugte Euphorion zu Lebzeiten des Faust).

Mit dem *Faust* schließt sich überhaupt der Kreis. *Faust* beginnt dort, wo der *Werther* endet: kostet den Werther ein Selbstmord das Leben, so ist es ein Selbstmord*versuch*, der den Faust zum Leben erweckt. Das Thema des Todes ist bei Goethe aber durchweg auch aufs innigste mit dem Thema der Liebe, mit dem Koitus im engeren Sinne, verbunden. So wird beispielsweise im *Prometheus* der Tod direkt mit der orgiastischen Vereinigung identifiziert: «Wenn aus dem innerst tiefsten Grunde / Du ganz erschüttert alles fühlst, / Was Freud und Schmerzen jemals dir ergossen, / Im Sturm dein Herz erschwillt, / In Tränen sich erleichtern will und seine Glut vermehrt, / Und alles klingt an dir und bebt und zittert, / Und all die Sinne dir vergehn, / Und du dir zu vergehen scheinst / Und sinkst, und alles um dich her / Versinkt in Nacht, und du, in inner eigenem Gefühle / Umfassest eine Welt: / Dann stirbt der Mensch.» So belehrt der Prometheus die Pandora, die auf einer Waldwiese die geschlechtliche Vereinigung zweier Liebender beobachtete, sich dabei heftig erregte und nun von Prometheus wissen will, was das denn für Gefühle seien, die sie da erlebt. Und auch im *Amyntas* wird der Koitus von Goethe als eine Art schöner Tod geschildert, wobei der

Mann einem Baume, die Frau dem Efeu verglichen wird, das sich um den Baum rankt, um ihn endlich umschlingend zu ersticken.

Ich meine, daß die archaischen Phantasien vom Koitus als einer wechselseitigen – tödlichen – Verletzung, die als Männerphantasien akzentuiert das Bild der verschlingenden oder auch kastrierenden Vagina dentata entworfen haben, für Goethes persönliches Erleben unmittelbar Wirklichkeit besaßen. Als er sich als junger Mann und Student nach Leipzig verabschiedet, widmet er seiner Mutter folgendes, an den christlichen Opfertod erinnerndes Gedicht: «Das ist mein Leib, nehmt hin und esset./Das ist mein Blut, nehmt hin und trinkt./Auf daß ihr meiner nicht vergesset/ .../Bei diesem Wein, bei diesem Brot/Erinnert Euch an meinen Tod.» Diese archaischen Phantasien von der prä-ödipalen Mutter, die ihren Sohn verschlingt, das heißt: wieder in sich aufnimmt, das Leben zurückfordert, das sie ihm geschenkt hat, machen den eigentlichen Kern inzestuöser Ängste aus. Und diese nichtüberwundenen Ängste erfordern beim erwachsenen Mann, wenn er sich denn einer Frau und deren Körper nähert, Distanz- und Sicherungsrituale, weil jeder Körper einer Frau die regressive Wiederbelebung der mütterlichen Symbiose und damit die Psychose virtuell einleiten könnte. Diese männliche Ur-Angst vor der Frau drückt sich auch in Schillers Ballade vom *Taucher* aus: «Und schwarz aus weißem Schaum/Klafft hinunter ein gähnender Spalt,/Grundlos, als ging's in den Höllenraum/ .../Denn unter mir lag's noch bergestief/In purpurner Finsternis da,/Und ob's hier dem Ohre gleich ewig schlief,/Das Auge mit Schaudern hinuntersah,/Wie's von Salamandern, Molchen und Drachen/Sich regt in dem furchtbaren Höllenrachen» (zur psychoanalytischen Deutung dieses Gedichts s. Horney, «Die Psychologie der Frau», 1977). Und Baudelaire, dessen heimlich-unheimliche Bindung an die Mutter, die ihn schließlich entmündigen läßt, einen Vor-Mund bestellt, wohl bekannt ist, dieser Dichter des «Bösen» schreibt: «Die Angst vorm Schlaf ist wie die Angst vor einem Schlund,/Den wüstes Grauen füllt und ohne festen Grund.» Und nach dem Erwachen notiert er eines Tages stichpunktartig, gehetzt einen Alptraum: «*Spalten, Risse. Feuchtigkeit*, die aus einem Behälter ganz dicht beim Himmel kommt.» Es ist, als wollte die gemeine Pornographie, die das weibliche Genitale dem Blick des männlichen Betrachters in allen Winkeln und anatomischen Einzelheiten enthüllt, das «dritte», das «unbewußte» Auge des Beschauers beruhigen: Sieh her, die gefürchteten Salamander, Molche und Höllendrachen findest du hier nicht! Sie bevölkern einzig und allein das Reich deiner eigenen Imaginationen! So gesehen hat die platte Pornographie, die es immer und überall gab, neben aller sexuellen Stimulationsabsicht immer auch kathartische, therapeutische Funktion.

> Nach der Vollkommenheit zu streben, einem Werk eine unbegrenzte Arbeitszeit zu schenken, sich – wie es Goethe wollte – ein unmögliches Ziel zu stecken, das sind doch Vorhaben, die das System des modernen Lebens zu eliminieren trachtet.
>
> *Paul Valéry*

7

«In jeder großen Trennung liegt ein Keim von Wahnsinn; man muß sich hüten, ihn nachdenklich auszubrüten und zu pflegen» *(Maximen und Reflexionen)*. Das gilt einmal von all jenen Trennungen, die notwendig sind, soll der Mensch sich *entwickeln*, also von den Trennungen von primären Objekten und den mit diesen verbundenen archaischen Bewußtseinszuständen. Das gilt von späteren Trennungen von geliebten Menschen, mit denen ein Stück unserer eigenen Persönlichkeit verschwindet, nämlich gerade jenes Stück unseres Selbst, das in der lebendigen Wechselbeziehung mit *diesem* einzigartigen und nicht wiederholbaren Menschen *gelebt, erlebt* hat, das wir nach der Trennung wohl noch in unseren Imaginationen, nicht mehr jedoch in der Realität wiederfinden können. Das gilt zuletzt von den großen historischen Trennungen, die die Menschheit im Laufe ihrer Gesamtentwicklung vollzogen hat, als deren wichtigste die Trennung der instrumentellen Vernunft von der Leidenschaftlichkeit angesehen werden muß, die sich am Beginn der Neuzeit vollzieht.

Die Trennung vom Objekt und von den damit verbundenen Ichzuständen bedeutet immer: Umwandlung des Individuums in ein «emotionales Radikal», das im Zustand seiner Unverbundenheit nach neuer Bindung sucht. Solche Umbruchsituationen sind die Stunden einer radikalen Subjektivität, weil das Subjekt hier nur noch mit sich und seinen imaginierten Objekten lebt. Als Eduard sich von Charlotte trennt, bricht «alles, was in seiner Natur gebändigt war, ... los».

Wenn der Fortschritt der Zivilisation die Kultivierung der Emotionalität, wie sie der archaische Kult, wie sie das magische Ritual ermöglichte, durch eine Bändigung ersetzt, wie sie der Gefängnismaschine entspricht, dann muß mit dem Bruch der Ketten auch der Rückfall in die Barbarei, in die ursprünglich-unkultivierte Natur, in die Animalität gefürchtet werden. Die Zivilisation vernichtet die Animalität nicht, sie verstümmelt sie bloß und reizt sie so bis zur Raserei. In der *Novelle* schildert Goethe, wie ein Tiger und ein Löwe anläßlich eines Feuersturms aus dem Käfig brechen, in dem sie die wandernden Schauspieltruppen auf dem Jahrmarkt ausstellen. Die vermeintliche Gewalt der Natur, die da in Gestalt des Tigers der geordneten Bürgerwelt entgegenspringt, kann diese nur durch Gewalt, durch Totschlag bannen. Ganz anders das *Kind*, das noch mit der Natur verbunden lebt, das sich vor dem Tier und vor dessen Animalität nicht fürchten muß: Der Knabe besänftigt den Löwen mit einem Flötenspiel, der Gott Pan hat Macht über beide – Kind und Tier. Doch dieses schöne Bild einer endlichen, utopischen Versöhnung des Menschen mit der Natur ist dahin, seit sich instrumentelle Vernunft und Zweckrationalität von allen Banden gelöst haben. Den Faust-Stoff wählt Goethe eben aus jener Zeit, in der die Vernunft sich emanzipierte. Im 15. und 16. Jahrhundert wird das vernünftige Wissen manipulierbar, zweckvoll einsetzbar. Die Stunde der Wissenschaft ist somit auch die Stunde des Scharlatans (vgl. Francesco, «Die Macht des Charlatans», 1937). Und ein solcher Scharlatan, Astrolog, Wunderheiler, Quacksalber, Prahler und Marktschreier ist der historische Faust. Er lebt in einer Zeit, in der die ehemals «heidnische» Magie, die Zauberkunst, *verteufelt* wird. Es ist eine Epoche des Zerfalls der Gesellschaft: die Einheit der Kirche und des Glaubens ist dahin, die Hierarchie der Stände erfährt in den Bauernkriegen ihre ersten Sprünge, der Planet Erde verliert durch die Erkenntnisse des Kopernikus seinen festen und überschaubaren Platz im All, die großen Entdeckungen der Weltumsegler sprengen jede bis dahin bekannte Geographie.

Es ist die Zeit, in der die Vernunft ihr radikales Gegenstück, Magie und Zauberei, in die Hexen und Hexenmeister projiziert. Diese werden von nun an mit ausgeklügelten, wahrhaft teuflischen Foltermethoden verfolgt. Es ist die juristisch-theologische Wissenschaft selbst, die all ihre spitzfindige Rationalität aufbietet, um den Aberglauben, dem sie selbst durch ihre bloßen Dogmen wider die Hexen am meisten frönt, mit Hilfe perverser, sadomasochistischer Praktiken auszurotten. Von den Scheiterhaufen der Inquisition bis hin zum Gulag und zu Auschwitz wird das Feuer der zivilisatorischen Vernunft nicht mehr erlöschen. Es ist dies auch die Zeit der großen Spaltung des Bildes von der Frau im Kopf des Mannes: Die übelsten Hexenjäger, die Dominikaner, sind zugleich die glühendsten Marienverehrer. Es geht jetzt nicht mehr um die Frage, *wie* man eine Göttin zur Hure macht, sondern einzig darum, wie man hinfort Göttin und Hure/Hexe fein säuberlich voneinander *trennen* kann. Hierfür werden Gottesproben erfunden.

Wichtig aber ist, was Teufelspakt und Hexensabbat in den Köpfen der fortschrittlichen Vernunft hinfort bedeuten: Der Olymp wird zum Blocksberg. Hinfort feiern die Götter in Gestalt von Teufeln, was die Menschheit auf ihrem Weg ins Reich der Vernunft nicht mehr gebrauchen kann. Und im Mittelpunkt der wüsten Orgien steht: der Inzest. Der Hexentheoretiker DeLancre schildert anhand des erpreßten Geständnisses eines Opfers der Folter, wie man sich die Orgie des Hexensabbats vorzustellen hat: «Die Frau treibe ihr Spiel in Gegenwart ihres Ehemannes ohne Argwohn und ohne Eifersucht, er sei dabei oft sogar der Kuppler; der Vater defloriere die Tochter ohne Scham, die Mutter raube die Unberührtheit ihres Sohnes ohne Scheu, der Bruder die der Schwester; man sähe dort die Väter und Mütter ihre Kinder bringen und anbieten.» Und weiter, so heißt es, bezeugte die Hexe, «daß jedermann sich auf inzestuöse Weise und gegen alle Ordnung der Natur vermischt habe».

Wenn man Faust-Mephisto als eine Doppelgestalt, als die zwei Seelen in *einer* Brust betrachtet, dann kann man den *Faust* auch als den gigantischen – und vorerst letzten – Versuch interpretieren, der wieder zu vereinigen strebt, was bürgerliche Vernunft und Sittlichkeit in *zwei* Hälften (der Welt oder des Menschen) gespalten haben. Faust, der es in der vernünftig-wissenschaftlichen Erkenntnis zu *allem* gebracht hat, was irgend möglich ist, erkennt, daß er nichts wissen *kann*, solange er, dem wissenschaftlichen Credo folgend, die Welt (der Erkenntnis) in zwei Hälften teilt. Deshalb paktiert er mit dem Teufel, mit der anderen, sinnlich-animalischen Hälfte seiner selbst, um auf diesem Wege wieder ein *ganzer* Mensch zu werden.

Besonders eklatant wird dies, wenn wir die Walpurgisnachtszenen im *Faust* studieren. Der Aufstieg zum Brocken ist ein Abstieg in die Höllen der eigenen Person. Faust findet nichts außer sich, was er nicht in sich trüge. Und so ist auch die Hexe, der er dort begegnet, niemand anders, so will ich meinen, als Gretchen – oder sagen wir: als die andere Hälfte des Gretchens, die sie nicht bei sich selbst wahrnehmen will, die

Faust ihr in der alltäglich-bürgerlichen Welt nicht zugestehen will. Gretchen wird am Ende *wie* eine Hexe dem Scharfrichter zugeführt, *weil* sie zur Hure geworden ist. Daß sie dann doch in den Himmel entschwebt, ist pietistischer Weisheit und resignierendem Trost entsprungen.

Die Wahrheiten des Blocksbergs sind einfach, naturgemäß und unverstellt. Den Männern verkündet der Satan höchstpersönlich (in der nachgelassenen Fassung der Walpurgisnachtszene): «Euch gibt es zwei Dinge,/So herrlich und groß:/Das glänzende Gold/und der weibliche Schoß./Das eine verschaffet/Das andre verschlingt.» Und den Weibern ruft er zu: «Für euch sind zwei Dinge/Von köstlichem Glanz/Das leuchtende Gold/Und ein glänzender Schwanz −/Drum wißt euch, ihr Weiber,/Am Gold zu ergötzen/Und mehr als das Gold/Noch die Schwänze zu schätzen!» − Mephisto stimmt zu: «Seid reinlich bei Tag/Und säuisch bei Nacht!/So habt ihr's auf Erden/Am weit'sten gebracht.» In der hier zitierten Fassung wird Gretchen auch noch (als Hexe) von «Franziskaner- und Dominikaner-Inquisitoren» zum Richtblock geschleppt. In der offiziellen Fassung ist diese Verbindung Gretchen/Hexe nicht mehr enthalten. Die Dialektik des weiblichen Charakters ist ersetzt durch eine Dichotomisierung: hier die Blocksberg-Hexen, dort das kirchenfromme Gretchen; hier die geilen verführerischen Weiber, die den Mann auffordern, einen «rechten Pfropf» bereitzuhalten, «wenn Er das große Loch nicht scheut»; dort das scheue, naive Gretchen, das durch sämtliche Zauberkünste dieser Welt zum Sinnengenuß erst einmal verführt werden muß. Warnt noch der «Hexenhammer» vor der geschlechtlichen Gier und Unersättlichkeit der Weiber − «darum haben sie auch mit den Dämonen zu schaffen, um ihre Begierden zu stillen» −, so ist das Bürgertum zu Goethes Zeiten längst dabei, die pietistisch-frigide, von Geschlechtsangst erfüllte Hysterikerin heranzuzüchten. Sprüche wie der, den Goethe der Frau von Stein in einem Brief schreibt, gehören sich im 19. Jahrhundert nicht mehr: «das Höchste und das Tiefste: ... Hymne und ... Schweinestall. Liebe verbindet alles.»

Jetzt verbindet Liebe nichts mehr. Noch nicht einmal mehr die beiden Liebenden. Übertriebene Leidenschaft gehört hinfort zur Pathologie, wie Möbius, die Auffassungen seiner Zeit korrekt wiedergebend, schreibt. Im Hexentaumel vernünftiger Rationalität verbrennen künftig keine Leidenschaften, wohl aber *Körper*, die mit eiskalt kalkulierter Vernunft, mit jeder nur denkbaren Akribie der Wissenschaft, mit bürokratischer Sauberkeit aussortiert, abgesondert, abgeschrieben werden. Da ist keine Leidenschaft mehr am Werke, noch nicht einmal mehr Sadismus, wohl aber Zynismus.

Goethe, der die Zeit begleitet, in der die Vernunft gerade Hoch-Zeit feiert, wendet sich ab – und schreibt über weite Strecken nur noch Erbauliches, Himmlisches, Idealisch-Kitschiges. «Bei Goethes Kalokagathie ist der am Ende mörderische Umschlag unverkennbar» (Adorno, *Negative Dialektik*). Vielleicht, nein ganz sicher, hat *er* das nötig gehabt, dieses Narkotikum, mit dem er sich die *Sinne* umnebelte, um deren schneidender Schärfe zu entgehen, die er so besonders gut kannte. So schlug er *seinen* «Salto mortale in die Opernwelt». Dort angekommen wurde er – in «mißverstehender Verehrung» (Hans Mayer) zu dem, als der er uns in Festvorträgen, im Schulfunk oder sonstwo vorgeführt werden kann – wie ein Affe an der langen Leine der Kultur. Zu fragen wäre, was heute, unter der Bedingung herrschender Kultur, ein Werthersches Schicksal sein könnte? Oder das seines Dichters? Gewiß kein strucks gefertigtes Lied aus der Küche, gewiß auch nicht neue Leiden des Herrn W. in Jeans jenseits der Mauer. Aber doch ganz dicht bei der Mauer, am Bahnhof Zoo, da könnte man es finden. Werther wäre jetzt, dem Emanzipationsproporz folgend, ein junges Mädchen. Und seine unglückliche Liebe wäre zu einer gänzlich unmöglichen Liebe geworden. Es bliebe die Liebe zur Droge, und die Liebe wäre zum Konsumartikel geworden, wie auch das Erleben dieses Mädchens selbst: Christiane F. geht auf den Babystrich, öffnet die Adern für den schnellen Schuß und läßt einen begabten Reporter über ihr Leben berichten, worauf sich die Leser wie die Blutegel auf sie stürzen, als sei's ein Lebewesen aus einer *anderen* Welt. Der Erfolg wäre sensationell, wie weiland der Werthers, und wie einst Goethe seinem Buch die privilegierte Stelle am Weimarer Hof verdankte, so käme Christiane F. durch ihren Erfolg auf einen andern Stern. Dort ist sie tatsächlich gelandet. Der *Stern* hat Christiane F. als «Anregerin für den Unterhaltungsteil» eingestellt, eine Formulierung, die authentisch ist und die wirklich alles sagt, was über Werthers Leiden heutzutage zu sagen bleibt. Aber über Christiane F. kann man nur das Beste berichten: Beim *Stern* hielt sie es nicht lange aus, sie verzichtete auf die Rolle bei Hof. «‹Diese faschistischen Demokratiewichser›, klassifiziert sie ihre ehemaligen Kollegen. ‹Was haben die denn schon im Kopf? Doch nur: Wer bumst mit wem! Und überhaupt: Diesen stern-Stil kann ich doch gar nicht schreiben. Und keiner hat sich neben mich gesetzt und mir geholfen›» (*Zeit* 29/1982). Goethe aber blieb dort, wohin ihn sein literarischer Erfolg gebracht hatte, und verfing sich mehr und mehr im goldenen Käfig, in den sich der bunte Vogel hatte sperren lassen. So kann man ihn heute, seinen *inneren* Gang verkennend, als einen Kronzeugen bürgerlicher Fortschrittskultur vorzeigen.

Daß dies überhaupt möglich ist, *daß* Goethe zum Denkmal erstarren konnte, ist nicht zuletzt seiner eigenen fast unerschütterlichen Verhüllung anzulasten, die er staats- und selbsterhaltend betrieb, um der Qual der Leidenschaften zu entkommen. Als die 63jährige Charlotte Kestner, geb. Buff, das lebende Vor-Bild der Lotte im *Werther* von einst, nach Weimar reiste – man hatte sich 44 Jahre lang nicht mehr gesehen –, erblickte sie einen Goethe, der nach außen das Zeremoniell, die Steifheit und Erstarrung pflegte. Nichts vom Sturm und Drang der Wetzlarer Zeiten war mehr zu erkennen. Enttäuscht schrieb Lotte an einen ihrer Söhne: «Ich habe die Bekanntschaft eines alten Mannes gemacht, welcher, wenn ich nicht wüßte, daß er Goethe wäre, *und auch dennoch*, keinen angenehmen Eindruck auf mich gemacht hat.» «Es ist eine große Thorheit, um nach außen zu gewinnen, nach innen zu verlieren, d. h. für Glanz, Rang, Prunk, Titel und Ehre, seine Ruhe, Muße und Unabhängigkeit ganz oder großen Theils hinzugeben. Dies hat aber Goethe gethan», notierte Schopenhauer aus seiner einseitigen Sicht, nachdem er von Goethe zunächst honett empfangen worden war. Beide hatten sich darauf geeinigt, gemeinsam an Goethes *Farbenlehre* weiterzuarbeiten. Als der Dichterfürst – «man (nennt) mich gern den Dichterfürsten», Goethe über Goethe – jedoch dann Schopenhauers Schrift «Über das Sehn und die Farben» (1816) zu sehen bekam, muß ihm abwechselnd Blässe und Röte das Gesicht gefärbt haben, denn der junge Schopenhauer hatte gewagt, *selbständig* weiter zu denken, und solche Selbständigkeit wußte der alte Zaubermeister wenig zu schätzen. Was so hoffnungsvoll begonnen hatte, endete in einem Zerwürfnis. Die Beziehung war abgebrochen und blieb es auch. «Wenn der Deutsche aufhört Faust zu sein, ist keine Gefahr größer als die, daß er ein Philister werde», heißt es bei Nietzsche, und doch ist das wohl kaum eine Charakterisierung Goethes selbst, der zwar in der Öffentlichkeit – auf der Hut seiend – immer mehr den Konformisten spielte, doch – einsam – in der Studierstube und am Schreibpult weiter seinem Werk nachging. «Die Meisterschaft gilt oft als Egoismus», konstatierte Goethe. Aber das ursprünglich Lebendige, das Heidnische *wollte* er nicht mehr: «Ich heidnisch?» verteidigte er sich gegen die immer noch zu gegenwärtigenden höfischen Denunziationen Weimarer Spießergeistes: «Nun, ich habe doch Gretchen hinrichten und Ottilien verhungern lassen, ist denn das den Leuten nicht christlich genug? Was wollen sie noch Christlicheres?» Der alte Spötter! Da spricht der Geist des Mephisto aus des Dichters Mund: Christlicheres gibt es, weiß Gott, nicht, als zwei Mädchen, die außerhalb von Sitte und Ordnung zu lieben wagten, der Hinrichtung und dem Hungertod preiszugeben. Fürwahr, so gesehen ist Goethe der allerchristlichste Dichter abendländischer Liebesverteufelung. Als Weimarer Staatsrat setzt er sogar seine eigene Unterschrift unter ein Todesurteil für eine Kindsmörderin, die der Herzog eigentlich hatte begnadigen wollen. Goethe verteidigt die Hierarchie. Chaos, Aufruhr, Unruhe sind ihm zunehmend verhaßt. Die Französische Revolution bedeutet ihm Anarchie. Mit den preußischen Truppen – denen sich Danton bei Valmy entgegenwirft, um sie zu besiegen – nimmt Goethe an einer Strafexpedition (Kampagne in Frankreich) gegen das Revolutionsheer teil. Später wird er die russischen Truppen, die sich an den Befreiungskriegen gegen Napoleon beteiligen, wenig freudig begrüßen, schätzt er doch überhaupt den Kaiser und Imperator Napoleon höher als jeden aufständischen Revoluzzer gegen überkommenes Fürstenrecht. Immerhin hat sich Goethe sein Adelsdiplom von Kaiser Joseph II. ausstellen lassen, damit bekundend, daß er nichts gegen allerhöchste Weihen hatte, auch nichts gegen geweihte Herrschaft. Das doppeldeutige Bild des Charakters Goethes – hier der leidende, mitleidende, dem anarchischen Chaos der Leidenschaften Gestalt verleihende Dichter, dort der allerchristlichste, staatstragende, mit dem moralischen Zeigefinger sich schmückende Poet – ist Realität, ist vielleicht noch nicht einmal ein (durch psychologisches Verstehen unauflösbarer) Widerspruch. Empfindsamkeit, höchste Sensibilität, Leiden können – auch alternierend – zu zwei gegensätzlichen Haltungen führen: zur Auflösung, zum Chaos der Empfindungen, zur Rebellion und Revolte (im *Werther*, im *Götz*, in vielen anderen Arbeiten Goethes deutlich spürbar); dann aber auch zur Verhärtung, zur Abgrenzung: Zum «unfaßlichen grandiosen rätselhaften kalten G.» (Benn). Etwas von dieser Hartherzigkeit Goethes kündigt sich bereits früh an, nennen wir das Beispiel des unglücklichen Lenz. Dieser war in Straßburg mit Goethe noch so eng verbunden, daß er von «unserer Ehe» sprechen konnte – womit Lenz die Seelenfreundschaft mit Goethe meinte. Die Verwandtschaft des später schizophrenen Dichters mit dem späteren Weimarer Staatsminister ist zu Straßburger Zeiten *so eng*, daß belesene Zeitgenossen Stücke des Lenz, die anonym erscheinen, Goethe zuschreiben. Als Lenz in Weimar auftaucht, versucht er, die alten Bindungen zu Goethe wiederaufzunehmen. Der kommt dem Jugendfreund entgegen, unterstützt ihn finanziell. Doch dann muß er sich vom Pathologischen des Lenz scharf und unerbittlich abgrenzen, vermutlich, *weil* Goethe *zuviel* davon in sich selbst verspürte. Zum Anlaß nimmt Goethe einen peinlichen Vorfall, den Lenz mit Charlotte von Stein initiiert. Diese hatte den bereits morbiden Lenz für ihre eigenen Zwecke im erotischen Kampfspiel mit Goethe eingespannt. Lenz darf mit der Frau von Stein englische Konversation treiben. «Mit dem Englischen gehts vortrefflich. Die Frau von Stein findet meine Methode besser als die deinige», berichtet der entnervte Lenz dem eifersüchtigen Goethe. Das war zuviel. Auf Anordnung Goethes mußte Lenz Weimar umgehend verlassen. Das war der letzte Anstoß für den Ausbruch des Lenzschen Wahnsinns. Goethe erwies sich hier nicht als Seelenarzt, wenn er auch später in *Meisters Wanderjahren* so schön über die Pädagogische Provinz zu plaudern versteht, nicht als einer, der zur pädagogisch-therapeutischen Geste gefunden hätte. Nur weg mit Lenz! lautete Goethes letztes Mittel des Selbstschutzes. Natürlich war in Lenzens Bemühen um die Frau von Stein auch ein Stück Homosexualität im Spiel, wie sich ja oft die sublime homosexuelle Beziehung zweier Männer über den Verkehr mit einer gemeinsamen Freundin realisiert. Lenz war lange Zeit auf den Spuren von Goethes Frauen, Charlotte von Stein ist da nicht die einzige geblieben. Mit noch größerer und verzehrenderer Leidenschaft hing er an Goethes Schwester, aber auch an Friederike aus Sesenheim, der er schmachtende Liebeshymnen widmete. Hätte der gute Lenz nur geahnt, daß Goethe bei all seinen Geliebten, bis hin zur Frau von Stein, keineswegs der Draufgänger war, den Lenz in Goethe vermutete! «Goethes Liebesleben – es ist ein seltsames Kapitel» (Thomas Mann), und eines dieser Kapitel füllt auch der unglückliche Lenz.

Goethe also hat es seinen Verehrern und Bewunderern – sieht man einmal von den durchschnittlichen Geistern ab – nicht leichtgemacht. Sie alle, besonders wenn sie Schriftsteller waren, witterten die Brüche in seiner Entwicklung. So etwa notierte Franz Kafka in seinem Tagebuch (31.1.1912): «Plan eines Aufsatzes ‹Goethes entsetzliches Wesen›», um nur wenige Wochen später (17.3.1912) hinzuzufügen: «Goethe, Trost im Schmerz.» Und selbst Thomas Mann, der ein Stück Selbststilisierung mit Goethe betrieb, entwirft ein unkonventionelles Goethe-Bild, zeigt den Heros mit und trotz seiner Schwächen: «Es sind in Goethe, blickt man genauer hin, sobald die Unschuld der Jugendzeit vorüber ist, Züge eines tiefen Grames und Mißmuts, einer stockenden Unfreude… Es gibt da eine eigentümliche Kälte, Bosheit… Und viele Zeitgenossen, die ihm begegnen, bezeugen das Elementare, Dunkle, Boshafte und Verwirrende, ja Teuflische, das aus seinem Wesen gesprochen habe» («Goethe als Repräsentant des bürgerlichen Zeitalters», 1932). Schon die Überschrift des Artikels, in dem die Mannschen Verdikte erscheinen, deutet an, was ich im Verlaufe meiner Argumentation herauszuarbeiten versuchte: daß nämlich die Leidenschaften eines empfindsamen Naturburschen bei einem Repräsentanten bürgerlicher Kultur, ist er erst einmal eingeschnürt ins Korsett der Staatsräson, notwendig zur Grausamkeit und Bosheit mutieren müssen. Heidentum ist in der allerchristlichsten Welt nun einmal Bosheit, und wenn es das nicht ist, dann wird es dazu *gemacht*. Aus diesem Dilemma entkommt man, wenigstens zeitweise, wenn man in die psychische Krankheit flüchtet oder aber Mittel und Wege kennt, das Eingeschnürte im kreativen Akt zu entfesseln. Über das Genie spricht Goethe aus eigener innerster Erfahrung: «Das Außerordentliche, was solche Menschen leisten, setzt eine sehr zarte Organisation voraus, damit sie seltener Empfindungen fähig sein und die Stimmen der Himmlischen vernehmen mögen. Nun ist eine solche Organisation im Konflikt mit der Welt und ihren Elementen leicht gestört und verletzt, und wer nicht mit größter Sensibilität eine außerordentliche Zähigkeit verbindet, ist leicht einer fortgesetzten Kränklichkeit unterworfen» (Gespräche mit Eckermann). Also der alte Merlin wußte Bescheid über den Zusammenhang von Sensibilität, Leidenschaft, Kreativität und Pathologie. Am Ende waren es seine Idiosynkrasien, wenn er sich von den Menschen immer mehr zurückzog, im Alter immer verbitterter und einsamer wurde. Es ist, so befremdlich das auch klingt, das Leiden an der bürgerlichen Welt, das Goethes Unmut, Rückzug und Konzession an die gängige Normalität erzwungen hat, und es ist ebendiese Konzession, dieses mitunter abgefeimt anmutende Verschleiern der eigenen Katastrophen (Benn hat es einmal als *rücksichtsvolle* Größe gedeutet: «*diese* Größe aber wäre tödlich, andern voll gezeigt u. ins Gesicht gehalten, sie mußte sich dämpfen, sie brauchte dies Opfer der Humanität»), die es ermöglichen, daß sich Festredner und andere Flachgänger seither, heutzutage wie ehedem, auf Goethe als einen der Ihren meinen berufen zu können. Ein anderer verhinderter Selbstmörder der Literaturgeschichte, Harry Haller alias Hermann Hesse alias Der Steppenwolf, hat diesen Widerspruch wohl gespürt. Im Hause eines scheintoten Professors und Goethefreundes, das der Steppenwolf besucht, fällt sein Blick auf ein «gerahmtes» Goethe-Bild. Es ist dies das Goethe-Bild, das unsere Kultur – unsere? – erstellt hat und nun vor sich herträgt, als hätte man des Dichters Kopf abgeschlagen, um aller Welt zu beweisen, daß selbst dieser Titan zu Boden stürzen muß, wenn man versteht, ihn zum Denkmal zu erniedrigen: «‹Hoffen wir›, sagte ich (der Steppenwolf – B. N.), ‹daß Goethe nicht wirklich so ausgesehen hat! Diese Eitelkeit und edle Pose, diese mit den verehrten Anwesenden liebäugelnde Würde… Man kann ja viel gegen ihn haben, auch ich habe oft viel gegen den alten Wichtigtuer, aber ihn so darzustellen, nein, das geht doch zu weit.› Die Hausfrau schenkte den Kaffee vollends ein, mit einem tief leidenden Gesicht, dann eilte sie aus dem Zimmer, und ihr Mann eröffnete mir, *dies* Goethebild (Herv.: B. N.) gehöre seiner Frau und werde von ihr ganz besonders geliebt. ‹Und selbst, wenn Sie objektiv recht hätten, …durften Sie sich doch nicht so kraß ausdrücken.› – ‹Da haben Sie recht›, gab ich zu. ‹Es ist leider eine Gewohnheit, ein Laster von mir, mich immer für den möglichst krassen Ausdruck zu entscheiden, was übrigens Goethe in seinen guten Stunden auch getan hat. Dieser süße spießige Salongoethe freilich hätte nie einen krassen, einen echten, unmittelbaren Ausdruck gebraucht. Ich bitte Sie und Ihre Frau sehr um Entschuldigung – sagen Sie ihr, daß ich Schizophrener bin. Und zugleich bitte ich um Erlaubnis, mich empfehlen zu dürfen.›» (Hesse, «Der Steppenwolf»)

10 Ein Mann auf der Suche nach dem Vater: Lebenslanges Leiden und der Wille zur Macht – über das Leiden

(Zu Friedrich Nietzsche)

Wenige Wochen vor der bevorstehenden Trennung von Mutter und Schwester wegen der beginnenden Internatszeit in Schulpforta schreibt der knapp vierzehnjährige Friedrich Wilhelm Nietzsche einen rührenden Brief an seine Tante Rosalie in Plauen, in dem er sie um Auskunft bittet: «Da ich jetzt meine Biographie schreiben will, bemerke ich mit Schrecken, daß ich über das Leben des Papa […] in großer Ungewißheit bin und fast keine Data weiß» (August 1858). Der Abschied vom Elternhaus erweckt das Bedürfnis der Erinnerung. Das Bild des Vaters und die eigene Lebensgeschichte sollen rekonstruiert werden. Doch am Ende der «Biographie», die schließlich nur noch einen – enttäuschenden – «Vater» (Richard Wagner) enthält, steht der Zusammenbruch. Dazwischen die lebenslang vergebliche Suche nach dem Vater: «Ich weiss freilich aus Erfahrung fast eben so wenig davon, was es heisst einen Vater zu verlieren als einen Vater zu besitzen. Dafür ist mir mein Jugendleben innerlich schwerer und bedrückender geworden als billig ist», heißt es in einem Brief an Gustav Krug (6.7.1874), als dessen Vater stirbt (und noch bevor der Ersatz-Vater, Wagner, verworfen werden mußte). Da er ihn als «Vater verehre», heißt es in einem Brief an Wagner, feiere er an dessen Geburtstag zugleich die eigene «Geburt» (20.5.1874) – und «Die Geburt der Tragödie aus dem Geiste der

[Wagnerschen; B. N.] Musik» sollte denn tatsächlich auch in der Turiner Tragödie zur Jahreswende 1888/89 ihren Abschluß finden. Früh, bereits beim Abschied von Mutter und Schwester, künden sich die dunklen Wolken, die über der Zukunft liegen, an. In der «Biographie» des Vierzehnjährigen, die stückweise an den Jugendfreund Pinder geschickt wird, lesen wir: «Es war an einem Dienstag Morgen, als ich aus den Thoren der Stadt Naumburg herausfuhr. Die Morgendäm(m)erung lag noch rings auf den Fluren [...]. Auch in mir herrschte eine solche Dämmerung [...]. Die Schrecken der bangen Nacht umlagerten mich und ahnungsvoll lag vor mir die Zukunft in grauen Schleiern gehüllt. Zum ersten Male sollte ich mich von dem elterlichen Hauße auf eine lange, lange Dauer entfernen. Unbekannten Gefahren ging ich entgegen; der Abschied hatte mich bang gemacht und ich zitterte in Gedanken an meine Zukunft. [...] daß ich meine lieben Freunde verlassen sollte, daß ich aus den gemütlichen Verhältnissen in eine neue, unbekannte, starre Welt treten sollte, beengte meine Brust und jede Minute wurde mir schrecklicher, ja als ich Pforta hervorschimmern sah, glaubte ich in ihr mehr ein Gefängniß, als eine alma mater zu erkennen» (6.2.1859). Das schreibt der spätere unerbittliche Kritiker der deutschen Bildungsanstalten, der Kartograph einer «neuen, unbekannten, starren Welt», die so sehr mit seiner Philosophie verbunden ist wie ihr Gegenstück, ihr Gegenentwurf – das Loblied auf ein heroisch akzeptiertes Leben, auf eine mit Leben erfüllte Welt, der die innere Welt Nietzsches, die lebenslangen Depressionen, die immer wiederkehrenden Selbstmordgedanken, über die die Briefe Auskunft geben, so ganz und gar nicht entspricht.

Wenn auch die «Biographie» des Jugendlichen nur in Bruchstücken erhalten ist, die von Giorgio Colli und Mazzino Montinari gesammelten Briefe Nietzsches (1986) stellen auf ihre Art eine Autobiographie dar: Ein nahezu einzigartiges Dokument einer lebenslangen Krankengeschichte enthüllt bis in subtile, private Einzelheiten hinein die Genese einer Persönlichkeit *und* eines Werkes. Schließlich wären die Briefe auch zu lesen als fortlaufender Kommentar zu den Werken, deren Linien so vielfältig miteinander und mit dem Leben des Autors verflochten sind. Ich zeichne einige dieser Linien nach und verzichte bewußt auf psychoanalytische Termini, um Nietzsche möglichst authentisch, ungestört zu Wort kommen zu lassen.

Mit dem Abschied vom Elternhaus beginnt ein «grausames Post- und Reisespiel» (September 1869, an Franziska und Elisabeth Nietzsche). Es endet erst, als der Sohn und Bruder wieder in den Armen von Mutter und Schwester ist – geistig umnachtet, ein Pflegefall. Worüber aber in den Briefen aus der Basler Zeit und aus den Wanderjahren immer wieder, in nahezu monotoner Gleichförmigkeit die Rede ist, das findet sich schon in den Briefen, die der Jugendliche aus Schulpforta nach Hause schickt: Einsamkeit, Wehmut, Trennungsschmerz, Heimweh, Nachrichten über Kopf-, Magen- und Augenbeschwerden. Von Erkältungen – nicht aber von «Erwärmungen», wie es einmal heißt – wird vielfach gesprochen. Ein Wanderer und sein Schatten, die immer gegenwärtige psychische und physische Krankheit, sind auf der Suche nach Halt, nach Kraft, nach Gesundheit, nach all dem, was die Philosophie Nietzsches später verklären, mit nahezu religiöser Inbrunst verkünden wird. Der einundzwanzigjährige Student *scheint* den ersehnten Halt endlich gefunden zu haben: den «ersten und einzigen Erzieher», also Schopenhauer. In dessen Pessimismus, in dessen Plädoyer einer Askese als Grundvoraussetzung für Ethik *und* Erkenntnistheorie glaubt Nietzsche ein Rüstzeug zu finden für den Weg durch ein beschwerliches, ängstigendes, zunächst verneintes, schließlich empathisch bejahtes Leben. Besonders imponieren dem jungen Studenten Schopenhauers Flüche gegen verzopfte Gelehrsamkeit und verbeamtete Philosophie. Noch kurz vor der überraschenden, durch Ritschl beförderten Berufung nach Basel hatte sich Nietzsche, gemeinsam mit dem Freund Rohde, als «philosophischer Flaneur» (16. 1. 1869) in Paris gesehen. Doch dann schlägt der «Teufel ‹Schicksal›» in Gestalt «einer philologischen Professur», wie es im selben Brief an Rohde heißt, zu; noch bevor er in Basel angekommen ist, zeigt das halbe Herz Stolz auf den Erfolg, die andere Hälfte aber hat Angst vor der drohenden «Philisterei». Wenigstens reist Schopenhauer im Gepäck nach Basel mit. Und er ist das Band, das alle alten und neuen Freude zusammenhalten soll: Deussen und Jacob Burckhardt; Gersdorff und Rée; Rohde und Richard Wagner. Sie alle sind glühende Schopenhauer-Verehrer, und jeder neue Freund wird zunächst daraufhin befragt, wie er es denn mit Schopenhauer halte. Das ist in diesem Falle die Gretchenfrage, bevor Nietzsche selbst das Band zerreißt, sich von Schopenhauer abwendet. Eine schmerzhafte, mit vielen körperlichen und seelischen Leiden verbundene Konvulsion, die in den Briefen aus der Basler Zeit ihre Spuren hinterläßt, ist Zeichen der Abkehr von Schopenhauers «idealer» Metaphysik und Wagners christlich-mystischer Musik, wie die geäußerten Umwertungen des früher Verehrten nunmehr lauten.

Noch vor seiner Basler Zeit hatte Nietzsche sein erstes kriegerisches Abenteuer als reitender Artillerist hinter sich gebracht. Es endete – wie fast alle Handlungen seines Lebens – als Fiasko: «[...] meine Krieger-laufbahn ist nicht gerade glücklich von mir in Scene gesetzt worden [...]. Eines Tages mißlingt mir in der Reitstunde ein schnell ausgeführ-ter Sprung aufs Pferd; ich traf mit der Brust hart auf den Vorderzwiesel und spürte in der linken Seite einen zuckenden Riß» (22.6.1868, an Gersdorff). Eine langwierige Verwundung, schließlich Dienstuntaug-lichkeit sind die Folgen. Aber bereits vor diesem Mißgeschick war der reitende Artillerist Nietzsche mehr durch Stoizismus als durch Helden-taten aufgefallen. Bisweilen im Stall, «unter dem Bauche des Pferdes versteckt», besänftigte er seinen Groll gegen militärischen Drill durch leise Anrufe: «‹Schopenhauer hilf›» (3.11.1867, an Rohde). Als er sich, bereits Professor für klassische Philologie in Basel, als Freiwilliger für den Krieg gegen Frankreich zur Verfügung stellt, ist er nur noch als Krankenpfleger einsatzfähig. Aber auch beim zweitenmal scheitert die militärische Karriere innerhalb kurzer Zeit, binnen eines Monats. Der Krankenpfleger wird selbst krank, kommt wegen Ruhr ins Lazarett und rascher als geplant nach Basel zurück. Von hier aus betrachtet er das Kriegsgeschehen mit zunehmendem Widerwillen: «Für den jetzi-gen deutschen *Eroberungskrieg* nehmen meine Sympathien allmählich ab. Die Zukunft unsrer deutschen *Cultur* scheint mir mehr als je ge-fährdet» (12.12.1870, an Mutter und Schwester). «Im Vertrauen: ich halte das jetzige Preußen für eine der Cultur höchst gefährliche Macht» (7.11.1870, an Gersdorff).

Die Verherrlichung des Willens zur Macht und der Krieg gegen alles Schwache und Kranke – was bedeuten sie für einen Menschen wie Nietzsche, der zeitlebens krank, schwach, hilfsbedürftig, verwundbar und verwundet blieb und daraus in seinen Briefen keinen Hehl macht? Es ist die selbstverordnete bittere Arznei gegen den eigenen, nicht ver-änderbaren Charakter, gegen den Willen zum Untergang, gegen den «Geist der Schwere» (wie es im «Zarathustra» heißt), gegen die kaum zu bezähmende Sehnsucht nach einem anderen Menschen, gegen die Schwäche, die der Wunsch nach symbiotischer Verschmelzung hinter-läßt: «Ich zerschmelze. Kampf, Kampf, Kampf! Ich brauche den Krieg» (27.5.1872, an Rohde).

Man wird die Werke Nietzsches durch die Briefe kommentieren müssen, will man sich auf ihn, der stets behauptete, alle seine Gedan-ken seien zunächst *Erlebnisse*, «Erleidnisse» gewesen, berufen; will man ihm *gerecht* werden: «Das Geheimnis aller Genesung für uns ist, eine gewisse Härte der Haut wegen der grossen innerlichen Verwundbarkeit und Leidensfähigkeit zu bekommen. *Von aussen her* darf uns wenigstens so leicht nichts mehr anwehen und zustossen; wenigstens quält mich nichts mehr als wenn man so auf *beiden* Seiten ins Feuer kommt, von innen her und von aussen» (11.8.1875, an Malwida von Meysenbug). Wann immer er versucht habe, die Schopenhauersche Mitleidsethik praktisch anzuwenden, sei er ihr Opfer geworden, schreibt Nietzsche einmal. In der Verwundung liegt die Abkehr von Schopenhauer, auch die Abkehr vom Christentum als dem reinsten Ausdruck der Mitleids- und «Sklaven»-Moral begründet. In Schopenhauers Philosophie fand er vielleicht Trost, aber keine *Grenze*. Das Mitleid löst alle Grenzen auf – und dies bedeutet im Falle Nietzsches: Selbst-Verlust. In seiner neuen, gegen Schopenhauer gewendeten «Kriegs»ethik sucht Nietzsche eine neue, unbezwingbare Grenze zu finden. Wie bedroht sein psychisches Gleichgewicht, seine Identität ist, weiß er selbst: «Von Zeit zu Zeit muß man sich, durch den Umgang mit guten und *kräftigeren* Menschen gewissermaßen neu einbinden lassen, sonst verliert man einzelne Blätter und fällt muthlos immer mehr auseinander» (5.4.1873, an Malwida von Meysenbug). Und – stellvertretend für alle seine Freunde (die nach und nach von ihm abfallen oder sich doch zumindest innerlich von ihm zurückziehen) – schreibt er an Rohde: «Eigentlich lebe ich ja durch Euch, ich gehe vorwärts, indem ich mich auf Euch stütze; denn mit meinem Selbstgefühle steht es schwach und erbärmlich, und *Ihr* müsst mir immer wieder mich mir selber gewährleisten» (7.10.1874). Die Moral der Freunde, etwa die Rohdes, entspricht aber nicht der Nietzsches – und dies in einem doppelten Sinne. Sie stehen zunehmend verständnisloser den neuen Moral-Vorstellungen gegenüber; dann aber auch drücken sie ihren Mißmut nicht offen, nicht wahr, sondern hinter dem Rücken Nietzsches aus: «Gedankenseifenblasen» erkennt beispielsweise Rohde in Nietzsches «Jenseits von Gut und Böse», läßt sich aber über die «gigantische Eitelkeit des Verfassers» in einem Brief an Overbeck aus, statt mit dem früheren Freund ein offenes Gespräch zu führen. *Offenheit* schätzte Nietzsche in eben dem Maße, in dem er Heuchelei und Doppeldeutigkeit (insbesondere im Umgang mit Freunden) haßte. Ein Beispiel hierfür ist die Reaktion auf einen Brief Hans von Bülows, dem bekannten Dirigenten, dem er ein selbst komponiertes Musikstück zur Begutachtung schickt. Bülows Kritik an der Vertonung eines Byron-Textes ist unerbittlich: «Ihre Manfred-Meditation ist das Extremste von phantastischer Extravaganz, das Unerquicklichste und Antimusikalischste was mir seit lange von Aufzeichnungen auf Notenpapier zu Gesicht gekommen ist [...]. Abgesehen vom psychologischen Interesse – denn in Ihrem musikalischen Fieberprodukt ist ein ungewöhnlicher, bei aller Verirrung distinguierter Geist zu spüren – hat Ihre Meditation vom musikalischen Standpunkte aus nur den Werth eines Verbrechens in der moralischen Welt» (24.7.1872). Nietzsches Antwort: «Denken Sie [...], daß ich wahrhaft glücklich, auf eine so einfache Art über das Wesen meiner allerletzten Compositionsperiode aufgeklärt zu werden [bin...]. Es steht demnach recht traurig um meine Musik und noch mehr um meine Stimmungen. Wie bezeichnet man einen Zustand, in dem Lust Verachtung Übermuth Erhabenheit durch einander gerathen sind» (29.10.1872)? Bülow, der Musiker, hat *zugehört*; und Nietzsche ist dankbar für das offene Ohr, für das offene Wort, für *das Verständnis, das er findet*. Er will ein Echo – und er bekommt es. Bülow, so scheint es, erfaßt bereits um diese Zeit den *inneren* Zustand Nietzsches genauer, als die meisten der Freunde, als die Mutter, als die Schwester, denn von ihnen heißt es in den Briefen wiederholt: Seit frühester Kindheit hätte nie ein menschliches Wort Nietzsche, den Sohn, den Bruder, erreicht. Und, gleichsam als ein Wink, erfährt Freund Rohde, den Nietzsche so gern nach Basel geholt hätte: [...] «der Brief Bülows ist für mich unschätzbar in seiner Ehrlichkeit» (2.8.1872). Die «Verbrechen in der moralischen Welt», die Bülow früh vernommen hat, werden später zu Verbrechen an einer geheuchelten, an einer verbrecherischen Welt, die sich mit Moral als verstecktem Kampfmittel nur tarnt.

Aus der Fülle der Niederlagen, die in Nietzsches Briefen dokumentiert werden, greife ich nur noch die Begegnung mit Lou Andreas-Salomé heraus. Sie bringt Nietzsche an den Abgrund einer Erkenntnis, vor deren Konsequenzen er allerdings zurückschreckt. Die Bindung an die Mutter und an die Schwester erweist sich als zäher, Nietzsche erweist sich als schwächer. Zwar stellt er vorübergehend den Verkehr mit den Naumburger Frauen ein, doch dann nimmt er die alten Bindungen wieder auf, so, als wäre nichts geschehen. Und dies, obgleich die Mutter ihn als eine Schande für das Grab des Vaters bezeichnet hatte, die Schwester ihn – nach dem Scheitern der Beziehung zu Lou – verhöhnt, indem sie aus seinen eigenen Werken zitiert: «Also begann Zarathustras Untergang...»; womit sie, neben aller Beleidigung, auch recht hatte. Die Eifersucht der Frauen beruhigt sich erst wieder, als sie sehen, daß Nietzsche seine Einsiedler-Existenz, von der Lou ihn hätte befreien sollen, erneut aufnimmt; als sie sicher sind, daß sie *ihren* Halt, den Sohn, den Bruder, nicht an eine andere Frau verlieren. Zwar gibt es viele Briefe (und Entwürfe), in denen Nietzsche seine Enttäuschung an Lou in Gestalt heftiger Vorwürfe gegen sie zum Ausdruck bringt; doch schließlich ist er bereit, Lou zu verzeihen. Als er den Schmerz der Verwundung gelindert glaubt, stochert die Schwester in den frischvernarbten Wunden, reißt sie die dünne Haut wieder auf, indem sie dem Bruder das Gerede über Lou hinterbringt. Seine Reaktion fällt heftig aus (in einem Briefentwurf an die Mutter): «Aber ein Jahr nachher auf [diese – B. N.] Dinge zurückzukommen [...] war eine Brutalität sonder Gleichen [...]. Dies nur als Probe von Hundert Fällen, worin sich die verhängnisvolle Perversität meiner Schwester gegen mich gezeigt hat. Im Übrigen weiß ich längst, daß sie nicht eher Ruhe hat, als bis ich todt bin [...]. Wer hat mich so vollständig in Stich gelassen, wie Ihr, und damals, wo ich Trost nöthig hatte, mir mit Verhöhnung und Beschmutzung meines ganzen Lebens und Strebens geantwortet? Ich kenne *erst recht*, und von Kindheit an, die moralische Distanz, die mich und Euch trennt [...]. Begreift Ihr denn Nichts von dem Widerwillen, den ich zu überwinden habe, mit solchen Menschen, wie Ihr seid, so nahe verwandt zu sein! Was bringt mich denn zum Erbrechen [und dies ganz wörtlich, ganz real; B. N.], wenn ich Briefe meiner Schwester lese und diese Mischung von Blödsinn und Dreistigkeit, die sich gar noch moralisch aufputzt, hinunterschlucken muß» [Januar/Februar 1884]? Für einen Augenblick zerreißt, ausgelöst durch die Begegnung mit Lou und die damit verbundenen Konflikte und Reaktionen seitens der Verwandten, der Schleier der Maja, das Blendwerk der Erscheinungswelt einer Moral, hinter dem der Wille zur Macht (über den Sohn, über den Bruder) sich versteckt hält. Nietzsche erkennt das Dilemma, das keinen Ausweg offen hält. Er wählt ein Gleichnis aus der griechischen Tragödienwelt: Wie er sich auch drehe und wende, er sei entweder als Sphinx oder als Ödipus dem Untergang geweiht. Auf seiner langen Suche nach dem Vater hat er endlich die Seite der Mutter, die Seite der Schwester gefunden, die er *nicht* sehen wollte. Und er entdeckt, wie «nahe verwandt» er dieser Seite ist, wie unmöglich es ist, sie abzuschütteln. Der Mensch, so heißt es im «Zarathustra» (der übrigens Ergebnis einer Verarbeitung der Erlebnisse mit Lou ist, wie Nietzsche wiederholt andeutet), sei zu *überwinden*. Nietzsche führt Krieg gegen alle gehaßten Tugenden, deren Verwandtschaft mit seinem eigenen Wesen ihn an die

Grenze der Selbstzerstörung bringt. Dem intriganten Charakter der Schwester, die sich in die Gewänder des Moralismus einhüllt, setzt Nietzsche den Charakter Lous entgegen, deren Raubtierhaftigkeit, deren «naiven» Egoismus er zu preisen beginnt. Hatte er sie zuvor idealisiert, war er enttäuscht worden, so idealisiert er jetzt gerade jene Charaktereigenschaften Lous, die ihn verletzten. Am Ende ist der Übermensch eine Überfrau, die männliche Frau Lou, die dem bigotten Weibchen, der Schwester, als Kontrastbild präsentiert wird. Und so verwandt er im tatsächlichen Sinne seiner Schwester ist, so verwandt fühlt er sich im übertragenen Sinne Lou. Die neue Moral jedenfalls entsteht in Auseinandersetzung mit dem Leiden, das die Begegnung mit Lou hervorgerufen hat.

Der Untergang Zarathustras, den die Schwester nach den Ereignissen von 1882 prophezeite, vollzieht sich in mehreren Etappen. Dabei erhalten alle früher verfaßten Texte neue Vorreden. In einem Brief an Deussen heißt es endlich: «[...] mein ganzes Bisher bröckelt von mir ab» (3.1.1888). Schließlich imaginiert Nietzsche ein Bild, das in Turin zur Wirklichkeit wird, als er auf der Straße ein Pferd umarmt. In einem Brief an Seydlitz, wenige Monate vor dem Zusammenbruch geschrieben, heißt es: «Gestern dachte ich mir ein Bild aus von einer moralité larmoyante, mit Diderot zu reden. Winterlandschaft. Ein alter Fuhrmann, der mit dem Ausdruck des brutalsten Cynismus, härter noch als der Winter ringsherum, sein Wasser an seinem Pferd abschlägt. Das Pferd, die arme geschundene Creatur, blickt sich um, dankbar, *sehr* dankbar» (13.5.1888). Als Nietzsche einem seiner Phantasie ähnlichen Bild in einer Turiner Straße ein halbes Jahr später tatsächlich begegnet, bricht der Wahnsinn aus. Die Polizei übergibt ihn dem Wirt, bei dem er wohnt. Overbeck bringt ihn nach Basel, die Mutter holt ihn dort ab. Auf der Heimreise erweist sich der Sohn gehorsam, fügsam (wie es auch in den Krankenblättern immer wieder heißt), *sehr* dankbar. Nur einmal, in einem heftigen Anfall, wendet sich das Blatt; der Sohn droht die Mutter zu erwürgen. Doch der Tobsuchtsanfall ist rasch vorüber; die Heimreise gelingt.

Was die Schwester betrifft, so ist der Haß auf die «rachsüchtige antisemitische Gans» (Mai 1884, an Malwida von Meysenbug) trotz verschiedentlicher Versöhnungsversuche bis zum Ende erkennbar. Die letzte Rache der Schwester vollzieht sich am Werk des geistig umnachteten Bruders, der bis zuletzt versucht hatte, seine Schriften vor dem Zugriff deutschtümelnder, nationalistischer und antisemitischer

Schmierfinken zu retten. Die «verfluchte Antisemiterei» (2.4.1884) habe ihn schon von Wagner abgehalten, schreibt er an Overbeck, inzwischen bedroht sie auch sein Verhältnis zur Schwester, zum Verleger Schmeitzner, zum Schwager Dr. Förster. In einem Briefentwurf an die Schwester heißt es schließlich: «Den Juden andererseits wünsche ich immer mehr, daß sie in Europa zur Macht kommen, damit sie ihre Eigenschaften verlieren (nämlich *nicht mehr nötig haben*) vermöge deren sie als Unterdrückte sich bisher durchgesetzt haben. Im übrigen ist es meine ehrliche Überzeugung: ein Deutscher, der bloß daraufhin, daß er ein D(eutscher) ist, in Anspruch nimmt *mehr* zu sein, als ein Jude, gehört in die Komödie: gesetzt nämlich, daß er nicht ins Irrenhaus gehört» (5.6.1887). Und auf dem letzten Wahn-Zettel, auf der letzten im Brief-Werk veröffentlichten Botschaft des hellsichtig-wahnsinnigen Nietzsche, steht zu lesen: «Wilhelm (II.; B.N.), Bismarck und alle Antisemiten abgeschafft» (6.1.1889). Während die Schwester den Bruder bis zum Tode pflegt, schafft sie jenes Nietzsche-Bild, das ein paar Jahrzehnte später ein Komödiant benutzt, der Deutschland vorübergehend in ein Irrenhaus verwandeln konnte. Es gilt, gerade mit Hilfe des jetzt vollständig zugänglichen Brief-Werkes, Nietzsche, dessen Bild, dessen Philosophie wieder von den Schlacken einer unheilvollen Geschichte zu befreien, vielleicht sogar – Nietzsche erst noch zu entdecken.

«[...] gegen die Befreier des Geistes sind die Menschen am unversöhnlichs(t)en im Haß, am ungerechtesten in Liebe», heißt es in einem Brief an Malwida von Meysenbug (11.6.1878). Und um ein Wort Nietzsches zu paraphrasieren: Auch hier liegt die Wahrheit nicht in der Mitte zwischen falschen Verächtern und falschen Verehrern, sondern «ganz woanders». Nietzsche wußte, daß sein Werk zu zahlreichen Mißverständnissen Anlaß geben konnte. Er habe mit aller ihm zur Verfügung stehenden Kraft den Bogen gespannt, sagte er; nun könne ein «Kind» (oder eben auch ein Narr) kommen, um von diesem Bogen einen Pfeil, einen sehr gefährlichen Pfeil, abzuschießen. Auch in dieser Hinsicht sollte er sich nicht irren. Er selbst glaubte, nur von ebenbürtigen Geistern recht, tatsächlich verstanden zu werden. An Josef Paneth, einen der engsten Freunde Sigmund Freuds während dessen Studienzeit, schreibt Nietzsche, als er ihm den letzten Teil des «Zarathustra» schickt (Paneth hatte Nietzsche zuvor in Nizza besucht – vgl. ausführlich Hemecker 1990): Später werde vielleicht «Einer – es bedürfte eines Genie's dazu» (Mai 1884) – kommen, der die nötigen «Augen» dafür habe, sein Werk zu verstehen, um die Aufgabe, die er begonnen habe, fortzuführen. War Freud nicht der «Eine»?

Ein «Anderer», ein Ganz-und-gar-Anderer, der sich neuerdings über Nietzsche, über «Zarathustras Ende» geäußert hat, heißt Anacleto Verrecchia, ein italienischer Germanist, dessen Buch (1986) jüngst in deutscher Übersetzung erschien. Dieses Buch ist ein Ärgernis, aber nicht deshalb, weil es den Nietzsche-Mythos zu zerstören versucht (was ja ein berechtigtes Anliegen wäre), sondern deshalb, weil die gespreizte Eitelkeit des Verfassers nahezu das einzige ist, was an diesem Buch als originell imponiert. Im übrigen ist es so, wie Verrecchia die Nietzsche-Literatur, «mit wenigen Ausnahmen», charakterisiert: «unerträglich und unappetitlich» (S. 13). Der Autor ist ein Gesunder, Allzugesunder, der weiß, daß die «Verehrer Nietzsches im allgemeinen ein psychisches Problem haben» (S. 12). «Wie soll man sich im Labyrinth der unvermeidlichen Widersprüche eines kranken Geistes zurechtfinden» (S. 224), fragt er, nachdem er sich bereits über Seiten hinweg vergeblich den Kopf zerbrochen hat, dieses Rätsel zu beantworten. «Nietzsche ist sozusagen einer der größten literarischen Knochen der Geschichte» (S. 348), und offenbar kann sich jeder Hund daran vergnügen. Würde Verrecchia nicht ausgiebig seine Sprachbegabung selbst rühmen, wäre es unnötig, die Übersetzungsleistungen, die er als Germanist noch ausdrücklich lobt, zu erwähnen. Es finden sich immer wieder Sätze wie der folgende: «Lou war nicht so sehr abwegig als mit sich selbst noch nicht im reinen» (S. 54). Wenn der Übersetzer, Peter Pawlowsky, in einem ebenfalls recht prätentiösen Nachwort vermerkt, hier «werden nicht nur Sprachgrenzen überschritten» (S. 363), so ist ihm recht zu geben. Es werden vor allem die Grenzen des guten Geschmacks immer wieder überschritten. Ich will dies, pars pro toto, an zwei Beispielen demonstrieren: Der Autor zitiert aus einem Brief Nietzsches an Richard Wagner, in dem es heißt, Nietzsche wolle nach Italien gehen: «Völlige Ruhe, milde Luft, Spaziergänge, dunkle Zimmer – das erwarte ich von Italien; mir graut davor, dort etwas sehen oder hören zu müssen» (27.9.1876). Dies benutzt Verrecchia, um Nietzsche als einen Ignoranten hinzustellen, der während aller seiner «Aufenthalte in Italien seinem Vorsatz, nichts zu sehen und nichts zu hören, immer treu blieb» (S. 16). Daß das angeführte Zitat nur zu verstehen ist, wenn man den Kontext des Briefes an Wagner mitberücksichtigt, verschweigt der Autor. Nietzsche hatte sich Wagner gegenüber als ein Leidender dargestellt, der «Schmerzen über Schmerzen einschluckt», der «alle vier bis acht Tage» dreißigstündige Anfälle hat, von Kopf- und Augenschmerzen befallen, die ihn hindern, zu schreiben und zu lesen, nahezu das Todesurteil für einen Schriftsteller. Wegen der rasenden Schmerzen sucht Nietzsche Linderung in der «milden Luft» Italiens, wohl wissend, daß er sich hüten muß, zu «sehen» oder zu «hören», da jeder plötzliche Reizzuwachs einen neuen Anfall auslösen könnte. Das Argument eines Leidenden dient Verrecchia dazu, ihn als Ignoranten zu verhöhnen. Im übrigen macht sich dieser Autor – nach fast einem Jahrhundert Psychoanalyse – daran, eine «Legende» zu zerstören, deren Unsinn so eklatant ist wie das Unvermögen des Autors, sie tatsächlich zu analysieren. Gemeint ist die Legende, die Nietzsches Schwester begründet: Nietzsche sei bis zum Zusammenbruch in Turin ein nahezu gesunder Mensch gewesen, der wegen Abusus von Schlafmitteln schließlich seinen Geist zerrüttet habe. Die Gewährsleute für Verrecchias Gegenthese sind Möbius und Stekel; beide sind der Ansicht, Nietzsche sei schon lange Zeit vorher psychisch gestört gewesen. Eine weitergehende, sinnvolle Erörterung der Krankheitsgenese wird nicht geliefert. Statt dessen dienen die Verweise auf Möbius und Stekel als Hilfsmittel, Nietzsches Philosophie als die Ausgeburt eines kranken Gehirns zu denunzieren. Dabei gibt der Autor eine Tollheit nach der anderen zum besten, etwa: Nietzsche sei kein Philosoph; er habe sich niemals mit «Erkenntnistheorie» (S. 130) beschäftigt; er habe so über den Menschen gesprochen, «als wäre dieser etwas vom Tierreich völlig Losgelöstes» (S. 132); er habe überhaupt keine originellen Gedanken gehabt; er habe allenfalls dort, wo andere nein sagten, ja gesagt (und umgekehrt); usw. usw. Ich benutze die Gelegenheit des Hinweises auf Nietzsches anhaltende Lese- und Schreibunfähigkeit, die ihn zwingt, die Hilfe von Freunden (etwa die Köselitz') in Anspruch zu nehmen, die ihm vorlesen und seine Handschriften in eine lesbare Gestalt bringen, zu einer kurzen Anmerkung. Wenn über Nietzsche als Aphoristiker geschrieben wird – auch dies häufig in Form eines Vorwurfs, er habe keinen zusammenhängenden Text zustande gebracht –, so wird *ein* wichtiger Grund für die Benutzung des Aphorismus fast stets übersehen, eben die Unfähigkeit des halbblinden Nietzsche, längere Zeit zu schreiben. Auch diesbezüglich geben die Briefe Nietzsches wiederholt Auskunft, etwa: «Fahren Sie fort, bei der Corr(ektur) zu winken und zu warnen. Der Boden des Mißverständnisses ist bei dieser Schrift so oft in der Nähe; die Kürze, der verwünschte Telegrammstil, zu dem mich Kopf und Auge nötigt ist die Ursache» (3.11.1879, an Köselitz). Über seine «arme stückweise Philosophie», über sich als «unvollständiger aphoristischer Philosophus» klagt Nietzsche auch in einem Brief an Rée (August 1881). Die Krankheit zwingt zur Kompensation und läßt Nietzsche (neben Lichtenberg und Schopenhauer) zum bedeutendsten Aphoristiker der deutschen Sprache werden. Gedankensplitter höchster Reinheit oder – um mit Verrecchia zu reden: «lexikalische Knallfrösche» (S. 227).

Ein zweites Beispiel zeigt neben der verfälschenden Interpretation des Briefes Nietzsches an Wagner die Miserabilität der Argumentation Verrecchias noch deutlicher auf. Aus einem Brief an Köselitz anläßlich des Todes von Richard Wagner zitiert der Autor diesen Satz: «[…] ich glaube sogar, daß der Tod Wagners die wesentliche Erleichterung war, die mir jetzt geschafft werden konnte» (19.2.1883). Und er suggeriert, Nietzsche habe Wagners Tod gleichsam genossen, um sodann ein niederträchtiges Fazit zu ziehen: «Entweder war Nietzsche schon damals verrückt oder ein moralisches Monstrum» (S. 104). Bereits im Brief an Köselitz deutet Nietzsche an, in welcher Hinsicht der Tod Wagners eine «Erleichterung» für ihn bedeutete; in Hinsicht auf das Ende einer langjährigen, qualvollen Beziehung: «Es war hart, sechs Jahre lang Gegner dessen sein zu müssen, den man am meisten verehrt hat, und ich bin nicht grob genug *dazu* gebaut.» Noch deutlicher heißt es in einem zwei Tage später geschriebenen Brief an Malwida von Meysenbug: «W(agners) Tod hat mir fürchterlich zugesetzt […]. Trotzdem glaube ich, daß dies Ereigniß, auf die Länge hin gesehn, eine Erleichterung für mich ist. Es war hart, sehr hart, sechs Jahre lang Jemandem Gegner sein zu müssen, den man so verehrt und geliebt hat, wie ich W(agner) geliebt habe; ja, und selbst als Gegner sich zum Schweigen zu verurtheilen zu müssen – um der Verehrung willen, die der Mann als *Ganzes* verdient» (21.2.1883). – Nietzsche «verrückt oder ein moralisches Monstrum», wie Verrecchia schreibt? Wie wäre dann die folgende Feststellung Verrecchias über Dr. Förster, den Mann Elisabeth Nietzsches, zu würdigen, der nach Verrecchias Meinung «auf den guten Gedanken gekommen war, sich umzubringen»? (S. 342). Belassen wir es bei diesen wenigen Hinweisen auf ein Buch, das – unter dem Vorwand einer «Entmythologisierung» (S. 10) Nietzsches – in übelster Weise verleumderisch ist. Der Gerechtigkeit halber sei hinzugefügt: Wer Dokumentationsmaterial über die letzten Monate Nietzsches in Turin, über den Krankentransport nach Basel und über die Klinikaufenthalte bei Wille in Basel und bei Binswanger in Jena sucht, findet es in diesem Buch zusammengefaßt; das Wichtigste davon stammt allerdings nicht aus Untersuchungen des Autors, sondern aus den Schriften seiner Vorgänger.

Literatur

Hemecker, W. W.: Der Physiologe Zarathustras – Freuds Freund P. Manuskripte 30 (Heft 110), 1990, 5–11

Nietzsche, F.: Sämtliche Briefe, Bd. 1–8 (hg. von G. Colli und M. Montinari). München (dtv) 1986

Verrecchia, A.: Zarathustras Ende. Die Katastrophe Nietzsches in Turin. Wien (Böhlau) 1986

11 Die Macht des Helden – die Allmacht der Mütter

Der «Held» ist eine faszinierende Gestalt, nur scheint, auf den ersten Blick, nicht leicht erkennbar zu sein, was an ihm zur Faszination zwingt, es sei denn, man wollte sich mit einer recht oberflächlichen Antwort zufriedengeben: Es sind eben die «Heldentaten», die wir bewundern. Aber worin besteht das spezifisch Heldenhafte einer Tat?

Durchmustern wir die Heldengalerien von der Antike bis zur Gegenwart, von Sisyphos bis zu Reinhold Messner, so läßt sich zunächst *ein* wiederkehrendes Merkmal erkennen: Der Held vollbringt Außergewöhnliches. Aber seine Tat besteht eben nicht nur in einer Höchstleistung – sonst wäre jeder Spitzensportler auch ein Held. Vielmehr scheint das Kriterium der Heldenhaftigkeit in der *Über*menschlichkeit zu liegen, in der Fähigkeit, allein auf sich gestellt das zu tun, was alle anderen für unmöglich halten. In diesem Sinne hat auch Nietzsche den «Übermenschen» skizziert: Der nämlich hält aus, woran der zutiefst muttergebundene Nietzsche zerbrach – die Einsamkeit.

Zum Helden gehört die Einsamkeit, die er physisch und *psychisch* überlebt. Selbst der psychoanalytische «Held», also Freud, durchlebte – wie jeder Held – eine Phase heroisch gemeisterter Einsamkeit (splendid isolation), wollen wir ihm und seinen Bewunderern glauben. Eine solche Phase des Überlebens unter der Bedingung extremer Distanzierung (von sich selbst als Mitglied der Gemeinschaft) scheint die Voraussetzung zu sein für das Heldentum wie für die erwartete Fähigkeit des Helden zur Selbsterlösung und zur Erlösung derer, die von seinen Erlösungskräften profitieren wollen.

Vom Helden erwartet die Gemeinschaft immer die Tat, durch die sie selbst von einer Bürde, von der eigenen Unfreiheit nämlich, erlöst zu werden wünscht. Daher auch die Unverzeihlichkeit, wenn der Held die Erlösungshoffnung enttäuscht, wenn er versagt, wenn er sich als ein ganz und gar gewöhnlicher Mensch entpuppt. Wer also zum Helden werden will, der muß vorübergehend in die «Wüste», ins «Gebirge», in die «Unterwelt» oder in sonstiges menschenleeres Gebiet, wo er den Versuchungen, dem «Teufel» in Gestalt recht menschlicher Bedürfnisse und Wünsche, preisgegeben ist. Wie diese Wünsche im Kern aussehen, darüber berichten die «Heiligen» (samt ihren feministischen Nachfolgerinnen) allemal: Das obszöne Verlangen nach der aller kulturell akzeptablen Überformung entkleideten Vereinigung des eigenen und des fremden Geschlechts steckt im Kern der teuflischen, der pornographischen Wünsche. Der Held trifft in der «Wüste» also sich selbst, den innersten Kern seiner Wunschstruktur, sein Bedürfnis nach animalischem Kontakt. Und geläutert, als «Held», kehrt aus der «Wüste» nur zurück, wer es mit sich selbst aushält. Selbstbeherrschung. Selbstbegrenzung auf das eigene Geschlecht, also auch ein Stück Homosexualität, kennzeichnen den heroischen Sieg über sich selbst, über das eigene Verlangen. Der Verzicht ist Voraussetzung der eigenen Unabhängigkeit. Mag der Held auch noch so sehr unter seiner Einsamkeit leiden, so symbolisiert er doch ein sehr kostbares Gut, nämlich das Vermögen einer allumfassenden Autonomie.

Wenn Anita von Raffay (1989) in Reinhold Messner einen sehr modernen männlichen «Helden» erkennt, so wählt sie ein Beispiel, das der Demonstration einer zentralen, den Helden betreffenden These besonders gut dienen kann. Denn der Bezwinger aller Berge dieser Welt zeigt exemplarisch, daß der Held solche Bewältigungsversuche im *Alleingang* absolvieren muß. Auf dem Gipfel der Macht, der Selbstüberwindung angelangt, blickt dieser Held herab auf *Mutter* Erde. In seiner Einsamkeit demonstriert er dem Rest der Menschheit, daß es auch ganz ohne (Sauerstoff-)*Flasche*, also ohne die versorgende Nabelschnur, die an die Mutter bindet, geht. In narzißtischen Gefühlen verschmilzt er mit seinem eigenen Größen-Selbst, mit der ganzen Welt. Gott auf mystische Weise nah, wird er beinahe selbst zum Gott – auf jeden Fall aber wird er für viele zum Helden, auch wenn er gerade in solchen Zuständen der frühen Bindung an die Mutter, den damals erlebten Emotionen, wieder sehr nah sein sollte.

Wann ist ein Mann ein «Mann»? Eben wenn er diesen Beweis erbracht hat; wenn er nicht mehr von der Mutter abhängig zu sein scheint. Das Gegenstück des Helden ist demnach das Muttersöhnchen, der Mann, der in jeder Frau die «Mutter» sucht, wenn er sich denn überhaupt physisch und psychisch von der Mutter getrennt, anderen Frauen zugewandt haben sollte. Der heldenhafte, «autonome» Mann, der nicht mehr das Kind einer Frau, sondern ihr Partner sein will, hat die Bindung an die Mutter im *infantilen* Sinne überwunden. Also muß er in der Frau nicht mehr die Mutter, in der Mutter nicht seine eigenen Abhängigkeitsbedürfnisse und im anderen Geschlecht nicht mehr die in seiner eigenen Sexualität verborgene Infantilität hassen. Geschlechts- und Geschlechterhaß, und seien es die «feministisch» verpackten Ausgaben solchen Hasses, sind Kennzeichen des eigenen Unvermögens, *erwachsen* zu werden, die «heldenhafte» Leistung der Emanzipation vom mütterlichen Schutz zu erbringen, die Einsamkeit zu ertragen, die mit aller Individuation unverbrüchlich verbunden ist. Frauenhaß, Mutterhaß und Selbstverachtung wegen der eigenen unheldenhaften Infantilität sind nach Meinung Anita von Raffays die drei Seiten einer Münze, mit der der Mann für seine fortbestehende Abhängigkeit an die Frauen, an die Mutter, zurückbezahlt. Die Autorin versucht in ihrem Buch «Abschied vom Helden», mit Hilfe vornehmlich Jungianischer Perspektiven, die Anatomie männlicher Heldengestalten offenzulegen, wobei ihr vor allem auch negative Helden in den Blick geraten. Don Juan oder Dracula etwa. Und was die Autorin zeigt, ist dies: Die untersuchten Helden sind innen stets hohl. Wie in einer russischen Puppe steckt im Innersten des Helden ein sehr kleines Wesen – nämlich das abhängige Kind, das Muttersöhnchen, vor dem der Held durch äußerliche Anstrengungen vergebens zu flüchten sucht. Kreml-Flieger sind nun einmal todesmutig; und wenn es soweit ist, dann bringen sie den Tod auch zu einer Frau zurück, von der sie sich nicht erhört wähnen. Die Dialektik von Selbst- und Mutterhaß wurzelt in der unaufgelösten Mutterliebe, die hält – jedoch nicht hält, was sie verspricht.

Nun ist das keine ganz neue Erkenntnis: Das Vergnügen, vermeintliche Helden zu entblößen, erregt seit geraumer Zeit das öffentliche Interesse, geschlechtsübergreifend sozusagen. Von Theweleit bis zu Pilgrim pfeifen es die Spatzen von den Dächern der Verlagshäuser, daß in scheinbar «großen» Männern in Wahrheit (die vom jeweiligen Buchschreiber aufgedeckt wird) kleine Schwächlinge hausen. Vorzuschlagen wäre allenfalls noch ein weiteres Buch mit dem Arbeitstitel «Der Kreml-Flieger in mir». Dann endlich hätte die Heuchelei ein Ende und das Selbstmitleid zu sich gefunden. Wie mickrig wir auch immer selbst sein mögen, es macht uns eben Spaß, Idole mit dem Hammer zu traktieren. Auch der Slogan «Männer lassen lieben» ist bei allen Maul-und-

Schreib-Helden derzeit beliebt. Und selbst die Tatsache, daß Frauen besonders gerne auf Pseudohelden hereinfallen, von denen sie zunächst einmal glauben wollen, es handle sich um Männer, während es sich, wie die Nachprüfung stets über kurz oder lang offenbart, tatsächlich um Söhne, um Müttersöhnchen handelt, ist der Bestsellerei keineswegs verborgen geblieben. Von der Sucht, Männchen zu lieben, die angeblich bis zur Selbstzerstörung des weiblichen Geschlechts reichen soll, wären die Frauen also erst noch zu erlösen – aber auch von der Sucht, mit Hilfe einschlägiger Ratgeberliteratur das Bedürfnis nach vermeintlicher Selbsterkenntnis zu stillen. Vorausgesetzt, die Diagnostiker des «Patriarchats» haben recht, so stellt sich doch die Frage: Warum binden sich Frauen – bis zur vermeintlichen Selbstaufopferung – gerade an solche «Helden», deren heldenhafte Attitüden Individuation nur vortäuschen, während die heroisch demonstrierte Isolation, die diese Helden auszeichnet, bei näherem Hinsehen allenfalls aus Berührungsängsten besteht?

Anita von Raffay diagnostiziert an derlei weiblichen Bevorzugungen für vermeintliche Helden ein ganz und gar egoistisches Motiv: Die Hinwendung der Frauen zu solchen Helden soll der Ablösung von der eigenen Mutter dienen. Der von der Autorin empfohlene «Abschied vom Helden» bedeutet demnach, Frauen hätten andere, neue Wege zu suchen, um «autonom», «emanzipiert» oder, altmodisch ausgedrückt, einfach nur erwachsen zu werden. Anstatt sich an Helden zu hängen, um endlich in deren Schlingen zu ersticken, sind eigene Anstrengungen angesagt, die Einsamkeit zu ertragen, die sich einstellt, wenn die «emotionale» Bindung an die Mutter – oder die an den Vater – und das Gewebe kindlicher Bedürftigkeit aufgelöst werden sollen. Solange die von der Autorin so apostrophierten «Vaterstöcher» Helden *brauchen*, infantil gebliebene Frauen also von den Schein-Taten vermeintlicher Helden und tatsächlicher Muttersöhnchen profitieren wollen, muß es notwendig zwischen den Geschlechtern zu Mißverständnissen und zu enttäuschten Hoffnungen kommen. In der Regel führt dies zu einem verbissenen Kampf um Autonomie, bei dem beide nicht bemerken, daß sie im anderen ihre jeweiligen unaufgelösten infantilen Bindungen bekämpfen.

Am Beispiel Medeas sagt dies die Autorin so: «Um sich von der Mutter zu trennen, muß sie dem Helden folgen, um sich vom Väterlichen zu trennen, muß sie den Helden wieder verlassen.» Darin liegt die Tragik all jener Verbindungen, die im Glauben geschlossen werden, die Mühsal der eigenen Entwicklung ließe sich durch die Wahl eines Retters, eines Erlösers (oder einer Erlöserin), eben eines Helden (oder einer Ersatz-Mutter) ersparen: Wo das scheinbar Rettende ist, wächst nämlich die eigene Abhängigkeit auch.

Das Mißverständnis, die eigene Entwicklung ließe sich durch den Gebrauch oder Verbrauch eines anderen Menschen ersetzen, führt über kurz oder lang zum Zwang, den Helden zu zerstören (oder – vom Mann aus gesehen – die Erlöserin), denn wer könnte schon lebenslang einem Retter dankbar, ergeben sein wollen? Das Kreuz steht für den Erlöser also selbst dann bereit, wenn er die Erwartungen *nicht* enttäuscht.

Soweit wäre all das, was die Autorin zu sagen hat, noch einmal eine konzentrierte Wiedergabe jener Themen, die seit Jahren den öffentlichen Diskurs über die Beziehungen zwischen den Geschlechtern in der «post»-modernen Gesellschaft bestimmen und den Umsatz einschlägiger Bücher sichern helfen. Kennzeichen dieser Gesellschaft ist der Zweifel daran, ob es denn überhaupt noch Helden geben kann – sprich: Ob in dieser Gesellschaft überhaupt noch irgend jemand psychisch erwachsen werden kann? Oder ob eine immer kompliziertere wirtschaftlich-technische Maschinerie psychisch immer infantilere Menschen voraussetzt, um zu funktionieren – Menschen, die sich dann als Verbraucher allenfalls noch wechselseitig ihr Schicksal, nicht mehr konsumierbar zu sein, zum Vorwurf machen können.

Je stärker der Zweifel wird, ob die «post»-moderne Gesellschaft überhaupt noch Erwachsene dulden kann, und je überzeugender die Enttarnungen des Heldenhaften und die Enttäuschungen über den Helden ausfallen, desto stärker wird – auf paradoxe Weise – die Sehnsucht nach neuen Helden, zum Beispiel nach «neuen» Männern. Freilich fallen in diesem Punkt Nachfragen und Angebote – je nach Bildungsstand der Suchenden – recht verschieden aus. Wie oft, so zeigt auch hier das gemeine Volk seine Bedürfnisse unverstellter. «Rambo» ist nicht zufällig ein Kassenmagnet, dessen einfältige Stärke offenbar einen neuen Heldentypus signalisiert. Im Zeitalter unentwegter und zum großen Teil akademisierter Geschwätzigkeit über das «rechte» Verhältnis der Geschlechter und der damit verbundenen einschlägigen Diskurse über das «Patriarchat» demonstriert «Rambo» auf seine Weise, daß sich auch Infantilität mit einer Gloriole des Heldenhaften umgeben läßt. Und dabei besteht zwischen «Rambos» synthetischer Muskelkraft und dem zugehörigen Silikonbusen, zwischen den Attrappen der Männlichkeit und der Weiblichkeit, kein prinzipieller Unterschied. Hauptsache, die Geschlechter sind gleichberechtigt. Dafür sorgt «Rambos» vorbildliche Dummheit allemal.

Hingegen der altertümliche, der nunmehr dem Spott preisgegebene Held: Verkörperte er, psychologisch gesprochen, nicht das Bild eines Mannes, eines «Vaters», der durch die Differenz zur «Mutter» noch *glaubhaft* darstellen konnte, daß deren Macht nicht unbegrenzt gilt? Wie Odysseus, dem die göttliche Athene Beistand leistet, waren die klassischen Helden gerade in diesem Punkte heimliche Verbündete jener Frauen, die – wie die «patriarchalisch» organisierte Athene – lieber Helden unterstützten, als jene dunklen Mächte zu repräsentieren, die durch die Helden in Schach gehalten werden sollten.

Alles nur eine «patriarchalische» Erfindung? Athene ist schließlich dem Haupt des Zeus entsprungen – so lauten die Einwände. Aber ich gehe noch einen muttermörderischen Schritt weiter und behaupte: Der patriarchalische Held von ehedem war nur ein Spiegelbild der (emotionalen) Allmacht der frühen Mutter, aus deren magnetischem Kraftfeld sich das (männliche wie weibliche) Kind nicht ohne die Hilfe eines «anderen» befreien kann. Der andere, der dritte, der Vater und, meinetwegen, der «Held» repräsentieren die Gegenkraft, die Differenz, die Grenze. Der Held ist Held, weil er exemplarisch demonstriert, wie die Anziehungskraft der Mutter einzugrenzen ist; weil er mit sich allein, einsam, in der «Wüste» (also ohne Menschen, ohne die Mutter) überleben kann. So verstanden, symbolisiert der Held die Fähigkeit, erwachsen zu werden. Und tatsächlich ist der Mythos nur ein Märchen für Erwachsene. In märchenhafter Form zeigt er die vielen *psychologischen* Wege auf, die ein Held gehen muß – und von denen noch Bob Dylan singt –, will er sich aus frühen, bewußtseinsfernen Verstrickungen befreien, von der Mutter lösen, wie sie vom Kind erlebt wird (was keineswegs identisch ist mit dem Selbsterleben der Mutter).

Es klingt wie ein Paradox: Glaubt man den soziologischen Daten und den psychologischen Befunden, so werden die Menschen in der «post»-modernen Gesellschaft immer einsamer, leben sie immer isolierter, wie Monaden in zerbrochenen Familien, um schließlich an sich selbst zu zerbrechen. Sie ertragen die Einsamkeit, als *wären* sie Helden. Und doch sind sie so schwach, so feige geworden, daß sie zunehmend mehr der Berührung ausweichen, sich immer stärker auf die Bastionen ihres eigenen Geschlechts zurückziehen müssen. Die Autonomie des modernen Helden und seiner sich emanzipierenden Nachläuferinnen ist allenfalls äußerlich vorhanden. Sie zerschmilzt wie Eis in der Sonne, sobald mit der Distanz zum eigenen Begehren auch die zum fremden Geschlecht aufgegeben wird. Für den männlichen Pseudohelden bedeutet dies: Mag er sich nun mit oder ohne Stein, antik oder modern, den Berg hinaufquälen, den Beweis, die Allmacht der (frühen) Mutter *begrenzt* zu haben, kann er spätestens dann nicht mehr erbringen, wenn ihm eine Frau zu *nahe* kommt.

Das haben kluge Frauen allerdings schon immer gewußt und deshalb auf derlei Helden, die nur Männchen machen, auch verzichten können. Die Frauen, für die Anita von Raffay schreibt, müssen diese Lektion aber offenbar erst noch lernen. Die Autorin fordert, kurz gesagt, zum Verzicht auf Pseudohelden auf. Merkwürdigerweise beginnt das Buch jedoch mit der ausführlichen Lebens- und Behandlungsgeschichte einer Frau, die *ohne* Vater aufwuchs, die in ihrer Kindheit von drei Frauen (Müttern) umgeben war. Der Vater hat bereits in früher Zeit Selbstmord begangen, hatte – symbolisch gesprochen – sein Selbst aus der Welt der Frauen entfernt. So mußte die Tochter mit ihren Phantasien *über* den Vater vorliebnehmen. Gerade diese von der Autorin ausgewählte Lebensgeschichte demonstriert also das Schicksal der Vaterlosigkeit einer Tochter – bei gleichzeitiger Übermacht der Mütter. Inmitten des allgegenwärtigen Kampfes mit dem «Patriarchat» will mir deshalb gerade diese Frauenbiographie nicht zufällig erscheinen. Im Gegenteil: Sie ist recht auffällig. Und gewiß ist sie symptomatisch: Seit zweitausend Jahren quälen uns kollektive Phantasien *über* den Vater, und es scheint, als hatten wir nie einen «Vater», einen Helden, kennengelernt. Denn wir leben mit den tief verinnerlichten Bildern einer (christlichen) Kultur, in denen der Vater seltsam *abwesend* ist. Als düpierter Josef steht er hinten im Stall. Und als Vater im Himmel ist er unerreichbar. Zugleich offenbaren solche Bilder, die den Vater nur als einen Abwesenden, allenfalls als einen (heiligen) «Geist» zu thematisieren verstehen, eine recht eigentümliche Beziehung zwischen der Mutter und dem Sohn. Da gibt es die nährende Mutter Gottes, die ihr Kind in den Armen hält. Und da gibt es die weinende Mutter Gottes, die den Sohn tot, als Gekreuzigten, in den Armen hält. Zwischen diesen beiden Topoi aber liegen die Stationen eines Sohnes, der auf der vergeblichen Suche nach dem Vater ist und dabei zum Helden oder zum Erlöser werden muß, bevor man ihn als ganz gewöhnlichen Menschen ans

Kreuz schlägt. Dort, an seiner letzten Leidensstation angekommen, klagt dieser Sohn immer noch, der Vater habe ihn verlassen.

Wechseln wir vom jüdisch-christlichen zum antiken Mythos, der in Gestalt einer Neuauflage des Ödipus das 20. Jahrhundert zutiefst geprägt hat, zumindest was den intellektuell-künstlerischen Diskurs anbelangt. Erinnern wir uns also an das Freudsche, an das ödipale Drama. Es kreist um den Wunsch, den Vater zu töten. Hinter diesem Wunsch verbirgt sich noch eine tieferliegende Sehnsucht – die Sehnsucht nach der Mutter, der Wunsch, die Mutter ganz allein zu besitzen, in ihren Armen aufzugehen. Wäre dieser Wunsch erfüllbar, so käme dies der vollkommenen Entdifferenzierung gleich. Die Rückkehr zur Einheit mit der Mutter, die durch den «Vater» nicht mehr zu relativieren, nicht mehr aufhebbar wäre, müßte absoluten Entwicklungsstillstand bedeuten, wäre also identisch mit dem Tod.

Aus all dem ergeben sich für mich zwei Schlußfolgerungen in Auseinandersetzung mit den Thesen Anita von Raffays, Schlußfolgerungen, die sich allerdings zum Teil gegen das richten, was die Autorin selbst offen vertritt. Während sie meint, alles Elend ließe sich durch «das» Patriarchat begründen, und die Welt ließe sich sozusagen aus einem Punkte kurieren, erweist der Text des Buches in meinen Augen vielmehr, daß es um ein sehr allgemeines Elend gehen könnte – um das Elend nämlich, nicht mehr erwachsen werden, nicht mehr auf die Mutter verzichten zu können.

Meine *erste* Schlußfolgerung lautet daher: Wir leben seit zweitausend Jahren in einem (verdeckten) Matriarchat, und die männlichen Helden, die man uns anbot und anbietet, erscheinen nur dem oberflächlichen Blick als die grausamen «patriarchalischen» Väter, während sie sich dem zweiten Blick als verzweifelte Pseudohelden offenbaren, die vergebens ihre Abhängigkeit von den Müttern zu verleugnen suchen. Daraus folgt, *zweitens*: Im Haß auf das sogenannte Patriarchat steckt ein gerüttelt Maß an verdeckter (abgewehrter) Enttäuschung darüber, daß es keine Väter, keine Helden gibt, die wahrhaft beweisen könnten, daß die Schmerzen der Individuation tatsächlich zu ertragen sind.

Umgeben von Pseudohelden, aufgewachsen in einem Pseudopatriarchat, schwindet die Chance immer mehr, anders als infantilisiert in dieser Welt zu leben, anders als infantil zu lieben oder zu hassen. Am Ende würde mehr Mut dazu gehören, das «Matriarchat» – sprich: den

Wunsch nach einer allmächtigen, für die eigenen Bedürfnisse jederzeit verfügbaren Mutter – aufzugeben, als Mut dazu gehört, das «Patriarchat» anzuklagen. Zudem scheint in solchen Anklagen auch eine Klage versteckt zu sein, die Klage eines von mütterlicher Macht niemals erlösten Kindes, das vergeblich nach dem Vater schreit. Und das sich so sehr einen Vater *wünscht*, daß es seinen Wünschen, seinen Illusionen vom Helden zwischenzeitlich, bis zum Wecken, auch zum Opfer fällt.

Anstatt auf Illusionen und Hoffnungen zu verzichten, ein anderer könnte stellvertretend leisten, was man selbst zu tun hätte, erwachsen oder – wie es heute heißt – «emanzipiert», «autonom» zu werden, kritisieren die infantilisierten «Erwachsenen» lediglich das Heldeninventar von gestern. Und während sie ihre Götzen zertrümmern, bemerken sie nicht, wie sie mit neuer Geschwätzigkeit neue Götzen formen – und sei es nur der Götze der eigenen «Autonomie». Sie wollen *selber* Helden sein – so lautet wohl der geheime, der verschwiegene Wunsch, der in aller Kritik am «Patriarchat» steckt. Nur den Preis dafür, den heldenhaften Preis der Einsamkeit, den Verzicht auf die Verfügbarkeit über die Allmacht der «Mutter» – diesen Preis wollen sie nicht bezahlen.

Womit auch ich mein Schärfchen zur Enthüllungsthematik beigetragen hätte. Die neuen, emanzipierten Helden und Heldinnen sind PseudoheldInnen. Oder, wie es in Anlehnung an Arnold Hau – schärfster aller Kritiker – so schön zu formulieren ist: «Die größten Kritiker der Elche sind selber welche.»

Literatur

Raffay, A. von: Abschied vom Helden. Das Ende einer Faszination. Olten (Walter) 1989

12 Eine Frau auf der Flucht vor dem Vater: Prostitutionswünsche und Rettungsphantasien

(Zu Bertha Pappenheim / «Anna O.»)

1

Am 8. Juli 1915 schreibt Freud an James Putnam, der in einem von ihm verfaßten, Freud zugeschickten Buch auf die Anfänge der Psychoanalyse eingegangen war: «Gestatten Sie mir noch einen kleinen Irrtum richtigzustellen [...] Ich war nämlich niemals Breuers Assistent, habe seinen berühmten ersten Fall nie gesehen, kenne ihn nur aus Breuers Mitteilungen Jahre nachher» (Freud 1980, 322). Ich erwähne diese Bemerkung Freuds, weil Putnam nicht der einzige blieb, der sich in Phantasien über «Anna O.» und die Anfangszeit der Psychoanalyse erging. Bemüht sei deshalb hier und jetzt wieder einmal die Historie, um jener Grenze näherzukommen, die die Historie von den Histörchen trennt.

Bekanntlich war der Fall «Anna O.» Ausgangspunkt der kathartischen Behandlungsmethode. Aus dieser Methode entwickelte sich das spätere psychoanalytische Behandlungsverfahren sukzessive, bei allmählicher Aufgabe der Hypnose, die bereits von Breuer geübt wurde und Freud aus Wien – wie durch die Besuche bei Charcot und Bernheim – bekannt war (vgl. Fichtner, Hirschmüller 1988). Die endgültige Ersetzung der Hypnose als Mittel der Ausforschung scheinbar vergessener Erinnerungen durch das technische Hilfsmittel der freien Assoziation wird von Freud (vgl. 1914, 45) als *das* Kriterium genannt, mit dem im engeren Sinne der Beginn der Psychoanalyse zu bestimmen sei.

Liest man Breuers Bericht über « Anna O.» in den « Studien über Hysterie» (Breuer, Freud 1970) aufmerksam, so entdeckt man, daß in diesem Falle die Hypnose unter anderem als ein Mittel angewandt worden ist, mit dessen Hilfe die – zunächst *spontan* aufgetretenen – autohypnotischen Absenzen der Patientin « künstlich» wiederhergestellt werden konnten. Man versuchte damit, jenen Bewußtseinszustand zu erreichen, in dem sich die Patientin aufgrund ihrer « Krankheit», also wegen ihrer « hysterischen» Flucht vor der Realität des Wachbewußtseins, immer wieder verlor.

« Anna O.» besaß offenbar die den Organismus in Belastungssituationen zunächst sichernde, auf längere Sicht jedoch entwicklungsschädigende Fähigkeit, einer (aus welchen Gründen immer) belastenden Außenwelt-Realität, die nicht zu ändern ist, durch Veränderung des *Bewußtseins* (das heißt: durch Veränderung der Vorstellungen von dieser Außenwelt-Realität) zu begegnen. Vermutlich handelt es sich bei diesem Sicherungs- und Abwehrmanöver um einen sehr grundsätzlichen Prozeß, der beim Menschen angesichts einer unerträglich empfundenen Außenwelt-Realität einsetzen kann.[1]

Während der Behandlung hatte die Patientin spontan eine Form der freien Assoziation entwickelt, die aufzugreifen, zu systematisieren und in einen theoretisch legitimierten Zusammenhang zu stellen später Freud vorbehalten blieb. Doch schon Breuer berichtet:

« Andererseits war bemerkt worden, daß sie in ihren Absenzen während des Tages offenbar immer irgendeine Situation oder Geschichte ausbildete, über deren Beschaffenheit *einzelne gemurmelte Worte* Aufschluß gaben. Nun geschah es, zuerst zufällig, dann absichtlich, daß jemand von der Umgebung ein solches Stichwort fallenließ, während die Patientin über das ‹ Quälen› klagte; alsbald fiel sie ein und begann, eine Situation auszumalen oder eine Geschichte zu erzählen, anfangs stockend und im paraphrasischen Jargon, je weiter, desto

---

[1] Noch Jahrzehnte nach Beendigung der Behandlung fiel « Anna O.s» Sprachverhalten auf; in Diskussionen meldete sie sich oft sehr spät zu Wort, und dann schien es manchmal, als hätte sie « die Erdverbindung verloren» (Jensen 1984, 155). Vermutlich verweist dieses mehr oder minder verdeckte Restsymptom auf die frühe Beziehungs-, Realtitäts- und Bewußtseinsstörung « Anna O.s», die nie gänzlich überwunden werden konnte. –In zwei Briefen Martha Freuds an ihre Mutter (vom 2.1. und 31.5.1887, also etwa knapp fünf Jahre nach dem offiziellen Ende der Behandlung Berthas durch Breuer geschrieben) wird mitgeteilt, daß Bertha Pappenheim gegen Abend « noch immer an ihren halluzinatorischen Zuständen» leidet (Jones 1962, I, 268; Jones gibt den Inahlt der Briefe in eigenen Worten wieder, die Briefe selbst sind bisher nicht veröffentlicht worden).

fließender, bis sie zuletzt ganz korrektes Deutsch sprach [was gegen eine *neurologische* Begründung der Aphasie, die von Thornton, 1983, unterstellt wird, spricht].

Die Geschichten, immer traurig, waren teilweise sehr hübsch, in der Art von Andersens ‹Bilderbuch ohne Bilder›[1] [...]; meist war Ausgangs- oder Mittelpunkt die Situation eines bei einem Kranken in Angst sitzenden Mädchens [...]» (Breuer, Freud 1970, 26; Hervorhebung von B. N.).[2]

Ob durch Autohypnose oder durch Fremdhypnose hergestellt, das wesentliche, therapeutisch motivierte Ziel lag im Zugriff auf einen *veränderten* Bewußtseinszustand, in dem sich Affekt-Erlebnisse reproduzieren ließen, die im normalen Bewußtseinszustand, im Wachzustand, nur als Residuen, nur als komprimierte Symptome vorlagen. Um deren *Sinn* zu verstehen, war es notwendig, das Symptom gleichsam aufzuknüpfen, es zu entfalten, wie dies durch die Rede der Patientin – beim Geschichtenerzählen – ansatzweise zu geschehen schien.

Dabei durchlief das Kalkül, der Patientin mit Hilfe eines Zugriffs auf den «zweiten Zustand» helfen zu können, etwa die folgenden (zum Teil von mir interpretierten) Schritte:

1. im veränderten Bewußtseinszustand, unter der Bedingung der Absenz, in einem dem *Traum ähnlichen* Zustand, der durch Autohypnose hergestellt war und durch Hypnose wiederhergestellt werden konnte, murmelte «Anna O.» einzelne, scheinbar sinnlose Worte;

2. ein aufmerksamer Beobachter, vermutlich Breuer selbst, griff «zuerst zufällig, dann absichtlich» derartige Worte auf und verwendete sie weiterhin als «Stichworte»;

3. dafür – für seine Zuwendung – wird dieser aufmerksame Zuhörer mit einer vollständigen Geschichte belohnt, weil er bereit ist, Worten eine Bedeutung zuzumessen, an denen bisher alle anderen achtlos vorbeigehört hatten;[3]

4. in der erzählten Geschichte können die früher überhörten, schein-

---

1 Andersen (1840).
2 Die Erstausgabe der «Studien über Hysterie» erschien 1895 mit der Autorenreihenfolge: Breuer, Freud. In einer Neuausgabe, die 1970 im Fischer Verlag erschien, wurde diese Autorenreihenfolge willkürlich geändert. Obgleich hier und im weiteren Text nach dieser Neuausgabe zitiert wird, bleibt hier und im folgenden die *ursprüngliche* Autorenreihenfolge beibehalten.
3 Daraus läßt sich schließen, daß der Analytiker immer nur das zu hören bekommt, wofür er auch tatsächlich ein Ohr *hat*.

bar sinnlosen Worte mehr und mehr als *Schlüssel*-Worte erkannt werden;

5. diese Schlüsselworte lassen in dem durch die Erzählung repräsentierten Zusammenhang ein Stück Affekt- und Phantasiegeschichte der Patientin erkennen, deren Krankheitsgeschichte, die sich als Summe solcher – recht verstandenen und in einen Gesamtzusammenhang eingeordneter – Erzählungen zu erkennen gibt.[1]

Der therapeutische Effekt solchen Geschichtenerzählens wird in dieser frühen Phase der Theoriebildung von Breuer weder auf die der Patientin zugewandte Aufmerksamkeit[2] noch auf den durch die erzählten Geschichten allmählich hergestellten Zusammenhang zurückgeführt. Vielmehr wird für das therapeutische Resultat das Wiedererinnern vergessener «Szenen» und das Abreagieren der mit diesen Szenen verbundenen – zwischenzeitlich «eingeklemmten» – Affekte verantwortlich gemacht.[3] Von hier bis zur Entfaltung des späteren psychoanalytischen Behandlungsverfahrens liegt also noch ein weiter Weg vor den Augen eines an der Entstehungsgeschichte der Psychoanalyse interessierten Betrachters – ein Weg, den wir an dieser Stelle nicht weiterverfolgen wollen, weil es jetzt um die *Frau* geht, mit deren Hilfe zwei Männer (Breuer und Freud) den Weg finden konnten, der als verschlungener Pfad in die – allen Positivisten endgültig verschlossene – «Seele» führt.

---

1 Das gilt jedenfalls, soweit es sich um die subjektive, um die *erlebte* Leidensgeschichte handelt. Welche «objektiven» Vorfälle dieser subjektiven Leidensgeschichte entsprechen, in ihr «verschlüsselt» vorliegen, ist eine andere Frage. Ebenso berechtigt wäre die Frage nach dem Zusammenhang zwischen der *subjektiven* und der *objektiven*, nach grundsätzlich anders gearteten Methoden zu erhebenden Krankheitsgeschichte. Für die therapeutische Beziehung ist dieser Zusammenhang zwar interessant, aber nicht unmittelbar relevant. In dieser Situation geht es um zwei Aufgaben: a) um die Wiederherstellung eines bewußt erinnerten Gesamtzusammenhangs der Leidens- und Lebensgeschichte des Patienten; b) um die Herstellung eines Zusammenhangs, einer Beziehung zwischen dem Patienten und dem Therapeuten, durch die im Idealfalle das bisher unbewältigte Leiden nachträglich zu verarbeiten wäre.

2 D. h. erweitert: auf die mit ihr aufgenommene Beziehung und Interaktion.

3 Daß damit gleichzeitig eine Darstellung des Erlebten in *Worten*, also eine Versprachlichung des Affekts erfolgt, scheint auf dieser frühen Stufe der Entwicklung des neuartigen Verfahrens noch eher beiläufig, jedenfalls ganz unter kathartischem Gesichtspunkt, gewürdigt zu werden. Mit fortschreitender Entwicklung der Psychoanalyse wird dann aber gerade dieser Aspekt der Versprachlichung immer wichtiger, beinhaltet er doch, etwas großartig formuliert, die Menschwerdung des Menschen: *Am Anfang war das Wort...*

Diese Frau, diese Führerin in ein bis dahin nicht *systematisch* geortetes Land, hat es verdient, in unserem Gedächtnis zu überleben – und zwar nicht nur als «Stichwortgeberin».

2

Als die Deutsche Bundespost 1954 – anläßlich der Gründung des «Jüdischen Frauenbundes» durch Bertha Pappenheim vor damals 50 Jahren – eine Wohlfahrtsmarke in der Serie «Helfer der Menschheit» mit dem Profil einer etwas streng blickenden, aber doch sehr zart erscheinenden Frau herausbrachte, konnte vermutlich kaum einer mit dem Namen der Portraitierten jene berühmte Patientin verbinden, deren Pseudonym («Anna O.») Ernest Jones in seiner gerade eben erst englisch erschienenen Freud-Biographie aufgedeckt hatte. Bertha Pappenheim und «Anna O.» – die jüdische Frauenrechtlerin [1] und die hysterische Patientin: dabei sollte es sich um ein und dieselbe Person handeln? «Es ist eben diese Diskrepanz zwischen der beklagenswerten Patientin ‹Anna O.› und der imponierenden Gestalt der Bertha Pappenheim, die immer wieder Anlaß zu Fragen und neuen Interpretationen gegeben hat» (Hirschmüller 1986, 7). Bemühen wir uns, einige Bruchstücke der Identität dieser Frau wiederzufinden, um vielleicht zu einigen neuen Vermutungen hinsichtlich eines Zusammenhanges zwischen ihrem früheren Leben als Leidender und ihrem späteren Leben als Helferin der Leidenden zu kommen. Es geht also um den Weg einer Patientin zur Therapeutin oder – in Anklang an den Aufdruck der Briefmarke – zu einer «Helferin der Menschheit». Wir dürfen vermuten, daß im späteren Helfen noch etwas vom früheren Leiden, von den früheren Konflikten wiederzufinden ist.

Am Ende seines Berichts über den Fall «Anna O.» beschreibt Breuer «die schließliche Abheilung der Hysterie» der Patientin. Der Leser wird nicht im Zweifel darüber gelassen, daß es Breuer, wenngleich unter Schwierigkeiten, gelang, die Patientin zu heilen (vgl. Breuer, Freud

---

1 In diesem Punkt ist Bertha einer anderen Patientin Freuds verwandt: Emma Eckstein, die ebenfalls publizistisch für die Frauenemanzipation gestritten hatte. Aufgrund einer unnötigen, fahrlässig ausgeführten Operation durch Fließ, dem Freud die Patientin überantwortet hatte, war Emma Eckstein vorübergehend in einer lebensbedrohlichen Lage – jedenfalls empfand Freud dies so, wie er in mehreren Briefen an Fließ bekundete.

1970, 40). Aufgrund detaillierter Quellenforschungen (vgl. Ellenberger 1972; Hirschmüller 1978) wissen wir heute allerdings, daß dieses Breuersche *happy end* eine dem Leser suggerierte Fiktion darstellt.

Die ziemlich weitgehende Nicht-Übereinstimmung des von Breuer geschilderten Behandlungsendes mit der Realität war auch Freud zum Zeitpunkt der Veröffentlichung der «Studien» bekannt. Zum einen hatte Freud mit Breuer selbst wiederholt Gespräche über die Patientin geführt, aus denen er wußte, wie briefliche Mitteilungen an Martha belegen, daß Breuer noch lange nach dem offiziellen *happy end* seine frühere Patientin so leidend sah, daß er ihr aus Mitleid den Tod wünschte (Brief Freuds an Martha vom 5.8.1883; Inhalt zitiert nach Jones 1962, I, 268). Zum anderen war die Patientin eine nahe Freundin von Martha, so daß wir annehmen dürfen, Freud habe auch durch Martha immer wieder mündlich von Bertha gehört.

Breuer und Freud präsentierten 1895 der Öffentlichkeit also eine Geschichte, die – zumindest für den Fall «Anna O.» – in entscheidenden Punkten die Effektivität des neuen, von ihnen beschriebenen Behandlungsverfahrens falsch darstellte. Tatsächlich wurde Bertha im Sommer 1882 – nach Beendigung der Behandlung durch Breuer – morphin- und chloralabhängig in das Kreuzlinger Sanatorium Robert Binswangers eingeliefert. Wegen einer seit Frühjahr 1880 bestehenden Trigeminusneuralgie mit periodisch auftretenden Schmerzen (von der im offiziellen Bericht Breuers in den «Studien» nicht die Rede ist) hatte Breuer seiner Patientin Betäubungs- und Schlafmittel verschrieben. Im Laufe der Zeit war die Patientin süchtig geworden. In Kreuzlingen sollte eine stationäre Entwöhnung durchgeführt werden. Dies mißlang allerdings (weil auch die Schmerzen nicht beseitigt werden konnten). Bereits im Herbst 1882 wurde Bertha auf eigenen Wunsch aus der Kreuzlinger Klinik wieder entlassen. Zu diesem Zeitpunkt bestanden die neuralgischen Schmerzen, die Suchtmittelabhängigkeit, die Sprachstörungen und die abendlichen Dämmerzustände, in denen sie sich im «zweiten Zustand» befand, noch immer.[1]

Bertha Pappenheim (1859–1936) war in einer reichen jüdischen Fa-

---

1 Etwa zwei Wochen nach der Entlassung Berthas aus der Kreuzlinger Klinik erfährt Freud erstmals durch Breuer von der – zu diesem Zeitpunkt in erheblichem Umfang gescheiterten – Behandlung. Das Gespräch fand am 18. November 1882 statt (vgl. Jones 1962, I, 269), also nicht erst «Jahre» später, wie Freud in dem eingangs zitierten Brief aus dem Jahre 1915 an Putnam schrieb.

milie aufgewachsen[1] und in der Rolle einer «höheren Tochter» erzogen worden. Was das bedeutete, führte sie später selbst in einer Schrift über die «Erziehung der weiblichen Jugend in den höheren Ständen» (Berthold 1898) so aus: Die «gute Erziehung» verfolgte das Ziel, das Mädchen «über all das, was sich außerhalb des Rahmens der Häuslichkeit ereignete, im Dunkeln oder doch im Unklaren zu lassen». Die Realität, das wirkliche Leben «mit seinen mächtigen Anforderungen» sollten «verhüllt bleiben». «Den Zusammenhang zwischen Armut, Krankheit und Verbrechen kennen diese *mit verschleierten Augen* aufwachsenden Menschen nicht» (zitiert nach Jensen 1984, 19; Hervorhebung von B. N.).[2]

Obgleich sie aus streng religiösem Elternhaus stammte, erschien die Patientin Breuer als areligiös: «Die Kranke ist aus orthodox jüdischem Hause, persönlich völlig glaubenslos [...]» (Brief an Robert Binswanger vom 4.11.1881; zitiert nach Hirschmüller 1978, 365). Außerdem war nach Breuers Meinung bei Bertha «das sexuale Element [...] er-

1 Berthas Vater war Getreidehändler. Seine Linie führt über Bratislava bis ins romantisch-fränkische Städtchen Pappenheim im Altmühltal zurück. Die Mutter stammte aus sehr wohlhabenden Verhältnissen; ihre Familie gehörte zur jüdischen «Aristokratie» Frankfurts. Die Konstellation der Geschwister war (nach Angaben Hirschmüllers, 1978) einigermaßen verworren: Die älteste Schwester, Henriette (2.9.1849–17.4.1867), starb, als Bertha 18 Jahre alt war. Die nächstgeborene, Flora (2.9.1853–15.10.1855), starb noch *vor* Berthas Geburt (1859). Ein Jahr nach Bertha wurde der jüngere Bruder, Wilhelm (15.8.1860–1937), geboren. Er ging später, nach dem Tode des Vaters, nicht mit Bertha und der Mutter nach Frankfurt, sondern blieb in Wien. Der Name der früh gestorbenen Schwester, Flora, bedeutet Blume; ein gestorbenes Mädchen, das sich in eine Blume verwandelt, spielt in einer Erzählung Berthas eine wichtige Rolle (siehe unten im Text das Märchen von der «Weihernixe»).

2 Später schreibt Bertha in einem Brief von unterwegs über die Beschwerlichkeiten, die sich auf einer Reise ergaben, auf die sie sich wegen mangelnder Kenntnisse nicht richtig vorbereitet hatte: «Alle Leute – bis auf mich – haben noch ihre Wintersachen, das kommt aber davon, wenn man keine Geographie kann, sondern erst unterwegs lernt. Es gibt vielleicht Leute, die wissen, daß Sofia vor einem schönen Gebirgszug liegt, auf dessen Höhen das ganze Jahr Schnee liegt, der heute noch bis unten liegt und ein recht frisches Lüfterl nach der Stadt schickt» (Pappenheim 1924, 26). Sechs Jahre nach Publikation dieser Beschreibung taucht im Werk Freuds die folgende Metapher über die Schwierigkeiten der Lebensreise der Jugendlichen auf, die durch eine falsch verstandene gute Erziehung auf die Wirklichkeit, die sexuellen und aggressiven Momente des Lebens außerhalb der Familie, nicht genügend vorbereitet sind: «Indem sie die Jugend mit so unrichtiger psychologischer Orientierung ins Leben entläßt, benimmt sich die Erziehung nicht anders, als wenn man Leute, die auf eine Polarexpedition gehen, mit Sommerkleidern und Karten der oberitalienischen Seen ausrüsten würde» (1930, 494, Anm. 1).

staunlich unentwickelt» (Breuer, Freud 1970, 20). Offenbar schien Bertha *auffallend* wenig an Sexualität in dem Sinne interessiert zu sein, den man von einer Frau Anfang Zwanzig erwarten konnte – Sexualität, eingebettet in das Interesse an einer Beziehung zu einem Mann, verknüpft mit einer Hoffnung auf Bindung (Ehe). Warum sonst hätte Breuer diesen Punkt gesondert hervorheben sollen? Er könnte natürlich auch angenommen haben, daß die Prüderie der damals 21jährigen, die sich, als sie erkrankte, gerade in dem Alter befand, in dem sie «heiratsfähig» war (beziehungsweise nach standesüblichen Normen hätte sein sollen), über das zeitgenössisch zu erwartende Maß hinausreichte. Über die Standards der Erziehung und das äußere Verhalten der «höheren Töchter» jener Zeit war Breuer wohl genügend informiert. Er hätte andererseits wahrscheinlich wenig Aufhebens von diesem Punkt gemacht, wäre Bertha in dem nach zeit- und standesbedingten Umständen zu erwartenden Sinne «prüde» oder sogar übertrieben «prüde» erschienen. Aber der Begriff «unentwickelt» läßt ja auch noch eine weitere Interpretation zu (siehe unten im Text), bedeutet er doch nicht einfach das gänzliche *Fehlen*, vielmehr nur das in seiner Entwicklung *stagnierte* «sexuelle Moment».

Da viele Zeugnisse aus ihrem späteren Leben Berthas Religiosität belegen, kann vermutet werden, daß sich Breuers Urteil über Bertha (zur Zeit ihrer Krankheit) auf eine Phase der allgemeinen Auflehnung der Tochter gegen die Normen ihres Elternhauses bezieht. Die Flucht in die Krankheit kann also, wenigstens zum Teil, auch als eine maskierte Auflehnung gegen die ihr auferlegten Normen und gegen die von ihr erwarteten Rollen verstanden werden. Jedenfalls fiel Bertha, mit Hilfe der Krankheit, ganz entschieden aus der Rolle, die für eine «höhere Tochter» vorgesehen war. Zu dieser Rolle gehörte es unter anderem, nach orthodox-jüdischem Ritus den Ehebund mit einem Mann zu schließen, dessen Auswahl in erster Linie den Interessen der Gesamtfamilie und erst in zweiter Linie nach der Stimme des Herzens der Braut zu erfolgen hatte. Das, so scheint es, widersprach Bertha zutiefst. Und es gibt eine Unzahl von Belegen in Berthas späteren publizistischen und literarischen Arbeiten, die zeigen, daß sie zwar einerseits im Sinne einer Religion des Herzens tief religiös war, daß sie aber andererseits mit heftigem Zorn jede religiös verbrämte Fassade, hinter der sie andere, heuchlerisch versteckte Motive vermutete, bekämpfte.[1]

1 In Frankfurt kam es zwischen Bertha Pappenheim und der Leitung der orthodox-

Tatsächlich sollte Bertha nie heiraten. In einer ihrer Schriften charakterisierte sie später einmal (anläßlich einer Reise, 1903, durch Galizien) die heiratsfähigen, auf den künftigen Mann wartenden jüdischen Mädchen, die zugleich an echter Ausbildung durch Tradition und Elternhaus gehindert wurden, folgendermaßen: «denkfaul»; «Haustiere im niedrigsten Sinne»; «müßiggehende Mädchen, die nur darauf warten, durch eine möglichst ‹gute Partie› ihrem Schicksal, der geschlechtlichen Verwertung, zu verfallen» (Pappenheim, Rabinowitsch 1904, 48). In Berthas Augen bestand die weniger sittliche, die unfromme Kehrseite dieses häuslichen «Schicksals» im Schicksal der *öffentlichen* Prostitution, dem jene Mädchen zu verfallen drohten, die elternlos aufwuchsen oder, wegen eines «Fehltritts», aus der Obhut religiöser Toleranz herausfielen. Man interpretiert die Grundaussage ihrer späteren Schriften wohl nicht falsch, wenn man behauptet, Bertha sah in der einen Form des für die orthodox erzogene jüdische Frau vorgesehenen «Schicksals» nur eine Modifikation der anderen Form dieses «Schicksals». Daher ist ihr lebenslanger Kampf gegen den «Mädchenhandel» eben nicht nur im vordergründigen, im unmittelbaren, sondern auch im übertragenen Sinn zu verstehen.

Während ihrer Krankheit (bzw. während der Zeit der Betreuung durch Breuer, November 1880 bis Juli 1882) fällt Berthas zeitweise hochgradig aggressive Erregtheit auf, die von Breuer auch beschrieben wird. Die Aggressionen richteten sich teilweise gegen andere, teilweise äußerten sie sich selbstdestruktiv; vorübergehend bestand Suizidgefahr. Im Sanatorium Kreuzlingen scheinen sich die aggressiven At-

---

jüdischen Schule («Cheder») im Jahre 1908 zu einem heftigen, schließlich wegen der sich beleidigt fühlenden Schulleitung zu einem auch gerichtlichen Streit. Darauf nimmt ein Artikel Bezug, der in «Der Israelit» erschien. Darin heißt es über Bertha, sie trete dem «traditionellen Judentum» mit einem «geradezu an das Pathologische grenzenden Haß» entgegen (zitiert nach Jensen 1984, 61). In diesem Zusammenhang ist es wichtig zu wissen, daß Berthas Vater zu den Mitbegründern einer besonders orthodoxen Wiener Synagoge gehörte. In einem der von Bertha schriftlich hinterlassenen «Gebete» heißt es: «Grollender Zorn erfüllt mich! Ich will ihn behalten, er soll in mir brennen – solange das besteht, was ihn zu recht erregt. Ich will nicht nachsichtig werden, ich will nicht blind sein gegen schändliches, schädliches Tun, ich will nicht entschuldigen, was unehrlich und unentschuldbar ist. Daß mir die Kraft bleibe, wieder und immer wieder in zorniger Wallung aufzurufen, jedes Unrecht zu ächten!» (ebd., 155). Es ist bezeichnend, daß dieser flammende, zornige Ausbruch von Bertha Pappenheim ausdrücklich als ein «Gebet» bezeichnet wird (zur Bedeutung des *Betens* – auch im Zusammenhang mit Aggressivität gegen den Vater – siehe im Text weiter unten).

tacken dann vor allem gegen die Mutter gerichtet zu haben. Aus eigener Einsicht beschließt die Mutter, vorübergehend auf Besuche bei der Tochter zu verzichten.[1] Betrachten wir die Krankheit als eine Phase des Protests, so bedeutet dies, daß sich der Protest in erster Linie gegen die weibliche Rolle (erweitert: gegen die Identifikation mit der Mutter) richtete. Im Falle Berthas verfehlte dieser Protest schließlich doch sein Ziel. Das heißt, sie konnte sich zwar lebenslang weigern, eine Ehe *wie* die Mutter einzugehen. Doch die Identifikation mit der Mutter stellte sie auf einer anderen Ebene wieder her. Es spricht sogar vieles dafür, daß sie lebenslang an ihre Mutter gebunden blieb, sich nicht von ihr trennen, nicht zu einer tatsächlich eigenen Identität finden konnte. Jedenfalls kam es im emotionalen Sinne nicht zu einer Ablösung von der Familie, nicht zu einer neuen Lebensbindung an einen Menschen außerhalb der Familie. Mehrere Jahre nach dem Tode des Vaters (1881) zog Bertha mit ihrer Mutter nach Frankfurt[2], wo sie bis zu deren Tod

1 In der für Kreuzlingen bestimmten Krankengeschichte Breuers, die bei Hirschmüller abgedruckt ist, gibt es deutlich sichtbare Indizien dafür, daß die Aggressionen auch bereits während der ambulanten Behandlung gegen die Mutter gerichtet waren. Breuer war es zunächst, bis zum Frühjahr 1881, gelungen, den Zustand der Patientin zu bessern, so daß sie ihre Bettlägerigkeit aufgeben konnte. Doch dann starb der Vater, mit dessen akuter Erkrankung im Sommer 1880 nach Meinung Breuers alles begonnen hatte. Der Tod, der Verlust des Vaters führte zu einer erneuten, diesmal erheblichen Verschlechterung im Befinden der Patientin, die deshalb (und wegen der nun akuten Suizidgefahr) durch Breuer von der Familie zeitweise getrennt wurde. Sie kam (vgl. Anm. 2 und Seite 275, Anm. 1) vorübergehend nach Inzersdorf, wurde in der Nähe eines dortigen Sanatoriums untergebracht und offenbar, in Abwesenheit von Breuer, durch das dortige Pflegepersonal mitbetreut. Im Herbst 1881 schien sich das Befinden der Patientin so weit gebessert zu haben, daß Breuer sich entschloß, Bertha in ihre Familie zurückzugeben. «Anfang Novemb[er] kam sie zur Mutter in die Stadt [...]» Breuer dachte, der Zustand werde sich nun weiter bessern, doch statt dessen trat offenbar ein Fiasko ein (das Breuer veranlaßte, bereits um diese Zeit erstmals wegen einer stationären Aufnahme in Kreuzlingen bei Robert Binswanger anzufragen, eine Aufnahme, die dann im nächsten Sommer tatsächlich erfolgen sollte): «Dez[ember] 1881 hatte sich ihr Zustand indes besonders was die Psyche betrifft, wesentlich verschlimmert, sie war wieder aufgeregt, traurig verstimmt, reizbar und hatte kaum mehr ganz gute Tage» (aus dem Bericht Breuers für Kreuzlingen – zitiert nach Hirschmüller 1978, 362). Die Rückverlegung Berthas von Inzersdorf in die nunmehr «vaterlose» Familie hatte für Bertha offenbar schlimme Folgen.
2 Wie Hirschmüller (1978, 156) belegt, befand sich Bertha Pappenheim zwischen 1883 und 1887 noch insgesamt dreimal für jeweils mehrere Monate in einem Sanatorium in der Nähe Wiens. Das bedeutet: *Nach* dem «offiziellen», in den «Studien» dargestellten Ende der Behandlung durch Breuer mußte die Patientin noch insgesamt viermal stationär behandelt werden (den Aufenthalt in Kreuzlingen eingeschlossen),

(1905) mit ihr zusammenlebte. Es scheint, als hätte der Tod des Vaters die endgültige Fesselung der Tochter an die Mutter besiegelt.

Zwar hatte sich Bertha bereits vor dem Tod ihrer Mutter in Frankfurt sozial engagiert. Aber jetzt, nach deren Tod, baut sie ihr Engagement in großem Umfang aus: Als Mitglied und Vorsitzende in zahlreichen jüdisch-karitativen Organisationen nimmt sie bis zu ihrem Lebensende an sämtlichen für sie erreichbaren nationalen und internationalen Kongressen gegen den Mädchenhandel teil. Und sie gründet 1907, also zwei Jahre nach dem Tod der Mutter, ein Institut, ein Waisen- und Mädchenheim, in dem gefährdete und bereits gefallene Mädchen und Frauen mit ihren unehelich geborenen Kindern Zuflucht finden.[1] Jetzt – selbst mutterlos und selbst nie Mutter werdend – ist es ein

wobei sie bereits *während* der Behandlung durch Breuer quasi-stationär in Inzersdorf aufgenommen worden war. Etwa 1½ Jahre nach dem letzten Sanatoriumsaufenthalt in Inzersdorf ist Bertha erstmals in Frankfurt gemeldet, wohin sie mit der Mutter verzog.

1 Nach Jensen (1984, 45 f), die sich dabei auf Zeugnisse von Bertha Pappenheim stützt, hat Bertha ihre Entscheidung, sich hinfort gefährdeten und gefallenen Mädchen und Frauen zu widmen, so erklärt: Sie habe einmal einer Diakonisse, die in einem Asyl war, die Frage gestellt, ob viele *jüdische* Mädchen unter deren Klientel seien. Dabei sei Bertha sicher gewesen, eine *negative* Antwort zu erhalten. Tatsächlich aber habe sie zu hören bekommen: «Früher kam es gar nicht vor, jetzt häufiger, daß jüdische Mädchen zu den Gefallenen zählen. Wenn wir aber ein jüdisches Mädchen bekommen, ist es schlimmer als die Anderen, dann ist es direkt vom Teufel besessen.» Daraufhin habe sich Bertha entschlossen, «alle ihre Kräfte» dem Kampf gegen dieses Schicksal zu widmen (zitiert nach Jensen 1984, 46). – In einem Artikel (1901/02) schildert Bertha Pappenheim, daß sie eine gewisse «anerzogene Scheu» (ebd., 54) überwinden mußte, um den weiten Weg von der «höheren Tochter» zur Betreuerin junger Prostituierter (und anderer Mädchen) zurückzulegen. Im Verlauf dieses Engagements verdichtet sich bei Bertha dann allerdings zunehmend eine Idee: Am organisierten Mädchenhandel seien möglicherweise viele Juden beteiligt; und unter den Mädchen, die sich prostituieren, seien viele Jüdinnen. Sie wähnte, einem schrecklichen Geheimnis auf der Spur zu sein, von dem wir, tiefer interpretiert, annehmen dürfen, es sei ein Geheimnis ihrer eigenen Brust gewesen – neben aller möglichen äußeren Realität. Entsprechend bestürzt formuliert Bertha einen Text aus dem Jahre 1910: «[...] ich erfuhr zu dem an sich Schrecklichen noch das tief Beschämende: viele Juden sind Händler, viele jüdische Mädchen sind Ware» (ebd.).

In einer Rede vor den Neu-Isenburger Mitarbeiterinnen anläßlich des 25jährigen Bestehens des Heimes umschreibt Bertha selbst noch einmal die mit der Heimgründung verbundenen Vorstellungen: «‹Isenburg› entstand aus der Beobachtung beginnender Auflösung der jüdischen Sittlichkeitsbegriffe in unserer Gemeinschaft. ‹Isenburg› wurde für Deutschland eine Stelle, durch die konkrete Fälle moralischer Erkrankung zur Kenntnis kommen» konnten, wodurch es möglich wurde, aus diesen Fällen «theoretische und praktische Schlüsse» zu ziehen. – «Dieser Kern ‹Isenburg› darf nicht vergessen werden, alles andere ist Form, Beiwerk, beweglich, auch verän-

von Bertha wiederholt erklärtes Ziel, anderen die Mutter zu *ersetzen*, was immer dies im Hinblick auf ihre eigene Mutter-Beziehung heißen mag.

Während ihres weiteren Lebens reist Bertha wiederholt im Auftrag diverser Frauenkomitees durch aller Herren Länder, um die Ursachen des Mädchenhandels und seine Folgen möglichst vor Ort zu studieren. Sie besucht Galizien, den Orient, fährt nach Amerika, ist ständig im Kampf gegen Mädchenhandel und Prostitution unterwegs, mit Observationen, Kongressen und Vorträgen beschäftigt. Im doppelten Sinne des Wortes verstanden, eine «höhere Tochter» reis(s)t aus: Während der Zeit ihrer Krankheit reiste sie an einen verborgenen inneren Ort, den sie nur in ihrer Phantasie finden konnte. Jetzt reist sie durch die äußere Welt und sucht auch hier die verborgenen, die heimlichen Orte auf. Von Männern, die sie in fremden Ländern gerade erst kennenlernt, denen sie sich aber verbunden fühlt, weil diese als jüdische Honoratioren wie sie selbst für die Rettung gefallener Frauen eintreten, läßt sie sich an die Orte des Lasters führen, die von «sittsamen» Frauen in der Regel eher gemieden werden, es sei denn, es fände sich ein karitativer Grund, sie zu betreten.

An die Freundinnen in der Heimat, die wie sie selbst den Kampf gegen die Prostitution führen, schreibt Bertha ausführliche Briefe über ihre Abenteuer in fremden Ländern. Diesen Briefen verdanken wir den Einblick in die Wahrnehmungs- und Vorstellungswelt der «Anna O.», Jahrzehnte nach Abschluß der Behandlung bei Breuer. Erinnern wir uns in diesem Kontext an eine der Charakterisierungen Breuers: Bei «Anna O.» sei das «sexuelle Moment» erstaunlich «unentwickelt», hatte es geheißen. Vielleicht verstehen wir diese Mitteilung Breuers jetzt noch einmal *anders*, als sie bisher – mit Freud beginnend – verstanden worden ist.

Das Wort «unentwickelt» deutet nämlich auch auf Sexualität in einem frühen, infantilen Zustand, in einer Vor- oder Frühform, hin. Zu diesen Frühformen der Sexualität gehören, wie Freud ermittelte, vor

derlich nach Zeit-Umständen – darf aber nie den Kern der Mission ‹Isenburg› übertönen und zerstören» (zitiert nach Edinger 1963, 100). Es geht immer um diesen «Kern», und zwar auch dann, wenn Bertha z. B. russische Pogromwaisen (Mädchen) in ihrem Heim aufnimmt, denn die Befürchtung, die elternlosen Mädchen könnten, (mit-)bedingt durch ihre Not, zu Prostituierten werden, ist allgegenwärtig, wie etwa auch der Inhalt eines ihrer Dramen («Tragische Momente», 1913) verdeutlicht.

allem Partialtrieberscheinungen, die zum einen relativ objektunabhängig auftreten (das heißt das Objekt ist leicht austauschbar, es ist das am wenigsten Konstante der Triebbefriedigung); zum anderen handelt es sich dabei um noch wenig integrierte Triebimpulse, die auch untereinander in Widerspruch geraten mögen. Wenigstens im Falle der Neurose werden durch derartig widersprüchliche, in eine konstante Beziehung zum Objekt nicht leicht aufzunehmende Triebwünsche heftige Abwehrreaktionen provoziert, denen ein «unreifes» («archaisches») Über-Ich entspricht, dessen «Strenge» offenbar notwendig ist, soll die latente sexuelle Desintegration nicht manifest agiert werden.[1] Ich meine also, daß in Bertha Pappenheims heftigem Interesse für die Prostitution (das heißt für eine relativ bindungslose, wenig am konkreten Objekt interessierte Sexualität) noch etwas anderes zum Ausdruck kam als *nur* karitatives Interesse. Letzteres erlaubt einen Kompromiß: die Annäherung an einen konfliktbehafteten Gegenstand bei gleichzeitigem Schutz, selbst dessen Reizen zu verfallen.

Zurück zu den Briefen Berthas, die sie in die Heimat schickt, vergleichbar einer Korrespondentin, die den Zuhausegebliebenen vom offenen Kampf an der Front berichtet. In diesen Briefen wird das Laster in grellen Farben geschildert. Die ausführlichen Nachrichten über Berthas Streifzüge durch die Bordelle der Welt zu Beginn des 20. Jahrhunderts sind für sich genommen eine Art Kulturdokument, wenn sie auch nur eine «Schatten»-Seite der Kultur beleuchten, auf die im allgemei-

---

1 Die Kompromißbildung zwischen einer Tendenz, sich dem «Schmutz» anzunähern, und einer entgegengesetzten Tendenz, ihn zu beseitigen, zu verbieten, aus der Welt zu schaffen, damit keiner mehr damit etwas zu tun habe, findet bei zwanghaft-neurotischen Schmutz-, Schund- und Pornojägern eine gesellschaftlich weitgehend akzeptierte Äußerungsform (vgl. Nitzschke 1989). Übertriebenes Interesse am Schmutz (scheinbar am Schmutz der *anderen*) verstärkt zudem die Gewißheit des Guten (das man als Moralist *selbst* immer zu besitzen glaubt). Nicht zufällig hat Freud die Neurose als das Negativ der Perversion begriffen. Dabei findet allerdings im Fall der Perversion eine andere Form der Kompromißbildung (als im Falle der Neurose, bei der bisweilen der gesamte Konflikt unbewußt und durch ein Symptom ersetzt ist) statt: Das Ausleben der Triebimpulse nach Maßgabe der infantilen Organisation scheint in den entsprechenden Fällen von Perversion oft in einem partiell (und zeitweise) *veränderten* Bewußtseinszustand zu erfolgen, so daß die «perverse» Persönlichkeit von der «Normal»-Persönlichkeit weitgehend getrennt, abgespalten existiert. Stekel berichtet einmal über einen Patienten, der sich bei ihm in Behandlung befand und über seine leidvolle Abhängigkeit von Prostituierten klagte, während er in der Öffentlichkeit zur selben Zeit Brandreden gegen die Prostitution hielt (vgl. ähnliche, in jüngster Zeit durch die Presse entlarvte Fälle bei einigen amerikanischen Fernseh-Predigern).

nen weniger Licht fällt. Auf Berthas Besuchsprogramm stehen etwa die Bordellviertel von Belgrad, Sofia, Saloniki, Smyrna oder Alexandria (so auf einer Reise von 1911). Und bisweilen gerät Bertha, die einstmals «höhere Tochter», beim Anblick eines der bedauernswerten Geschöpfe, denen ihre Anteilnahme, aber eben auch ihre Bewunderung und Neugier gehören, ins Schwärmen. So heißt es in einem Brief vom 1.3.1911 [1] aus dem fernen Griechenland:

«Die Jüdinnen von Saloniki sollen besonders schön sein. Die schönste, die ich hier sah, vielleicht eine der schönsten Jüdinnen, die ich je sah, oder die es gibt, fand ich heute in – einem Bordell. Ein Jammer, so eine stolze Menschenblüte in solcher Umgebung zu solchem Lebenszweck geboren. Ich begreife, daß ein Mann um eines solchen Weibes willen jede Torheit begeht, aber ich begreife diese 20jährige Person nicht, die das Schönste und Beste, was sie hat – ihren Körper – so feilbietet. Ob sie keine Seele hat?» (Pappenheim 1924, 40).

Die junge Prostituierte, um die es hier geht, ist in etwa so alt wie Bertha war, als deren «Krankheit» begann. Aus dem Brieftext geht hervor, daß Bertha sich mit demjenigen sehr gut identifizieren kann, der dieses Mädchen begehrt, also mit dem Mann, mit dem «Freier», mit dem potentiellen Geschlechtspartner der Prostituierten. Hingegen wird im Brieftext die Identifizierung mit dem sich feilbietenden Mädchen ausdrücklich und strikt zurückgewiesen. Einer solchen möglichen Identifizierung steht bei Bertha die (schöne) «Seele» im Weg, die andererseits der jungen Prostituierten zu *fehlen* scheint. Wie im weiteren Brieftext offensichtlich wird, entspricht die junge Prostituierte dennoch einem Ideal Berthas: Sie symbolisiert einen Engel, wenn auch einen gefallenen Engel. Wie aber der Teufel bekanntlich nur die Rückansicht Gottes ist und beide Gestalten, nach Ansicht Freuds, nur Projektionen des Menschen sind, die sich in dessen Brust zu einem (dann allerdings realistisch gesehenen) «Ganzen» zusammensetzen ließen, so dürfen wir vermuten, daß sich uns in der Begegnung zwischen Bertha und der Prostituierten in Saloniki durchaus noch etwas anderes zeigt als nur zwei Frauen, von denen die eine das krasse Gegenbild der anderen wäre.

Bertha erfährt, wie sie in ihrem Brief mitteilt, auch den Namen des

---

1 Vermutlich handelt es sich dabei um einen Druckfehler; es müßte, da alle Briefe (bei Pappenheim 1924) chronologisch angeordnet sind, in diesem Falle (erschlossenermaßen) eigentlich heißen: 1.4.1911.

Mädchens, für das sie sich so sehr interessiert: Jolanthe. Bertha wird in ihrem Brief nun von der «schönen Jolanthe» sprechen. Über sie heißt es weiter: «Wenn sie außer der goldenen Zahnkrone im Mund auch noch eine goldene Krone auf dem Haupt getragen hätte – ich hätte es nicht unpassend gefunden» (1924, 4). Das klingt nun wirklich, als wäre Bertha im Bordell von Saloniki der Prinzessin aus einem ihrer eigenen Märchen begegnet, als hätte sie endlich die Frau mit der «Krone» gefunden, nach der sie lange suchen mußte. Nach dem Besuch im Bordell, nach der Begegnung mit der «schönen Jolanthe» formuliert Bertha denn auch eine Hoffnung: «Vielleicht träume ich von der schönen Jolanthe, die mir heute, seit ich sie gesehen habe, gar nicht aus dem Kopf geht.» Doch leider wird diese Hoffnung *enttäuscht*. Bertha träumt zwar, jedoch etwas ganz anderes: «Ich habe natürlich nicht von Jolanthe geträumt, sondern ich wollte heute nacht meine Gummischuhe einschmelzen lassen, da sie mir doch zu schwer vorkamen!» Und die Assoziationen der Träumerin führen im Brief nun geradewegs zu den lieben Eltern, zur guten Erziehung zurück. Die Schreiberin notiert: «Es ist mit das Schönste auf meiner Reise, daß ich unzähligemale des Tages an Aussprüche, Ansichten usw. von meinen beiden Eltern und meinem Fräulein Hoffmann[1] erinnert werde.» Und in diesem Zusammenhang fällt Bertha noch ein tröstlicher Spruch ein: «Wohl dem, der seiner Väter gern gedenkt.» Schließlich endet Berthas Gedankengang (im Brief) mit einer sehr hintergründig klingenden Bemerkung: «Jolanthe hat noch eine Mutter, hier in Saloniki» (1924, 41). Im selben Brief (weiter oben) hatte Bertha noch geschrieben: «Es sind hunderte von jüdischen Mädchen dort [in den Bordellen Salonikis], viele Russinnen, viele von hiesiger Stadt, was schon auf einen gewissen Grad der Verkommenheit deutet, denn sonst gehen sie meist in die andere Stadt, um das Gewerbe dort zu treiben, wo man sie nicht kennt» (1924, 40). Die «schöne Jolanthe» also bleibt in «hiesiger Stadt». Sie scheint, ganz nahe der Mutter, dieser etwas demonstrieren zu wollen. Vielleicht ihre Schamlosigkeit; oder ihre Verachtung für Heimlichkeiten, für eine

---

[1] «Fräulein Hoffmann» war Berthas Erzieherin, die im übrigen auch in jenem Urlaub (in Ischl) anwesend war, in dem Berthas Vater akut erkrankte (vgl. Swales 1988, 58). Das heißt: Nach dem Besuch im Bordell von Saloniki, nach der Begegnung mit der «schönen Jolanthe» träumt Bertha, und in ihren Assoziationen zum Traum tauchen Personen auf, die genau in dieser Konstellation an den Ort zurückführen, an dem «alles» begann (Berthas Krankheit, aber wohl auch die Psychoanalyse).

doppelte Moral? Jedenfalls sind hier im Brief wie dort in «Saloniki» die «Mutter» und die «Hure» am selben Ort anwesend.[1]

Ein Jahr nach der Reise über den Balkan und durch den Vorderen Orient ist Bertha, 1912, in Galizien unterwegs, das sie bereits 1903 «zum Zwecke, Informationen über den jüdischen Mädchenhandel und dessen Bekämpfung einzuziehen» (Pappenheim, Rabinowitsch 1904, 67), mit einer gleichfalls engagierten Kollegin bereist hatte. Jetzt befindet sie sich wieder in diesem ärmlichen Landstrich, an der Grenze des Habsburger-Reiches, nahe dem Königreich Rußland, einem Landstrich, aus dem, nebenbei gesagt, Freuds väterliche Familie stammt. Berthas Aufmerksamkeit richtet sich auch während dieser Reise auf alle Anlässe der Verführung, das heißt auf die möglichen ersten Schritte, mit denen der Weg in die Prostitution ihrer Meinung (Phantasie) gemäß beginnen *könnte*. Dazu gehören nach Berthas brieflichen Auskünften eben nicht nur Armseligkeit, Unwissenheit und wirtschaftliche Not[2], sondern auch: die neueste Mode; die Putz- und Schmink-

---

1 Was Berthas eigene Mutter angeht, so hatte diese in eine «arrangierte Heirat» (Hirschmüller 1978, 136) eingewilligt, war also offenbar aufgrund von Familien-, und das heißt in diesem Falle auch von Geldinteressen die Frau ihres Mannes (Berthas Vater) geworden.

2 So heißt es bereits im Bericht über die Reise 1903 durch Galizien im Zusammenhang mit der «das Land verseuchenden *geheimen Prostitution*»: «Für die Beurteilung der Sachlage von größter Wichtigkeit, daß es nicht nur Not und Verführung sind, die die Mädchen zum Verkauf ihres Körpers drängen. Es ist mir wiederholt und besonders von *medizinischer Seite* (Hervorhebung v. B. N.; vgl. auch Anm. S. 264) gesagt worden, daß eine erschreckend große Anzahl Mädchen und Frauen ‹besserer› Familien[!], solche, bei denen von Erwerb oder Nebenverdienst ganz abgesehen werden kann, einem geheimen und außerehelichen Geschlechtsverkehr zugänglich sind. Und zwar sind dies nicht etwa Frauen und Mädchen, die auf irgendeine Art von modernen oder emanzipierten Ideen ‹infiziert› sind. Es sind Frauen und Mädchen, die ultraorthodox leben, den Sabbat halten, die Speisegesetze und alle anderen rituellen Vorschriften mit der größten Ängstlichkeit befolgen und dennoch in sittlicher Beziehung absolut haltlos sind» (Pappenheim, Rabinowitsch 1904, 47). – Das Zitat belegt 1. die Assoziation zwischen Prostitution und außerehelichem Geschlechtsverkehr (in Berthas Vorstellung); 2. daß Bertha nicht nur den vermeintlichen «Ehrenmännern», sondern ebenso scheinbaren «Ehrenfrauen» auf der Spur ist (wobei auch hier wiederum die religiöse Fassade vor dem in Berthas Augen unsittlichen Verhalten auffällt); 3. daß es offenbar auch «höhere Töchter» gibt, die der Gefahr ausgesetzt sind, zu «Prostituierten» zu werden und 4. daß in diesen letzteren Fällen – da sie keine Entschuldigung durch Armut besitzen – wohl am ehesten eine Triebgefahr, ein *eigenes* Begehren vermutet bzw. gefürchtet werden muß (also gerade in diesen Fällen die ausschließliche Projektion des «Sündhaften» auf den Mann schwerer gelingt).

sucht der Frauen; schließlich der sittlich-religiöse Verfall ganz allgemein. Am 4. Mai 1912 schreibt Bertha beispielsweise aus Lodz: «Das Straßenbild in Bezug auf die jüdischen weiblichen Einwohner ist entsetzlich. Verkommenheit, Genußsucht, auffallende, in Form und Farbe und Mode übertriebene Geschmacklosigkeit, lässige lachende Verdorbenheit sieht man schon bei kleinen Mädchen» (1924, 146).[1] Kein Wunder also, wenn die Gefahren überall lauern – und überall zu bekämpfen sind. Es handelt sich bei diesem Kampf um eine «Sisyphus-Arbeit». Und tatsächlich tragen ebendiesen Titel die beiden Bücher, die Bertha Pappenheim (1924, 1929) publiziert, um von ihren Reisen und von ihrem Kampf gegen Mädchenhandel und Prostitution zu berichten. 1930, beim «VIII. Internationalen Kongreß zur Bekämpfung des Mädchenhandels» in Warschau, präzisiert Bertha Pappenheim ihre Definition zur «Sisyphus-Arbeit»: «Wenn ich nun in diesem Zusammenhang den in unserem Frauenkreise zum Kennwort gewordenen Begriff der Sisyphus-Arbeit gebrauche, so wissen Sie, daß ich damit die Stellung der Juden im Mädchenhandel und zu seiner Bekämpfung meine» (Pappenheim 1930, 1).[2] Der Begriff der «Sisyphus-Arbeit» zeigt eine nie zum Ziele kommende Lebensaufgabe an, die Bertha dennoch – wie der tragische Held, der das Vorbild liefert – immer wieder von neuem in Angriff nehmen muß. Sie wälzt eine schwere Last vor sich her und muß doch immer wieder feststellen, daß diese Last ihre Kräfte übersteigt; daß diese Last sie immer wieder in die Niederungen zurückreißt – in die Niederungen ihres eigenen Trieblebens vermutlich, denen sie so verzweifelt zu entkommen sucht.

Bei diesen inneren und äußeren Kämpfen verliert Bertha, auf eine tragisch anmutende Weise, zunehmend das Augenmaß. Spätestens in den zwanziger und dreißiger Jahren gewinnt ihre Auseinandersetzung mit der – wie sie teils fürchtet, teils glaubt, teils widerlegen zu können hofft – These eines vor allem von Juden betriebenen Mädchenhandels

---

1 Auf der Reise lernt Bertha einen älteren Herrn kennen, mit dem sie sich in der Absicht einig ist, daß die «Pornographie» bereits bei der modernen Kleidung beginne: «Ich kann nur sagen, daß der alte Herr recht hat. Die Übertreibung der Mode mit den engen Röcken ist unter den polnischen Jüdinnen bis zur Widerlichkeit angenommen [...] Verfall und Zerfall in allen Schichten des jüdischen Volkes» (1924, 200).
2 Bereits von ihrer ersten Reise durch Galizien hatte Bertha gemeldet: «Die Zahl der öffentlichen Häuser ist sehr groß, und daß Inhaber und Inwohner meist Juden resp. Jüdinnen sind, ist bekannt» (Pappenheim, Rabinowitsch 1904, 47).

eine paranoide Färbung, die wahrscheinlich in ihrer psychodynamisch-individuellen Genese und Motivierung zu erklären wäre, wüßten wir mehr über Berthas infantiles (und womöglich pubertär-adoleszentes) Schicksal. Da aber in diesem Sinne in der damaligen Öffentlichkeit Berthas Äußerungen nicht hinterfragt werden, spielt Berthas persönlicher Kampf den Antisemiten, also vor allem der Propaganda der National-sozialisten, unfreiwillig in die Hände.[1] Das ist um so tragischer, als Berthas Lebenswerk, das Neu-Isenburger Heim, in der Pogrom-Nacht 1938 eben von dem durch antisemitische Propaganda aufgeputschten Pöbel zerstört wird und die letzten ihrer Schützlinge wenig später ins Konzentrationslager deportiert werden. Ihr Tod (1936) ersparte es Bertha, dies mitzuerleben.

Bei ihrem verbissenen Kampf um die «Wahrheit» ignoriert Bertha auch die warnenden Stimmen mancher ihrer Volks- und Glaubensge-nossen (vgl. Pappenheim 1929). Sie will die Wahrheit wissen, und sie will diese Wahrheit auch publizieren. Sie entfacht eine öffentliche Kampagne. Eine ihrer Unterschriftenaktionen, mit deren Hilfe sie Zu-gang zu Untersuchungsmaterial zu gewinnen hofft, das beim Völker-bund in Genf unter Verschluß liegt und durch dessen Kenntnis sie ver-mutet, *genauen* Aufschluß über den tatsächlichen Anteil der Juden am Mädchenhandel und an der Prostitution gewinnen zu können (vgl. ebd.), unterstützt sogar Albert Einstein. Die Aktion führt aber nicht zum Ziel, das heißt Bertha erhält keinen Einblick in die Daten der Erhebung.

Wenn es in den zahlreichen literarischen Hinterlassenschaften Ber-tha Pappenheims ein Motiv gibt, das *immer wiederkehrt*, so ist dies das Motiv des «Ehrenmannes», hinter dessen bürgerlicher Fassade sich ein sexuell gieriges, ausbeuterisches Wesen verbirgt. Bertha ist also mit einer speziellen Spielart der Dialektik von Wesen und Erscheinungs-form beschäftigt. Der von ihr gemeinte Mann treibt ein doppelbödiges Spiel. Er tarnt sich durch Sitte, Anstand, ja, gar hinter demonstrativ zur Schau gestellter Religiosität. Dadurch gerät eine unschuldig-naive Frau in seine Fänge, wird sein Opfer. Sein sexuelles Verlangen ruiniert diese Frau, da er nur deren Körper, nicht aber deren «Seele», geschweige

[1] Vgl. z. B. die Argumentation bei Rosenberg (1937, 544–564), der sich dabei aus-drücklich auch auf von ihm als jüdisch apostrophierte Quellen stützt. Laut Edinger (1963, 19) wurden Zitate aus Schriften von Bertha Pappenheim tatsächlich von der Zeitschrift «Der Stürmer» zu antisemitischen Propagandazwecken mißbraucht.

denn ihr seine eigene zu offenbaren begehrt. All dies ist nicht nur ein literarisches Motiv (zum Beispiel im Drama «Frauenrecht» [Berthold 1899]; zum Inhalt vgl. Karpe 1961, 15 f), das in Berthas Werken immer wiederkehrt. Auch Berthas bis zum Lebensende geführter Kampf gegen die, wie sie immer wieder betont, als «Ehrenmänner»[1] getarnten Mädchenhändler, deren naive Opfer, die verführten Mädchen, zu retten sind, ist von diesem Motiv geprägt. Worin immer die phantasierten und/oder realen Wurzeln dieses Motivs liegen mögen, der Kampf gegen den Mädchenhandel wird zum alles beherrschenden Lebensthema.

Welches *Motiv* konnte also Bertha Pappenheim haben, sich diesem Thema – literarisch und praktisch – lebenslang zu verschreiben? Wir

---

1 In einem ihrer Reisebriefe wird ein Arzt beschrieben, der seine ehrenwerte Tätigkeit dazu benutzt, unschuldige Mädchen sexuell zu verführen und zu mißbrauchen. Über ihn heißt es in der Diktion Berthas: «Ich habe noch nie einen Menschen von so tief eingewurzelter und verankerter Sittenlosigkeit oder Unmoral gesprochen, der er noch immer ein wissenschaftliches Mäntelchen umhängen will. Ich kann mir natürlich nicht all seine Weisheitssprüche merken, aber der folgende kann genügen: ‹Ich habe noch nie über Nacht ein Mädchen bei mir gehabt, das ich nicht am nächsten Morgen sittlich gehoben entlassen hätte. Dadurch, daß ich Arzt bin, kann ich sie warnen und aufklären, und ich schenke auch jeder, was sie braucht, um sich ohne Schaden amüsieren zu können.›!!! Sie können sich denken, daß ich ihm sagte, daß er Mißbrauch mit seinen medizinischen Kenntnissen treibe [...]» (1924, 87). – Im Lichte dieser Briefstelle gewinnen manche eher «umschriebene» Bemerkungen Freuds über Breuer und dessen Beziehung zu Bertha ein neues Gewicht. Das gilt für die von Freud an Martha übermittelte Nachricht, sie solle ihn nicht mit Breuer vergleichen, sie müsse nicht (wie Breuers Frau) wegen einer Patientin eifersüchtig sein (Brief vom 4. 11. 1883, zitiert nach Jones 1962, 268). Und das gilt auch für Freuds Bemerkung über Berthas hysterisch motivierte Scheinschwangerschaft, wegen der Breuer die Behandlung fluchtartig abgebrochen habe (in einem Brief an Stefan Zweig vom 2. 6. 1932). In diesem Brief legt Freud Bertha Pappenheim einen Satz in den Mund, den er von Breuer übermittelt bekommen habe: «Jetzt kommt das Kind, das ich von Dr. B. habe» (vgl. Freud 1980, 427 f). Der weitere Text dieses Freud-Briefes läßt keinen Zweifel daran, daß Freud selbst *nicht* an eine reale (sondern eben nur an eine phantasierte) sexuelle Begegnung Berthas mit Breuer glaubte. Auch wenn Hirschmüller (1978, 172 ff) einige eklatante Widersprüchlichkeiten zwischen Freuds (bzw. Jones') Darstellungen zu diesen Punkten nachweisen kann, gewinnt der Themenkomplex doch an sich – im Lichte der hier referierten Stellen aus den Schriften Bertha Pappenheims – neue Aspekte. Für ein bei Bertha lange nachwirkendes traumatisches Erlebnis (welcher Art immer) im Zusammenhang mit der Behandlung durch Breuer spricht außerdem die Tatsache, daß Bertha jede psychoanalytische Behandlung (nicht aber eine *psychiatrische* Behandlung; vgl. ihren eigenen Wechsel von Breuer = kathartische Behandlung/Psychoanalyse zu Binswanger = Psychiatrie) in ihrem Neu-Isenburger Heim «streng verboten» (Edinger, 1963, 13) habe. Auch Anna Freud teilt mit, daß Bertha nach Abschluß der Behandlung zeitlebens «feindselig zur Analyse» (1971, 13) stand.

wissen es nicht. Wir kennen den «Ehrenmann» ihrer nächsten Umgebung, ihrer Kindheit oder Jugend, ihrer Phantasien oder auch ihrer realen, traumatischen Erlebnisse nicht, dessen wahres Wesen sie aufzuschlüsseln suchte. Was wir aber wissen, ist, daß sich Berthas besonderer, am Ende paranoid gefärbter Verdacht gegen Juden richtete – und das hieße interpretiert: Ihre Phantasien, ihr Verdacht kreisten um einen *bestimmten* Mann, der dem ihr *vertrauten* Kreis entstammte, ihrer nächsten Umgebung angehörte. Berthas Verdacht war mit der Überzeugung gepaart, es bestehe unter ihren Glaubensbrüdern (in ihrer Familie?) ein *Komplott des Schweigens*, durch das die Ermittlung der Wahrheit verhindert werden solle. Nach ihrer Überzeugung war es daher ihre Aufgabe, alles zu tun, um die Wahrheit zu finden, aufzudecken und zu verkünden. Es war ihre Pflicht, ihre Mission, den Kampf zu führen, um die geschickten Inszenierungen aufzudecken, die andere ersonnen hatten oder gleichgültig tolerierten, um die «Realität», die Wahrheit, *ihre* Wahrheit zu verschleiern.[1] Erinnern wir uns: In

1 Noch als 70jährige Frau gibt Bertha Pappenheim (1929) ein Buch heraus, das mit den Worten beginnt: «Mädchenhandel. Gibt es einen Mädchenhandel?» Sodann sagt sie, es gebe zumindest Organisationen (an deren Spitze sie selbst steht), die *gegen* den Mädchenhandel kämpften. Und sie fährt fort: «Aber ebensolange werden Stimmen anderer laut, die die Bestrebungen der Organisationen belächeln, als einen Kampf gegen Windmühlen bezeichnen und erklären, daß es einen Mädchenhandel nicht gibt.» Sodann fällt ihr ein Thema ein, das an längst vergangene Zeiten gemahnt, an ihre *eigene* Betäubungsmittelabhängigkeit: «Wer Gründe hat und gelten läßt, die dem Alkoholgenuß Vorschub leisten, die den Opiumgenuß (mit anderen Rauschgiften) nicht ungern dulden und den hemmungslosen, unverantwortlichen Geschlechtsgenuß auch zu einer leicht und billig käuflichen Lebensfreude erklärt wissen wollen – die sehen in der Prostitution von Männern und Frauen nur eine fröhliche ‹Lebensbejahung›» (1929, 3). Bei dieser Bemerkung könnte man auch daran denken, daß Breuer als einfühlsamer Arzt die Gewissenskonflikte seiner damals etwa 20jährigen Patientin im Zusammenhang mit Sexualität erkannt hatte, um ihr vielleicht sodann mehr oder weniger verschlüsselt verstehen zu geben, daß nicht jede Form sexuellen Erlebnis außerhalb orthodox-religiös zulässiger Grenzen «Sünde» sein müsse; daß die Patientin auf eine solche Botschaft aber verschreckt (über ihr eigenes Begehren erschreckt) reagiert haben könnte. – Der weitere Text gerade dieses Buches von Bertha Pappenheim (das wiederum Briefe enthält) läßt keinen Zweifel daran, daß es der Verfasserin im Kampf gegen Mädchenhandel und Prostitution um etwas ganz Besonderes geht: «[...] ich habe das Gefühl einer Mission, der ich mich nicht entziehen kann [...]» (1929, 38). Vordergründig geht es Bertha Pappenheim um die Klärung der Vorwürfe, die gegen Juden gerichtet sind und zum großen Teil, das sieht auch sie selbst, von Antisemiten stammen. Aber es geht auch um eine Frage des *eigenen Gewissens*; in einem Brief vom 17.4.1928 heißt es: «Ich bringe mich Ihnen in Erinnerung, weil mein Gewissen mir keine Ruhe läßt, daß wir Juden – Männer und Frauen – in der Frage der Bekämpfung des Mädchen-

einer ihrer Schriften hatte sie davon gesprochen, Mädchen wie sie, «höhere Töchter», würden so erzogen, daß sie am Ende «mit verschleierten Augen» (vgl. Jensen 1984, 19) vor der Realität, vor der Welt stünden.

3

In Bertha Pappenheims Märchen und Novellen, die man vielleicht als die schriftlich ausformulierten und weiterentwickelten Texte jener Märchen ansehen kann, die Breuer seinerzeit als erster zu hören bekam[1], finden sich manche Phantasien, die Aufschluß geben über die inneren Kämpfe Berthas, die offenbar zeitlebens anhielten. Eine der Erzählungen aus dem Buch «Kämpfe» (Pappenheim 1916)[2] trägt den Titel «Der Erlöser». Und das ist ein ganz und gar programmatischer Titel, denn: der «Erlöser» ist mit dem Zerstörer identisch.

In diesem (literarischen) Fall tarnt sich der «Erlöser», der zugleich ein potentieller Mörder ist, sittlich. Aufgrund eines besonderen Umstandes gehören die Sympathien der Autorin und ganz offenbar die Zustimmung ihres Gewissens jedoch trotzdem diesem «Erlöser». Das ist ein junger Mann, der sich in ein sehr schönes Mädchen verliebt hat, von dem er jedoch zu seinem Leidwesen erkennen muß, daß es als Prostituierte arbeitet. Wenn er das Mädchen schließlich umbringt, so tötet er sie nicht nur, sondern er «erlöst» sie auch, nämlich vom Übel der

handels sträflich gleichgültig und tatenlos sind» (1929, 37). Im übrigen erinnert Berthas Lebenskampf um die Aufdeckung einer verborgenen Wahrheit, um das Entkommen aus einem feingesponnenen Netz familiärer Beziehungsstrategien auch an den Fall «Dora».

1 Fritz Homburger, Berthas Cousin, schreibt am 4. 1. 1883 an Robert Binswanger über Bertha, nachdem sie seit einigen Wochen die Kreuzlinger Klinik verlassen hatte, um sich nun, nach einem Zwischenaufenthalt in Karlsruhe (bei ihren Verwandten), wieder nach Wien zu begeben: «In den letzten Tagen ihres Hierseins verkehrte sie häufiger mit meiner Cousine Anna Ettlinger [...], welcher sie einige selbstverfaßte Märchen vorlas, die sehr gefielen. A(nna) E(ttlinger) rieth ihr zu, [...] sich mit litterarischen Arbeiten zu befassen... (zitiert nach Hirschmüller 1978, 381) – ein Rat, den Bertha in der Folgezeit ausgiebig befolgte.

2 Das von mir durch Fernleihe ausgeliehene Exemplar trug noch einen mit Hakenkreuz und Reichsadler versehenen Stempel: «Bibliothek – Reichsinstitut für Geschichte des neuen Deutschland». Auch dies scheint Beweis dafür zu sein, daß Bertha Pappenheims Bücher den Nationalsozialisten als geeignet erschienen, ihr Bild von «den» Juden zu vervollständigen.

Prostitution, dem sie ohne erkennbaren Widerwillen nachzugehen scheint. «Es war erfüllt. Er mußte ihr Erlöser sein» – so endet die Geschichte (ebd., 42). «Erlösung» gibt es nur um den Preis eines Totschlags, so lautet eine der verdeckten Botschaften dieser Erzählung. Einen anderen Aspekt der Geschichte (und damit auch Berthas innerer Geschichte, ihrer Phantasiewelt) enthüllt die Tatsache, daß es durchweg die Muttergestalten sind, die die Töchter der Prostitution zuführen.

Der Tod erlöst vom Übel der Sexualität. Die Askese, der sich Bertha Pappenheim in ihrem Leben offenbar verschrieben hat (und sei es erst im Anschluß an ein, wie immer geartetes, traumatisches Erlebnis), wird als das Mittel erkennbar, Macht über sich selbst und über andere auszuüben. Es geht also auch bei Bertha Pappenheim – nicht nur bei Freud – um Selbsterziehung und um Nacherziehung in unmittelbarem Verbund mit Askese (Abstinenz). Das ist – neben dem Kampf *gegen* den Mädchenhandel (bzw. die Prostitution) – der zweite große Inhalt im Leben Bertha Pappenheims: der Kampf *für* Erziehung, für Sittlichkeit, Tugend, Selbstbeherrschung und Reinheit. Sie sorgt in ihrem Heim für gefährdete Mädchen und solche, die der Gefahr (der Prostitution) gerade noch entronnen sind. Ein wichtiges Mittel dieser *Für*-Sorge (hinter der gewiß eigene Sorgen stecken) bleibt die Askese – in Kleidung, Ernährung und Stundenaufteilung. Über Berthas Lebensstil, ihre Erziehungsmethoden und über ihren Charakter, wie er sich in jener Zeit ihren Wegbegleitern, ihren Kampfgenossinnen und Gegnern darstellt, gibt es eine Reihe von Zeugnissen. So berichtet zum Beispiel Helene Krämer, eine frühere Schülerin und spätere Mitarbeiterin in Neu-Isenburg, über Berthas Bemühungen, die Mädchen zu tüchtigen Menschen «und guten Juden» zu erziehen:

«Dazu schien es ihr notwendig, die äußerste Einfachheit entgegen den bis dahin üblichen Gewohnheiten walten zu lassen; so war das Essen manchmal zu spartanisch einfach, und die unnachsichtige Strenge, die sich in den Anforderungen an uns zeigte, hätten wir manches Mal gern gemildert gesehen. Wenn wir uns später darüber unterhielten und ihr dies gestanden, hat sie oft und mit Stolz gesagt, daß ihr Erziehungssystem kein schlechtes gewesen wäre, da fast alle Frauenvereinskinder ihre Posten im Leben ausfüllen konnten» (zitiert nach Jensen 1984, 47).

Der Rabbiner Caesar Seligmann sah Bertha ähnlich, betont aber zudem ihre Einstellung Männern gegenüber:

«Aber bei aller Philanthropie war sie eine harte Forderin, hart bis zum Asketismus gegen sich selbst, aber auch hart gegen andere. Sie erkannte nur soziale Tätigkeit an und machte kein Hehl aus ihrer Verachtung gegen alle, die nicht wie sie das Soziale zu ihrem Lebensinhalt machten.» – «Mit Männern vertrug sie sich schlecht, wenn sich die Männer nicht ihrem Willen und ihrer Führung unterordneten» (ebd. 60).

Das Urteil des Rabbiners Georg Salzberger war im letzten Punkte, was Berthas Einstellung den Männern gegenüber betrifft, noch etwas entschiedener: «Sie war unverheiratet und Männerfeindin, aber ich konnte mich über sie nicht beklagen» (ebd.). Cora Berliner, Vorstandsmitglied des «Jüdischen Frauenbundes», urteilte über die Weggefährtin ebenfalls hart:

«Es lebte ein Vulkan in dieser Frau, der ausbrach, wenn ihr Zorn gereizt wurde. Hatte sie Freude am Kampf? Zum Teil auch das. Denn wenn der Angegriffene sich zur Wehr setzte, seinen Standpunkt zu verteidigen suchte, ihr Ungerechtigkeit oder gar Selbstgerechtigkeit vorwarf, so kränkte oder ärgerte sie das nicht im geringsten. Im Gegenteil, sie fühlte eine gewisse Befriedigung darüber, den anderen aufgestachelt zu haben, *und sah die Wunden nicht, die sie schlug*» (zitiert nach Schweighofer 1987, 170; Hervorhebung von B. N.).

Bertha Pappenheim bemerkt schließlich über ihre Erziehungsideale und damit – implizit – über sich selbst:[1]

«Die Einrichtung [des Neu-Isenburger Heimes] sollte primitiv sein, d. h. durchweg und bei aller Zweckhaftigkeit doch so gemütlich und einfach, wie man es in jener längstvergangenen Zeit unter dem inzwischen verlorenen Begriff des kleinbürgerlichen Haushaltes verstand. Darum: keine Heißwasserversorgung, keine Zentralheizung, kein fließendes Wasser in einem allgemeinen Waschraum, dagegen als unumstößliche Vorschrift für alle Hausbewohner gemeinsame Mahlzeiten und selbstverständliches Zusammenleben bei Arbeit und Ferien, Sabbath und Festtagen» (zitiert nach Jensen 1984, 69 f).

Objekt der besonderen Aufmerksamkeit Bertha Pappenheims, ihrer Erziehungsideale, ihrer Zuneigung, ja, ihrer Liebe wurde vorübergehend ein ganz besonderes Mädchen. Es hieß *Marya*.[2] Der Name der Heldin in der Geschichte vom «Erlöser», also der jungen Prostitu-

---

1 Vgl. zur Selbsteinschätzung Bertha Pappenheims auch die von ihr verfaßten, selbstironischen «Nachrufe» (im Falle ihres Ablebens), die bei Edinger (1963, 150 f) abgedruckt sind.

2 Bei Hirschmüller (1978, 163) wird dieses Mädchen, unter Berufung auf Bertha Pappenheims langjährige Bedienerin bzw. auf Frau Goldmann, die dies von der Bedienerin Erna Segelmann so gehört haben will, *Manya* genannt. Wahrscheinlich –

ierten, die vom «Erlöser» umgebracht wird, nachdem er sich zuvor alle Mühe gegeben hatte, sie von ihrem unsittlichen Lebenswandel zu erretten, lautet *Mareia* (beziehungsweise, da sie zuletzt in Paris arbeitet, *Marie*).

Bertha hatte erwogen, Marya zu adoptieren. Das bedeutete, das Mädchen hatte sich mit der Liebe einer Frau auseinanderzusetzen, der – vermutlich seit dem Tode ihrer eigenen Mutter – kein Mensch mehr sonderlich nah gekommen war beziehungsweise kommen durfte. In einem Nachruf auf Bertha Pappenheim umschrieb Martin Buber diese Frau als «liebstreng und gewaltig fordernd» (zit. n. Edinger 1963, 7). Marya, Schützling in Berthas Heim, sah sich also zeitweise mit den Liebesforderungen einer Frau konfrontiert, die mitunter so aussehen konnten, wie ein Brief Berthas (an Sophie Mamelok vom 18.6.1908) illustriert. Ein bevorstehender Schulausflug Maryas erweckte den Argwohn Berthas, die – wie aus dem Text des Briefes hervorgeht – in Galizien unterwegs war, diesmal vermutlich nicht wegen der dortigen Prostitution, sondern um Pogromwaisen aus Rußland außer Landes zu helfen bzw. ihnen Schutz anzubieten. Berthas im Brief an Sophie ausgedrücktes Interesse ist es, Marya nicht allein, nicht unbegleitet, nicht unbewacht am Schulausflug teilnehmen zu lassen. Also wird Sophie aufgefordert, Marya zu begleiten. Dieses Interesse, diese Absicht ist allerdings zu tarnen, vor den Augen Maryas zu verschleiern: Marya soll die wahren Motive nicht erfahren. Daher muß ein briefliches Arrangement getroffen werden, um den intendierten «Schutz» Maryas zu garantieren. Es ist anzunehmen, daß dieses Arrangement Praktiken glich, denen Bertha einst selbst, in ihrer Kindheit, ausgesetzt war und deren (Aus-)Wirkungen sie in anderen Zusammenhängen, als es um die Beschreibung des Erziehungsschicksals einer «höheren Tochter» ging, selbst durchschaut und *kritisiert* hatte:

«Und nun zu Maryas Ausflug nach dem Niederwald. Ich bin zu ängstlich, sie einen ganzen Tag allein loszulassen [...]» Daher solle Sophie mitgehen. «Natürlich darf die Sache nicht so dargestellt werden, daß Marya einen großen Begriff von ihrer eigenen Wichtigkeit bekommt. Sondern es muß so gemacht werden, daß *ich Dir* die Freude machen will, den Ausflug mitzumachen.» Aber: «Sollte Marya unartig sein – ich meine ernstlich – dann darf sie nicht mit, und ich bitte Dich, ihr das aus diesem Brief vorzulesen» (ebd., 33 f).

aber nicht sicher – handelt es sich dabei um einen durch die Informantin Hirschmüllers tradierten Hör- oder Lesefehler (Hirschmüller, pers. Mitteilung).

Zu dieser Form einer «liebstrengen» Erziehung gehört es, in durchaus guter Absicht hinter dem Rücken des Kindes Intrigen einzufädeln, durch die die Realität verdreht wird. Hirschmüller bemerkt über die Beziehung Bertha – Marya, Bertha habe versucht, Marya genau «so zu erziehen, wie sie selbst aufgewachsen war (Klavierspiel, höhere Schule, schöne Kleider usw.). Es war eine große Enttäuschung, daß ihre Erziehung gerade bei diesem Mädchen einen Mißerfolg brachte; Marya soll Prostituierte geworden und als Hysterika in einer Anstalt gestrandet sein» (1978, 163, Anm. 252).

Es stellt sich in diesem Zusammenhang der Gedanke an Ferenczis klassische Abhandlung ein: «Sprachverwirrung zwischen den Erwachsenen und dem Kind (Die Sprache der Zärtlichkeit und der Leidenschaft)» (1984). Es scheint, als habe Marya, der auserlesene Schützling, die potentielle Adoptivtochter Berthas, deren Sprache der Zärtlichkeit, die sich hinter Strenge und Überwachung verbarg, nur schlecht verstanden. Um so besser verstand sie offenbar eine andere, in der doppelbödigen Kommunikation verborgene Sprache – die Sprache der verdrängten Leidenschaft.[1] Auch wenn in der Phantasie mancher Männer die «Heilige» und die «Hure» in zwei schier unvereinbare Gegensätze zerfallen, so scheint doch die Begegnung zwischen Bertha und Marya, wie schon früher jene zwischen Bertha und der «schönen Jolanthe», die Annahme einer dialektischen Einheit dieser Gegensätze nahezulegen, die als Einheit nicht nur im Kopf eines Mannes existieren muß (wie in jenem Freuds, der sie immer wieder betonte). Und daß es auch eine Einheit zwischen dem Heiligen und dem Sündhaften, also eine religiös-dialektische Einheit der Gegensätze geben könnte, dafür liefern manche Sätze Berthas auf ihre Weise Bestätigung. Jedenfalls liegen im Erleben (und in den schriftlichen Zeugnissen) Berthas Religionsübungen und sexuelle Erregung bisweilen recht dicht beieinander. So heißt es etwa in der Aphorismensammlung Bertha Pappenheims («Denkzettel» Nr. 58 und Nr. 59):

«Daß die jüdischen Frauen an den gottesdienstlichen Handlungen nur als Zaungäste teilnehmen dürfen, ist aus den psychologischen Schwierigkeiten jeder Coedukation zu erkennen, weil mit Ausnahme seltener Höhepunkte im

---

[1] Anders formuliert: Bertha, die Heilige, die «Helferin der Menschheit», und Marya, die Hure, wären am Ende doch nur eine Person, so, wie wir das bereits vermuteten, als wir die Szenen kennenlernten, die sich bei der Begegnung zwischen Bertha und der «schönen Jolanthe» abspielten.

Leben Einzelner die sexuelle Reizbarkeit stärker ist als andächtige Versenkung.»
«Diese Erkenntnis hätte – wenn die Frau bei den Juden nicht als geistig und sozial minderwertig angesehen würde, die keinen Zutritt zur Lehre haben darf, die Lehre nur aus zweiter Hand empfangen darf, zu reinen Frauengottesdiensten führen müssen. Diese könnten, kurz und ehrfürchtig durchgebildet, heute noch von großer religiöser Bedeutung sein» (zitiert nach Jensen 1984, 187).[1]

In diesem Zusammenhang sei noch einmal ausdrücklich daran erinnert, welche Bedeutung in Breuers Krankengeschichte dem *Beten*, also einer Religionsübung, zukommt. Bertha hatte seinerzeit am Bett des kranken Vaters gewacht. Das war im Sommer 1880, und zwar, wie durch Swales (1988) ermittelt, in – damals noch nicht *Bad* – Ischl.[2] In

[1] Es gibt durchaus bezeichnende Stellen in Berthas Schriften, die den in ihrem Erleben (und auch sonst: vgl. Nitzschke 1988a) bestehenden engen Zusammenhang zwischen Religion und Sexualität belegen. So schreibt sie etwa über das Bibelstudium in den Cheder-Schulen Galiziens, in denen auf manche anrüchige Bibelstelle von den Lehrern nicht sonderlich achtgegeben werde: «Es ist selbstverständlich, daß dieses ‹Bibelstudium› auf die ohnedies frühreifen Kinder dieselbe Wirkung übt, wie es die berüchtigten Beichtfragen auf die katholische Jugend tun. Es ist mir auch von maßgebender pädagogischer Seite bestätigt worden, daß in den Chedern vielfach der Keim zu sittlicher Verwahrlosung und Verrohung gelegt wird [...]» (Pappenheim, Rabinowitsch 1904, 12). – Gerade im *Osten* (Berthas *väterliche* Familie stammte von dort, hatte jedenfalls über mehrere Generationen dort gelebt) findet Bertha immer wieder eine große – auch räumlich enge – Nähe zwischen Religion und Sexualität vor. Noch als 70jährige berichtete sie aus Warschau: «Im Warschauer Judenviertel sah ich in einem großen Hof zwei Sukkaus, in denen laut gebetet und gesungen wurde, und in den zugehörigen Wohnhäusern ringsum befinden sich nach lokalkundigster Angabe in verschiedenen Stockwerken die Freudenhäuser mit durchaus jüdischem Betrieb» (1930, 2).
[2] Etwa ein Jahr vor ihrem Tod besuchte Bertha Pappenheim noch einmal Bad Ischl (auf der Rückreise von Wien, wo sie ihre wertvolle Spitzen-Sammlung dem dortigen «Museum für angewandte Kunst» zur Verfügung gestellt hatte). Sie wird in Ischl prompt krank und muß mehrere Tage in München im Krankenhaus aufgenommen werden. Am 5. Juli 1935 schreibt sie von dort: «[...] ich hatte solche Schmerzen in Ischl, daß ich mich dem Äskulap in die Klauen gab [...]» (zitiert nach Edinger 1963, 130). Aufgrund der Nachforschungen von Swales (1988), der Kurlisten fand, wissen wir heute, daß die Familie Pappenheim in den Jahren 1871 bis 1874 ihre Sommerurlaube in Ischl, einem Ort des Salzkammergutes, in dem auch der Kaiser zu weilen pflegte, verbrachte. Bertha war also in Ischl nicht nur in jenem Sommer, in dem ihr Vater (und sie selbst) erkrankte, sondern auch während mehrerer Sommer ihrer Mädchenjahre. Es ist daher nicht verwunderlich, wenn sie sich in einem «Gebet» (etwa zwei Jahre vor ihrem Tod, am 2.8.1934, niedergeschrieben) sehnsuchtsvoll an diesen Ort, an diese Zeit zurückerinnert: «[...] Ischl! Sehnsüchtig träume ich von einem Spaziergang durch die Hänge und Wiesen – möchte noch einmal das Blümchen Augentrost am Wege sehn, die wilden Stiefmütterchen, das korallenrote Blütchen,

271

Breuers Bericht für die Ärzte des Kreuzlinger Sanatoriums (abgedruckt bei Hirschmüller 1978, 348–362) heißt es, der an Peripleuritis erkrankte Vater habe an hohem Fieber und in diesem Zusammenhang (während der Rekonvaleszenz) vorübergehend auch an einer kurzen «acuten Psychose» (ebd., 348) gelitten. Es darf angenommen werden, daß der Vater im Fieber delirierte, vermutlich also unzusammenhängende, scheinbar sinnlose Worte und Phantasmen produzierte, die sich – wenigstens einmal – so sehr steigerten, daß der während dieser Krankheitsphase nicht anwesende Breuer von Familienmitgliedern eine Beschreibung geliefert bekommen hatte, die ihm die Formulierung «acute Psychose» nahelegen mußte.

Was sprach der Vater in diesen Fieberphantasien aus? Was hörte die Tochter von ihm? Was erfuhr sie auf diese Weise von ihm? Ich vermute, daß sie Dinge hörte, die ihr, im Doppelsinn des Wortes, die Sprache verschlugen: Fieberworte eines Vaters, eines durch und durch frommen Mannes, Mitbegründer der Wiener «Schiffschul», einer Synagoge mit streng orthodoxem Ritus (vgl. Hirschmüller 1978, 135), dessen (nunmehr ausgesprochene) Phantasien – wie bei jedem anderen auch – nicht mit seinem offiziellen Habitus und schon gar nicht mit dem Bild übereinstimmten, das die sittsam und weltfremd erzogene «höhere» Tochter sich von ihrem Vater gemacht hatte. Es ist also durchaus möglich, daß Bertha das Bild des «Ehrenmannes» nicht mehr erkennen konnte, als sie am Bett des phantasierenden Vaters wachte. Es könnte sein, daß sie ihn wegen seines Selbstverrats zu hassen begann. Wäre dem so, so hätte Bertha noch einige Jahre früher als Freud den Widerspruch zwischen «Kultur» und «Natur» entdeckt, wenngleich auf eine recht unfreiwillige, kränkende und endlich krank-machende Art und Weise.[1]

---

dessen Name ich nicht weiß und das ich so liebe, und auf dunklen Tannenwegen gehn, wo ganz unerwartet oft ein Wasserfaden rieselt, die Nadeln den Boden glatt bestreuen – und den Duft zwischen den Bäumen – den Duft, den köstlichen Duft, feucht, würzig, ursprünglich […], einmal im Leben noch einatmen – wie in den Tagen der Jugend – noch einmal! […]» (zitiert nach Jensen 1984, 23). Die Sprache ist poetisch – und es liegt gewiß nicht nur an der Naturlyrik, daß sie zahlreiche sexuelle Symbole mitumschließt.

[1] Es ist auffallend, wie sehr das Hauptsymptom Berthas (die Halluzinationen, die Absenzen, das Phantasieren, das unzusammenhängende Reden, das «freie», bruchstückhafte Assoziieren) Fieberphantasien, also dem von mir unterstellten Verhalten des *Vaters* gleicht, an dessen Bett Bertha die Nächte durchwachte, den sie pflegte – und mit dem sie sich, so wäre zu schlußfolgern, auch identifizierte. Am Ende wäre

Bisher ist die entscheidende Szene der Nacht vom 17. auf den 18. Juli 1880, in der Bertha am Bett des Vaters die von Breuer beschriebenen Schlangenhalluzinationen hatte, mit denen, nach Breuers Meinung, alles begann, häufig mit Verweis auf Breuers Bericht über die Tanzmusik gedeutet worden. Die Musik habe Bertha zum Tanz verlockt, während sie doch beim kranken Vater wachen mußte. Also seien in ihr Aggressionen gegen den Vater entstanden, die sie wiederum abwehren mußte. Von deutlichen Aggressionen gegen den Vater – von Schlangen, die aus der Wand kriechen, um den Vater zu töten, bis sich schließlich die Hände Berthas, die Fingernägel, selbst in Schlangen, in Ungeheuer, die dem Vater gefährlich werden könnten, verwandeln – ist in Berthas Halluzinationen jener Nacht ganz offensichtlich die Rede. Aber liest man Breuers Bericht genau, so verstärkt sich der Eindruck: Die Schlangenhalluzinationen traten *nicht* in jener Nacht auf, in der Bertha die Tanzmusik hörte (auf die Musik reagierte sie mit dem Symptom des nervösen Hustens [1], dessentwegen Breuer im Herbst 1880 als Arzt zugezogen werden mußte). [2] Es handelte sich also um zwei *verschiedene* Nächte, in denen Bertha am Bett des Vaters jeweils Verschiedenes erlebte. Woher aber kamen die Aggressionen gegen den Vater? Wie waren sie begründet?

Das Motiv der Tanzmusik mag in einem anderen Zusammenhang seine Bedeutung behalten, verwendet Bertha dieses Motiv später doch selbst in einer ihrer Kurzgeschichten. Es handelt sich dabei um die Erzählung «Die Weihernixe» (in: «Kleine Geschichten für Kinder», ca. 1888). Dort heißt es über die von einem bösen Geist in den Weiher gebannte Nixe:

die Erfindung der «talking cure» nicht Bertha, sondern ihrem Vater zu verdanken...? Man beachte, daß die von Bertha selbst erfundenen und gebrauchten Redewendungen, die das Heilverfahren charakterisieren sollen – «talking cure»; «chimney-sweeping» (welcher «Kamin» immer damit gemeint war) – in *englischer* Sprache formuliert sind, also in der Sprache, in der sie erstmals wieder *beten* konnte (vgl. Anm. S. 275).

1 Das ist übrigens abermals ein Symptom, das die Annahme der Identifizierung mit dem kranken Vater nahelegt; der Vater war lungenkrank und starb schließlich auch an Tuberkulose.

2 Den Recherchen des minuziös auf Freuds Spuren (und aller Personen, die ihm irgend nahestanden) wandelnden Peter Swales ist es zu danken, daß wir mittlerweile den Abstand zwischen dem Haus «Bellevue, Kaltenbach 58» (heutige Straßenbezeichnung: Brennerstr. 25), in dem sich der fiebernde Vater und die halluzinierende Tochter in einem sehr ähnlichen emotionalen Zustand befanden, und dem Musikpavillon, aus dem die verführerischen Klänge kamen, auf die Bertha hüstelnd reagierte, genau kennen: «500 Meter» (Swales 1988, 62).

«Durch ein Büschel Schilf vor den Augen ihres steinernen Beobachters [der sie zugleich *bewacht*] richtete das Nixchen neugierig seine Blicke nach dem Hause, dessen beleuchtete Fenster und die an denselben vorbeischwebenden Gestalten keinen Zweifel darüber ließen, daß sich die Menschen dort dem Vergnügen des Tanzes hingaben. Wie schön müßte es sein, einmal, wenn auch nur kurze Zeit, das kalte Element zu verlassen und im hell erleuchteten Saal, umrauscht von Musik, von warmer Hand geführt, dahinzufliegen» (anonym, o. J., 36).[1]

Die Nixe bezahlt in der Geschichte den – vom bösen Geist verbotenen – Ausflug zum Tanz mit dem Leben. Im eisigen Frost kommt sie um, weil der Teich während ihrer Abwesenheit zugefroren ist. Sie findet deshalb nicht mehr ins Wasser, in ihr Lebenselement, zurück. Also auch hier: Der Tod ist der Preis für das verbotene Vergnügen. Immerhin wächst dort, wo die Nixe stirbt, eine Blume, ein Schneeglöckchen – und man darf vermuten, daß die «Nixe» in dieser verwandelten Form wenigstens den Menschen, die sie sehen, doch noch Freude bereiten kann.[2]

Noch einmal meine Hypothese: Bertha hörte in der Nacht vom 17. auf den 18. Juli 1880 aus den Fieberdelirien des Vaters Dinge, die sie zutiefst bestürzten, die das Bild ihres bis dahin idealisierten Vaters zerstörten, so wie die Schlangen, die Aggressionen, die das Gehörte provozierte, ihn zu zerstören drohten. In ihrer Hilflosigkeit, in ihrer Not versuchte Bertha zu *beten*. Und eben beim Versuch, *ein Gebet zu sprechen*, verliert sie die Sprache, findet sie die Sprache nicht mehr – die religiöse

---

1 Ich danke Albrecht Hirschmüller, Tübingen, der mir eine Kopie dieses schwer zugänglichen Textes überlassen hat. Nach Hirschmüllers Argumentation (1978, 158, Anm. 216) besteht kein Zweifel daran, daß das anonym erschienene Buch «Kleine Geschichten für Kinder» Bertha Pappenheim zuzuschreiben ist.
2 Es mögen zufällige oder tatsächliche Anspielungen sein: Im Märchen von der «Weihernixe», das Hirschmüller (1978, 167) auch in Hinsicht auf Berthas Beziehung zu Breuer bzw. zum Vater diskutiert, wird die Verbindung zwischen einem Mann und einer Frau ebenso unmöglich wie in Goethes Geschichte «Die neue Melusine». Im Goetheschen Märchen scheitert die Beziehung, und der Mann, der sich weigert, das Nixen- oder Zwergenwesen der Frau zu akzeptieren, kommentiert: «Wie schrecklich ward mir auf einmal zumute, als ich von Heirat reden hörte: denn ich fürchtete mich bisher davor fast mehr als vor der Musik selbst, die mir doch sonst das Verhaßteste auf Erden schien» (Goethe 1967, 373). Im folgenden werden bei Goethe «Musik», «Harmonie» (im Sinne von Verschmelzung) und «Ehe» miteinander gleichgesetzt. Im Märchen von der «Weihernixe» schaudert der Mann *nach dem Tanz*, als er der Nixe in die «Augen» sieht, vor einer weiteren Verbindung mit ihr zurück. Das heißt u. a. auch: *Er kann ihr nicht mehr in die Augen schauen!* Nun ist das Element der Nixe das Wasser. Und schon im Märchen der Brüder Grimm «Die Nixe im Teich» symbolisiert das Wasser Unheil, Verschlingung, das Mütterlich-Unheimliche.

Sprache, die ihr der Vater beigebracht hatte. Sie kann jetzt, weitergehend interpretiert, ebensowenig beten wie der Vater, mit dem sie sich identifiziert. Beide sind nicht so fromm, wie sie bisher erscheinen mochten. Beide sind sündig. Erst nach einer gewissen Zeit *findet* Bertha die Sprache wieder; aber jetzt handelt es sich um eine *Fremd*sprache (nämlich Englisch). Alles ist fremd geworden, alles hat sich verändert – und in einer fremden Sprache wird Bertha weiterreden – *beten*. Von nun an wird die Sprachstörung zu einem ihrer Leitsymptome.[1] Immerhin fallen Bertha auch noch Jahrzehnte nach dem Ende ihrer Behandlung durch Breuer zum Stichwort Psychoanalyse *religiöse* Assoziationen ein: «Psychoanalyse ist in der Hand des Arztes, was die Beichte

1 Breuer schreibt: Als die Schlangenhalluzination «geschwunden war, wollte sie [Bertha] in ihrer Angst beten, aber jede Sprache versagte, sie konnte in keiner sprechen, bis sie endlich einen *englischen* Kindervers fand und nun auch in dieser Sprache fortdenken und beten konnte» (Breuer, Freud 1895, 34). Daß der Patientin die «Worte fehlten» (ebd., 23), ist eine wiederholte Beteuerung Breuers, der in der «Angsthalluzination» (Schlangenhalluzination) «die Wurzel der ganzen Erkrankung» (ebd., 35) vermutet und daher – nach der Reproduktion gerade dieser Szene (und der darauf bezogenen kathartischen Prozedur) – die Heilung der Patientin mit der wiedergewonnenen Sprache gleichsetzt. Nachdem Bertha die Ursprungsszene wieder erinnert hatte, so der offizielle Bericht Breuers, sprach sie «unmittelbar darauf Deutsch und war nun frei von all den unzähligen einzelnen Störungen, die sie früher dargeboten hatte» (ebd.). – Wie bereits eingangs betont, ist diese Schilderung Breuers in ihren weiterreichenden Implikationen einer fast vollständigen Heilung falsch. Im Bericht über den Krankheitsverlauf in Kreuzlingen formuliert der dortige Arzt, Dr. Laupus, für die Zeit zwischen 12.7. und 29.10.1882: «Vor dem Bilde des Vaters hielt sie oft stundenlang einen stillen Thränencultus [...] Ihrer Phantasie gestattete sie öfter in abgezogenen Träumen freien Lauf; war aber angerufen gleich praesent, und reproduzierte bei guter Stimmung in lebhafter dramat[ischer] Diction ihr märchenhaftes Träumen (Privattheater!). Gänzlich aus der Breite der gewöhnlichen Hysterie entfiel jedoch der auch hier beobachtete Verlust der Muttersprache» (zitiert nach Hirschmüller 1978, 364). – Ein weiteres Symptom, die mit der Trigeminusneuralgie verbundenen Gesichtsschmerzen, derentwegen die Patientin suchtmittelabhängig geworden war, hielt auch in Kreuzlingen noch an. Dieses Symptom hatte *nichts* mit der von Breuer beschriebenen Szene am Bett des Vaters zu tun (es bestand bereits seit Frühjahr 1880 und war, wie aus einem Brief von Berthas Mutter zu erschließen, womöglich im Zusammenhang mit einem eitrigen Zahn erstmals aufgetreten). Das heißt: Die Krankengeschichte Bertha Pappenheims enthält zwei voneinander getrennt zu erkennende Stränge, wobei der eine auf ein psychisches, der andere auf ein somatisches Leiden verweist. Entsprechend uneinheitlich fielen die Diagnosen anläßlich der drei späteren stationären Aufnahmen der Patientin in Inzersdorf zwischen 1883 und 1887 aus: «Hysterie» steht neben «somatisch krank» (vgl. Hirschmüller 1978, 156). Bertha Pappenheim befand sich während dieser drei Aufenthalte eben an jenem Ort, an dem sie sich schon einmal, 1881 während der Behandlung durch Breuer, befunden hatte.

in der Hand des katholischen Geistlichen ist; es hängt von dem Anwender und der Anwendung ab, ob sie ein gutes Instrument oder ein zweischneidiges Schwert ist» (zitiert nach Edinger 1963, 12 f).[1]

Als Bertha Pappenheim unter dem Pseudonym «Anna O.» Ende des letzten Jahrhunderts die Bühne der Öffentlichkeit betrat, fesselte sie sogleich das Interesse – vor allem auch das der Poeten. Sie verkörperte einen Frauentypus, der offenbar der Zeit entsprach. Und nun gewannen auch die klassisch-antiken, die «tragischen» Frauengestalten Züge des Hysterischen. Anders ausgedrückt: Die Poeten erkannten die Tragödie, die sich in der Hysterie verbarg.

So trägt beispielsweise Hofmannsthals «Elektra» manche Züge des Leidens der «Anna O.» Beiden gemeinsam ist die Trauer um den verlorenen Vater.[2] Elektra gerät wie Bertha jeweils am Abend, im Dämmer- oder Zwielicht, in den «zweiten Zustand», in den ver-rückten Zustand, in dem sie die Vergangenheit stets aufs neue heraufbeschwören kann.[3]

Für die Tragödie der Elektra ist seit der Antike das Motiv der *Rache* kennzeichnend. Und vielleicht wäre in diesem Zusammenhang daran zu erinnern, daß in den «Studien über Hysterie», also zu Beginn der Psychoanalyse, der Affekt, der befreit werden soll, zunächst stets mit einem Affekt identifiziert wird, der einer *Kränkung* adäquat wäre (vgl.

1 In einer weiteren der insgesamt eher sehr seltenen Stellungnahmen Berthas zur Psychoanalyse wird über ein kleines Mädchen gesagt, an ihm sei «durch pädagogische, medizinische, psychologische oder psychoanalytische Fehler sehr schwer *gesündigt* [Hervorhebung von B. N.] worden» – und zwar vermutlich dadurch, «daß man dem Kinde selbst zu viel über die objektiven Beobachtungen, die man zu machen glaubte, Mitteilung machte» (zitiert nach Jensen 1984, 153). Vgl. dazu auch Anm. S. 265.

2 Bei Bertha wäre dies, nach der hier gegebenen Interpretation, zunächst vor allem die Trauer um ein abrupt zerstörtes entwertetes Vaterbild, denn als ihre Leidenssymptome erstmals auftraten, lebte der Vater als Person noch, ging es noch nicht um den realen Objektverlust. Dieser trat erst später ein und verstärkte das Leiden, nachdem es Breuer (offenbar ohne, daß er es wußte) durch seine Person vorübergehend gelungen war, das Bild des Vaters einigermaßen zu rekonstruieren. Die Trennung von Breuer (und womöglich uns unbekannte Erlebnisse mit ihm) führte dann abermals zu einer Krise. Am Ende ihres Leidens stand für Bertha wohl die Überzeugung, daß es keinen Zugang zum Vater gebe, daß die Bindung an ihn (und letztlich die an einen Mann) zu leidvoll oder aber gänzlich verboten sei.

3 Vgl. Worbs (1983, 285); Urban (1978) sind ausführliche Studien über die Beziehung Hofmannsthal–Freud zu verdanken. Für die Konzeption der «Elektra» hatte Hofmannsthal einem Briefzeugnis zufolge «das merkwürdige Buch über Hysterie von den Doktoren Breuer und Freud» (1937, 384) benutzt.

Nitzschke 1988 b), aber aufgrund sozialer Rücksichten nicht gezeigt werden durfte. Was durch die neue Behandlungsmethode befreit werden soll, sind «Affekte [...]: vom Weinen bis zum *Racheakt*» (Breuer, Freud 1895, 11; Hervorhebung von B. N.). Beim Vatermord, den die antike Tragödie thematisiert, wäre allerdings nicht nur an die explizite Tat, an die äußere Realität zu denken. Vielmehr stellt die Tragödie, hier wie auch sonst, ein inneres Drama dar.

Um welches Drama könnte es dabei gehen? An welche Kränkung des Kindes wäre zu denken? *Wenn das Bild des Vaters im Inneren des Kindes zerstört wird*, «ermordet» wird [1], dann kommt dies einer «Tragödie», unter Umständen – in letzter Konsequenz – einem «Weltuntergang» gleich. Es scheint, als habe auch Hofmannsthal die Tragödie der Elektra, die Tragödie einer durch die Schuld der Mutter vaterlos gewordenen Tochter, genau in diesem Sinn begriffen; als die Tragödie einer Tochter, die aufgrund des Verlustes des Vaters hinfort, wenngleich rachsüchtig, an die Mutter gefesselt bleibt.

Ist Ödipus der tragische Held, der mit der Mutter verschmilzt, so ist Elektra das Spiegelbild dieses Helden – auch sie ist in *selbstzerstörerischer* Weise an die Mutter gebunden. Ödipus wie Elektra sind, auf je verschiedene Weise, jedoch mit dem gleichen (selbstzerstörerischen) Ergebnis, *Opfer* eines Vatermordes, einer Tat, die sie an die Mutter fesselt. Vatermord und Inzest, also die Ausschaltung des «Dritten» und die dadurch erzwungene, nicht mehr aufhebbare «Symbiose», bedingen sich nahezu wechselseitig. Elektras «Tragödie» besteht im aussichtslosen, weil unversöhnbaren Kampf gegen die Mutter. Bei Hofmannsthal lautet der zentrale Vorwurf Elektras an die Mutter Klytämnestra:

«Du bist ja/wie ein Koloß, aus dessen ehernen Händen/ich nie entsprungen bin. Du hast mich ja/am Zaum. Du bindest mich, an was du willst./ Du hast mir ausgespien, wie das Meer,/ein Leben, einen Vater und Geschwister:/und hast hinabgeschlungen, wie das Meer,/ein Leben, einen Vater und Geschwister./Ich weiß nicht, wie ich jemals sterben sollte –/ als daran, daß du stürbest» (1979, 200).

Hofmannsthals Bilder sind eindrucksvoll: die Mutter – das Meer. Was

---

1 Dem entspricht im übrigen ein innerer Auflösungs- und Zersetzungsprozeß, dessen Konsequenzen Freud im Falle des Senatspräsidenten Schreber ausführlich dargestellt hat.

sie an äußerer Realität dem Kinde gibt, das verschlingt sie wieder. Als unauflöslich wird die Bindung an sie dargestellt – und ebendas macht die «Tragödie» für das Kind aus. Der Aufruf zur Versöhnung mit der Mutter, trotz des am Vater verübten Mordes – und in der Tragödie: die Ersetzung des Vaters durch einen anderen Buhlen der Mutter – vernachlässigt den *psychologischen Unterschied* zwischen der Mutter und der Tochter. Während jene das Objekt tatsächlich ersetzen kann, weil sie es genital begehrt, kann diese den Verlust nicht überwinden, weil sie die Bindung an den Vater noch zum Aufbau ihrer eigenen Identität, für die Abgrenzung von der Mutter benötigt. Wenn die Mutter über das Objekt (den Vater), das für die Tochter Garant einer äußeren Realität, einer Abgrenzung, einer eigenen, von der Mutter verschiedenen Identität sein *könnte*, so willkürlich verfügen kann, dessen Macht ganz offenbar zerstören kann, dann entwertet sie eben nicht nur das Objekt, sondern auch jede Bedeutung, die dieses Objekt für das Kind in der Phase der Loslösung von der Mutter haben könnte. Und dieser Bedeutungsverlust ist nicht durch ein neues, von der Mutter scheinbar ebenso willkürlich-mächtig ausgewähltes Objekt, durch einen neuen Vater, einen neuen «Buhlen», zu kompensieren. Die Zerstörung des väterlichen Objekts, das für die Tochter «Nicht-Mutter» heißen könnte, zwingt Elektra in eine Bindung an die Mutter zurück, für deren Unauflöslichkeit sie die Mutter hinfort *hassen* wird.

Im analogen Fall war Ödipus selbst der (unwissende) «Mörder» des Vaters. Er kehrte demnach «blind», ohne Vernunft und Wissen, als Opfer seines eigenen Begehrens nämlich, in die Arme der Mutter zurück. Er wird sich selbst bestrafend blenden. Elektra hingegen kehrt *sehend* zur Mutter zurück. Sie sieht, was sie nicht sehen soll; und sie erinnert, woran sie sich nicht erinnern darf. Ihre schwächere Schwester, Chrysothemis, fordert hingegen das Vergessen der Vergangenheit. Elektra *soll* vergessen, so, wie man «alle bösen Träume» vergessen kann. Doch genau dieses Vergessen verweigert Elektra. Indem sie sich weigert, den Traumzustand, die Absenz, den «zweiten Zustand» zugunsten eines gereinigten, der Katharsis ausgelieferten Wachbewußtseins aufzugeben, bleibt sie «krank», bleibt sie «tragisch». Und hier (bei «Elektra») wie dort (bei «Ödipus») bleibt die Tragödie, recht verstanden, ein Synonym des *Wissens wie des Unwissens*. Wütend antwortet Elektra auf das Ansinnen ihrer Schwester, die das Vergessen, die Versöhnung fordert:

«Vergessen? Was! bin ich ein Tier? vergessen?/Das Vieh schläft ein, von halb-
gefressner Beute/die Lefze noch behängt, das Vieh vergißt sich/und fängt zu
käuen an, indes der Tod/schon würgend auf ihm sitzt, das Vieh vergißt,/was
aus dem Leib ihm kroch, und stillt den Hunger/am eigenen Kind – ich bin kein
Vieh, *ich kann nicht/vergessen!*» (Hofmannsthal1899, 195).

Noch einmal, und auch in dieser Szene wieder – die Beschwörung der
Mutter, die ihre Kinder verschlingt. Die Tragödie, die Hofmannsthal
entfaltet, besteht im Widerspruch, *den Vater vergessen zu sollen und
nicht vergessen zu wollen* (oder zu können).[1]

4

In den neunziger Jahren des letzten Jahrhunderts tritt Bertha Pappen-
heim nicht nur unter dem – von anderen ausgewählten – Pseudonym
«Anna O.» vor die Augen der Öffentlichkeit. Sie wählt auch selbst, als
Autorin und Übersetzerin, ein Pseudonym: «P. Berthold».[2] Diesem
Pseudonym sieht man das Geschlecht nicht mehr an. Der Klang des
Namens läßt allerdings eher an einen Mann denken. «P. Berthold» ver-
antwortet beispielsweise das 1890 erschienene Buch «In der Trödel-

---

1 Auch dieses Nicht-Vergessen, dieses verzweifelt-trotzige Festhalten an der Erinnerung an den Vater hat seinen Preis. Dem heimkehrenden Orest beschreibt die
Schwester ihren Zustand. Nur als «Leichnam» habe sie überlebt. Nur noch vor dem
«Spiegel» kann Elektra die Schönheit ihres Körpers genießen: «Ich glaube, ich war
schön: wenn ich die Lampe/ausblies vor meinem Spiegel, fühlte ich/mit keuschem
Schauder, wie mein nackter Leib/vor Unberührtheit durch die schwüle Nacht/wie
etwas Göttliches hinleuchtete./Ich fühlte, wie der dünne Strahl des Monds/in seiner
weißen Nacktheit badete/so wie in einem Weiher…» – «Verstehst du's, Bruder!
diese süße Schauder/hab ich dem Vater opfern müssen. Meinst du,/wenn ich an
meinem Leib mich freute, drangen/nicht seine Seufzer, drang sein Stöhnen nicht/bis
an mein Bette? Eifersüchtig sind/die Toten […]» (Hofmannsthal 1979, 225) – Hier
werden in relativ unverhüllten Bildern narzißtisch-autoerotische Beziehungen geschildert, die Elektra zu sich (bzw. zum Bild ihres Vaters) unterhält, von dem auch,
wie es weiter heißt, der «Haß» geschickt werde – der «Haß», der Elektra sehend,
wissend gemacht habe.
2 Dieses Pseudonym behält Bertha Pappenheim ein gutes Jahrzehnt bei, so, als be-
zeichne es eine Art Verpuppungszeit, die in etwa zwischen der Abreise aus Wien
(Ende der achtziger Jahre) und der dann öffentlich sichtbaren Rolle als Frauenrechtlerin liegt. Im neuen Jahrhundert, also 1900 beginnend, schreibt sie unter ihrem
richtigen Namen.

bude».[1] Die in diesem Buch enthaltenen Geschichten handeln sehr oft vom Wiederfinden, vom Wiedererkennen und von *defekten* Gegenständen, deren Defekt aber manchmal sehr hilfreich ist, beispielsweise wenn es darum geht, etwas Verlorenes wiederzufinden.[2] Eine der Geschichten in diesem Buch ist besonders traurig:[3] Ein kleines Mädchen, eine Zirkustänzerin, erhält von einem alten gütigen Mann ein «Glücksschweinchen», das sie sich als Talisman um den Hals bindet. Sie *verliert* aber das Geschenk, das ihr Glück bringen soll, weil sie unbemerkt die Schleife löst.[4] Als sie im Zirkus auf dem Hochseil das Gleichgewicht halten muß, greift sie nach dem Anhänger, und da sie ihn nicht mehr fassen kann, gerät sie in Bestürzung. Vor den Augen des alten Mannes, der dem Mädchen den Anhänger geschenkt hat und ihren Kunststückchen zusieht, stürzt die Tänzerin in den Tod.[5] Der Name des Mädchens, das aus der Zirkuskuppel stürzt, lautet *Anna*.

Es ist wahrscheinlich, daß Breuer und Freud auch dieses Buch der Patientin kannten. Es gibt zahlreiche Briefbelege dafür, daß sie Berthas Schicksal noch über mehrere Jahre hinweg verfolgen. Zudem war Bertha eine intime Freundin von Freuds Verlobter und späterer Ehefrau Martha. Berthas Vater hatte nach dem Tode von Marthas Vater die Vormundschaft für dessen Kinder übernommen.[6] Möglicherweise ist also das Pseudonym «Anna O.» mit Bedacht, nämlich im Hinblick

1 Für eine Kopie dieses schwer zu beschaffenden Textes danke ich Albrecht Hirschmüller, Tübingen.
2 So erkennt beispielsweise ein verloren geglaubter, jetzt aber heimgekehrter Sohn seinen in Not geratenen alten Vater am Klang einer defekten Spieldose wieder (in der neunten Geschichte). In der Rahmenhandlung taucht das gleiche Motiv wieder auf: Vater und Tochter finden einander nach Jahren der Trennung dank eines beschädigten Medaillons, das einst der Mutter gehörte.
3 Vgl. noch einmal Breuers Bemerkung über die Geschichten, die er seinerzeit von «Anna O.» gehört hatte: «Die Geschichten, immer traurig, waren teilweise sehr hübsch […]; meist war Ausgangs- oder Mittelpunkt der Situation eines bei einem Kranken in Angst sitzenden Mädchens […]» (Breuer, Freud 1970, 26).
4 In übertragener Bedeutung würde dies heißen: Sie verliert die Bindung an den Vater (oder, falls der Therapeut gemeint sein sollte, an Breuer); deshalb verliert sie den Halt und stürzt ins Bodenlose.
5 Man kann den «Anhänger» auch als Penis, als das väterliche Symbol deuten, dessen Verlust in den Abgrund des Mutterleibes, zurück zur «Mutter» Erde führt. Bertha Pappenheims Märchen wie auch Breuers Bericht über «Anna O.» enthalten eine reiche sexuelle Symbolik, die hier nicht weiter gedeutet werden soll.
6 Dies trifft jedenfalls dann zu, wenn die entsprechenden Nachforschungen von Swales in diesem Punkt (vgl. Jensen 1984, 35) zuverlässig sein sollten.

auf die Geschichte von der abgestürzten Zirkustänzerin, von Breuer und/oder Freud ausgewählt worden.[1]

«P. Berthold» besorgt 1899 auch eine neue (die zweite) deutsche Übersetzung eines Buches, das sich mit Frauenrechten[2] beschäftigt – in direktem Anschluß an die durch die Französische Revolution verkündeten Menschenrechte: Mary Wollstonecrafts «Verteidigung der Rechte der Frau».[3]

Auf einer der letzten Seiten dieses Buches lesen wir Mary Wollstonescrafts Appell, Männer und Frauen sollten sich in reiner, keuscher Liebe begegnen, da ohne «Tugend» die «geschlechtliche Zuneigung» nur «Ekel» (1978, 226) erregen könne. Der Übersetzerin muß diese tugendhafte Sicht der Welt sehr eingeleuchtet haben. In ihrem Vorwort nimmt sie entschieden Partei für die Autorin, deren persönliches Schicksal ihr offenbar nahegeht. Bertha zitiert in ihrem Vorwort «Mary Wollstonecraft» (1899, VIII–XX) ausführlich aus der Biographie, die der Schriftsteller William Godwin, Marys Ehemann, über seine Frau verfaßt hatte. Darin wird unter anderem von «traurigen Familienverhältnissen» berichtet, denen Mary aufgrund des «Charakters ihrer Eltern und Geschwister» (IX) ausgesetzt gewesen sei. Anders als Bertha – jedenfalls anders als die Bertha, die wir anhand des überlieferten Materials *kennen* – war Mary jedoch offenbar eine Frau, die ihre Leidenschaften bis zur Hemmungslosigkeit und bis zur Selbstzerstörung auszuleben wußte. Als Mary den Schweizer Maler Heinrich Füßli

1 Es gibt natürlich auch noch andere Motivierungen für das Pseudonym «Anna O.»; so sind etwa die Anfangsbuchstaben (A und O, Alpha und Omega, Anfang und Ende) nur um eine Stelle im Alphabet vorgerückt im Vergleich zu den Initialen des richtigen Namens (B & P), während Bertha das von ihr selbst ausgewählte Pseudonym mit ihren Initialen gestaltet, allerdings in vertauschter Reihenfolge.

2 «Frauenrecht» heißt auch das bereits erwähnte Schauspiel von «P. Berthold» (1899), in dem ein «Ehrenmann», ein Rechtsanwalt, von seiner eigenen Frau entlarvt wird. Der offiziell als Mann der ehrbaren Gesellschaft auftretende Rechtsanwalt hat sich die Not einer Frau zunutze gemacht, sich an ihr geschlechtlich vergnügt, sie geschwängert und schließlich verlassen. Als seine Ehefrau all dies herausbekommt, wobei der Mann an seiner Entlarvung unfreiwillig mitbeteiligt ist, beschließt die Frau, sich wegen der gemeinsamen Kinder zwar nicht von ihrem Mann zu trennen, doch nur unter einer Bedingung: sie wird sich ihm künftig sexuell verweigern. Es scheint, als habe Bertha – bewußt oder unbewußt – irgendwann in ihrem Leben einen ganz ähnlichen Entschluß gefaßt, um «Frauenrecht» und Rache auf ihre ganz besondere Weise durchzusetzen.

3 Die erste deutsche Übersetzung von «A Vindication of the Rights of Woman» (London 1792) war 1793/94 in zwei Bänden erschienen; nach dem Verlagsort wird sie als die «Schnepfenthaler»-Ausgabe bezeichnet.

(1741–1825)[1] kennenlernte, war sie knapp dreißig Jahre alt. Das damit verbundene Drama beschreibt Godwin – und Bertha wählt die entsprechenden, sie offenbar besonders interessierenden Passagen für das Vorwort zu dem von ihr übersetzten Buch aus:

«Sie faßte eine persönliche und feurige Zuneigung zu ihm. Herr Füßli war verheiratet und dessen Frau eine von Mariens Bekannten. Sie fühlte sehr bald, welche Einschränkungen dieser Umstand ihr zur Pflicht zu machen schien, setzte sich aber ebenso schnell über jede daraus entspringende Schwierigkeit hinweg» (XIV). – «Anfangs hatte sie es für vernünftig und klug gehalten, eine, wie ich es nennen möchte, *platonische* Liebe für ihn zu hegen; in der Folge aber fand sie bei diesem Plane nicht die ganze Zufriedenheit, die sie sich zuerst davon versprochen hatte» (XIV). – «Ihre feurige Einbildungskraft zauberte ihr stets Bilder derjenigen Glückseligkeit vor die Augen, die ihr zuteil geworden sein würde, wenn das Schicksal eine engere Verbindung zwischen ihnen begünstigt hätte» (XV). – «Diese Gedanken machten den herzlichen Umgang mit Herrn Füßli, worin sie anfangs eine ihrer größten Freuden gefunden hatte, jetzt für sie zu einer Quelle unaufhörlicher Qual. Sie hielt es für notwendig, die Kette dieser Ideenverknüpfung in ihrer Liebe zu zerbrechen und beschloß zur Erreichung dieses Zwecks ein fremdes Klima aufzusuchen und sich unter andere Verhältnisse zu versetzen» (XV).[2]

Bertha Pappenheim und Mary Wollstonecraft vereint gewiß nicht das *äußere* Lebensschicksal. Aber von Marys innerem Drama muß Bertha angesprochen worden sein. Wie hier eine Frau eine verbotene, unerreichbare Liebe aus ihrem Herzen, aus ihrer «Ideenverknüpfung»

---

1 Einen Stich nach einem Bild dieses Malers, betitelt «Inkubus», erhielt Freud von Jones als Geschenk. Das Bild zeigt eine auf dem Diwan kopfüber liegende Frau in einem erschöpften Zustand, so, als habe sie ein Delir oder eine Ekstase hinter sich. Aus dem Hintergrund, gleichsam aus dem Vorhang heraus, wird sie von affen-katzen-eselartigen Wesen angestarrt.
2 Nachdem Mary ihre unglückselige Liebe zum verheirateten Füßli überwunden hatte, lernte sie den Amerikaner Gilbert Imlay kennen, von dem sie ein Kind (Fanny) bekam. Der unglücklichen Beziehung zu Gilbert versuchte Mary durch zwei Selbstmordversuche zu entkommen. In ihrem Unglück begegnete sie dann William Godwin (1756–1836), der sie in ein und demselben Jahr (1797) heiratete und durch Tod bei der Geburt ihrer zweiten Tochter (Mary) auch wieder verlor. Diese zweite Tochter, Mary Wollstonecraft Shelley, gehört in der ersten Hälfte des 19. Jahrhunderts zum Kreis um Shelley und Byron. Als Schriftstellerin ist sie von der deutschen Schauerromantik beeinflußt; sie wird die Verfasserin des Ur-Frankenstein (dazumal noch ein wissenshungriger Student der Naturwissenschaften, dessen Name allerdings im Laufe der Zeit auf das Wesen übergehen sollte, das er künstlich aus Einzelteilen und unter Zuhilfenahme elektromagnetischer Ströme, des Lebenselixiers, zusammensetzte).

reißt, hernach ein «fremdes Klima» aufsucht und sich «unter andere Verhältnisse» versetzt, dafür zumindest scheint es Parallelen in Berthas Leben zu geben. Vor allem aber einige theoretische Konsequenzen, die Mary verkündet, scheinen Berthas Meinungen bestätigt und weiter gefestigt zu haben. Solange die Tugend nicht gesiegt hat, sei es nicht zu vermeiden, meint die Autorin der «Rechte der Frau», «daß die Keuschheit der Frauen» in vielen Fällen nur ein Tarnmittel, eine «künstliche Hülle der Wollust» (1899, 227 f) sei. Denn als Unterdrückte hätten die Frauen keine andere Möglichkeit, als sich zu verstellen, zu Lug und Trug Zuflucht zu nehmen, die Vorteile ihrer Geschlechtlichkeit, das heißt ihren Reiz für das Begehren des Mannes, als Mittel im Kampf gegen den Mann zu benutzen.[1] Wer also die Frauen nicht befreien will, müsse sich auf dessen durch Knechtschaft bedingte moralische Minderwertigkeit einrichten, meint Mary Wollstonecraft. Wer die Frauen wie Tiere in Gefangenschaft halten wolle, müsse sich nicht wundern, wenn daraus bisweilen «Bestien» würden, denen der Mann sich dann mit Angst, aber eben auch mit der «Peitsche» zu nähern habe, fährt die Autorin fort. Daher sei, die herrschenden, die unterdrückenden Verhältnisse stets vorausgesetzt, wohl auch die «Peitsche» das unvermeidliche «Geschenk, das jeder Vater seinem Schwiegersohne am Hochzeitstage geben sollte, um als Ehemann damit seine Familie in Ordnung zu halten» (1899, 229). Wer herrschen will, muß züchtigen – noch der «Zarathustra» eines hintergründigen Ironikers legt sein geflügeltes Wort in den Mund eines «alten Weiblein», holt es also aus dem Mund einer Frau, deren Text dazumal knapp hundert Jahre alt war: «Du gehst zu Frauen? Vergiß die Peitsche nicht!»

Die Ehe unter den Bedingungen der Herrschaft des Mannes über die Frau wird als eine Sonderform der Leibeigenschaft, ja, der Prostitution angeprangert. Das ist eine Botschaft Mary Wollstonecrafts, die Bertha

---

1 Bei Mary Wollstonecraft findet sich der gesamte Katalog der «Eigenschaften» des «Weibes», den später auch Freud beschreiben wird – nur versteht Mary diese «Eigenschaften» anders als der Schöpfer der Psychoanalyse, nämlich nicht als biologische Notwendigkeiten, sondern als zwangsläufige Folgen des unterdrückten Status der Frau, weshalb es diese Untugenden solange geben werde, wie die Herrschaft des Mannes über die Frau anhalte. In diesem Zusammenhang ist eine Bemerkung von Mary Wollstonecraft über die Frau als Mutter besonders interessant: «Im allgemeinen ist man der Ansicht, daß die Kinder in den ersten Jahren der Pflege und Leitung der Frau anvertraut werden sollen. Nach meinen Beobachtungen sind Frauen wegen ihrer Reizbarkeit gerade für diese Aufgabe sehr wenig geeignet, da sie durch ihr ungleiches Wesen den Charakter des Kindes verderben können» (1899, 72).

Pappenheim wohl verstand. Und mit dem Aufruf zur umfassenden Sittlichkeit und Tugend, durch die das Geschlechterverhältnis zu veredeln sei, gleichbedeutend mit dem Aufruf, Herrschaft und Gewalt aus dem Verhältnis der Geschlechter zu verbannen, konnte sich Bertha auch identifizieren.[1]

Damit wäre noch einmal auf die beiden Themen zurückzukommen, die für Bertha Pappenheim zeitlebens Stein des Anstoßes, Ausdruck des Skandals, Anlaß eines nie zu Ende gekommenen Kampfes (und Konfliktes) waren. In einem Text aus dem Jahre 1934 erwähnt sie zwei ihr als «Auswüchse und krasse Zumutungen» erscheinende Tatsachen, die wenigstens jetzt einmal in *einem* Atemzug genannt werden: «Mädchenhandel und Certifikatsehe». Unter einer «Certifikatsehe», der sie sich seinerzeit gemäß der hier aufgestellten Hypothese durch Flucht in die Krankheit zu verweigern wußte, wäre eine «leichtfertige, kurzsichtige Art, über Zeit und Ort hinweg Bindungen anzubahnen, die keinerlei seelischen Zusammenklang zur Voraussetzung haben», zu verstehen. Durch derartige Arrangements werden «Mädchen, resp. die Frauen» zu «Leidtragenden» (Pappenheim 1934, 120)[2], zu Freiwild für die Männer und somit zu einer Art von Prostituierten. Das naiv gehaltene, das fromm erzogene Mädchen, die höhere Tochter mit der Binde vor den Augen, das ist die zur «Heiligen» erzogene Frau, die plötzlich und unerwartet vor dem Trauma einer Begegnung kapituliert, bei der ein Mann von ihr zu erwarten scheint, sie hätte sich wie eine «Prostituierte» zu verhalten.

Eine Leid-Tragende war Bertha Pappenheim gewiß, auch wenn ihr

1 Bertha Pappenheim bleibt bei allem Kampf für *gleiche* Rechte beider Geschlechter eine durch und durch konservative Frau. Bis zuletzt tritt sie strikt für ein Abtreibungsverbot ein. Und noch den Soldaten des 1. Weltkrieges schickt sie ein Flugblatt an die Front nach, in dem sie mahnt, der Geschlechtsverkehr sei nur in der Ehe und nur zum Zwecke der Fortpflanzung zulässig (vgl. Jensen 1984, 118).
2 Derselbe Text enthält in Hinsicht auf die ungleiche Beziehung zwischen Mann und Frau die folgende Aussage: «Die ungleiche Bewertung zweier Kategorien von Geschöpfen, die absolut aufeinander angewiesen sind, ist nur dadurch erklärlich, daß die männlichen Gesetzgeber und -ausleger [ein letzter Seitenhieb auf die orthodox-jüdische Religion, denn der Satz steht in der Schrift «Das jüdische Mädchen»] sich eine Vorzugsstellung zugebilligt hatten, die im Laufe der Zeiten zu einer Weltanschauung wurde, die allerdings bei starker weiblicher Solidarität – die es nicht gibt – durch einen amüsanten Frauenstreik hätte über den Haufen geworfen und ad absurdum geführt werden können» (1934, 118). – Seit den Zeiten der Lysistrata gibt es zu viele Streikbrecherinnen in diesem Punkt. Bertha entschied sich daher auf ihre Weise, ganz individuell, zum Streik.

das Leid einer «Certifikatsehe» erspart blieb. Ihre Schriften sprechen deutlich die Sprache des Leids – und sei es getarnt als Mitleid. Am Ende der «Studien über Hysterie» lesen wir die Worte Freuds, die ein Behandlungsziel formulieren. Es sei, so heißt es da, schon «viel damit gewonnen [...], wenn es uns gelingt, [...] hysterisches Elend in gemeines Unglück zu verwandeln». Gegen dieses Unglück des Alltags und der Welt könne sich der Betreffende dann «mit einem wiedergenesenen Seelenleben besser zur Wehr setzen» (Breuer, Freud 1970, 246). Diesen Worten seien zuletzt die Botschaften aus einer von Bertha Pappenheims Erzählungen gegenübergestellt: «Ich lausche, und wenn ich höre, wieviel Elend allenthalben in der Welt ist, wie wenig Heiteres es gibt, dann denke ich, daß mein Unglück nur ein kleiner Teil des großen Elends ist» (Berthold 1890, 19).

Literatur

Andersen, H. C.: Bilderbuch ohne Bilder (1840). Leipzig (Insel) 1916

Anonym (= B. Pappenheim): Kleine Geschichten für Kinder. Karlsruhe (Braun) o. J. – ca. 1888

Berthold, P. (= B. Pappenheim): In der Trödelbude. Lahr (Schauenburg) 1890

Berthold, P.: Zur Erziehung der weiblichen Jugend in den höheren Ständen. Ethische Kultur 6, 1898, 61–63

Berthold, P.: Frauenrecht. Schauspiel in drei Aufzügen. Dresden 1899 a

Berthold, P.: Mary Wollstonecraft. In: M. Wollstonecraft (1792): Eine Verteidigung der Rechte der Frau. Dresden, Leipzig (Pierson), 1899 b, VIII–XX

Breuer, J., Freud, S.: Studien über Hysterie (1895). Frankfurt (Fischer) 1970

Edinger, D. (Hg.): Bertha Pappenheim, Leben und Schriften. Frankfurt (Ner-Tamid) 1963

Ellenberger, H. E.: The story of «Anna O.»: A critical review with new data. J. Hist. Behav. Sc. 8, 1972, 267–279

Ferenczi, S.: Sprachverwirrung zwischen den Erwachsenen und dem Kind (Die Sprache der Zärtlichkeit und der Leidenschaft). In: Ders.: Bausteine der Psychoanalyse, Bd. III. Bern, Stuttgart, Wien (Huber) 1984, 511–525

Fichtner, G., Hirschmüller, A.: Sigmund Freud, Heinrich Obersteiner und die Diskussionen über Hypnose und Kokain. Jb. Psychoanal. 21, 1988, 105–137

Freud, A.: Vorwort. In: M. Gardiner (Hg.): DER WOLFSMANN von Wolfsmann. Frankfurt (Fischer) 1972, 11–14

Freud, S.: Zur Geschichte der psychoanalytischen Bewegung (1914). GW X, 43–113

Freud, S.: Das Unbehagen in der Kultur (1930). GW XIV, 417–506

Freud, S.: Briefe 1873–1939 (hg. von E. und L. Freud). Frankfurt (Fischer) 1980

Goethe, J. W.: Wilhelm Meisters Wanderjahre oder Die Entsagenden. (1821–1829). Goethes Werke, Bd. 8. Hamburg (Wegner) 1967

Hirschmüller, A.: Physiologie und Psychoanalyse in Leben und Werk Josef Breuers. Bern (Huber) 1978

Hirschmüller, A.: Durch Leiden zur schöpferischen Kraft? Anna O. und Bertha Pappenheim. Vortrags-Typoskript (unveröffentlicht) 1986

Hofmannsthal, H. von: Elektra. (1903) Dramen II. Frankfurt (Fischer) 1979, 185–242

Hofmannsthal, H. von: Briefe 1900–1909. Wien (Bermann-Fischer) 1937

Jensen, E. M.: Streifzüge durch das Leben von Anna O./Bertha Pappenheim. Ein Fall für die Psychiatrie – Ein Leben für die Philanthropie. Frankfurt a. M. (ztv) 1984

Jones, E.: Sigmund Freud – Leben und Werk, Bd. 1. Bern (Huber) 1962

Karpe, R.: The rescue complex in Anna O.'s final identity. Psychoanal. Quart., 30, 1961, 1–27

Nitzschke, B.: Religion und Sinnlichkeit. In: Ders.: Sexualität und Männlichkeit – Zwischen Symbiosewunsch und Gewalt. Reinbek (Rowohlt) 1988a, 61–72

Nitzschke, B.: Freuds «technische Experimente» – Auf dem Wege zum psychoanalytischen Standardverfahren. Eine historische Reminiszenz unter aktuellen Aspekten. Luzifer-Amor, 1, (Heft 1) 1988b, 49–78

Nitzschke, B.: Sexuelle Machtphantasien bei Männern – mit Anmerkungen zur Anti-Pornographiedebatte vor und nach der 68er-Liberalisierung. Sexus 2 (Heft 1–2) 1989, 21–34

Pappenheim, B.: Die sozialen Grundlagen der Sittlichkeitsfrage. Die Frau 9, (1901/02), 129–138

Pappenheim, B.: Tragische Momente. Drei Lebensbilder. Frankfurt a. M. (Kauffmann) 1913

Pappenheim, B.: Kämpfe. Sechs Erzählungen. Frankfurt a. M. (Kauffmann) 1916

Pappenheim, B.: Sisyphus-Arbeit. Reisebriefe aus den Jahren 1911 und 1912. Leipzig (Lindner) 1924

Pappenheim, B.: Sysiphus-Arbeit (= Schreibweise des Original-Titel-Drucks!), 2. Folge. Berlin (Levy) 1929

Pappenheim, B.: Der Warschauer Internationale Kongreß zur Bekämpfung des Mädchenhandels. Bl. Jüd. Frauenbund. 6 (Heft 12), 1930, 1–2

Pappenheim, B.: Das jüdische Mädchen (1934). In: D. Edinger (Hg.): Bertha Pappenheim – Leben und Schriften. Frankfurt a. M. (Ner-Tamid) 1963, 118–128

Pappenheim, B., Rabinowitsch, S.: Zur Lage der jüdischen Bevölkerung in Galizien. Reise-Eindrücke und Vorschläge zur Besserung der Verhältnisse. Frankfurt a. M. (Neuer Frankfurter Verlag) 1904

Rosenberg, A.: Kampf um die Macht. Aufsätze von 1921–1932 (hg. von T. von Trotha). München (Zentralverlag der NSDAP) 1937, 544–564

Schweighofer, F.: Das Privattheater der Anna O. Ein psychoanalytisches Lehrstück, ein Emanzipationsdrama. München, Basel (Reinhardt) 1987

Swales, P.: Anna O. in Ischl. Werkblatt 5 (Heft 1–2), 1988, 57–64

Urban, B.: Hofmannsthal. Freud und die Psychoanalyse. Frankfurt a. M. (Lang) 1978

Wollstonecraft, M.: Eine Verteidgung der Rechte der Frau mit kritischen Bemerkungen über politische und moralische Gegenstände (übers. von P. Berthold) (1792). Dresden, Leipzig (Pierson) 1899. Neuausgabe (erweitert durch Zusätze aus der Schnepfenthaler Ausgabe): Zürich (Ala) 1978

Worbs, M.: Nervenkunst. Literatur und Psychoanalyse im Wien der Jahrhundertwende. Frankfurt a. M. (Europäische Verlagsanstalt) 1983

13 Das Hohelied der ersten Liebe – frühe Formen des Dialogs

1 Freuds Verhältnis zur Musik – das Beispiel einer «unglücklichen Liebe»

Durchblättert man im Hinblick auf das Thema «Musik» zunächst die klassische psychoanalytische Literatur, so ist man überrascht, wie wenig Arbeiten zum Thema vorliegen (vgl. Sterba 1946). Aber auch in neuerer Zeit sind die Beiträge nicht gerade zahlreich.[1] Diese Abstinenz von seiten der Freudianer ist um so erstaunlicher, als der Musik gemeinhin eine besonders innige Beziehung zu jenem Gegenstandsbereich nachgesagt wird, der auch zentral für die psychoanalytische Reflexion ist – ich meine das affektive Erleben.

Zudem handelt es sich bei der Musik um ein nahezu universelles Phänomen. Schon in den archaischen Gesellschaften war die Musik mit dem *Kult*, mit dem Ursprung der *Kultur*, und mit dem religiösen Zeremoniell verbunden. Alle wichtigen Ereignisse im Leben des einzelnen wie in dem der Gemeinschaft – vom Wiegenlied bis zum Klagelied, von der Geburt über die Heirat bis zum Tode, vom orgiastischen Fest bis zum ritualisierten Tanz – wurden musikalisch begleitet. Aber auch in den modernen Gesellschaften – von der Nationalhymne als dem Ausdruck der Identität eines Volkes bis zum allgegenwärtigen Hintergrund

---

[1] So enthält etwa der Abschnitt «Psychologie des musikalischen Werkes» in der Enzyklopädie «Die Psychologie des 20. Jahrhunderts», Band XV (Condrau 1979, 1075 ff), keine einzige Arbeit eines Psychoanalytikers Freudscher Provenienz. Um die Klärung des Verhältnisses zwischen «Tiefenpsychologie» und Musik bemühen sich lediglich zwei Arbeiten von Hildemarie Streich (1979a, 1117–1124; 1979b, 1125–1133), einer Jungianerin, die zudem musiktherapeutisch arbeitet.

der täglichen Radio- und Fernsehprogramme – spielt die Musik eine unüberhörbare Rolle.

Heinz Kohut ist einer der wenigen zeitgenössischen Psychoanalytiker, die sich wiederholt mit dem Thema «Musik» auseinandergesetzt haben, ein Autor, der vor allem durch seine Beiträge zum Narzißmus-Problem bekannt geworden ist (Kohut 1973, 1975, 1977a, 1979). Sicherlich kein Zufall, daß sich gerade ein Narzißmus-Theoretiker besonders mit dem Problem der Musik beschäftigt hat. Denn, was die Musik unter anderem ermöglichen soll, das ist ja die Erfüllung eines Wunsches, der als geheime – oft verdrängte – Sehnsucht auch auf dem Grunde aller narzißtischen Problematik vermutet wird: die Sehnsucht, «regressiv» zu verschmelzen, die eigenen und die fremden Gefühle zu vermischen, die Ich-Grenzen vorübergehend aufzuheben, die Einheit von Ich und Du zu erleben (vgl. Grunberger 1976).[1]

Erinnern wir uns in diesem Zusammenhang kurz an den antiken Mythos von Narkissos (zu den verschiedenen Varianten dieses Mythos vgl. Modena 1981). Es ist die Liebesgöttin Aphrodite, die dem Jüngling Narkissos, der die Liebe einer Nymphe verschmäht, die den bezeichnenden Namen *Echo* trägt, unstillbare Selbstliebe als *Strafe* auferlegt. Die Tragik des Narkissos besteht darin, sein Ohr gegenüber dem Ton, seinen Affekt gegenüber dem Echo zu verschließen. Er verschmilzt nicht mit einem anderen Wesen, sondern mit sich selbst, um endlich in seinem eigenen Spiegelbild (in sich selbst) zu ertrinken. Eine Stimme ohne Echo, das ist nach Auffassung des antiken Mythos Narzißmus, Tragik und Untergang zugleich.

Ein Grund, warum Psychoanalytiker sich so selten mit dem Thema «Musik» beschäftigt haben, mag der sein, daß Freud selbst sich zu diesem Gegenstand in seinem Werk kaum geäußert hat. Was die Musik betreffe, so schreibt er einmal, sei er «fast genußunfähig». Und er fährt fort: «Eine rationalistische oder vielleicht analytische Anlage sträubt sich in mir dagegen, daß ich ergriffen sein und dabei nicht wissen sollte, warum ich es bin, und was mich ergreift» (1914, 172).

1 Herbert Marcuse beschwört in seinem philosophischen Beitrag zu Freud (1971, 158 ff) die beiden «Urbilder» (Orpheus und Narziß) als Symbole der Entgrenzung. Musik und Wort, Rausch und Schein kehren in Gestalt der Götter Dionysus und Apoll auch in der Philosophie Nietzsches wieder, wobei Musik, Rausch, Dionysus und Wort, Schein, Apoll als Gegensätze begriffen werden, die zwei Formen von «Einheit» konstituieren: Dionysus symbolisiert die Einheit mit der Gesamtnatur unter Voraussetzung einer Auflösung des Ichs, Apoll symbolisiert die Einheit der Person unter Voraussetzung einer Abgrenzung des Ichs.

Wenn Freud selber also das musikalische Ergriffen-Sein dem begrifflich-analytischen Denken *entgegensetzt*, so bestätigt er damit implizit die Auffassung, daß die Musik eine besonders innige Beziehung zum emotionalen Erleben, zum «Primitiven und Archaischen» (Kohut 1979b, 197), zum Unbewußten, zum Es, zum Primärprozeß[1] hat (vgl. Kohut 1977c). Und man mag annehmen, daß der «unkontrollierte» Genuß der Musik gerade solche Menschen in Verwirrung stürzen könnte, die sich aus inneren Gründen gegen das archaische Erleben, das Verschmelzen der eigenen mit den fremden Gefühlen, besonders stark schützen müssen – und sei es durch eine hochabstrakte, analytische Begriffssprache. Was die Ratio nicht zu kontrollieren vermag, das bleibt gefährlich, weil gefährdend. Wie Kohut (1979, 286) meint, lassen gerade auch Freuds Äußerungen zum Thema «Musik» erkennen, daß ihn eine besondere Angst und, damit verbunden, ein Widerstreben auszeichneten, sich ohne den Schutz des Begriffes archaischem Erleben auszusetzen.

Soweit Freud sich primärprozeßhaftem Erleben öffnete, soweit tat er dies zunächst ohne «Echo», nämlich in Form einer «Selbstanalyse». Später dann beobachtete er primärprozeßhaftes Erleben unter der Voraussetzung eines besonderen Schutz-, das heißt Behandlungsarrangements, das vom Analytiker explizit Abstinenz und Neutralität erfordert. Ausdrücklich sollte der Analytiker «Spiegel» (nicht etwa «Echo») der Gefühle des Patienten sein. Er sollte nicht «antworten», sondern «deuten» (vgl. Heigl-Evers, Nitzschke 1991). Das klassische psychoanalytische Behandlungsarrangement zielt darauf ab, Gefühle nur unter der Voraussetzung streng kontrollierbarer und strukturierter Bedingungen, eine Verschmelzung der Gefühle zwischen Patient und Therapeut nur probe- und ausschnitthaft zuzulassen. Balint kritisierte daher, Freud habe nur eine «Einkörper-Psychologie» (Balint 1966, 271) konzipiert, während eine psychoanalytische Sprache notwendig wäre, die sich auf eine «Zweikörper-Psychologie» zu stützen hätte. Eine solche Sprache steht bis heute aus. Der klassisch-psychoanalytische Dialog ist strenggenommen ein Schein-Dialog, ein in zwei Hälften

---

1 Um Mißverständnisse zu vermeiden: Auch musikalisches Erleben, besonders in seiner kreativen Gestalt, kommt ohne sekundärprozeßhafte Vermittlung nicht aus; dennoch ist bei der Musik die Nähe zum Primärprozeß deutlicher als bei allen anderen Kunstformen.

geteilter Monolog. Erst die nach-klassischen psychoanalytischen Behandlungsmodifikationen, die auf Ferenczi, Balint, Melanie Klein, Alexander, Winnicott und auch Kohut zurückgehen und die Trieb- und Ich-Psychologie um entwicklungs- und objektbeziehungstheoretische Annahme stark erweitert haben, wären, was die Aktivitäten des Therapeuten betrifft, eher durch die Metapher des «Echos» als nur durch die des «Spiegels» zu charakterisieren.[1] Der *Dialog* als Urbaustein der Persönlichkeit, die selbst als Resultat einer dialogischen Verinnerlichung von «Welt» zu verstehen wäre, gewinnt in den nach-klassischen Behandlungsmethoden eine erhöhte Bedeutung (vgl. Cremerius 1979a, 1979b; Thomä 1981, 1983).

Wenn die Musik auch *alle* Affekte und Gefühlsstimmungen des Menschen auszudrücken und hervorzurufen vermag, so steht sie doch mit jenen Emotionen, die um das Thema «Liebe» kreisen, in besonders enger Beziehung. Mit der Liebe, vor allem mit deren Anfangsstadium, dem Verliebtsein, hat es eine eigenartige Bewandtnis. Freud (zum Beispiel 1930, 423) wies wiederholt darauf hin, daß dem Verliebten (wie dem Psychotiker) die Ich-Grenzen abhanden kämen; daß er Ich und Du nicht mehr unterscheiden könne und wolle; daß er unter den Einfluß mobilisierter regressiver Erlebnisformen gerate. Die emotionale Verschmelzung und Entgrenzung der Liebenden, die «unio mystica», das «mysterium coniunctionis» (Jung 1971, XIV), also die vorübergehende Vereinigung der Gegensätze, stehen in enger Verwandtschaft zur Mystik oder zum mystischen Erleben. Liebe und Mystik einerseits, Musik und Mystik andererseits – auch Freud hat in einer Entgegnung auf den Dichter Romain Rolland, der das «ozeanische Gefühl», also das Erleben der Aufhebung der Ich-Grenzen gegen Freuds Rationalismus verteidigte, Mystik und Musik in einem Atemzug genannt: «Die Mystik ist mir ebenso verschlossen wie die Musik» (1966, 404), heißt es bei Freud lapidar. Können wir daraus folgern, daß ihm auch die «Liebe» ein Rätsel war?

Auf jeden Fall: Die *Beherrschung* der Leidenschaften, der Triebe, der

---

[1] Wie Wunderwald (1981) angibt, waren bei Freud kurzzeitig zwei Musiker (der Dirigent B. Walter und der Komponist G. Mahler) in der Sprechstunde. In beiden Fällen analysierte Freud nicht, vielleicht weil er wußte, daß primärprozeßhaft-kreatives Potential durch «Analyse» nicht nur befreit, sondern möglicherweise auch zu weitgehend «domestiziert» werden kann.

Affekte war ihm ein persönliches Anliegen; darüber hinaus war dies auch das Ziel seiner Behandlungsbemühungen: Das archaische Triebleben sollte keineswegs befreit, vielmehr vom Standpunkt eines gestärkten und gereiften Ichs verworfen werden (vgl. Nitzschke 1981). Sein Ideal war der Mann Moses mit den Gesetzestafeln, versinnbildlicht in der Plastik des Michelangelo, der die Leidenschaften beherrscht (vgl. 1914, 172 ff). Wer, wie Freud, in der Vernunft *das* Mittel zur Beherrschung der Leidenschaften erblickt, mag gute Gründe hierfür haben. Vor allem auch Gründe, die in seinem eigenen Affektleben zu suchen wären, denn wie Jones (1962) berichtet, stand Freud in jüngeren Jahren tatsächlich in der Gefahr, von seinen eigenen Leidenschaften übermannt zu werden; er drohte, seiner Verlobten (und späteren Frau) sexuell hörig zu werden.

Hörigkeit aber hat etwas mit dem Ohr, mit dem Hören und Gehorchen zu tun. Und auch diesbezüglich wäre Freuds Verhältnis zur Musik in Beziehung zu seinem Liebesleben zu erörtern. Eissler nämlich, der eine unglückliche Jugendliebe Freuds [1] analysierte, kommt im Anschluß hieran auf Freuds Beziehung zur Musik zu sprechen. Eissler (1974, 93) meint, Freud sei keineswegs immer musikalisch «genußunfähig» gewesen, er habe die Musik zunächst durchaus geliebt, später aber diese Neigung – auch vor dem Hintergrund einer schwärmerischen, doch unglücklichen Liebe – verdrängen müssen. Eine «Störung», «etwas Narbenartiges» (Eissler 1974, 93) sei zurückgeblieben. Auch Kohut spricht in bezug auf Freuds Unmusikalität von einem «Defekt» (1979, 286).

Es ist jedoch nicht wahrscheinlich, daß ausschließlich ein pubertäres Erlebnis der Grund für Freuds Unfähigkeit, Musik zu genießen, gewesen sein kann. Vielmehr gilt in diesem, wie auch in anderen Fällen, daß die durch ein spätes, *auslösendes* Erlebnis notwendig gewordene Verdrängung tiefere Ursachen, nämlich infantile Bedingungen zur Voraussetzung hat. Wenn Unmusikalität zu begreifen ist als das Resultat einer prägenitalen Frigidität (vgl. Parin-Matthèy 1962), dann müssen wir

---

1 Gemeint ist Freuds «Gisela-Erlebnis» (Eissler 1974, 93). Mit 16 Jahren hatte Freud seine alte Heimat (Freiberg) wieder besucht. Getarnt als Geschichte eines «Patienten» (!) berichtet Freud, ohne sich dem Leser zu erkennen zu geben, von dieser Liebe (1899, 528 ff). Bernfeld (1946) hat dieses verdeckt autobiographische Werk Freuds später entschlüsselt. Die unglückliche Liebe beschäftigte Freud noch Jahre danach.

auch im Falle der Unmusikalität Freuds prägenitale Fixierungsstellen vermuten, die auf eine Störung des präödipalen Mutter-Kind-Dialogs zurückzuführen wären. Hier scheint sich eine Traumatisierung zu finden (vgl. Krüll 1979, 140 ff), die Freud bei einer späteren Kränkung durch eine andere Frau zu einer heftigen Abwehrreaktion nötigte. Leidenschaftlichkeit in Verbindung mit Musikalität scheint das Ziel dieser Abwehr gewesen zu sein. Eine erneute Wiederkehr des Verdrängten drohte offenbar während des Zustandes der Verliebtheit (in die Verlobte und spätere Ehefrau Martha), während eines Zustandes regressiven Erlebens und einer damit möglichen Auflösung der Ich-Grenzen. Kurz gesagt: Mystik, Musik, Liebe und Verliebtheit scheinen mit archaischem Erleben, mit Affekten und Leidenschaften in enger Beziehung zu stehen und im Falle Freuds mit einem besonderen Schutz- und Abwehrverhalten einherzugehen. Gerade bei ihm kommt es zu einer betonten Forcierung solcher Ich-Funktionen, die dem kontrollierend-strukturierenden, rationalistisch-analytischen Denken dienen und den Zweck verfolgen, vor unkontrollierten Regressionsneigungen zu bewahren.

Eissler, der Indizien für Freuds prinzipiell vorhandene, aber verdrängte Musikalität anführt (1974, 94 ff), kommt zu folgendem Schluß: «Das ... Material spricht sehr stark für die Annahme, daß Freud ein tief musikalischer Mensch war. Er scheint ursprünglich die Fähigkeit besessen zu haben, sich musikalischen Erlebnissen zu überlassen und Musik genußreich zu erleben. Seine vermutliche Unmusikalität scheint das Ergebnis eines Abwehrvorgangs gewesen zu sein. Das der Musik adäquate Erlebnis steht im Prinzip dem Primärvorgang näher als das Erlebnis anderer Kunstformen. Es beugt sich nicht dem Sekundärvorgang. Es ist möglich, daß die Hiflosigkeit, die der junge Freud in seiner Beziehung zu Gisela [vgl. Anm. S. 292] erlebte, als er Primärvorgängen nahestehenden Eindrücken ausgesetzt war, Abneigung gegen eine Kunstform zur Folge hatte, deren Genuß das ungehinderte Strömen spontan sich entwickelnder, dem Primärvorgang nahestehender *Gefühlswelten* zur Voraussetzung hat» (1974, 97 f – Hervorhebung: B. N.).

Mit der bereits genannten Einschränkung (daß nämlich ein Abwehrvorgang im beschriebenen Ausmaß nicht ohne infantile Bedingungen zu erklären ist) möchte ich mich Eisslers Ansichten anschließen. In jedem Falle geht aus Eisslers Bemerkungen hervor, daß Musik einerseits, der Primärvorgang (also die archaische Form des Affektgeschehens) andererseits nach psychoanalytischer Auffassung in enger Beziehung zueinander stehen. Eine stringente psychoanalytische Theorie, die erklären könnte, wie das affektive Erleben mit Hilfe der Musik zum Ausdruck gebracht werden kann, liegt allerdings bis heute nicht vor. Ebensowenig ist es bis heute möglich, psychoanalytisch überzeugend zu erklären, in welcher Weise der Affekt im Wort enthalten ist und was vom Affekt im Wort *nicht* aufgeht. Ich werde später auf diese Problematik noch genauer zu sprechen kommen.

Schon Darwin (1872) faßt die Musik als einen Überrest der ältesten lautlich-emotionalen Kommunikation zwischen Menschen auf. Der wichtigste Bestandteil dieser primitiven Lautsprache sei, so meint Darwin, das «Singen» – des Männchens im Kontext der geschlechtlichen Werbung zum Zwecke der Fortpflanzung. Auf eine überraschende Art sind also bereits bei Darwin Musikalität («Singen»), Archaik und «Liebe» (Sexualität) miteinander verknüpft. Zuckerkandl (1964) führt die Musik auf einen ursprünglichen Sprechgesang des Menschen zurück, der dem Zweck gedient haben soll, *Gefühle* auszudrücken, noch lange bevor es dem Menschen möglich war, Gefühle durch Worte und schließlich Gedanken zu explizieren. Zwei Philosophen, die in mancher Hinsicht als Vorläufer der späteren Psychoanalyse angesehen werden müssen, Schopenhauer und Nietzsche nämlich (vgl. Nitzschke 1983, 1985), haben sich ausführlich mit der Frage einer Verknüpfung von Musik und Affekt beschäftigt.

Schopenhauer [1] bezeichnete die Musik «als eine ganz allgemeine Sprache». Sie «wirkt so mächtig auf das Innerste des Menschen, wird dort so ganz und tief verstanden...» (1972a, 302). Die Musik sei, so meint Schopenhauer weiter, das «Abbild des Willens selbst» (1972a, 304). Der «Wille» ist für Schopenhauer ein metaphysischer Begriff, dessen Objektivierung im Körper des Menschen und in den Bewegungen, *E-Motionen*, dieses Körpers vorliegt. Das Zentrum der Emotionalität sind für Schopenhauer die Sexualität, dann aber auch der «Wunsch», die «Leidenschaften», der «Affekt», das «Gefühl» (1977, 160). Die Musik ist nach Schopenhauers Meinung die «wahre»

[1] Schopenhauer geht im ersten Band der «Welt als Wille und Vorstellung» (§ 52) ausführlich auf ästhetische Probleme der Musik ein; im zweiten Band (Kap. 39) kommt er unter der Überschrift «Zur Metaphysik der Musik» auf dieses Thema kommentierend noch einmal zurück.

(1972a, 312) Philosophie, weil sie den «Willen» selbst zum Ausdruck bringt, was keine in Worte gefaßte Philosophie in dieser Reinheit zuwege bringt. Und der Komponist, so meint Schopenhauer, seine Auffassung konsequent verfolgend, offenbare «das innerste Wesen der Welt und spricht die tiefste Weisheit aus, in einer Sprache, die seine Vernunft nicht versteht, wie eine magnetische Somnambule (eine Hypnotisierte – B. N.) Aufschlüsse gibt über Dinge, von denen sie wachend keinen Begriff hat» (1972a, 307). Der Komponist wird hier von Schopenhauer also mit einem Menschen verglichen, der sich in einem rauschhaft-traumhaften Zustand befindet, um Dinge auszudrücken, die seinem normalen Wachbewußtsein, seiner vernünftigen Sprache unzugänglich bleiben. Das «innerste» Wesen der Welt, von dem Schopenhauer spricht, meint bei ihm aber nichts anderes als das Innerste der Welt unserer Leidenschaften, Gefühle und Affekte. Diese bedürfen offenbar einer Sprache, die *verschieden* ist von der Sprache der Vernunft und des Begriffs, um ihren vollen Ausdruck zu finden. Für Schopenhauer ist diese Sprache die Sprache der Musik – die wahre Sprache der Gefühle.

Richard Wagner fühlte sich von der Philosophie Schopenhauers unmittelbar angesprochen. Er war – wie später auch Nietzsche – ein begeisterter Anhänger Schopenhauers. Dem ihm persönlich nicht bekannten Philosophen sandte Wagner beispielsweise ein Exemplar des «Rings des Nibelungen» (1854) zu, handschriftlich «in Verehrung» gewidmet. Nietzsche seinerseits begann als Schopenhauerianer zu philosophieren, bevor er sich später von Schopenhauer und Wagner gleichermaßen distanzierte. In seinem Erstlingswerk – «Die Geburt der Tragödie aus dem Geiste der Musik» (1872) – feiert Nietzsche den antiken Gott Dionysus als den Gott des Rausches, des naturhaft-leidenschaftlichen Erlebens, der trunkenen Musik. Apoll, der Gott des Maßes, des Scheins, der Trennung und der Individuation, wird in seinem Streben nach Grenzen und nach einem Festhalten an Grenzen von Nietzsche dem grenzenlosen, grenzensprengenden Gott Dionysus gegenübergestellt. Zwischen Getrennt-Sein und Eins-Sein, zwischen Apoll und Dionysus, entfaltet Nietzsche die Dialektik des Lebens. Für Nietzsche ist Leben immer und allüberall – *Konflikt*. Es gibt für ihn keine prinzipielle Lösung dieses Konflikts, kein endgültiges Getrennt-Sein oder Eins-Sein, sondern stets nur *Katharsis*, vorübergehende Befreiung vom Konflikt, etwa durch die Tragödie oder durch die Musik. *Katharsis* aber ist auch eine Leistung des Gottes Apoll, der die Welt *erscheinen* läßt, wie sie *nicht* ist, aber gerade durch den Schein befreit. Von der Poetik des Aristoteles über die Philosophie Nietzsches bis zur ersten Behandlungsmethode Freuds (im Anschluß an Breuer) spielt die Katharsis eine ausgezeichnete Rolle. Auch darauf werde ich später noch ausführlicher zu sprechen kommen.

2 Von der Musikalität des Mutter-Kind-Dialogs – Grundlagen präverbaler Verständigung

Im Zusammenhang mit der Frage nach den möglichen Ursachen der Unmusikalität Freuds habe ich bereits davon gesprochen, daß womöglich ein traumatisch gestörter Mutter-Kind-Dialog aus präödipaler, präverbaler Zeit als Ausgangspunkt von Unmusikalität zu begreifen wäre. Ich möchte in diesem Abschnitt der Frage, warum dies so sein könnte, ausführlich nachgehen. Zunächst ist anzunehmen, daß der *wort*-lose affektive Ur-Dialog zwischen der Mutter und dem Kind der Ausgangspunkt für alle Persönlichkeit, im «menschlichen» Sinne verstanden, ist. Die Affektivität des Kindes selbst hat sicherlich ihre angeborenen, im archaischen Erbe des Menschen verankerten, «animalischen» Begründungen, doch ihre soziale, historisch-gesellschaftliche Färbung erhält sie durch den Dialog mit der Mutter. Indem sie in diesen zunächst wortlosen Dialog einfließt, wird sie «menschlich». Soweit sie aus diesem Dialog ausgeklammert wird (oder ausgeklammert werden muß), bleibt sie a-sozial, primitiv, von jeder kultisch-kulturellen Geste unberührt, abgespalten, unsozialisiert. So *oder* so: Die Affektivität des Menschen ist «die wesentliche Grundlage seiner Persönlichkeit» (Jung 1971, III, 43; vgl. auch Bleuler 1906). Im Englischen werden nicht von ungefähr psychische Krankheiten als *emotional disorders* bezeichnet. Neben einer Nicht-Einbeziehung wichtiger affektiver Signale in den Mutter-Kind-Dialog können auch spezifische Formen der Störung dieses Dialogs zur späteren emotionalen Störung – und das heißt *immer* auch: Beziehungsstörung – führen. Die Formen der Beziehungsaufnahme, -gestaltung oder -verweigerung des Erwachsenen sind so auch als späte Abbilder des Beziehungsgeschehens zwischen dem Kind und der Mutter zu begreifen. Was hier geschieht, geschah in der einen oder anderen Weise dort; was hier unterlassen wird, mußte so oder anders auch dort unterlassen werden. Doch was einst auf primär emotionalem Wege kommuniziert worden ist, erscheint in der Gestalt des Erwachsenen in vielfach verdeckter, durch die Benutzung des *Wortes* oftmals verschleierter Form. Die Sprache ist zunächst kein Mittel, den Affekt ur-sprünglich zum Ausdruck zu bringen, vielmehr eins, ihn in abgeschwächter und verborgener Weise darzustellen. Die Sprache ist, um mit Schopenhauer zu sprechen, eben nicht die «wahre» Philosophie, nicht die ursprüngliche Gestalt unserer Affekte und Gefühle.

Dennoch gibt es in der Sprache noch vielfache Anklänge, die einen ursprünglicheren, nämlich musikalischen Ausgangspunkt der gesprochenen Sprache vermuten lassen. Vom Sprach*rhythmus* ist etwa die Rede, vom Wort*klang*, vom *Ton*fall eines Wortes, von der Satz*melodie*. Und mit dem Ausdruck *Harmonie* bezeichnen wir nicht etwa nur ein musikalisches Phänomen, sondern eben auch den Gleich*klang* zweier Menschen, die sich gut «verstehen». Der Körper selbst, so scheint es, war einst das erste «Musikinstrument». Und der Dialog der Körper mag in seiner frühesten Form ein musikalischer gewesen sein. Die lateinischen Worte «persono» und «resono» (beide bedeuten: widerhallen *und* ertönen gleichermaßen) legen ihrem Wortsinn nach nahe, daß ein Mensch zur *Person* nur werden kann, wenn er *Resonanz* ausgelöst und empfunden hat.

Das Leben selbst beginnt mit einem *Schrei*. Und wir wissen alle aus eigener Erfahrung, daß heftige Affekte «natürlicherweise» dazu drängen, lautlich offenbart zu werden, sei es durch Schreie des Schmerzes, sei es durch Schreie der Lust oder des Jubels. Je heftiger der Affekt, desto größer unser Bemühen (als Erwachsene), die zugehörige Lautoffenbarung zu unterdrücken oder sie doch wenigstens in eine gesellschaftlich akzeptierte Bahn zu lenken. Es scheint, als sei es eine der wichtigsten Leistungen der Kultur, den Affekt an seiner ursprünglichen Lautoffenbarung zu hindern, den primären Affektausdruck nur in einer «sublimierten» Gestalt zuzulassen. Das Gebot der Kultur berührt zutiefst die Archaik der Affekte. Die Musikalität des Kults ist eine erste Geste, Freude und Leid in gesellschaftlichen Ausdruck zu verwandeln, in sublimierter Form, durch ein Wiegenlied, durch ein Klagelied, darzubieten. Das Wort, schließlich der Begriff sind späte Abkömmlinge dieses elementaren Bedürfnisses der menschlichen Gemeinschaft, den Affekt des einzelnen nur in einer allgemein akzeptierbaren Form zuzulassen, damit die Gewalt des Affekts nicht die gesellschaftlich notwendigen Barrieren niederreißen kann.

Die Erziehung der Affekte im hier gemeinten Sinn und die Erziehung des Kindes sind ein und dasselbe. Diese Erziehung erfolgt im interpersonalen Kontext, zunächst in der Beziehung zwischen der Mutter und dem Kind. Da jede Emotion immer auch einen Körperprozeß voraussetzt, sind Emotionen *grundsätzlich* als psycho-somatische Prozesse anzusehen. Weiter: Da jede Emotion ursprünglich auch einen kommunikativen, einen Beziehungsaspekt besitzt, also auf Expressivität durch Laute, Gestik, Mimik angelegt ist, enthält jede Emotion stets auch einen sozialen Aspekt. Indem unser Soma auf dem Wege über Emotionen, über Erregungen, die von Menschen außerhalb unserer selbst ausgehen, berührt wird, können wir sagen, daß die *Struktur unseres Somas* auf emotionalem, kommunikativem Wege geprägt wird. Das heißt weiter: Die psycho-somatische Basis unserer Persönlichkeit ist nicht nur das Resultat von Erbvorgängen und von Lernvorgängen im herkömmlichen («kognitiven») Sinne, sondern auch von sozialer Vermittlung, die als solche einen emotionalen Wechselwirkungsprozeß konstituiert, dessen Urmodell der Kind-Mutter-Kind-Dialog darstellt.

Neben dem somatischen und dem sozialen enthält jede Emotion einen dritten Aspekt, den man als die subjektive Erlebnisdimension bezeichnen könnte. Der Erlebnisinhalt einer Emotion reicht von dumpfen Körpersensationen bis hin zu klaren Vorstellungen. Wir können als Erwachsene unsere Gefühle deutlich als Ärger, Freude, Hoffnung, Eifersucht und so weiter wahrnehmen und glauben auch, den «Grund» dieser Gefühle zu kennen. Erst dort, wo diese scheinbar «grund-los» sind, bemühen wir uns eventuell um eine psychotherapeutische Klärung, Deutung. Der Aufbau unserer inneren Welt (der Gefühle und Affekte) erfolgte allerdings schrittweise, durch die Auseinandersetzung mit der äußeren Welt, die zunächst durch eine Person (die Mutter oder Mutterfigur) repräsentiert war. Je klarer wir dabei unsere Erlebnisse (Gefühle und Affekte) in Worte zu fassen verstehen, desto mehr entfernen wir uns auch vom primärprozeßhaften Erleben, das wir durch ein sekundärprozeßhaftes Begreifen und Verstehen ablösen. Zwei Extreme lassen sich denken: Ein Mensch, der primärprozeßhaft erlebt (das ganz kleine Kind oder der Psychotiker), und ein Mensch, der kaum noch einen Zugang zu solcher Art des Erlebens hat, weil er es aus inneren Gründen abwehren muß (zu denken wäre etwa an manche Zwangskranke, die einen fortgesetzten Kampf gegen den Durchbruch primärprozeßhaften Erlebens führen und in ihren Ritualen den Sekundärprozeß bis zur Karikatur übertreiben).

Die Vorstellung, das Kind sei zunächst ein völlig isoliertes, autoerotisch-primärnarzißtisches Wesen, das uranfänglich keine Beziehung zur Außenwelt besitze, ist aller Wahrscheinlichkeit nach falsch. Soweit keine angeborenen Schädigungen vorliegen, dürfen wir annehmen, daß das Kind nach der Geburt seine Kommunikation mit der Mutter fortsetzt, die bereits pränatal beginnt. Zudem kommt das Kind mit phylogenetisch programmierten Fähigkeiten zur Welt, die es ihm von Anfang an gestatten, emotionale Reize in seiner Umgebung zu «verstehen», wenngleich in einer sehr «primitiven» Form, auf einem gleichsam physiologischen Niveau (vgl. Schaffer 1979), aus dem sich allmählich psychologische Organisationsmodi entwickeln lassen. Von Beginn an organisiert sich so die Entwicklung des Kindes um einen «emotionalen Kern» (Sroufe 1981, 14), der zum Zentrum aller späteren psychischen Organisationen wird.

Die Beziehungsaufnahme des Kindes zu seiner Umwelt wurzelt in einem durch animalisch-archaische Strukturen vorbereiteten Kommunikationsprozeß, dessen Wesen bis heute wissenschaftlich nicht hinreichend erkannt worden ist. Es bleibt zu vermuten, daß es sich hierbei um emotionale Verständigungsmodi handelt, die auch bei Tieren schon eine Rolle spielen. Zur Erläuterung möchte ich ein von Exner (1894, 203 ff) genanntes Beispiel anführen: Quält man einen Hund, und *hört* ein zweiter Hund, der den ersten *nicht sieht*, dessen Schmerzensschreie, so zeigt auch der zweite Hund alle Anzeichen von «Angst» (er winselt, seine Haare sträuben sich, er zittert und so weiter). Mit Hilfe des Ohres findet hier offenbar ein Entschlüsselungsprozeß der Hörreize statt, der dem zweiten Hund die emotionalen Erregungen des ersten «mitfühlen» läßt. Wahrscheinlich spielen analoge archaische Kommunikationsvorgänge auch beim Menschen eine Rolle – zunächst beim Kind, dann aber auch beim Erwachsenen, wenngleich dieser sich solcher Übermittlungsprozesse in der Regel nicht «unbewußt» ist.[1]

---

1 Was den Säugling angeht, so berichtet Piaget (1975, 26) folgendes Beispiel: Ein kleines Kind von wenigen Wochen beginnt zu weinen, sobald es mehrmals das Weinen eines anderen Kindes vernommen hat. Hierbei dürfte ein Vorgang der «emotionalen Ansteckung» oder «psychischen Übertragung» eine entscheidende Rolle spielen.

Wir können sagen, daß sich die emotionale Kommunikation zwischen Menschen wiederum in zwei Dimensionen aufschlüsseln läßt: in eine *aktive* (expressive) und in eine *passive* (rezeptive). Dem Aus-Druck entspricht ein Ein-Druck. Dabei wird der Aus-Druck des einen zum Ein-Druck des anderen, und umgekehrt. Zudem besitzt der Mensch vermutlich ein ursprüngliches Vermögen, sich vor überwältigenden, den eigenen Organismus (oder das eigene emotionale System) überlastenden Ein-Drücken zu schützen, zu verschließen. Dies wäre vielleicht als der Ausgangspunkt aller *Abwehr* gegenüber fremden (und dadurch ausgelösten eigenen) Affekten zu verstehen. Wollen wir diese Annahme gelten lassen, so hieße dies: Alle Abwehr hat eine ursprünglich physiologische Basis und richtet sich primär gegen «Unlust», also gegen «schmerzhafte», das System schädigende Reize. Im «Entwurf einer Psychologie» von 1895 hat Freud (1962) derartige Überlegungen erstmals vorgestellt. Dem Sich-Verschließen gegenüber fremden und eigenen Affekten entspricht andererseits auch ein Sich-Öffnen, denn ohne die Fähigkeit, fremde Affekte im Inneren aufzunehmen (und eigene zu spüren), blieben wir im Inneren isoliert. Der Verinnerlichungs- und Strukturbildungsprozeß, den die Psychoanalyse als die Voraussetzung der Menschwerdung annimmt, käme ohne solches Vermögen, sich zu öffnen, nicht zustande. Das bereits angesprochene Wechselspiel von Eins-Sein und Getrennt-Sein, von Nähe und Distanz, können wir jetzt näher bestimmen als ein Wechselspiel von Passivität und Aktivität, Ein-Druck und Aus-Druck, Sich-Öffnen und Sich-Verschließen, von *Übertragung und Widerstand*.

Es ist nun weiter anzunehmen, daß sich die ursprüngliche emotionale Dialektik im Dialog zwischen Mutter und Kind konstituiert. Hier wird erstmals erworben, ausgestaltet oder mißgestaltet, was später das Beziehungsgeschehen steuert, reguliert oder entgleisen läßt. Mutter und Kind stimulieren sich im frühen Dialog wechselseitig. Beide sind gezwungen, abwechselnd emotionale Signale auszusenden und aufzunehmen, sie zu entschlüsseln und zu «verstehen». Dabei ist auch eine mögliche Abwendung der Mutter vom Kind ein emotionales Signal, das «verstanden» wird. Es gibt also keine Möglichkeit, *nicht* zu kommunizieren, da auch die Verweigerung der Kommunikation als ein emotionales Signal – und zwar als ein sehr folgenschweres – verstanden wird.

Einmal ist das Kind der empfangende Teil, dann ist dies die Mutter. Die *Reaktion* des einen wird zum *Reiz* des anderen, Reaktion und Reiz konstituieren einen Kreislaufprozeß, für den ein mechanistisch-kausal-orientiertes Reiz-Reaktions-Modell, wie es die Behavioristen entworfen haben, vermutlich keine Gültigkeit besitzt. Auf subtilen Wegen werden etwa die (emotional fundierten) Körperrhythmen zwischen der Mutter und dem Kind aufeinander abgestimmt, womit Freuds Aussage, das Ich sei ursprünglich ein Körper-Ich, sich als zutreffend erweisen könnte. Wie diese Abstimmung zwischen beiden Dialogpartnern im einzelnen erfolgt, ist nach wie vor unbekannt. Sicher aber dürfte sein, daß das, was psychoanalytische Autoren als Mutter-Kind-Symbiose beschrieben haben, als ein Verschmelzen der Emotion zweier Menschen, etwas zu tun hat mit diesem archaischen Affektaustausch, der immer die körperlichen Reaktionen mitumfaßt. Durch diesen Vorgang konstituiert sich die innerste emotionale Identität eines Menschen. Identitätsstörungen sind demzufolge auch als Störungen dieses archaischen Kommunikationsprozesses aufzufassen, sind also letztlich Beziehungsstörungen.

Soweit sich das Kind im Dialog mit der Mutter aufgehoben fühlt, soweit wird es Vertrauen in diesen Dialog, in die Mutter, in sich selbst setzen. Es ist dies offenbar jenes Urvertrauen, von dem Erikson gesprochen hat. Das Urvertrauen als Resultat einer erfolgreichen *Bindung* des Kindes an die Mutter (und der Mutter an das Kind) führt zu einem grundlegenden Sicherheits- und Identitätsgefühl, zu einer gesunden narzißtischen Besetzung des eigenen Körpers, später der Ich-Funktionen. Schrittweise erfolgt dann aus dieser Bindung heraus eine *Trennung* (zwischen Mutter und Kind), die gleichbedeutend mit dem sukzessiven Erwerb einer eigenen Individualität des Kindes ist. Je mehr sich das Kind von der Mutter abgrenzen lernt, desto sicherer werden seine Ich-Grenzen. Doch das Erleben der Einheit von Ich und Du bleibt als *Wunsch* bestehen, als ein Wunsch nach Rückkehr zu einer archaischen Erfahrung. Eine Befriedigung dieses Wunsches kann vorübergehend erreicht werden im Zustand des Verliebtseins, der vollen genitalen Vereinigung, des Rausches, der Mystik oder auch im musikalischen Genuß. Ich habe davon bereits gesprochen.

Ein Indiz für den emotionalen Kommunikationsvorgang zwischen dem Kind und der Mutter sind die lautlichen Äußerungen, die beide austauschen. Es handelt sich dabei zunächst um eine Art primitiven Sprechgesangs, der allerdings weder zufällig noch ungeordnet ist. Wie experimentell-empirische Studien (zum Beispiel Alberti, Hänni 1981) gezeigt haben, ist der lautliche Dialog zwischen dem Kind und der Mutter klar strukturiert und regelhaft. Das Lallen des Kindes wird von einer gesunden Mutter aufgegriffen und selektiv beantwortet. Mit nahezu unglaublicher und instinktiver Sicherheit und Fein-*Fühligkeit* paßt die gesunde Mutter – ohne dies zu «wissen» – etwa ihre Sprechzeiten an die fortschreitende Entwicklung des Kindes an, während der sich die Sprechzeiten des Kindes *minimal* ändern. Die Sprechrhythmen von Mutter und Kind werden offenbar durch ein «Programm» gesteuert, das letztlich der Entwicklung des Kindes förderlich ist. Der Sprecherwechsel etwa zeigt eine fortgesetzte Dialektik von Passivität und Aktivität, Nähe und Distanz, Bindung und Trennung an. Diese «Entwicklung-durch-Beziehung» folgt Gesetzmäßigkeiten (die weder der Mutter noch gar dem Kind «bewußt» sind).

Es ist anzunehmen, daß auch die Entgleisung des frühen Dialoggeschehens *Regeln* folgt, also keineswegs willkürlich ist. Eine Mutter, die aufgrund einer pathologischen Bedürftigkeit ihr Kind zu Kompensationszwecken (miß-)braucht, wird den Dialog, wiederum «unbewußt», so führen, daß er zur Erfüllung eigener, mütterlicher (pathologischer) Wünsche führt, ohne Rücksicht auf die Entwicklungsnotwendigkeiten des Kindes. Wir nehmen also noch für die verzerrtesten Formen des frühen Dialogs *Gesetzmäßigkeiten* an. Diese können sich durch eine primäre Schädigung des Kindes oder aber durch die Pathologie der ersten Bezugsperson erklären. Formen des pathologischen Dialogs werden im Kind Defizite hinterlassen: innere Konflikte, chronische Formen der Abwehrhaltung, Strukturen, die als Resultat einer Verinnerlichung von Pathologie zu begreifen sind. Schematisch können wir sagen: Ein entgleisender Dialog zeichnet sich entweder durch Unterstimulierung (Mangel an emotionaler Stimulation), durch Überstimulierung (Übererregung, die normgerecht nicht erledigt werden kann) oder aber durch einen abrupten Wechsel von Unter- und Überstimulierung aus.

Einer jener Psychoanalytiker, die sich – unter Rückgriff auf empirische Beobachtungen an Säuglingen und Kleinkindern – besonders intensiv mit dem frühen Mutter-Kind-Dialog beschäftigt haben, ist René A. Spitz (1959, 1973, 1976, 1980). Spitz vertritt eine im Hinblick auf das frühe Dialoggeschehen besonders wichtige Annahme: Er sagt, daß zwischen dem Kind und der Mutter von Anfang an «zentrifugale» und «zentripedale» Kräfte gleichermaßen wirksam seien: «Das *gleichzei-*

tige Vorhandensein diametral entgegengesetzter Tendenzen beim Kind, schon von Geburt an, kann gar nicht genug hervorgehoben werden. Sie finden ihr Gegenstück in ganz ähnlichen Tendenzen der Mutter» (1959, 106 – Hervorhebung: B. N.). Von Anfang an muß also zwischen der Mutter und dem Kind das Verhältnis von Nähe *und* Distanz ausgehandelt werden. Dieses Verhältnis ist überhaupt das Grundverhältnis aller emotionalen Dialektik zwischen Menschen. Die Regulation dieses Verhältnisses entspricht der inneren emotionalen Regulation beider am emotionalen Dialog Beteiligten. Und eine innere Dysregulation eines oder beider Partner wird über kurz oder lang auch zu einer Dysregulation des emotionalen Dialogs führen müssen.

Aus der Annahme von Spitz folgt weiter, daß Symbiose und Trennung (Individuation) *von Anfang an* als zwei grundsätzlich vorhandene, gleichberechtigte Tendenzen aufzufassen sind, nicht aber als Entwicklungsstadien, die sukzessiv aufeinander folgen (wie etwa Mahler et al. 1980 behaupten). Es mag sein, daß in einem spezifischen Entwicklungsstadium mehr die eine, in einer anderen Phase mehr die andere Tendenz im Vordergrund steht, es ist aber nicht anzunehmen, daß auf irgendeiner Entwicklungsstufe *nur* eine der beiden Tendenzen vorhanden sei, während die andere fehle. Das Entgleisen des emotionalen Dialogs könnte man nun auch begreifen als ein schädliches Überwiegen entweder der einen oder der anderen Tendenz, als zu große Nähe oder als zu große Distanz, die beide die Verarbeitungskapazität des infantilen emotionalen Systems überschreiten. Ein unvorhersehbarer Wechsel von Nähe und Distanz würde solche Kapazität gänzlich überfordern. In diesem letzten Falle käme es zu dem, was Spitz einen «sinnlosen Dialog» (1976, 105) genannt hat. Das Kind kann hierbei die mütterlichen Reaktionen weder «verstehen» noch beantworten. Es wird eine Welt verinnerlichen, eine innere Welt aufbauen müssen, die desintegriert, unzusammenhängend, chaotisch bleibt.

Mütter, die mit ihren Kindern derartige «sinnlose Dialoge» führen, werden von Spitz folgendermaßen charakterisiert: «Sie beginnen Aktionen, die den Bedürfnissen des Kindes nicht angemessen sind, und sie unterbrechen seine Reaktionen darauf vor deren Vollzug» (1976, 105 f). So wird das Vertrauen des Kindes sowohl hinsichtlich der zu erwartenden Reize der Mutter als auch hinsichtlich der eigenen Reaktionen darauf unterminiert. Das Kind wird entweder zu einer vollständigen Abhängigkeit von der jeweils unvorhersehbaren mütterlichen Reaktion gezwungen, oder aber es zieht sich aus einem solchen Dialog zurück, bleibt emotional einsam und isoliert. Der Wechsel zwischen übergroßer Abhängigkeit und abruptem Sich-Zurückziehen ist charakteristisch für manche psychisch gestörten Patienten (etwa bei Borderline-Störungen). Wir dürfen annehmen, daß solcher Wechsel ein spätes Abbild eines früh gestörten Mutter-Kind-Dialogs ist. In solchen Fällen besteht der Wunsch nach Nähe zwar, aber wegen der übergroßen Angst vor möglicher traumatisierender Nähe wird dieser Wunsch immer wieder von neuem abgewehrt. Das charakterisiert symptomatisch das Beziehungsverhalten solcher Patienten.

Kehren wir noch einmal zur Archaik des frühen Mutter-Kind-Dialogs zurück. Es handelt sich dabei, wie gesagt, um ein Geschehen, das jenseits des Bewußtseins der Mutter (und des Kindes) abläuft. Die *bewußten* Einstellungen der Mutter dem Kind gegenüber sind vergleichsweise von untergeordneter Bedeutung. Entscheidender sind die *unbewußten* Reaktionen der Mutter auf das Kind. Die zum größten Teil unbewußten Strategien der Mutter, mit ihren eigenen Gefühlen und Triebimpulsen umzugehen, mit sexuellen und aggressiven Wünschen, oder auf solche Impulse beim Kind zu antworten, das ist entscheidend. Besitzt die Mutter selbst eine integrierte Gefühlswelt? Kennt sie reife, den Partner und sich selbst nicht schädigende Formen der Bewältigung von Affekten? Reagiert sie mit Angst auf bestimmte eigene Affekte oder solche des Kindes?

Die von Spitz so benannten «diakritischen» Wahrnehmungsweisen, die ein Erwachsener zur Verfügung hat, sind hierbei wiederum zweitrangig. Zunächst zählen die «coenästhetischen», psychosomatischen Wahrnehmungsformen, über die das Kind anfangs *ausschließlich* verfügt. Höher organisierte, sekundärprozeßhafte und strukturierte Wahrnehmungsmodi bilden sich beim Kind erst schrittweise durch den Dialog mit der Mutter heraus, wenn auch die Anlagen hierzu von Geburt an verfügbar sind. In coenästhetischer Hinsicht ist der Körper des Kindes ein Gesamtwahrnehmungsorgan. Dabei spielen folgende Parameter eine Rolle: Ton- und Klangfarbe der Stimme der Mutter, Muskelspannungen, Körperrhythmen, Körpertemperaturunterschiede, Gestik und Mimik der Mutter, Berührungen, Geruchsempfindungen, Sprechtempo und -dauer (vgl. Spitz 1973, 45 ff). Die Integration all dieser Parameter geschieht innerhalb des emotionalen Dialogs und führt, wenn sie denn gelingt, zum Aufbau einer ersten fundamentalen Konstruktion von Dialog-Realität, aus der sich innere wie äußere Realität allmählich ausgrenzen. Dabei versteht das Kind zunächst *nur* die Sprache der Gefühle, während die Mutter als erwachsene Frau *auch* noch in anderen Beziehungszusammenhängen lebt, in denen sie ihr Verstehen überwiegend nach der herkömmlichen Form der diakritischen Wahrnehmung ausrichtet. Eine wichtige Frage schließt sich hier an: Gelingt es der Mutter, sich – zum Zwecke einer Verständigung mit dem Kind – vorübergehend auf präverbale, archaisch-primitive Dialogformen einzulassen? Ohne die Bereitschaft und Fähigkeit der Mutter, im Dienste ihres Kindes zu regredieren (wie ich das einmal im Anschluß an die von Kris [1] so genannte «Regression im Dienste des Ich» formulieren will), kann sie den Dialog, der für das Kind lebens- und entwicklungsnotwendig ist, nicht aufnehmen.

Spitz (1973, 46 f) meint, daß die Mutter bereits während der Schwangerschaft in Teilbereichen ihrer Persönlichkeit regrediert, um dann sofort nach der Geburt den präverbalen Dialog mit dem Kind aufnehmen zu können. Durch eine solche Regression werden frühe Erlebnisse der Mutter (vor allem solche, die sie in der Beziehung zu ihrer eigenen Mutter gemacht hat) reaktiviert. Frauen, die durch solche Regression eine Wiederkehr verdrängter traumatischer Beziehungserlebnisse befürchten müssen, werden eine derartige Regression zu vermeiden trachten. Damit sind sie aber auch unfähig, dem Kind die für eine Aufnahme von Bindung notwendige Ausgangserfahrung anzubieten. Andererseits kann die Teilregression der Mutter aber auch dazu führen, daß sie nun verspätet solche Konflikte mit Hilfe des Kindes zu «lösen» versucht, die ursprünglich aus ihrer eigenen unbewältigten Beziehung zur Mutter stammen.

Neben Spitz hat sich vor allem Winnicott (1974) mit der Frage der mütterlichen Regression im Dienste des Kindes beschäftigt. Der Versuch der Mutter, wieder coenästhetisch zu empfinden, wird von Winnicott mit einer Rückkehr zur «primären Mütterlichkeit» umschrieben. Es ist dies ein Zustand des «Entrücktseins», des «Dissoziiertseins», der einer «schizoiden Episode» vergleichbar wäre, wie Winnicott (1974, 234) meint. Die Mutter muß fähig sein, «diesen Zustand erhöhter Sen-

---

1 Diese Fähigkeit zur Regression im Dienste des Ichs (Kris 1952) zeichnet nach Spitz (1973) vor allem solche Künstler aus, die – wie Tänzer oder Musiker – ihren Körper unmittelbar in die Kunstform einbeziehen müssen. Darüber hinaus zeichnen sich auch Schamanen und Mystiker durch eine erhöhte Fähigkeit zur coenästhetischen Wahrnehmung aus, wie Spitz meint.

sibilität... zu erreichen» (1974, 234). Mütter, denen dies nicht gelingt, werden vermutlich solche Dialogformen benutzen, wie sie eher Erwachsenen gerecht werden. Die Kinder solcher Mütter entwickeln sich in Teilbereichen forciert, was zu dem Trugschluß verleiten kann, sie seien besonders früh «reif», während sie doch im emotionalen Bereich unreif und unterentwickelt bleiben. Vielleicht entspricht dies überhaupt dem Sozialisationsgeschehen in den «modernen» Industriegesellschaften, während Mütter aus «primitiven» Gesellschaften ihren Kindern den Umgang mit Gefühlswelten besser zu vermitteln verstehen, was dann auch eine andere Strukturierung der Persönlichkeit zur Folge hat (vgl. Parin et al. o. J.).[1]

Fassen wir unsere Überlegungen zusammen: Der frühe Dialog zwischen der Mutter und ihrem Kind ist Ausgangspunkt der Strukturierung der Persönlichkeit des Kindes und damit gleichzeitig Basis aller späteren emotionalen Dialog- und Beziehungsformen des Erwachsenen. Ein wesentlicher Bestandteil des Ur-Dialogs ist der lautliche Austausch zwischen der Mutter und dem Kind. Es ist dies ein primitiver Sprechgesang, der strengen Regeln folgt, die allerdings weder der Mutter noch dem Kind «bewußt» sind. Womöglich findet sich eine der Wurzeln der Musikalität des Menschen in diesem Ur-Dialog. Im nächsten Abschnitt will ich versuchen, dieser Annahme anhand von Überlegungen zur Musiktherapie weiter nachzugehen.

1 Vielleicht könnte man diesen Sachverhalt paradox auch so formulieren: Die «unterentwickelten» Völker sind hinsichtlich des Umgangs mit Gefühlen höher entwickelt als die «modernen» Angehörigen der Industriegesellschaften, bei denen die Alphabetisierung der Gefühle mit Hilfe instrumenteller Vernunft womöglich schon zu weit vorangeschritten ist. Ein guter Teil unserer heutigen psychotherapeutischen Verfahren bemüht sich ja darum, diese Alphabetisierung wenigstens zum Teil wieder rückgängig zu machen, um etwas vom «primitiven» Vermögen, Gefühle wahrzunehmen und mitzuteilen, wieder zurückzugewinnen.

3 Für eine Aufwertung nonverbaler Behandlungsmethoden in der Psychotherapie – gegen eine unkritische Übernahme psychoanalytischer Begrifflichkeit

Wenn es stimmt, daß die «Musik die Sprache der Gefühle» (Redfearn 1983, 14) sei, und wenn es weiterhin richtig ist, wie dieser Autor in seiner «Einführung» zu Mary Priestleys Buch über «Analytische Musiktherapie» (1983) bemerkt, daß der musiktherapeutische Dialog mit jenem zwischen der Mutter und dem Kind zu vergleichen sei, dann allerdings sind einige kritische Einwände vor dem Hintergrund unserer bisherigen Überlegungen angebracht. Redfearn schreibt nämlich weiter: «Die einfühlsame Reaktion der Therapeutin auf diese ausdrucksstarken Geräusche (des Patienten in der Musiktherapie – B. N.) führt zu einem Dialog und scheint darüber hinaus die Klienten für die Musik zu gewinnen. Dies ist zweifellos mit der fürsorglichen Resonanz einer Mutter auf das Babbeln und Lallen ihres Säuglings und mit der allmählichen Entwicklung einer differenzierteren Beziehung zwischen den beiden vergleichbar. Diese Alchimie, die Lärm in Musik und Sinnlosigkeit in Sinn verwandelt, ist in meinen Augen eine der wichtigsten und bemerkenswertesten Kennzeichen der musiktherapeutischen Arbeit» (1983, 13).

Es ist zwar richtig, daß der Dialog zwischen der Mutter und dem Kind allmählich «differenzierter» wird – vom Standpunkt des Erwachsenen aus betrachtet. Es ist aber ebenso richtig, zu behaupten, es gebe gar keinen differenzierteren, subtileren, nuancierteren Dialog als den, den die Mutter mit dem Säugling führt – vom Standpunkt einer körperorientierten Affektsprache aus betrachtet. In jedem Falle ist es falsch, im «Babbeln und Lallen» des Säuglings etwas Undifferenziertes zu sehen, und die Vergleiche mit «Lärm» und «Sinnlosigkeit», die erst noch in «Musik» und «Sinn» zu transformieren seien, sind ebenfalls unzulässig. Sinnlosen Lärm im Babbeln ihres Kindes vernimmt nur eine Mutter, die unfähig ist, die von uns geschilderte Regression zu vollziehen, mit deren Hilfe es ihr gelingen könnte, die infantilen Ausdrucksweisen zu «verstehen», die Körper-, Organ- und Affektsprache des Kindes zu beantworten. In den Ohren einer gesunden Mutter *ist* das Babbeln und Lallen des Kindes «Musik».

Es ist auch nicht richtig, zu meinen, in die möglicherweise «sinnlos» anmutenden Klangproduktionen eines Patienten sei erst nachträglich ein Sinn hineinzutragen; der liegt vielmehr schon originär darin, es kommt nur darauf an, ihn zu «verstehen». Und solches Verständnis dürfte nun allerdings viel mit dem gemein haben, das eine gesunde Mutter ihrem Kind gegenüber besitzt. Der ursprüngliche Sinn ist aufzugreifen und *dann* womöglich allmählich in elaboriertere oder doch einem Erwachsenen vertrautere Sinn-Formen zu transformieren. Zu diesem Zweck, so meine ich, hätte sich der Musiktherapeut, in Analogie zur Mutter, einer vorübergehenden Regression auszusetzen, diesmal nicht im Dienste des Kindes, sondern des Patienten. Die Archaik der Gefühle kennt wahrscheinlich unsere kulturelle Einteilung in «pathologische» und «angemessene» Ausdrucksweisen nicht. Verständnis für das Leiden des Patienten, das sich musikalisch ausdrückt, hätte aber in einer Kenntnis der Archaik der Gefühle *vor* aller Etikettierung zu wurzeln.

Wofür ich deshalb plädieren möchte, das ist: Eine originäre Berechtigung der Musiktherapie erst einmal anzuerkennen, einschließlich des musikalischen Erlebens und des musikalischen Ausdrucks der Gefühle, *bevor* man sich anderer, dem musikalischen Erleben nicht originär zugehöriger Interpretationsmuster bedient. Dabei bleibt zu fragen, ob im Medium der Musik nicht überhaupt bestimmte Gefühlsqualitäten ausgedrückt werden können, die *so* in keinem anderen Medium, schon gar nicht im Medium der Sprache darzustellen sind. Erlaubt die Musik vielleicht sogar eine Befreiung der Gefühle und von Affekten, die jenseits dieses Mediums unmöglich ist (wie etwa Nietzsche meinte)? Die *Katharsis* im Sinne und «im Geiste der Musik» (Nietzsche) hätte dann eine Bedeutung, die durch Verweise auf sehr frühe Dialogformen näher zu erhellen wäre.

Eine solche Auffassung impliziert, daß man das Konzept der Katharsis wieder etwas ernster nehmen müßte, als man es heute zu tun gewohnt ist. Seit Freud sich von diesem Konzept abgewandt hat, weil er glaubte, eine bessere, wirkungsvollere Methode gefunden zu haben, sind die meisten Psychoanalytiker der Auffassung, Katharsis sei etwas Zweitrangiges, allenfalls vorübergehend Wirksames. Der Adel, eine strukturelle Veränderung zu bewirken, fehlt der Katharsis. Das Abreagieren von Affekten wird als eine Begleiterscheinung, bestenfalls als ein nützliches therapeutisches Hilfsmittel angesehen. Betrachtet man hingegen die «therapeutischen» Einrichtungen in sogenannten «primitiven» Gesellschaften, die zunächst einmal in den sozialen Zusammenhang integriert sind und nicht, wie bei uns, ein Sonder- und Getto-

Dasein fristen, so fällt auf, daß die Katharsis – und in enger Verbindung damit die Musik – eine nahezu universelle Rolle spielt. Denn ist es nicht Katharsis, wenn die «primitive» Gemeinschaft ihren Mitgliedern zu *allen* wichtigen Lebensanlässen der Freude und der Trauer Gelegenheit bietet, den entsprechenden Gefühlen und Affekten durch Musik und Tanz ritualisierten Ausdruck zu verschaffen, um solche Gefühle zudem zu kommunizieren, auszutauschen und schließlich zu bewältigen?

In der Ablehnung oder doch wenigstens Abwertung des Konzepts der Katharsis steckt ein Stück Gefühlsblindheit, ein Stück Ignoranz gegenüber «primitiven» affektiven Bedürfnissen, verbunden mit der irrigen Vorstellung, aus jedem Menschen sei ein vollständig «reifer», durch und durch «vernünftiger», seine Leidenschaften «beherrschender» Zeitgenosse zu machen, dem es gelingt, allenthalben zu «sublimieren» und seine Affekte anderweitig kulturell verwertbar zu machen. Wer bei dieser Aufgabe versagt, ist «krank». In solchem Irr- und Aberglauben steckt etwas vom zivilisierten Hochmut, der inzwischen offensichtlich zu einer allgemeinen Zerstörung der inneren und äußeren Natur geführt hat (vgl. Nitzschke 1981). Würde man hingegen das «primitive» affektive Bedürfnis des Menschen, und demzufolge auch die Kartharsis, wieder etwas ernster nehmen, so ließe sich womöglich auch eine andere Sicht der therapeutischen Verfahren gewinnen. Jedenfalls ließe sich eine «Rangreihe», die von besonders qualifizierten Methoden («psychoanalytische Technik») zu eher therapeutischen Hilfstechniken (Musik- oder Tanztherapie) führt, dann nicht mehr ohne weiteres aufstellen.

Zu fragen also bleibt, inwieweit der Affekt *jenseits* von Worten eine eigene Realität konstituiert, die durch angemessene Verfahren aufgegriffen werden könnte? Oder anders ausgedrückt: Inwieweit wird der Affekt durch Worte um seine *eigene* Sprache gebracht? Ich möchte am Beispiel des bereits zitierten Buches von Mary Priestley zeigen, was ich meine. Bereits nach der Einführung durch Redfearn kommt die Autorin zur Darstellung des *musik*therapeutischen Verfahrens mit Hilfe *psychoanalytischer* Konzepte und Begriffe. Im ersten Kapitel ihres Buches gibt sie gleichsam schon die Spezifität ihres Mediums, der Musik, auf, um in einen sattsam bekannten psychoanalytischen Jargon zu verfallen. Von Übertragung und Gegenübertragung, von Spiegelung und Widerstand, von echten und falschen Gefühlen, von verleugneten und abgespaltenen Emotionen, von Therapeuten als einem Behälter der Gefühle des Patienten ist die Rede – und so weiter.

Ich möchte nicht mißverstanden werden: Natürlich kann man die musiktherapeutische Therapeut–Patient-Beziehung (wie jede andere zwischenmenschliche Beziehung auch) mit den Konzepten der Psychoanalyse beschreiben. Man kann sich der Psychoanalyse dabei als einer Hilfswissenschaft bedienen, vor allem, wenn man sich Rechenschaft darüber ablegen will, was jenseits musiktherapeutischer Praxis über Psychotherapie und Psychopathologie formuliert worden ist. Warum sollte man nicht auf vorhandene Konzepte zurückgreifen? Man muß nicht notwendigerweise immer neue Sprachen auf den Gebieten der Psychotherapie und Psychopathologie erfinden. Wir haben eher zu viele als zu wenige. Aber man sollte sich doch in *erster* Linie danach fragen, was die Spezifität des eigenen Verfahrens ausmacht, was möglicherweise originär aus dieser Perspektive beizutragen wäre.

Ich will hier noch nicht einmal die eher kritiklos-naive Aneignung psychoanalytischer Termini und Konzepte durch die Autorin kritisieren (das wäre ein eigener Beitrag, denn, wie man weiß, sind solche Termini und Konzepte in der psychoanalytischen Literatur weitgehend unscharf, schillernd, werden sie kontrovers diskutiert). Was ich aber kritisieren möchte, das ist die rasche Bereitschaft der Autorin, auf die dem musikalischen Erleben eigenen und eigenartigen Qualitäten zu verzichten, um statt dessen solches Erleben mit psychoanalytischem Fachjargon zu umstellen. Dies ist um so bedauerlicher, als gerade die entscheidenden Fragen, um die es gehen könnte, in der Psychoanalyse selbst noch keineswegs zureichend beantwortet worden sind. Es ist beispielsweise völlig unklar, inwieweit primärprozeßhaft-affektives Erleben in sekundärprozeßhaft-strukturiertem Ausdruck aufgehoben werden kann. Es ist unklar, welche affektiven Qualitäten in Worten wiederkehren, welche nicht. Über den «Zusammenhang von Sprache und Affekt» ist «noch wenig» bekannt, wie es in einem neueren Buch heißt, das sich ausdrücklich dem Thema «Psychoanalyse als Gespräch» (Flader et al. 1982, 35) widmet. Es ist noch schlimmer: Die Psychoanalyse besitzt bis heute «keine konsistente Affekttheorie» (Blanck, Blanck 1980, 45).[1] Diese Aussage gilt gleichermaßen im Hinblick auf die akademische Psychologie, deren Emotionstheorien keineswegs als konsistent oder auch nur untereinander kompatibel erscheinen.

1 Zur psychoanalytischen Affekttheorie vgl. Brierley (1938), Schafer (1964), Kaywin (1966), Brenner (1974), Rapaport (1977); zusammenfassend: Panel on psychoanalytic theory of affects (1968).

Wenn es nun aber stimmt, daß die Musik der originären Sprache der Gefühle am nächsten kommt, so bleibt zu fragen, inwieweit diese Sprache der Gefühle und der Musik durch die hochabstrakte Begriffssprache der Psychoanalyse adäquat erfaßt werden kann. Wir befinden uns hierbei, wie ich meine, auf recht schwankendem Boden, der auch nicht dadurch fester wird, daß wir mit Hilfe psychoanalytischer Termini und Konzepte ein Scheinwissen produzieren, das unseren tatsächlichen Kenntnissen bei weitem nicht entspricht. Denken wir weiter an die von mir eingangs erwähnte Tatsache, daß es kaum psychoanalytische Literatur zum Thema «Musik» gibt, und denken wir dabei auch an Freuds (Nicht-)Verhältnis zur Musik, so wird unser Vertrauen in die Psychoanalyse als einer Hilfswissenschaft, die musikalisches Erleben erklären könnte, stark reduziert.

Eine Übernahme von Termini und Konzepten, die nicht originär durch Analyse präverbaler Inhalte gewonnen worden sind, zur Erklärung solcher Vorgänge, bei denen das präverbale, primärprozeßhafte, affektive Geschehen die wesentliche Rolle spielt, ist also zumindest fragwürdig. Wenn sich aber der musiktherapeutische Dialog mit dem frühen Mutter-Kind-Dialog vergleichen lassen sollte, bei dem die präverbalen, primärprozeßhaften, coenästhetischen Gefühlsrelationen eindeutig bestimmend sind, so ist das psychoanalytische Vokabular für eine Darstellung solcher Dialoge zumindest unzureichend. Wenn schon, dann müßte man sich an nach-klassischen Behandlungstechniken und Begriffen orientieren (vgl. Heigl-Evers, Nitzschke 1991).

Wenn der musiktherapeutische Dialog den Mutter-Kind-Dialog zum Vorbild hat, und wenn die Musik als ein Medium des (fast) unmittelbaren Ausdrucks von Gefühlen angesehen werden kann, dann wären auch die musiktherapeutischen Strategien an jenem Dialog zu orientieren, den eine gesunde Mutter mit ihrem Kind führt, und an der darin implizierten Wahrheit, die jenseits aller Worte gilt. Das heißt zunächst einmal: Die gesunde Mutter hört im Lallen ihres Säuglings – *Musik*. Sie «versteht» darin «Sinn», den sie aufgreift, beantwortet, in veränderter Gestalt zurückgibt, mit dem sie aber keineswegs «deutend» umgeht wie ein Psychoanalytiker mit dem verdeckten Sinn der Rede eines erwachsenen (hochstrukturierten) Neurotikers. Dabei reagiert eine solche Mutter äußerst feinsinnig und nuanciert auf die «musikalischen» Angebote ihres Kindes. Sie gestaltet den Dialog, ohne dies ausdrücklich zu bemerken, im Sinne einer Förderung der Entwicklung ihres Kindes. Dabei übersetzt sie – *nach und nach* – archaischen Sinn (ohne diesen zu widerlegen!) in «menschlich»-kulturellen Sinn. Immer aber gewährt sie dem Kinde, seine archaischen Affekte zunächst einmal auszudrücken. Sodann bietet sie dem Kind die Möglichkeit, das Verhältnis von Nähe und Distanz zu bestimmen und zu regulieren, in erster Linie den Bedürfnissen des Kindes gemäß. Innerhalb eines solchen Dialogs kann das Kind sich schrittweise als ein selbständiges Individuum kennenlernen.

Und soweit die Mutter Symbiose und Verschmelzung anbietet, ist dies kein Selbstzweck, sondern eine *Voraussetzung*, der sichere Boden, von dem aus das Kind die Welt und seine eigenen Reaktionen erfahren kann. Dabei spielt meiner Ansicht nach auch im Mutter-Kind-Dialog die Katharsis eine ausgezeichnete Rolle. Haltende, führende und das affektive Geschehen steuernde und regulierende Funktionen der Mutter könnten auch für den Musiktherapeuten zum Vorbild werden. Symbioseangebote sollten keine Verführungsangebote sein; Distanzstrategien sollten sich nicht in erster Linie auf die Angst des Therapeuten vor dem Affekt gründen. Die Autonomie des Patienten (wie sonst die Autonomie des Kindes) bleibt das den Dialog von Ferne strukturierende Prinzip aller therapeutischen Bemühungen. Damit wird aber auch die Trennung zu einem Thema des Dialogs: die immerwährende Trennung innerhalb des emotionalen Wechselspiels zweier Menschen, schließlich die Trennung am Ende der Therapie, die einen geglückten Dialog zu einem tatsächlichen Loslösungsprozeß werden läßt. Damit verbunden ist aber auch eine Trennung von archaischen Qualitäten des Gefühlsausdrucks, ein Überwechseln zu «reiferen», erwachsenen Formen des Dialogs. Daß allerdings bei keinem – auch nicht beim gesündesten – Menschen jemals ein vollständiges Ersetzen des Primärvorgangs durch den Sekundärvorgang zu erreichen ist, daß vielmehr die freiwillige und reversible Rückkehr zu archaischem Erleben gerade zu den vorzüglichen Kennzeichen eines *gesunden* Menschen gehört, wäre am Schluß noch zu betonen. Trennungen von der Archaik auszuhalten *und* sie wahlweise rückgängig machen zu können, gerade zu diesem Zweck haben sich die Menschen zu allen Zeiten viel einfallen lassen: *Ein* Mittel hierzu ist die Fähigkeit, Musik zu produzieren, zu *genießen*, vermutlich Ausdruck unserer ältesten kultischen – das heißt: kulturellen – Leistung. Ohne solche Leistung, das Alte im Neuen, die «Natur» in der «Kultur» zu *erhalten*, gibt es nur noch eins: das Unbehagen in der Kultur.

Literatur

Alberti, L., R. Hänni: Der Sprecherwechsel in der Mutter-Kind-Interaktion. In: Foppa, K., Groner, R. (Hg.): Kognitive Strukturen und ihre Entwicklung. Bern, Stuttgart, Wien (Huber) 1981, 50–62

Balint, M.: Die Urformen der Liebe und die Technik der Psychoanalyse. Bern, Stuttgart (Huber, Klett) 1966

Bernfeld, S.: An unknown autobiographical fragment by Freud. American Imago 4, 1946, 3–19

Blanck, G., Blanck, R.: Ich-Psychologie II, Psychoanalytische Entwicklungspsychologie. Stuttgart (Klett) 1980

Bleuler, E.: Affektivität, Suggestibilität, Paranoia. Halle 1906

Brenner, C.: On the nature and development of affects: A unified theory. Psychoanal. Quart. 43, 1974, 532–566

Brierley, M.: Affects in theory and parctice. Int. J. Psychoanal. 19, 1938, 256–268

Condrau, G. (Hg.): Die Psychologie des Zwanzigsten Jahrhunderts, Bd. XV, Transzendenz, Imagination und Kreativität. Zürich (Kindler) 1979

Cremerius, J.: Gibt es *zwei* psychoanalytische Techniken? Psyche 33, 1979 a, 577–599

Cremerius, J.: Die Entwicklung der psychoanalytischen Technik. In: Fischle-Carl, H. (Hg.): Theorie und Praxis der Psychoanalyse. Fellbach (Bonz) 1979 b, 39–55

Darwin, C. R.: The descent of man and selection in relation to sex. New York (Appleton) 1872

Eissler, K. R.: Über Freuds Freundschaft mit Wilhelm Fließ nebst einem Anhang über Freuds Adoleszenz und einer historischen Bemerkung über Freuds Jugendstil. In: Eissler, K. R. et al. (Hg.): Aus Freuds Sprachwelt und andere Beiträge. Bern, Stuttgart, Wien (Huber) 1974, 39–100

Exner, S.: Entwurf einer physiologischen Erklärung der psychischen Erscheinungen. Leipzig, Wien (Deuticke) 1894

Flader, D.: Die psychoanalytische Therapie als Gegenstand sprachwissenschaftlicher Forschung. In: Flader, D. et al. (Hg.): Psychoanalyse als Gespräch. Frankfurt/M. (Suhrkamp) 1982, 16–40

Flader, D., Grodzicki, W. D., Schröter, K.: Psychoanalyse als Gespräch. Interaktionsanalytische Untersuchungen über Therapie und Supervision. Frankfurt/M. (Suhrkamp) 1982

Freud, S.: Entwurf einer Psychologie (1895). In: Ders.: Aus den Anfängen der Psychoanalyse. Frankfurt/M. (Fischer) 1962

Freud, S.: Über Deckerinnerungen (1899). G W I, 528–554

Freud, S.: Der Moses des Michelangelo (1914). G W X, 172–201

Freud, S.: Das Unbehagen in der Kultur (1930). G W XIV, 419–506

Freud, S.: Briefe 1873–1939. Frankfurt/M. (Fischer) 1960

Grunberger, B.: Vom Narzißmus zum Objekt. Frankfurt/M. (Suhrkamp) 1976

Heigl-Evers, A., Nitzschke, B.: Das Prinzip «Deutung» und das Prinzip «Antwort» in der psychoanalytischen Therapie. Anmerkungen zur theoretischen Begründung zweier therapeutischer Angebote, die an unterschiedliche Patientengruppen gerichtet sind. Ztschr. psychosom. Med. Psychoanal. 37, 1991, 115−127

Jones, E.: Das Werk und Leben von Sigmund Freud, Bd. I, Bern (Huber) 1962

Jung, C. G.: Über die Psychologie der Dementia praecox: Ein Versuch. G. W. III, 1−170. Olten, Freiburg/Br. (Walter) 1971

Jung, C. G.: Mysterium Coniunctionis. G. W. XIV. Olten, Freiburg/Br. (Walter) 1971

Kaywin, L.: Notes on the psychoanalytic theory of affect. Psychoanal. Rev. 53, 1966, 278−280

Kohut, H.: Narzißmus. Eine Theorie der psychoanalytischen Behandlung narzißtischer Persönlichkeitsstörungen. Frankfurt/M. (Suhrkamp) 1973

Kohut, H.: Die Zukunft der Psychoanalyse. Frankfurt/M. (Suhrkamp) 1975

Kohut, H.: Introspektion, Empathie und Psychoanalyse. Frankfurt/M. (Suhrkamp) 1977 a

Kohut, H.: Über den Musikgenuß (1977 b). In: Kohut, H. 1977 a, 195−217

Kohut, H.: Betrachtungen über die psychologische Funktion der Musik (1977 c). In: Kohut, H. 1977 a, 218−238

Kohut, H.: Die Heilung des Selbst. Frankfurt/M. (Suhrkamp) 1979

Kris, E.: Psychoanalytic explorations in art. New York (Int. Univ. Press) 1952

Krüll, M.: Freud und sein Vater. Die Entstehung der Psychoanalyse und Freuds ungelöste Vaterbindung. München (Beck) 1979

Mahler, S. M., Pine, F., Bergman, A.: Die psychische Geburt des Menschen. Symbiose und Individuation. Frankfurt/M. (Fischer) 1980

Marcuse, H.: Triebstruktur und Gesellschaft. Frankfurt/M. (Suhrkamp) 1971

Modena, E.: Unter dem Banner des Narzißmus. Gedanken zu einem psychoanalytischen Bestseller. In: Psychoanalytisches Seminar Zürich (Hg.): Die neuen Narzißmustheorien: Zurück ins Paradies? Frankfurt/M. (Syndikat) 1981, 143−158

Nietzsche, F.: Die Geburt der Tragödie aus dem Geiste der Musik (1872). In: Sämtliche Werke, I. München (dtv) 1980, 9−156

Nitzschke, B.: Die Zerstörung der Sinnlichkeit (1974). München (Matthes & Seitz) 1981

Nitzschke, B.: Zur Herkunft des «Es»: Freud, Groddeck, Nietzsche − Schopenhauer und E. von Hartmann. Psyche 37, 1983, 769−804

Nitzschke, B.: Zur Herkunft des «Es» (II). Einsprüche gegen die Fortschreibung einer Legende. Psyche 39, 1985, 1102−1132

Panel on psychoanalytic theory of affects. Journ. Am. Psychoanal. Ass. 16, 1968, 638−650

Parin, P., Morgenthaler, F., Parin-Mathèy, G.: Die Weißen denken zuviel. Psychoanalytische Untersuchungen in Westafrika. München (Kindler) o. J.

Parin-Mathèy, G.: Das Wunderkind und sein Scheitern. Schweiz. Zs. Psychol. Anwend. 21, 1962, 247−267

Piaget, J.: Nachahmung, Spiel und Traum. Ges. Werke (Studienausgabe) Bd. 5. Stuttgart (Klett) 1975

Priestley, M.: Analytische Musiktherapie. Stuttgart (Klett-Cotta) 1983

Rapaport, D.: Gefühl und Erinnerung. Stuttgart (Klett) 1977

Redfearn, J. W. T.: Einführung. In: Priestley, M.: Analytische Musiktherapie. Stuttgart (Klett-Cotta) 1983, 13−17

Schafer, R.: The clinical analysis of affects. Journ. Am. Psychoanal. Ass. 12, 1964, 275−299

Schaffer, H. R.: Acquiring a concept of the dialogue. In: Bornstein, M. H., Kessen, W. (Hg.): Psychological development from infancy: Image to intention. New York (Wiley) 1979, 279−305

Schopenhauer, A.: Die Welt als Wille und Vorstellung, I−II. Sämtliche Werke, Bd. II (1972a); Bd. III (1972b). Wiesbaden (Brockhaus) 1972

Schopenhauer, A.: Über die vierfache Wurzel des Satzes vom zureichenden Grunde. Werke, Züricher Ausgabe, Bd. V. Zürich (Diogenes) 1977

Spitz, R. A.: Nein und Ja. Die Ursprünge der menschlichen Kommunikation. Stuttgart (Klett) 1959

Spitz, R. A.: Die Entstehung der ersten Objektbeziehungen. Direkte Beobachtungen an Säuglingen während des ersten Lebensjahres. Stuttgart (Klett) 1973

Spitz, R. A.: Vom Dialog. Stuttgart (Klett) 1976

Spitz, R. A.: Vom Säugling zum Kleinkind. Stuttgart (Klett-Cotta) 1980

Sroufe, L. A.: Die Organisation der emotionalen Entwicklung. In: Foppa, K., Groner, R. (Hg.): Kognitive Strukturen und ihre Entwicklung. Bern, Stuttgart, Wien (Huber) 1981, 14−34

Sterba, R.: Toward the problem of the musical process. Psychoanal. Rev. 23, 1946, 37−43

Streich, H.: Musik, Alchemie und Psychologie (1979a). In: Condrau, G. (Hg.): Die Psychologie des Zwangzigsten Jahrhunderts, Bd. XV. Zürich (Kindler) 1979, 1117−1124

Streich, H.: Zur Bedeutung der Musik im Traum (1979b). In: Condrau, G. (Hg.): Die Psychologie des Zwanzigsten Jahrhunderts, Bd. XV. Zürich (Kindler) 1979, 1125−1133

Thomä, H.: Schriften zur Praxis der Psychoanalyse: Vom spiegelnden zum aktiven Psychoanalytiker. Frankfurt/M. (Suhrkamp) 1981

Thomä, H.: Erleben und Einsicht im Stammbaum psychoanalytischer Techniken und «Neubeginn» als Synthese im «Hier und Jetzt». In: Hoffmann, S. O. (Hg.): Deutung und Beziehung. Kritische Beiträge zur Behandlungskonzeption und Technik in der Psychoanalyse. Frankfurt/M. (Fischer) 1983, 17−43

Wagner, R.: Der Ring des Nibelungen. 1854

Wunderwald, J.: Betrachtungen zum Verhältnis Psychoanalyse und Musik. Materialien Psychoanalyse 7, 1981, 118−143

Zuckerkandl, V.: Vom musikalischen Denken. Zürich (Rhein) 1964

Drucknachweise

1 Unter dem Titel «Ende der Liebe – Beginn des Duells?» erstmals erschienen in: Emile, Zeitschrift für Erziehungskultur 1 (Heft 2), 1988, 65–84

2 Erschienen in: DIE ZEIT (16.9.1988)

3 Erschienen in: König, H. (Hg.): Politische Psychologie heute. Leviathan, Sonderheft 9, 1988, 348–367

4 Erschienen in: Konkursbuch 2, 1978, 11–22

5 Unter dem Titel «Zum Tode Rudi Dutschkes: ‹Genossen, Antiautoritäre, Menschen! Wir haben nicht mehr viel Zeit›» erstmals erschienen in: Konkursbuch 5, 1980, 71–83

6 Unter dem Titel «Rückfall in die Barbarei? – Eine Korrektur am Bild des ‹Terroristen›» erstmals erschienen in: Der Monat, Nr. 267, 1970, 37–42

7 Erschienen unter dem Titel «Mann (’68) – OH! – Mann (’86). Von der ‹sexuellen Revolution› zur modernen Beziehungsrealität» in: Ehrenforth, J., Ernst, H. (Hg.): Gegenstimmen. Männerlesebuch. Reinbek (Rowohlt), 1987, 208–230

8 Erweiterte Fassung eines Vortrags zum Thema «Sexuelle Gewaltphantasien bei Männern. Mit einigen Anmerkungen zur Anti-Pornographie-debatte in den 50er und 80er Jahren», gehalten bei der 2. Wiss. Tagung der «Österreichischen Gesellschaft für Sexualforschung», Salzburg, 4.–6.11.1988. – Erstmals erschienen in: Sexus – Zeitschrift zu Fragen der Sexualität in Wissenschaft, Kultur und Erziehung 2 (Heft 1–2), 1989, 21–34; korrigierter Nachdruck in: Gegenwart – Zeitschrift für ein entspanntes Geistesleben Heft 6, 1990, 15–25. Veränderte Teilnach-drucke in: Sexualmedizin 18, 1989, 302–308 (unter dem Titel «PorNo – Ja?») und in Konkursbuch 24, 1990, 97–109 (unter dem Titel «DIE WUT GEGEN PORNOGRAPHIE» gleicht der Wut, die dem pornographischen Produkt zugrunde liegt, die der Wut gleicht, die durch Pornographie beschwichtigt werden soll»; Nachdruck in: Sondeur Heft 5, 1990, 1–13)

9 Erstmals erschienen als Einleitung zur Neuausgabe von P. J. Moebius: «Über das Pathologische bei Goethe» (1898). München (Matthes & Seitz), 1982, 9–75

10 Erstmals erschienen unter dem Titel: «Lebenslanges Leiden – und der Wille zur Macht über das Leiden. Neue Literatur von und über Nietzsche» in: Psyche 42, 1988, 439–447

11 Erschienen in: DIE ZEIT (6. 4. 1990)

12 Erweiterte Fassung eines Vortrags, gehalten unter dem Titel «Bertha Pappenheim (‹Anna O.›). Aus dem Leben einer bemerkenswerten Frau, die am Beginn der Psychoanalyse stand», beim Wiss. Symposium «Psychoanalyse und Weiblichkeit» anläßlich der Verabschiedung von Frau Prof. Dr. A. Heigl-Evers an der Rhein. Landesklinik Düsseldorf – Klinik für Psychotherapie und Psychosomatik der Heinrich-Heine-Universität Düsseldorf, 29. 9. 1989; Erstveröffentlichung unter dem Titel «Prostitutionswünsche und Rettungsphantasien – auf der Flucht vor dem Vater. Skizzen aus dem Leben einer Frau (‹Anna O.› – ‹P. Berthold› – Bertha Pappenheim)» in: Psyche 44, 1990, 788–825

13 Text eines Vortrages mit dem Titel «Frühe Formen des Dialogs. Musikalisches Erleben – Psychoanalytische Reflexion», gehalten beim Forum Musiktherapie der «Deutschen Gesellschaft für Musiktherapie», Düsseldorf 12. 11. 1983; erstmals publiziert in: Musiktherapeutische Umschau 5, 1984, 167–187

rororo MANN

C 2120/8 a

rororo MANN

C 2120/8 b